〔宋〕黄士毅 / 编

徐时仪 杨立军 / 整理

朱子语类

四

上海古籍出版社

说得多了，其间尽有差舛处，又不欲尽驳难它底，所以难下手，不比大学都未曾有人说。"雉。

○ 先生以中庸或问见授，云："亦有未满意处，如评论程子、诸子说处，尚多牴。"䔍。

○ 至问中庸名篇之义，曰："中者，不偏不倚、无过不及之名。兼此二义，包括方尽。就道理上看固是有未发之中，就经文上看亦先言'喜怒哀乐未发之谓中'，又言'君子之中庸也，君子而时中'。"先生曰："它所以名篇者，本是取'时中'之'中'，然所以能时中者，盖有那未发之中在。所以先开说未发之中，然后又说'君子之时中'。"至。

○ "'中庸'之'中'，本是说无过无不及之'中'，大旨在'时中'上。若推其本，则自'喜怒哀乐未发之中'而为'时中'之'中'。未发之中是体，'时中'之'中'是用，'中'字兼中和言之。"黄直卿云："如'仁义'二字，若兼义，则仁是体，义是用；若独说仁，则义、礼、智皆在其中，自兼体用言之。"盖卿。

○ "'中庸'之'中'，是兼以其'发而中节，无过不及'者得名，故周子曰'惟中者，和也，中节也，天下之达道也'。若不识得此理，则周子之言更解不得。所以伊川谓'中者，天下之正道'，中庸章句以'中庸'之'中'实兼'中和'之义，论语集注以'中者，不偏不倚，无过不及之名'，皆此意也。"人杰。

○ 至之问："'中'含二义，有未发之中，有随时之中。"曰："中庸一书本只是说随时之中，然本其所以有此随时之中，乃是缘有那未发之中，后面方说'时中'去。"至之又问："'随时之中，犹日中之中'，何意?"曰:"本意只是说昨日看得是中,今日看得又不是中。然譬喻不相似,亦未稳在。"直卿云:"在中之中与在事之中只是一事。此是体,彼是尾。"按:至之录自"又问"以下别为一条而少异,曰:"又问'随时取中'与'日中之中'。先生曰:'此句未稳,当时立意只是说昨日见得中底,今日见得又不中,然譬喻亦不相似。'"公晦。

○ 问:"明道以'不易'为庸,先生以'常'为庸,二说不同?"曰:"言'常'则'不易'在其中矣,惟其常也所以不易。但'不易'二字则是事之已然者,自后观之则见此理之不可易。若庸则日用常行者便是。"〔伱。〕

○ 或问:"'中庸'二字,伊川以庸为定理,先生易以为平常。据'中'之一字大段精微,若以平常释'庸'字,则两字大不相粘。"曰:"若看得不相粘,便是相粘了。如今说这物白,这物黑,便是相粘了。"广因云:"若不相粘,则自不须相对言得。"曰:"便是此理难说。前日与季通说话终日,惜乎不来听。东之与西、上之与下,以至于寒暑、昼夜、生死,皆是相反而相对也。天地间物未尝无相对者,故程先生尝曰:'天地万物之理,无独必有对,皆自然而然,非有安排也。每中夜以思,不知手之舞之,足之蹈之也。'看得来真个好笑!"广。

○ "惟其平常,故不可易;若非常,则不得久矣。譬如饮食,知五谷是常,自不可易;若是珍羞异味不常得之物,则暂一食之可也,焉能久乎!庸固是定理,若以为定理,则却不见那平常底意思。今以平常言,则不易之定理自在其中矣。"广因举释子偈有云:"世间万事不如常,又不惊人又久长。"曰:"便是它那道理也有极相似处,只是说得来别。故某于中庸章句序中着语云'至老佛之徒出,则弥近理而大乱真矣',须是看得他那'弥近理而大乱真'处始得。"广云:"程子'自私'

二字恐得其要领，但人看得此二字浅近了。"曰："便是向日王顺伯曾有书与陆子静辨此二字云：'佛氏割截身体犹自不顾，如何却谓之自私得！'"味道因举明道答横渠书云："大抵人患在自私而用智。"曰："此却是说大凡人之任私意耳。"因举下文"豁然而大公，物来而顺应"，曰："此亦是对说。'豁然而大公'便是不自私，'物来而顺应'便是不用智。后面说治怒处曰：'但于怒时遽忘其怒，反观理之是非，则于道思过半矣。''忘其怒'便是大公，'反观理之是非'便是顺应，都是对说。盖其理自如此。"广因云："太极一判，便有阴阳相对。"曰："然。"广。

○ "惟其平常，故不可易，如饮食之有五谷，衣服之有布帛。若是奇羞异味、锦绮组绣，不久便须厌了。庸固是定理，若直解为定〔理〕，又却不见得平常意思。今以平常言，然定理自在其中矣。"公晦问："'中庸'二字，旧说依程子'不偏不易'之语。今说得是不偏不倚、无过不及而平常之理。似以不偏不倚、无过不及说中〔庸〕，乃是精密切至之语；而以平常说庸，恰似不相黏着。"曰："此其所以黏着。盖缘处得极精极密只是如此平常，若有些子咤异便不是极精极密，便不是中庸。凡事无不相反以相成，东便与西对，南便与北对，无一事一物不然。明道所以云'天下之物无独必有对，终夜思之，不知手之舞之，足之蹈之'，直是可观，事事如此。"贺孙。

○ 问："中庸不是截然为二，庸只是中底常然而不易否？"曰："是。"淳。

○ 问："明道云'惟中不足以尽之，故曰"中庸"'，庸乃中之常理，中自已尽矣。"曰："中亦要得常，此是一经一纬，不可阙。"可学。

○ 蜚卿问："'中庸之为德'，程云'不偏之谓"中"，不易之谓"庸"'。"曰："中则直上直下，庸是平常不差异。中如一物竖置之，常如一物横置之。唯中而后常，不中则不能常。"因问曰："不惟不中则不能常，然不常亦不能为中。"曰："亦是如此。中而后常，此以自然之理而言；常而后能有中，此以人而言。"问："龟山言'高明则中庸也。高明者中庸之体，中庸者高明之用'，不知将体用对说如何？"曰："只就'中庸'字（中）上说，自分晓，不须如此说亦可。"又举荆公"高明处己，中庸处人"之语为非是。因言："龟山有功于学者。然就它说，据它自有做工夫处。高明，释氏诚有之，只缘其无'道中庸'一截。又一般人宗族称其孝，乡党称其弟，考十项事其八九可称。若一向拘挛，又做得甚事！要知高明、中庸二者皆不可废。"禹。

○ 或问："中与诚意如何？"曰："中是道理之模样，诚是道理之实处，中即诚矣。"又问："智、仁、勇于诚如何？"曰："智、仁、勇是做底事，诚是行此三者都要实。"又问"中庸"。曰："中、庸只是一事，就那头看是中，就这头看是庸。譬如山与岭只是一物，方其山即是谓之山，行着岭路则谓之岭，非二物也。〔方子录云："问：'中庸既曰中，又曰诚，何如？'曰：'此古诗所谓"横看成岭侧成峰"也。'"〕中、庸只是一个道理，以其不偏不倚，故谓之'中'；以其不差异可常行，故谓之'庸'。未有中而不庸者，亦未有庸而不中者。惟中故平常。尧授舜，舜授禹，都是当其时合如此做，做得来恰好，所谓中也。中即平常也，不如此便非中，便不是平常。以至汤武之事亦然。又如当盛夏极暑时须用饮冷，就凉处衣葛挥扇，此便是中·便是平常。当隆冬盛寒时须用饮汤，就密室重裘拥火，此便是中，便是平常。若极暑时重裘拥火，盛寒时衣葛挥扇，便是差异，便是失其中矣。"广。

○ 有中必有庸，有庸必有中，两个少不得。赐。

○ 中必有庸，庸必有中，能究此而后可以发诸运用。季札。

○ 中庸该得中和之义。庸是见于事，和是发于心。庸该得和。僩。

○ 问："'中庸'二字孰重？"曰："庸是定理，有中而后有庸。"问："或问中言'中立而无依，则必至于倚'，如何是无依？"曰："中立最难。譬如一物植立于此，中间无所依着，久之必倒去。"问："若要植立得住，须用强矫？"曰："大故要强立。"谦。

章句序

○ 因郑子上书来问"人心"、"道心"，先生曰："此心之灵，其觉于理者道心也，其觉于欲者人心也。"可学窃寻中庸序，以人心出于形气，道心本于性命。盖觉于理谓性命，觉于欲谓形气云云。可学近观中庸序所谓"道心常为一身之主，而人心每听命焉"，又知前日之失。向来专以人可以有道心而不可以有人心，今方知其不然。人心出于形气，如何去得！然人于性命之理不明而专为形气所使，则流于人欲矣。如其达性命之理，则虽人心之用而无非道心，孟子所以指形色为天性者以此。若不明践形之义，则与告子"食色"之言又何以异？"操之则存，舍之则亡"，心安有存亡？此正人心、道心交界之辨，而孟子特指以示学者。可学以为必有道心而后可以用人心，而于人心之中又当识道心。若专用人心而不知道心，则固流入于放僻邪侈之域；若只守道心而欲屏去人心，则是判性命为二物，而所谓道心者，空虚无有，将流于释老之学，而非虞书之所指者。未知然否？大雅云："前辈多云，道心是天性之心，人心是人欲之心。今如此交互取之，当否？"答曰："既是人心如此不好，则须绝灭此身而后（这）〔道〕心始明。且舜何不先说道心，后说人心？"大雅云："如此则人心生于血气，道心本于天理。人心可以为善，可以为不善，而道心则全是天理矣。"答曰："人心是此身有知觉有嗜欲者，如所谓'我欲仁'、'从心所欲'、'性之欲也，感于物而动'，此岂能无？但为物诱而至于陷溺则为害尔。故圣人以为此人心有知觉嗜欲，然无所主宰则流而忘反，不可据以为安，故曰危。道心则是义理之心，可以为人心之主宰，而人心据以为准者也。且以饮食言之，凡饥渴而欲得饮食以充其饱且足者，皆人心也。然必有义理存焉，有可以食，有不可以食。如子路食于孔悝之类，此不可食者。又如父之慈其子，子之孝其父，常人亦能之，此道心之正也。苟父一虐其子，则子必狠然以悖其父，此人心之所以危也。惟舜则不然，虽其父欲杀之，而舜之孝则未尝替，此道心也。故当使人心每听道心之区处方可。然此道心却杂出于人心之间，微而难见，故必须精之一之而后中可执。然此又非有两心也，只是义理与人欲之辨尔。陆子静亦自说得是，云：'舜若以人心为全不好，则须说不好使人去之。今止说危者，不可据以为安耳。言精者，欲其精察而不为所杂也。'此言亦自是。今郑子上之言都是，但于道心下却一向说是个空虚无有之物，将流为释老之学。然则彼释迦是空虚之魁，饥能不欲食乎？寒能不假衣乎？能令无生人之所欲者乎？虽欲灭之，终是不可得而灭也。"大雅。

○ 蔡季通以书问中庸序所云"（道）〔人〕心形气"。先生曰："形气非皆不善，只是靠不得。季通云'形气亦皆有善'，不知形气之有善皆自道心出。由道心则形气善，不由道心，一付于形气则为恶。形气犹船也，道心犹柂也。船无柂，纵之行，有时入于波涛，有时入于安流，不可一定。惟有柂以运之，则虽入波涛无害，故曰'天生烝民，有物有则'。'物'乃形气，'则'乃理也。渠云'天地中也，万物过不及'，亦不是。万物岂无中？渠又云'浩然之气，天地之正气也'，此乃伊川说，然皆为养气言，养得则为浩然之气，不养则为恶气，卒走理不得。且如今人说夜气是甚大事，专靠夜气济得甚事！"可学云："以前看夜气多略了'足以'两字，故然。"先生曰："只是一理。存是存此，养是养此，识得更无走作。"舜功问："天理人欲，毕竟须为分别，勿令交关。"先生曰："五峰云'性犹水，善犹水之下乎；情犹澜也，欲犹水之波浪也'。浪波与澜只争大小，欲岂可带于情！"某问："五峰云'天理人欲，同行而异情'却是。"先生曰："是。同行者，谓二人同行于天理中，一人日从天理，一人专徇人欲，是异情。下云'同体而异用'则大错。"因举知言多有不是处。"'性无善恶'，此乃欲尊性，不知却鹘突了它。胡氏论性大抵如此，自文定以下皆然。如曰'性，善恶也。性、情、才相接'，此乃说着气，非说着性。向吕伯恭初读知言以为只有二段是，其后却云'极妙，过于正蒙'。"可学。

○ 问："人心道心，既云上智，何以更有人心？"曰："掐着痛，抓着痒，此非人心而何？人自有人心、道心，一个生于血气，一个生于理。饥寒痛痒，此人心也；恻隐、羞恶、是非、辞逊，此道心也。虽上智亦同，一则危殆而难安，一则微眇而难见。'必使道心常为一身之主，而人心每听命焉'乃善也。"僩。

章句

○ 问明道云中庸"始言一理，中散为万事，末复合为一理"云云。曰："如何说晓得一理了，万事都在里面？天下万事万物都要你逐一理会过方得。所谓'中散为万事'便是中庸。近世如龟山之论便是如此，以为'反身而诚',则天下万物之理皆备于我。万物之理须要你逐一去理会过方可,如何会反身而诚了,天下万物之理便自然备于我?成个甚么?"又曰:"所谓'中散为万事',便是中庸中所说许多事,如智、仁、勇许多为学底道理,与'为天下国家有九经',与祭祀鬼神许多事。圣人经书所以好看,中间无些子罅隙,句句是实理,无些子空阙处。"俱。

○ "中庸始合为一理,天命之谓性。末后复合为一理。无声无臭。""始合而开也有渐,末后开而复合,其合也亦有渐。"赐。〔夔孙录同。〕

第一章

○ "天命之谓性"是专言理,虽气亦包在其中,然说理意较多。若云兼言气,便说"率性之谓道"不去。如太极虽不离乎阴阳,而亦不杂乎阴阳。道夫。

○ 用之问:"'天命之谓性',以其流行而付与万物者谓之命,以人物禀受者而谓之性。然人物禀受,〔以〕其具仁、义、礼、知而谓之性,以贫贱寿夭而言谓之命,是人又兼有性命。"曰:"命虽是恁地说,然亦是兼付与而言。"贺孙。

○ "命"之一字如"天命之谓性"之"命",是言所禀之理也。"性也有命焉"之"命",是言所禀之分有多寡、厚薄之不同也。伯羽。

○ "率性之谓道","率"(字)〔是〕呼唤字,盖曰循万物自然之性之谓道。此"率"字不是用力字,伊川谓"合而言之道也"是此义。銎。

○ "率"字只是"循"字，循此理便是道。伊川所以谓便是"仁者人也，合而言之道也"。銎。

○ "率性之谓道"，只是随性去皆是道。吕氏说以人行道，若然，则未行之前便不是道乎？淳。

○ 安卿问"率性"。曰："率，非人率之也。伊川解'率'字亦只训循。到吕与叔说'循性而行，则谓之道'，伊川却便以为非是，至其言则曰：'循牛之性则不为马之性，循马之性则不为牛之性。'乃知循性者是循其理之自然尔。"伯羽。

○ 问："率性通人物而言，则此'性'字似'生之谓性'之'性'，兼气禀言之否？"曰："'天命之谓性'，这性亦离气禀不得。'率，循也'，这'循'字是就道上说，不是就行道人上说。性善只一般，但人物气禀有异，不可道物无这理。性是个浑沦物，道是性中分派条理，随分派条理去皆是道。如穿牛鼻，络马首，皆是随它所通处。仁义礼智，物岂不有，但偏耳。随它性之所通处，道皆无所不在。"曰："这'性'字亦是以理言之否？"曰："是。"又问："鸢有鸢之性，鱼有鱼之性，其飞其跃，天机自完，便是天理流行发见之妙处，故子思姑举此一二以明道之无所不在耶？"曰："说得是了。"淳。

○ "率性之谓道"，郑氏以金木水火土从"天命之谓性"说来，要须从（性）〔气〕说来方可。泳。

○ "天命之谓性，率性之谓道。"性与道相对，则性是体道是用。

道，便是在里面做出底道理。淳。义刚录同。

○ 孟子说"性善"全是说理。若中庸"天命之谓性"，已自是兼带人物而言。"率性之谓道"，性似个浑沦底物，道是支脉。恁地率人之性则为人之道，率牛之性则为牛之道，非谓以人循之。若谓以人循之而后谓之道，则人未循之前谓之无道，可乎？砥。

○ 问："'天命之谓性，率性之谓道'，皆是人物之所同得。天命之性，人受其全，则其心具乎仁义礼智之全体；物受其偏，则随其品类各有得焉，而不能通贯乎全体。'率性之谓道'，若自人而言之，则循其仁义礼智之性而言之，固莫非道；自物而言之，飞潜动植之类各正其性，则亦各循其性于天地之间，莫非道也。如中庸或问所说'马首之可络，牛鼻之可穿'等数句，恐说未尽。〔所举或问非今本〕盖物之自循其性，多有与人初无干涉，多有人所不识之物，无不各循其性于天地之间，此莫非道也。如或问中所说恐包未尽。"曰："说话难。若说得阔，则人将来又只认'目之于色，耳之于声，鼻之于臭，四肢之于安佚'等做性，却不认'仁之于父子，义之于君臣，礼之于宾主，智之于贤者，圣人之于天道'底是性。"因言："解经立言须要得实。如前辈说'伊尹耕于有莘之野以乐尧舜之道'，是饥食渴饮、夏葛冬裘为乐尧舜之道。若如此说，则全身已浸在尧舜之道中，何用更说'岂如吾身亲见之哉'？如前辈说'文武之道未坠于地'，以为文武之道常昭然在日用之间，一似常有一物昭然在目前，不会擞下去一般，此皆是说得不实。所谓'未坠于地'者，只言周衰之时，文武之典章，人尚传诵得在，未至沦没。"先生既而又曰："某晓得公说底。盖马首可络，牛鼻可穿，皆是就人看物处说，圣人'修〔道〕之谓教'皆就这样处。如适间所说，却也见得一个大体。"至。方子录云："'"率性之谓道"，或问中言"马首之可络，牛鼻之可穿"，都是说从以人看物底。若论飞潜动植，各正其性，与人不相干涉者，何莫非道？恐如此看方是。'先生曰：'物物固皆是道。如蝼蚁之微，甚时胎，甚时卵，亦是道。但立言甚难，须是说得实。如龟山说"尧舜之道"只夏葛冬裘、饥食渴饮处便是。如此则全身浸在尧舜之道里，又何必言"岂若吾身亲见之哉"？'黄文云：'若如此说，则人心、道心皆是道去。'先生曰：'相似"目之于色，耳之于声，鼻之于臭，四肢之于安佚，性也"底，却认做道；"仁之于父子，义之于君臣，礼之于宾主，智之于贤者，有性焉"底，却认不得。如"文武之道未坠于地，在人"，李光祖乃曰"日用之间昭然在是"，如此则只是说古今公底，何必指文武？孔子盖是言周家典章文物未至沦没，非是指前圣人之道、古今共底言也。'久之，复曰：'至之却亦看得一个大体。'"盖卿录同。

○　问："'天命之谓性，率性之谓道'，伊川谓通人物而言。如此却与告子所谓人物之性同。"先生曰："据伊川之意，人与物之本性同，及至禀赋则异。盖本性理也，而禀赋之性则气也。性本自然，及至生赋，无气则乘载不去，故必顿此性于气上而后可以生。及至已生，则物自禀物之气，人自禀人之气。气最难看。而其可验者，如四时之间寒暑得宜，此气之正。当寒而暑，当暑而寒，乃气不得正。气正则为善，气不正则为不善。又如同是此人，有至昏愚者，是其禀得此浊气太深。"又问明道云"论性不论气，不备；论气不论性，不明"。先生曰："论性不论气，孟子也；不备，但少欠耳。论气不论性，荀杨也；不明，则大害事。"可学问："孟子何不言气？"曰："孟子只是教人勇于为善，前更无阻碍。自学者而言则不可不去其窒碍。正如将百万之兵，前有数万兵，韩白为之不过鼓勇而进，至它人则须先去此碍后可。"吴宜之问："学者治此气正如人之治病。"曰："亦不同。须是明天理，天理明则自去。通书'刚柔'一段亦须着。且先易其恶，既易其恶，则致其中在人。"问："恶安得谓之刚？"曰："此本是刚出来。"语毕，先生又曰："'生之谓性'，伊川以为生质之性，然告子此语亦未是。"再三请益，曰："且就伊川此意理会，亦自好。"可学。

○ 问："'率性之谓道'通人物而言，则'修道之谓教'亦通人物。如'服牛乘马'，'不杀胎，不（妖）〔殀〕夭'，'斧斤以时入山林'，此是圣人教化不特在人伦上品节防范，而及于物否？"曰："也是如此，所以谓之'尽物之性'。但于人较详，于物较略；人上较多，物上较少。"砥。

○ 问："集解中以'天命之谓性，率性之谓道'通人物而言。'修道之谓教'是专就人事上言否？"曰："道理固是如此。然'修道之谓教'就物上亦有个品节。先王所以咸若草木鸟兽使庶类蕃殖，如周礼掌兽、掌山泽各有官，如周公驱虎豹犀象龙蛇，如'草木零落然后入山林，昆虫未蛰不以火田'之类，各有个品节，使万物各得其所，亦所谓教也。"德明。

○ 问"修道之谓教"。答云："游杨说好，谓修者只是品节之也。明道之说自各有意。"谟。去伪录同。

○ 问："'修道之谓教'是圣贤之垂教，如'自诚明，谓之性'，'自明诚，谓之教'，是生知学知否？"曰："此'性'字却是'性之'也，'教'是学知。此二字却是转一转说，与首章'天命之谓性，修道之谓教'之义不同"。銎。

○ "修道之谓教"一句，如今人要合后面"自明诚，谓之教"却说作自修。盖"天命谓性"之"性"与"自诚明"之性，"修道谓教"之"教"与"自明诚"之教，各自不同。诚明之性，"尧舜性之"之"性"；明诚之教，由教而入者也。可学。

○ 问："中庸旧本不曾解'可离非道'一句。今先生说云'瞬息不存便是邪妄',方悟本章可离与不可离,道与非道,各相对待而言。离了仁便不仁,离了义便不义。公私善利皆然。向来从龟山说,只(是)〔谓〕道自不可离,而先生旧亦不曾为学者说破。"曰:"向来亦是看得太高。"〔今按,"可离非道"云"瞬息不存便是邪妄",与章句、或问说不合。更详之。〕德明。

○ 刘黻问:"中庸曰'道不可须臾离',伊川却云'存无不在道之心便是助长',何也?"曰:"中庸所言是日用常行合做底道理,如'为人君止于仁,为人臣止于敬,为人子止于孝,为人父止于慈,与国人交止于信',皆是不可已者。伊川此言是为辟释氏而发。盖释氏不理会常行之道,只要空守着这一个物事便唤做道,与中庸自不同。"说毕,又曰:"辟异端说话未要理会,且理会取自家事。自家事既明,那个自然见得。"与立。

○ 杨通老问:"中庸或问引杨氏所谓'无适非道'之云,则善矣,然其言似亦有所未尽。盖衣食作息,视听举履,皆物也。其所以如此之义理准则,乃道也。"曰:"衣食动作只是物,物之理乃道也。将物便唤做道则不可。且如这个倚子有四只脚,可以坐,此倚之理也。若除去一只脚,坐不得,便失其倚之理矣。'形而上为道,形而下为器',就这形而下之器之中便有那形而上之道,若便将形而下之器作形而上之道则不可。且如这个扇子,此物也,便有个扇子底道理。扇子是如此做,合当如此用,此便是形而上之理。天地中间,上是天,下是地,中间有许多日月星辰、山川草木、人物禽兽,此皆形而下之器也。然这形而下之器之中便各自有个道理,此便是形而上之道。所谓格物便是要你就这形而下之器,穷得那形而上之道理而已,如何便将形而下之器作形而上之道理得!饥而食,渴而饮,'日出而作,日入而息',其所以食饮作息者皆道之所在也,若便谓食饮作息者是道则不可,与庞居士'神通妙用,运水般柴'之颂一般，亦是此病。如'徐行后长'与'疾行先长'，都一般是行。只是徐行后长方是道，若疾行先长便不是道，岂可说只认行底便是道！'神通妙用，运水般柴'，须是运得水是，般得柴是，方是神通妙用。若运得不是，般得不是，如何是神通妙用！佛家所谓'作用是性'便是如此。它都不理会是和非，只认得那衣食作息、视听举履便是道。说我这个会说话底，会作用底，叫着便应底，便是神通，更不问道理如何。儒家则须是就这上寻讨个道理，方是道。禅者云'赤肉团上有一无位真人，在汝等诸人面门上出入'云云。他便是只认得这个，把来作弄。"或问："告子之学便是如此？"曰："佛家底又高。告子底死杀了，不如佛家底活。而今学者就故纸上理会也解说得去，只是都无那快活和乐底意思，便是和这佛家底也不曾见得。似它佛家者虽是无道理，然它却一生受用，一生快活，便是它就这形而下者之中理会得似那形而上者。而今学者看来，须是先晓得这一层，却去理会那上面一层方好。而今都是和这下面一层也不曾见得，所以和那上面一层也理会不得。"又曰："天地中间，物物上有这个道理，虽至没紧要底物事也有这道理，盖'天命之谓性'。这道理却无形无影安顿处，只那日用事物上，道理在上面。这两个元不相离，凡有一物便有一理，所以君子贵'博学于文'。看来博学似个没紧要物事，然那许多道理便都在这上，都从那源头处来。所以无精粗小大，都一齐用理会过，盖非外物也。都一齐理会方无所不尽，方周遍无疏阙处。"又曰："'道不可须臾离，可离非道也。'所谓不可离者，谓道也，若便以日用之间举止动作便是道，则无所适而非道，无时而非道，然则君子何用恐惧戒谨？何用更学道为？为其不可离，所以须是依道而行。如人说话，不成便以说话者为道，须是有个仁义礼智始得。若便以举止动作为道，何用更说不可离得？"又曰："大学所以说格物，却不说穷理。盖说穷理则似悬空无捉摸处，只说格物，则只就那形而下之器上，便寻那形而上之道，便见得这个元不相离，所以只说'格物'。'天生烝民，有物有则'，所谓道者是如此，何尝说物便是则！龟山便只指那物做则，只是就这物上分精粗为物则。如云目是物也，目之视乃则也；耳物也，耳之听乃则也。殊不知目视耳听依旧是物，其视之明、听之聪方是则也。龟山又云：'伊尹之耕于莘野，此农夫田父之所日用者，而乐在是。'如此则世间伊尹甚多矣。龟山说话大概有此病。"佃。

○　"戒谨不睹，恐惧不闻"，即是道不可须臾离处。履孙。

○　问："'戒谨其所不睹，恐惧其所不闻'，日用间如何是不闻不见处？人之耳目闻见常自若，莫只是念虑未起、未有意于闻见便是否？"曰："所不闻不见，不是合眼掩耳便是喜怒哀乐未发时。只是凡事皆未萌芽，自家便先恁地戒谨恐惧，常要提起此心使在这里，便是防于未然、不见是图底意思。"徐问："讲求义理时此心如何？"曰："思虑是心之发了。伊川所谓：'存养于喜怒哀乐未发之前则可，求中于喜怒哀乐未发之前则不可。'"淳。"寓问：'讲求义理便是此心在否？'曰：'讲求义理属思虑，心自动是已发之心。'"徐寓录。

○　刘黻问："'戒谨乎其所不睹，恐惧乎其所不闻'，不知无事时如何戒谨恐惧？若只管如此，又恐执持太过；若不如此，又恐都忘了。中庸之言必有深旨，幸先生发明之。"曰："也有甚么矜持？只不要昏了它，便是戒谨恐惧。"与立。

○　李丈说廖倅惠书有云"无时不戒谨恐惧则天理无时而不流行，有时而不戒谨恐惧则天理有时而不流行"。先生曰："不如此也不得。然也不须戒谨恐惧说得太重，〔也不是恁地惊恐，〕只是常常提撕，认得那个物事，常常存得不失了。今人只见它说得此四个字重，便作临事惊恐看了。'如临深渊，如履薄冰'，曾子也只是顺这道理，常常恁地把捉去。〔义刚录作："恁地兢谨把捉去，不成便恁地惊恐。学问只是要此心常存。"〕若不用戒谨恐惧而此理常流通者，惟天地与圣人耳。圣人'不勉而中，不思而得，从容中道'，亦只是此心常存、理常明，故能如此。贤人所以异于圣人，众人所以异于贤人，亦只争这些子境界存与不存而已。尝谓人无有极则处，便是尧、舜、周、孔。不成圣人也说我是从容中道，不要去戒谨恐惧！它那工夫亦自未尝得息。"〔义刚录此下云："良久，复问安卿：'适来所说天理、人欲，正谓如何？'对曰：'天下事事物物，无非是天理流行。'曰：'如公所说，只是想像个天理流行，却无下面许多工夫。'"〕淳。

○　"戒谨乎其所不睹，恐惧乎其所不闻"，这处难言。大段着意又却生病，只恁地略约住。道着戒谨恐惧已是剩语，然又不得不如此说。贺孙。

○　再论李先生之学常在目前。先生曰："只是'君子戒谨所不睹，恐惧所不闻'，便自然常存。颜子非礼勿视听言动，正是如此。"德明。

○　"戒谨恐惧是未发，然只做未发也不得，便是所以养其未发。只是耸然提起在这里，这个未发底便常在，何曾发？"或问："恐惧是已思否？"曰："思又（明）〔别〕，思是思索了。戒谨恐惧正是防闲其未发。"或问："即是持敬否？"曰："亦是。伊川曰'敬不是中，只敬而无失即所以中'，'敬而无失'便是常敬，这中底便常在。"淳。

○　问："戒谨恐惧，以此涵养固善。然推之于事，所谓'开物成务之几'又当如何？"曰："此却在博文。此事独脚做不得，须是读书穷理。"又曰："只是源头正，发处自正。只是这路子上来往。"德明。

○　问："中庸所谓'戒谨恐惧'，大学所谓'格物致知'，皆是为学知利行以下底说否?"曰:"固然。然圣人亦未尝不戒谨恐惧。'惟圣罔念作狂,惟狂克念作圣',但圣人所谓念者自然之念,狂者之念则勉强之念耳。"寓。

○ 所谓"不睹不闻"者,乃是从那尽处说来,非谓于所睹所闻处不谨也。如曰"道在瓦砾",便不成不在金玉!寓。义刚录同。

○ 用之问:"戒惧不睹不闻是起头处,至'莫见乎隐,莫显乎微'又用紧一紧。"曰:"不可如此说。戒谨恐惧是普说,言道理偪塞都是,无时而不戒谨恐惧。到得隐微之间人所易忽,又更用谨,这个却是唤起说。戒惧无个起头处,只是普遍都用如此。如卓子有四角头,一齐用着工夫,更无空阙处。若说是起头又遗了尾头,说是尾头又遗了起头,若说属中间又遗了两头。不用如此说。只是无时而不戒谨恐惧,只自做工夫便自得。曾子曰'战战兢兢,如临深渊,如履薄冰',不成到临死之时方如此战战兢兢!它是一生战战兢兢,到那死时方了。"僩。

○ 问:"伊川谓鬼神凭依语言为'莫见乎隐,莫显乎微',如何?"曰:"隐微之事在人心,不可得而知,却被它说出来,岂非'莫见乎隐,莫显乎微'?盖鬼神只是气,心中实有是事,则感于气者自然发见昭著如此。"文蔚问:"今人隐微之中有不善者甚多,岂能一一如此?"曰:"此亦非常之事,所谓事之变者。"文蔚曰:"且如人主积累愆咎,感召不祥,致有日月薄蚀、山崩水竭、水旱凶荒之变,便只是如此类否?"曰:"固是如此。"文蔚。

○ 黄灏谓:"戒惧是统体做工夫,谨独是又于其中紧切处加功夫,犹一经一纬而成帛。"先生以为然。僩。

○　如一片水忽有一点动处，先戒谨又谨独。

○　问：“‘谨独’是念虑初萌处否？”曰：“此是通说。不止念虑初萌，只自家自知处，如小可没要紧处，只胡〔乱〕去，便是不谨。谨独是已思虑，已有些小事，已接物了。‘戒谨乎其所不睹，恐惧乎其所不闻’，是未有事时。在‘相在尔室，尚不愧于屋漏’、‘不动而敬，不言而信’之时，‘谨独’便已有形迹了。‘潜虽伏矣，亦孔之炤’，诗人言语只是大纲说，子思又就里面剔出这话来教人，又较紧密。大抵前圣所说底，后人只管就里面发得精细。如程子、横渠所说多有孔孟所未说底。伏羲画卦只就阴阳以下，孔子又就阴阳上发出太极，康节又道‘须信画前元有易’，濂溪太极图又有许多详备。”问：“气化形化，男女之生在气化否？”曰：“凝结成男女，因甚得如此？都是阴阳。〔无物不是阴阳。〕”问：“天地未判得时，下面许多都已有否？”曰：“事物虽未有，其理则具。”僩。

○　问：“‘不闻不睹’与‘谨独’如何？”曰：“‘独’字又有个形迹在这里可‘谨’；‘不闻不见’全然无形迹，暗昧不可得知。只于此时便戒谨了，更不敢。”卓。

○　问：“‘不睹不闻’与‘谨独’何别？”曰：“上一节说存天理之本然，下一节说遏人欲于将萌。”又问：“能存天理了，则下面谨独似多了一截。”曰：“虽是存得天理，临发时也须点检，这便是它密处。若只说存天理了更不谨独，却是只用致中不用致和了。”又问：“致中是未动之前，然谓之戒惧却是动了。”曰：“公莫看得戒谨恐惧太重了，此只是略省一省，不是怵惊惶震惧。略略收拾来便在这里，伊川所谓‘道个“敬”字也不大段用得力。孟子曰‘操则存’，操亦不是着力把持，只是操一操便在这里。如人之气，呼便出，吸便入。”骧。

○ 问:"'戒谨不睹,恐惧不闻'与'谨独'虽不同,若下工夫皆是敬否?"曰:"敬只是常惺惺法,所谓静中有个觉处。只是常惺惺在这里,静不是睡着了。"贺孙。

○ 问:"'戒谨不睹,恐惧不闻'与'谨独'两段事,广思之便是'惟精惟一'底工夫。戒谨恐惧持守而不失,便是惟一底工夫。谨独则于善恶之几察之愈精愈密,便是惟精底工夫。但中庸论'道不可离',则先其戒谨而后其谨独;舜论人心、道心,则先其惟精而后其惟一。"曰:"两事皆少不得'惟精惟一'底工夫。不睹不闻时固当持守,然不可不察;谨独时固当致察,然不可不持守。"广。又曰:"'戒谨不睹,恐惧不闻'如言'听于无声,视于无形',是防之于未然以全其体。'谨独'是察之于将然以审其几。"端蒙。

○ 问"戒谨不睹,恐惧不闻"与"谨独",辅汉卿曾问是"惟精惟一"工夫?曰:"不必分'惟精惟一'于两段上,但凡事察之贵精,守之贵一。如'戒谨恐惧'是事之未形处,'谨独'是几之将然处,不可不精察而谨守之也。"人杰。

○ 谨独已见于用,孔子言语只是混合说,子思恐人不晓,又为之分别。大凡古人说话一节开一节。如伏羲易只说阴阳以下,至孔子又推本于太极,然止曰"易有太极"而已,至濂溪乃画出一图,邵康节又论画前之易。可学。

○ 问:"'谨独'章'迹虽未形,几则已动。人虽不知,己独知之',上两句是程子意,下两句得是游氏意,先生则合而论之,是否?"曰:"然。两事只是一理。几既动则己必知之,己既知则人必知之。故程子论杨震四知曰'天知、地知只是一个知'。"广。

故'以下却是教人恐惧戒谨，做存养工夫。说'莫见乎隐，莫显乎微'，是说不可不谨意，'故君子'以下却是教人谨独，察其私意起处防之。只看两个'故'字，便是方说入身上来做工夫也。圣人教人只此两端。"大雅。

○ "戒谨不睹，恐惧不闻"非谓于睹闻之时不戒惧也，言虽不睹不闻之际亦致其谨，则睹闻之际其谨可知。此乃统同说，承上"道不可须臾离"则是无时不戒惧也。然下文谨独既专就已发上说，则此段正是未发时工夫，只得说"不睹不闻"也。"莫见乎隐，莫显乎微，故君子必谨其独"，上既统同说了，此又就中有一念萌动处，虽至隐微，人所不知而己所独知，尤当致谨。如一片止水中间忽有一点动处，此最紧要着工夫处。闳祖。

○ 人杰问："中庸工夫只在'戒谨恐惧'与'谨独'，但二者工夫其脑头又在道不可离处。若能识得全体大用皆具于心，则二者工夫不待勉强，自然进进不已矣。"曰："便是有个脑头。如'天命之谓性，率性之谓道，修道之谓教'，古人因甚冠之章首？盖脑头如此。若识得此理，则便是勉强，亦有个着落矣。"又问："'费隐'一章云'夫妇之愚可以与知能行，及其至也，虽圣人有所不知不能'，先生尝云此处难看。近思之，颇看得透。侯氏说夫子问礼、问官，与夫夫子不得位、尧舜病博施，为不知不能之事，说得亦粗。止是寻得一二事如此，元不曾说着'及〔其〕至也'之意。此是圣人看得彻底，故于此理亦有未肯自居处。如'所求乎子以事父未能'之类，真是圣人有未能处。又如说'默而识之，学而不厌，诲人不倦，何有于我哉'，是圣人不敢自以为知。'出则事公卿，入则事父兄，丧事不敢不勉，不为酒困，何有于我哉'，此是圣人不敢以为能处。"先生曰："夫妇之与知能行是万分中有一分，圣人不知不能是万分中欠得一分。"又问："以实事言之，亦有可言者，但恐非立教之道。"先生问:"如何?"<u>人杰</u>云:"夫子谓'事君尽礼,人以为谄',相<u>定公</u>时甚好,及其受女乐则不免于行,是事君之道犹有未孚于人者。又如<u>原壤</u>登木而歌,'夫子为弗闻也者而过之',待之自好,及其夷俟则以杖叩胫,近于太过。"先生曰:"这里说得却差。如原壤之歌乃是大恶,若要理会,不可但已,且只得休。至于夷俟之时,不可教诲,故直责之,复叩其胫,自当如此。若如<u>正淳</u>说,是不要管它,却非朋友之道矣。"<u>人杰</u>。

○ 问:"未发之中寂然不动,如何见得是中?"曰:"已发之中即时中也,中节之谓也,却易见。未发更如何分别?(其)〔某〕旧有一说,谓已发之中是已施去者,未发是方来不穷者。意思大故猛。要之,却是<u>伊川</u>说'未发是在中之义'最好。"<u>大雅</u>。

○ 问:"<u>伊川</u>言'喜怒哀乐未发谓之中,是言在中之义',如何?"曰:"是言在里面底道理,非以'在中'释'中'字。"问:"<u>伊川</u>又云'只喜怒哀乐不发便是',如何说'不发'?"曰:"是言不曾发时。"

○ 问:"恻隐羞恶、喜怒哀乐固是心之发晓然易见处。如未恻隐羞恶、喜怒哀乐之前,便是寂然而静时,然岂得皆块然如槁木?其耳目亦必有自然之闻见,其手足亦必有自然之举动,不审此时唤作如何。"曰:"喜怒哀乐未发只是这心未发耳。其手足运动自是形体如此。"淳。
按,<u>徐寓</u>录同而略,今附于下,云:"喜怒哀乐,问:'未发之前其手足亦又有自然之举动,不知此处是已发未发?'先生曰:'喜怒哀乐未发只是这心之未发,其形体之行动则自若。'"

○ 心无间于已发、未发。彻头彻尾都是,那处截做已发、未发!如放僻邪侈,此心亦在,不可谓非心。<u>淳</u>。

○ 问："中庸或问曰'若未发时纯一无伪，又不足以名之'，此是无形影不可见否?"曰："未发时伪不伪皆不可见。不特赤子如此，大人亦如此。"淳曰："只是大人有主宰，赤子则未有主宰。"曰："然。"淳。

○ 问："中庸或问说，未发时耳目当益精明而不可乱。如平常着衣吃饭是已发，是未发?"曰："只有所主着便是发。如着衣吃饭，亦有些事了。只有所思量要恁地，便是已发。"淳。〔义刚同。〕

○ 因论吕与叔说"中"字大本差了。先生曰："它底固不是，自家亦要见得它不是处。"文蔚曰："喜怒哀乐未发之中，乃'在中'之'中'义。他引虞书'允执厥中'之'中'，是不知'无过、不及之中'与'在中'之义本自不同。又以为'赤子之心'，又以为'心为甚'，不知中乃喜怒哀乐未发，而赤子之心已发。'心为甚'，孟子盖谓心欲审〔轻重、度长短，甚于权度。他便谓凡言心者便能度轻重长短，权度有所不及，尤非孟子〕之意。即此便是差了。"曰："如今点检它过处都是，自家却自要识中。"文蔚曰："伊川云'涵养于喜怒哀乐未发之前，则发自中节矣'。今学者能戒谨恐惧于不睹不闻之中，而谨独于隐微之际，则中可得矣。"曰："固是如此，亦要识得。且如今在此坐，卓然端正，不倒东，不倒西，便是中底气象。然人说中亦只是大纲如此说，比之大段不中者，亦可谓之中，非能极其中。如人射箭，期于中红心，射在帖上亦可为中，终不若它射中红心者。至如和，亦有大纲唤做和者，比之大段乖戾者，谓之和则可，非能极其和。且如喜怒，合喜三分自家喜了四分，合怒三分自家怒了四分，便非和矣。"文蔚。

○ 吕氏"未发之前心体昭昭具在"，说得亦好。〔德明录云："伊川不破此说。"〕淳。

○ 问："吕与叔云'未发之前心体昭昭具在，已发乃心之用'，南轩辨'昭昭'为'已发'，恐太过否？"曰："这辨得亦没意〔思〕。敬夫太聪明，看道理不子细。伊川初谓'凡言心者皆指已发而言'，吕氏只是辨此一句。伊川后来又救前说曰：'"凡言心者皆指已发而言"，此语固未当。心一也，有指体而言者，"寂然不动"是也；有指用而言者，"感而遂通"是也。惟观其所见如何。'此语甚圆，无病。大抵圣贤之言多略发个萌芽，更在后人推究，触而长之，然亦须得圣贤本意。不得圣贤本意，则从那处推得出来？"问："心本是个动物，不审未发之前全是寂然而静，还是静中有动否？"曰："不是静中有动意。周子谓'静无而动有'，静不是无，以其未形而谓之无；非因动而后有，以其可见而谓之有尔。横渠'心统性情'之说甚善。性只是静，情只是动。心则兼动静而言，或指体，或指用，随人所看。方其静时，动之理只具在。伊川谓：'当中时耳无闻、目无见，然见闻之理在始得。及动时，又只是这静底。'"淳举伊川以动之端为天地之心。先生曰："动亦不是天地之心，只是见天地之心。如十月岂得无天地之心？天地之心流行只自若。'元亨利贞'，元是萌芽初出时，亨是长枝叶时，利是成遂时，贞是结实归宿处。下梢若无这归宿处便也无这元了，惟有这归宿处元又从此起。元了又贞，贞了又元，万古只如此，循环无穷，所谓'维天之命，於穆不已'，说已尽了。十月万物收敛，寂无踪迹，到一阳动处，生物之心始可见。"曰："一阳之复，在人言之只是善端萌处否？"曰："以善言之，是善端方萌处。以恶言之，昏迷中有悔悟向善意便是复。如睡到忽然醒觉处，亦是复底气象。又如人之沉滞，道不得行，到极处忽少亨达，虽未大行，已有可行之兆，亦是复。这道理千变万化，随所在无不浑沦。"淳。

○ 共父问"喜怒哀乐未发谓之中，发而皆中节谓之和"。曰："'中'字是状性之体。性具于心。发而中节，则是性自心中发出来也，是之谓情。"_{时举}。

○　问："或问中'坤卦纯阴，不为无阳'之说如何？"曰："虽十月为坤，十一月为复，然自小雪后，其下面一画便有三十分之一分阳生，至冬至方足得一爻成尔。故十月谓之'阳月'，盖嫌于无阳也。自姤至坤亦然。"曰："然则阳必竟有尽时矣。"曰："剥尽于上，则复生于下，其间不容息也。"_广。

○　未发之前万理备具。才涉思即是已发动，而应事接物，虽万变不同，能省察得皆合于理处。盖是吾心本具此理，皆是合做底事，不容外面旋安排也。今说为臣必忠、为子必孝之类，皆是已发。然所以合做此事，实（且）〔具〕此理，乃未发也。_{人杰}。

○　答徐彦章问"中和"，云："喜怒哀乐未发，如处室中，东西南北未有定向，所谓中也。及其既发，如已出门，东者不复能西，南者不复能北。然各因其事，无所乖逆，所谓和也。"_{升卿}。

○　中，性之德；和，情之德。〔_㤗。〕

○　道夫问："喜怒哀乐之未发，不偏不倚，固其寂然之本体。及其酬酢万变，亦在是焉，故曰'天下之大本'。发而皆中节，则事得其宜，不相凌夺，固感而遂通之和也。然十中其九，一不中节，则为不和，便自有碍，不可谓之达道矣。"曰："然。"又问："于学者如何皆得中节？"曰："学者安得便一一恁地！也须且逐件使之中节方得。此所以贵于'博学，审问，谨思，明辨'。无一事之不学，无一时之不学，无一处而不学，各求其中节，此所以为难也。"_{道夫}。

○ 自"喜怒哀乐未发谓之中"至"天地位焉，万物育焉"，道怎
生恁地?〔这个心才有这事便有〕这个事影见，才有那事便有那个事影
见。这个本自虚灵，常在这里。"喜怒哀乐未发谓之中，发而皆中节谓
之和"，须恁地方能中节。若只恁地黑淬淬地在这里，如何要得发必中
节! 贺孙。

○ 中和亦是承上两节说。〔闳祖。〕

○ "致中和。"所谓致和者，谓凡事皆欲中节；若致中工夫如何
到? 其始也不能（二）〔一一〕常在'（一）〔十〕'字上立地，须有偏过
四旁时，但只纯熟，自别。孟子所谓"存心养性"、"（以）〔收〕其放
心"、"操则存"，此等处乃致中也，至于充广其仁义之心等处，乃致和
也。人杰。

○ 问："未发之中是浑沦底，发而中节是浑沦底散开。'致中和'
注云：'致者，推而至其极。''致中和'，想也别无用工夫处，只是上戒
谨恐惧乎不睹不闻与谨其独，便是致中和底工夫否?"曰："'致中和'
只是无些子偏倚，无些子乖戾。若大段用倚靠，大段有乖戾底，固不
是；若有些子倚靠，有些子乖戾，亦未为是。须无些子倚靠，无些子乖
戾，方是'致中和'。"至。

○ 周朴纯仁问"致中和"字。曰："'致'字是只管挨排去之义。
且如此暖阁，人皆以火炉为中，亦（未）是要须去火炉中寻个至中处，
方是的当。又如射箭，才上红心便道是中，亦未是，须是射着红心之中
方是。如'致知'之'致'，亦同此义。'致'字工夫极精密也。"自修。

○ 问："'致中和，天地位焉，万物育焉。'只君君臣臣、父父子

子之分定，便是天地位否？"曰："有地不得其平、天不得其成时。"问："如此，则须专在人主身上说方有此功用？"曰："规模自是如此。然人各随一个地位去做，不道人主致中和，士大夫便不致中和！"学之为王者事。

○　问："向见<u>南轩</u>上殿文字，多是要扶持人主心术。"曰："也要在下人心术是当，方可扶持得。"问："今日士风如此，何时是太平？"曰："即这身心亦未见有太平之时。"三公燮理阴阳，须是先有个胸中是得。<u>德明</u>。

○　"天地位，万物育"便是"裁成辅相"、"以左右民"底工夫。若不能"致中和"，则山崩川竭者有矣，天地安得而位！胎夭失所者有矣，万物何自而育！<u>升卿</u>。

○　问："'天地位，万物育'，此是'裁成辅相'功用否？"曰："是，此是就有位者言之。"<u>淳</u>。

○　"致中和，天地位焉，万物育焉"，此为在上圣人而设。<u>人杰</u>。

○　<u>元思</u>问："'致中和，天地位，万物育'，此指在上者而言。<u>孔子</u>如何？"曰："<u>孔子</u>已到此地位。"<u>可学</u>。

○　问："'致中和，天地位，万物育'，此以有位者言。如一介之士如何得如此？"曰："若致得一身中和便充塞一身，致得一家中和便充塞一家，若致得天下中和便充塞天下。有此理便有此事，有此事便有此理。如'一日克己复礼，天下归仁'，如何一日克己于家，便得天下归仁？为有此理故也。"<u>赐</u>。

　　○　问："'静而无一息之不中，则阴阳动静各止其所，而天地于此乎位矣'，不知言阴阳动静何也？"曰："天高地下，万物散殊，各有定所，此未与物相感也。和则交感而万物育矣。"问："未能致中和则天地不得而位，只是日食星陨、地震山崩之类否？"曰："天变见乎上，地变动乎下，便是天地不位。"德明。

　　○　问："或问中有曰：'善恶感通之理，亦及其力之所至而止耳。彼达而在上者既曰有以病之，则夫灾异之变又岂穷而在下者所能救也哉？'如此，则前所谓'力'者是力分之'力'也。"曰："然。"又问："'但能致中和于一身，则天下虽乱，而吾身之天地万物不害为安泰。'且以孔子之事言之，如何是天地万物安泰处？"曰："在圣人之身，则天地万物自然安泰。"曰："此莫是以理言之否？"曰："然。一家一国莫不如是。"广。

朱子语类卷第六十三

中庸二

第二章

○ 或问子思称夫子为仲尼先生。云："古人未尝讳其字。明道尝云：'予年十四五，从周茂叔。'本朝先辈尚如此。伊川亦尝呼明道表德。如唐人尚不讳其名，杜甫诗云'白也诗无敌'，李白诗云'饭颗山（前）〔头〕逢杜甫'。"卓。

○ 或问："'君子之中庸也，君子而时中'，上'君子'莫是指人而言，下'君子'莫是言中时，'中'莫是言'庸'否？"曰："'君子'只是说个好人，'时中'只是说做得个恰好底事。"又问："'道不远人，人之为道而远人，非所以为道'，莫是一章之纲目否？"曰："是如此。所以下面三节又只是解此三句。"义刚。

○ "君子而时中"与易传中所谓"中重于正，正者未必中"之意同。正者且是分别个善恶，中则是恰好处。夔孙。

○ 问："或问：'"君子之中庸也，君子而时中"，以其有君子之德又能随时以取中也；"小人之中庸也，小人而无忌惮也"，以其有小人之心而又无所忌惮也。'如何是'君子之德'与'小人之心'?"曰:"为善者君子之德,为恶者小人之心。君子而处不得中者有之,小人而不至于无忌惮者亦有之。惟其反中庸,则方是其无忌惮也。"<u>广</u>。

第四章<small>第三章无</small>

○ 贤者过之,只知就其所长处着力做去,而不知择乎中庸尔。<u>铢</u>。

第八章<small>第五至第七章无</small>

○ "舜其大知",知而不过;兼行说,"仁在其中"。<u>回</u>"择乎中庸",兼知说。"索隐行怪"不能择,<small>不知</small>。"半涂而废"不能执。<small>不仁</small>。"依乎中庸",<small>择</small>。"不见知而不悔"。<small>执</small>。

○ 舜固是聪明睿知,然又能"好问而好察迩言,乐取诸人以为善",并合将来,所以谓之大智。若只据一己所有,便有穷尽。<u>广</u>。<small>贺孙录同</small>。

○ 问"隐恶而扬善"。曰:"其言之善者播扬之,不善者隐而不宣,则善者愈乐告以善,而不善者亦无所愧而不复言也。若其言不善,我又扬之于人,说它底不是,则其愧耻不复敢以言来告矣。此其求善之心广大如此,人安得不尽以其言来告?而吾亦安有不尽闻之言乎?盖舜本自知，能合天下之智为一人之智，而不自用其智，此其智之所以愈大。若愚者既愚矣，又不能求人之智而自任其愚，此其所以愈愚。惟其智也，所以能因其智以求人之智而智愈大；惟其愚也，故自用其愚而不复求人之智而愈愚也。"侗。

○ "执其两端"之"执"，如俗语谓把其两头。芝。

○ 两端如厚薄轻重。"执其两端，用其中于民"，非谓只于二者之间取中。当厚而厚即厚上是中，当薄而薄即薄上是中。轻重亦然。闳祖。

○ 两端未是不中。且如赏一人，或谓当重，或谓当轻，于此执此两说而求其恰好道理而用之。若以两端为不中，则是无商量了，何用更说"执两端"！义刚。

○ 问："'执两端而量度以取中'，当厚则厚，当薄则薄，为中否？"曰："旧见钦夫亦要恁地说。某谓此句只是将两端来量度，取一个（合）〔恰〕好处。如此人合与之百钱，若与之二百钱则过厚，与之五十则少，只是百钱便恰好。若（常）〔当〕厚则厚，自有恰好处，上面更过厚则不中。而今这里便说当厚则厚为中，却是蹍等之言。"或问："程伊川曰'执谓执持使不得行'，如何？某说此'执'字只是把此两端来量度取中。"曰："此'执'字只是把来量度。"至。

○ 问中庸，集注云"两端是众论不同之极致"。曰："两端是两端尽处。如要赏一人，或言万金，或言千金，或言百金，或言十金。自家须从十金审量至万金，酌中看当赏他几金。"璘。

○ 问："章句云'两端是众论不同之极致'。盖凡物皆有两端，如小大厚薄之类。于善之中又执其两端而量度以取中，所谓众论不同都是善一边底。"曰："恶底已自隐而不宣了。当时所以说众论不同之极致，盖缘上文有'好问好察迩言'。"至。

○ 陈才卿问："'两端谓众论不同之极致'，且如众论有十分厚者，有十分薄者，取极厚极薄之二说而中折之，则此为中矣。"曰："不然，此乃'子莫执中'也，安得谓之中？两端只是个'起止'二字，犹云起这头至那头也。自极厚以至极薄，自极大以至极小，自极重以至极轻，于此厚薄、大小、轻重之中，择其说之是者而用之，是乃所谓中也。若但以极厚极薄为两端，而中折其中间以为中，则其中间如何见得便是中？盖或极厚者说得是则用极厚之说，极薄之说是则用极薄之说，厚薄之中者说得是则用厚薄之中者之说。至于轻重、大小，莫不皆然。盖惟其说之是者用之，不是弃其两头不用，而但取两头之中者以用之也。且如人有功当赏，或说合赏万金，或说合赏千金，或有说合赏百金，或又有说合赏十金。万金者，其至厚也；十金，其至薄也。则把其两头自至厚以至至薄，而精权其轻重之中。若合赏万金便赏万金，合赏十金也只得赏十金，合赏千金便赏千金，合赏百金便赏百金。不是弃万金、十金至厚至薄之说，而折取其中以赏之也。若但欲去其两头而只取中间，则或这头重那头轻，这头偏多那头偏少，是乃所谓不中矣，安得谓之中！"才卿云："或问中却说'当众论不同之际，未知其孰为过、孰为不及而孰为中也。故必兼总众说，以执其不同之极处而半折之，然后可以见夫上一端之为过，下一端之为不及，〔而〕两者之间之为中'。如先生今说，则或问'半折'之说亦当改。"曰："便是某之说未精。以此见作文字难。意中见得了了，及至笔下依旧不分明，只差些子便意思都错了。合改云'故必兼总众说，以执其不同之极处而审度之，然后可以识夫中之所在，而上一端之为过，下一端之为不及'云云。如此语方无病。"或曰："孔子所谓'我叩其两端'与此同否？"曰："然。竭其两端是自精至粗，自大至小，自上至下，都与它说，无一毫之不尽。舜之'执两端'，是取之于人者自精至粗，自大至小，总括包尽，无一善之或遗。"

佩。〔一作："才卿问：'或问以程子执把两端，使民不行为非。而先生所谓"半折之，上一端为过，下一端为不及，而两者之间为中"，悉无以异于程说。'曰'非是如此。隐恶扬善，恶底固不问了，就众说善者之中，执其不同之极处以量度之。如一人云长八尺，一人云长九尺，又一人云长十尺，皆长也，又皆不同也。不可便以八尺为不及，十尺为过，而以九尺为中也。盖中处或在十尺上，或在八尺上，不可知。必就三者之说子细量度，看那说是。或三者之说皆不是，中自在七尺上，亦未可知。然后有以见夫上一端之为过，下一端之为不及，而三者之间为中也。"半折"之说诚为有病，合改'云云。"〕

○ "执其两端"是折转来取中。芑。〔愚按：定说在后。〕

第九章

○ 问："'天下国家可均'，此三者莫是智、仁、勇之事否？"曰："它虽不曾分，看来也是智、仁、勇之事，只是不合中庸。若合中庸，便尽得智、仁、勇。且如颜子瞻前忽后，亦是未到中庸处。"问："卓立处是中庸否？"曰："此方是见，到从之处方是行。又如'知命'、'耳顺'方是见得尽，'从心所欲'方是行得尽。"赐。

○ 公晦问："'天下国家可均也，爵禄可辞也，白刃可蹈也'，谓资质之近于智而力能勉者，皆足以能之。若中庸，则四边都无所倚着，净净洁洁，不容分毫力。"曰："中庸便是三者之间，非是别有个道理。只于三者做得那恰好处便是中庸，不然只可谓之三事。"方子。广录同。

○ 徐孟宝问："中庸如何是不可能？"曰："只是说中庸之难行也。急些子便是过，慢些子便不及。且如天下国家虽难均，舍得便均得；_{今按："舍"字恐误。}爵禄虽难辞，舍得便辞得；蹈白刃亦然。只有中庸却便如此不得，所以难也。"徐曰："如此也无难。只心无一点私，则事事物物上各有个自然道理，便是中庸。以此公心应之，合道理顺人情处便是，恐亦无难。"曰："若如此时，圣人却不必言致知、格物。格物者便是要穷尽物理到个是处，此个道理至难。扬子云说得是，'穷之益远，测之益深'，分明是。"徐又曰："只以至公之心为大本，却将平日学问积累，便是格物。如此不辍，终须自有到处。"曰："这个如何当得大本！若使如此容易，天下圣贤煞多。只公心不为不善，此只做得个稍稍贤于人之人而已。圣贤事业大有事在。须是要得此至公之心有归宿之地，事至物来，应之不错方是。"徐又曰："'为人君止于仁，为人臣止于敬，为人子止于孝'至如'止于慈，止于信'，但只言'止'，便是心止宿之地，此又皆是人当为之事，又如何会错？"曰："此处便是错。要知所以仁、所以敬、所以孝、所以慈、所以信。仁少差便失于姑息，敬少差便失于沽激。毫厘之失，缪以千里，如何不是错！"_{大雅}。

第十章

○ 问："'南方之强，君子居之'，此'君子'字稍稍轻否？"曰："然。"_个。

○ 忍耐得便是"南方之强"。_个。

○ 风俗易变，惟是通衢所在。盖有四方人杂往来于中，自然易得迁转。若僻在一隅，则只见得这一窟风俗如此，最难变。如西北之强劲正如此。时因论"南方之强"而言此。义刚。

○〔"和而不流，中立而不倚。"〕如和便不流，若是中便不倚，何必更说不倚？后思之，中而不硬健便难独立，解倒了。若中而独立，不有所倚，尤见硬健处。义刚。

○ 当初说"中立"了，又说"而不倚"。思之，柔弱底中立则必欹倚，若能中立而不倚，方见人硬健处。义刚。

○ 问"中立而不倚"，曰："只中立便是不倚了。然中立却易得倚，中立而不倚，此其所以为强。"至。

○ 中立久而终不倚，所以为强。闳祖。

○ "强哉矫"，赞叹之辞。古注："矫，强貌。"人杰。

○ 问："'和而不流，中立而不倚'，下惠、夷齐正是如此？"曰："是。"又曰："柳下惠和而不流处甚分晓，但夷齐如何是它中立而不倚处？"文蔚曰："武王伐纣，夷齐叩马而谏，不从便却终身不食周粟，此见得它中立不倚处。"曰："如此却是倚做一边去。"文蔚曰："它虽如此，又却不念旧恶。"曰："亦不相似。文王善养老，它便盍归乎来；及至武王伐纣，它又自不从而去，只此便见它中立而不倚处。"文蔚。

○ 问"国有道，不变塞焉；国无道，至死不变"注云云。曰："国有道则有达之理，故不变其未达之所守。若国无道则有不幸而死之理，故不变其平生之所守。不变其未达之所守易，不变其平生之所守难。"偅。

○ "国有道，不变塞焉。"塞，未达也。未达时要行其所学，既达了却变其所学。当不变未达之所守也。泳。

第十一章

○ 问："汉艺文志引中庸云'索隐行怪，后世有述焉'，'素隐'作'索隐'似亦有理，钩索隐僻之义。'素'、'索'二字相近，恐作'索'，不可知。"曰："'素隐'从来解不分晓，作'索隐'读亦有理。索隐是'知者过之'，行怪是'贤者过之'。"德明。

○ 问："'索隐'，集注云'深求隐僻之理'，如汉儒灾异之类，是否？"曰："汉儒灾异犹自有说得是处。如战国邹衍推五德之事、后汉谶纬之书便是隐僻。"赐。

○ "素隐行怪"不能择，"半涂而废"不能执。"依乎中庸"能择也，"不见知而不悔"能执也。闳祖。

第十二章

○ "君子之道费而隐。"和亦有费有隐，不当以中为隐、以和为费。"得其名"处虽是效，亦是费。"君子之道四"亦是费。芝。

○ 问："形而上下与'费而隐'，如何？"曰："形而上下者就物上说，'费而隐'者就道上说。"人杰。

○ "夫妇之愚，可以与知焉。"若据先儒解，当初何不道行道之人，何不道众人之愚？何为说夫妇？是必有意。义刚。

○ 问："'及其至也，圣人有所不知；及其至也，圣人有所不能'，至极之地，圣人终于不知，终于不能，何也？不知是'过此以往未之或知'之理否？"曰："至，尽也。论道而至于尽处，若有小小闲慢，亦不必知、不必能，亦可也。"一之。㝢录同。

○ 或问："'及其至也，圣人有不知不能'之说，如何？"曰："至者，非极至之'至'。盖道无不包，若尽论之，圣人岂能纤悉尽知！伊川之说是。"去伪。

○ 一日请食荔子，因论："兴化军陈紫自蔡端明迄今又二百来年，此种犹在而甘美绝胜，独无它本。天地间有不可晓处率如此，所谓'及其至也，圣人有所不能知'。要之它自有个丝脉相通，但人自不知耳。圣人也只知得大纲，到不可知处亦无可奈何，但此等琐碎不知亦无害尔。"道夫。

○ "及其至也"，程门诸公都爱说玄妙，游氏便有"七圣皆迷"之说。设如把"至"作精妙说，则下文"语大语小"便如何分？诸公亲得程子而师之，都差了。淳。

○ 圣人不能知、不能行者，非至妙处圣人不能知、不能行。天地间固有不紧要底事，圣人不能尽知。紧要底则圣人能知之、能行之。若至妙处圣人不能知、不能行，粗处却能之，非圣人，乃凡人也。故曰"天地之大也，人犹有所憾"。<u>节</u>。

○ 问："'语小天下莫能破'，是极其小而言之。今以一发之微尚有可破而为二者，所谓'莫能破'则足见其小。注中谓'其小无内'，亦是说其至小无去处了。"曰："然。"<u>至</u>。

○ 又曰："'莫能破'，只是至小无可下手处，破它不得。"<u>赐</u>。

○ 问："'其大无外，其小无内'二句是古语，是自做?"曰："楚词云'其小无内，其大无垠'。"<u>至</u>。

○ "皆是费，如鸢飞亦是费，鱼跃亦是费。而所以为费者，试讨个费来看看。"又曰："鸢飞可见，鱼跃可见，而所以飞、所以跃，果何物也? 中庸言许多费而不言隐者，隐在费之中。"<u>节</u>。

○ "鸢飞鱼跃"，胡乱提起这两件上来说。<u>人杰</u>。

○ 问"鸢飞鱼跃"之说。曰："盖是分明见得道体随事发见处。察者，著也，非'察察'之'察'。<u>金录作："非审察之'察'。"</u>诗中之意本不为此，中庸只是借此两句形容道体。诗云'遐不作人'，古注并诸家皆作'远'字，其无道理。记注训'胡'字最妙。"<u>谟</u>。<u>去伪录同</u>。

○ 鸢飞鱼跃，道体随处发见。谓道体发见者犹是人见得如此，若鸢、鱼初不自知。"察"只是著，天地明察亦是著也。君子之道，造端乎夫妇之细微，及其至也，著乎天地。"至"谓量之极至。<u>去伪</u>。

○ 问"鸢飞鱼跃"集注云云。曰："鸢飞鱼跃，费也。必有一个什么物使得它如此，此便是隐。在人则动静语默无非此理，只从这里收一收，谓心。这个便在。"赐。

○ 问："'鸢飞鱼跃'如何与它'勿忘'、'勿助长'之意同？"曰："孟子言'勿忘'、'勿助长'本言得粗。程子却说得细，只是用其语句耳。如明道之说却不曾下'勿'字，盖谓都没耳。其曰'正当处'者谓天理流行处，故谢氏亦以此论曾点事。其所谓'勿忘'、'勿助长'者，亦非立此在四边做防检不得犯着，盖谓俱无此而皆天理之流行耳。钦夫论语中亦误认其意，遂曰'不当忘也，不当助长也'。如此则拘束得曾点更不得自在，却不快活也。"伯丰。

○ 漳州王遇以书问："中庸语'鸢飞鱼跃'处，明道云：'会得时活泼泼地，不会得只是弄精神。'惟上蔡看破。先生引君臣父子为言此吾儒之所以异于佛者，如何？"曰："鸢飞鱼跃只是言其发见耳。释氏亦言发见，但渠言发见却一切混乱。至吾儒须辨其定分，君臣父子皆定分也。鸢必戾于天，鱼必跃于渊。"可学。

○ 问："鸢有鸢之性，鱼有鱼之性，其飞其跃，天机自完，便是天理流行发见之妙处，故子思姑举此一二以明道之无所不在否？"曰："是。"淳。

○ "活（拨拨）〔泼泼〕地"，所谓活者只是不滞于一隅。德明。

○ 问："语录云：'"鸢飞戾天，鱼跃于渊"，此与"必有事焉而勿正心"之意同。'或问中论此云：'程子离人而言，直以此形容天理自然流行之妙。上蔡所谓"察见天理，不用私意"，盖小失程子之本意。'据上蔡是言学者用功处。'必有事焉而勿正心'之时，平铺放着，无少私意，气象正如此，所谓'鱼川泳而鸟云飞'也，不审是如此否?"曰："此意固是，但它说'察'字不是也。"〔德明。〕

○ 问"中庸言'费而隐'"。文蔚谓："中庸散于万事，即所谓费；惟'诚'之一字足以贯之，即所谓隐。"曰："不是如此。费中有隐，隐中有费。凡事皆然，非是指诚而言。"文蔚曰："如天道流行，化育万物，其中无非实理。洒扫应对，酬酢万变，莫非诚意寓于其间，是所谓'费而隐'也。"曰："不然也。鸢飞鱼跃，上下昭著，莫非至理，但人视之不见，听之不闻，夯将出来不得，须是于此自有所见。"因谓明道言此，引孟子"必有事焉而勿正心，勿忘勿助长"为证。谢上蔡又添入夫子'与点'一事。且谓二人之言各有着落。文蔚曰："明道之意只说天理自然流行，上蔡则形容曾点见道而乐底意思。"先生默然。又曰："今且要理会'必有事焉'，将自见得。"又曰："非是有事于此却见得一个物事在彼，只是'必有事焉'便是本色。"文蔚曰："于有事之际，其中有不能自已者，即此便是。"曰："今且虚放在此，未须强说。如虚着一个红心时，复射一射，久后自中。子思说鸢飞鱼跃，今人一等忘却乃是不知它那飞与跃，有事而正焉又是送教它飞、捉教它跃，皆不可。"又曰："如今人所言皆是说费。隐元说不得。所谓'天有四时，春秋冬夏，风雨霜露，无非教也。地载神气，神气风霆，风霆流形，庶物露生，无非教也'，孔子谓'天何言哉? 四时行焉，百物生焉'、'吾无行而不与二三子'是也。"文蔚。

○ 问："'上下察'，是此理流行上下昭著。下面'察乎天地'，是察见天地之理，或是与上句'察'字同意?"曰："与上句'察'字同意，言其昭著遍满于天地之间。"至。

○ 问:"'上下察'与'察乎天地',两个'察'字同异?"曰:"只一般。此非观察之'察',乃昭著之意,如'文理密察'、'天地明察'之'察'。经中'察'字义多如此。"广。

○ 晏亚夫问:"中庸言'造端乎夫妇',何也?"曰:"夫妇者,人伦中之至亲且密者。夫人所为,盖有不可告其父兄而悉以告其妻子者。昔宇文泰遗苏绰书曰:'吾平生所为,盖有妻子所不能知者,公尽知之。'然则男女居室,岂非人之至亲且密者欤?苟于是而不能行道,则面前如有物蔽焉,既不能见,且不能行也。所以孔子有言:'人而不为周南、召南,其犹正墙面而立也欤!'"处谦。

○ 或问:"中庸十二章说道之费隐,如是其大且妙,后面却只归在'造端乎夫妇'上,此中庸之道所以异于佛老之谓道也。"曰:"须更看所谓'优优大哉!礼仪三百,威仪三千'处。圣人之道弥满充塞,无少空阙处,若于此有一毫之差,便于道体有亏欠也。若佛则只说道道无不在,无适而非道,政使于礼仪有差错处亦不妨,故它于此都理会不得。庄子却理会得,又不肯去做。如天下篇首一段皆是说孔子,恰似快刀利剑斫将去,更无些子窒碍。又且句句有着落,如所谓'易以道阴阳,春秋以道名分',可煞说得好!虽然如此,又却不肯去做。然其才亦尽高,正所谓'知者过之'。"云:"看得庄子比老子,倒无老子许多机械。"曰:"亦有之,但老子则犹自守个规模了去做,到得庄子出来,将他那窠窟尽底掀番了,故他自以为一家。老子极劳攘,庄子较平易。"广。

○ 公晦问"君子之道费而隐",云:"许多章都是说费处,却不说隐处。莫所谓隐者只在费中否?"曰:"惟是不说,乃所以见得隐在其中。旧人多分画将圣人不知不能处做隐,觉得下面都说不去。且如'鸢飞戾天，鱼跃于渊'，亦何尝隐来？"又问："此章前说得恁地广大，末梢却说'造端乎夫妇'，乃是指其切实做去，此吾道所以异于禅佛？"曰："又须看'经礼三百，威仪三千'。圣人说许多广大处都收拾做实处来，佛老之学说向高处便无工夫。圣人说个本体如此，待做处事事着实，如礼乐刑政、文为制度，触处都是。缘他本体充满周足，有些子不是，便亏了它底。佛是说做去便是道，道无不存，无适非道，有一二事错也不妨。"_{贺孙}。

第十三章

○ "人之为道而远人"如"为仁由己"之"为"，"不可以为道"如"克己复礼为仁"之"为"。_{闳祖}。

○ "君子以人治人，改而止"，未改以前却是失人道，既改则便是复得人道了，更何用治它？如水本东流，失其道而西流，从西边遮障得，归来东边便了。_{夔孙}。

○ 时举问："'君子以人治人，改而止'，<u>横渠</u>谓'以众人望人则易从'，此语如何？"曰："此语似亦未稳。"_{时举}。

○ 问："'君子以人治人，改而止。'其人有过，既改之后或为善不已，或止而不进，皆在其人，非君子之所能预否？"曰："非然也。能改即是善矣，更何待别求善耶？天下只是一个善恶，不善即恶，不恶即善。如何说既能改其恶，更用别讨个善？只改底便是善了。这须看它上文，它紧要处全在'道不远人'一句。言人人有此道，只是人自远其道，非道远人也。人人本自有许多道理，只是不曾依得这道理，却做从不是道理处去。今欲治之，不是别讨个道理治它，只是将它元自有底道理还以治其人。如人之孝，它本有此孝，它却不曾行得这孝，却乱行从不孝处去。君子治之，非是别讨个孝去治它，只是与它说：'你这个不是。你本有此孝，却如何错行从不孝处去？'其人能改，即是孝矣。不是将它人底道理去治它，又不是分我底道理与它。它本有此道理，我但因其自有者还以治之而已。及我自治其身，亦不是将它人底道理来治我，亦只是将我自思量得底道理自治我之身而已，所以说'执柯伐柯，其则不远'。'执柯以伐柯'，不用更别去讨法则，只你那手中所执者便是则。然'执柯以伐柯，睨而视之，犹以为远'。若此个道理人人具有，才要做底便是，初无彼此之别。放去收回只在这些子间，何用别处讨？故中庸一书初间便说'天命之谓性，率性之谓道'。此是如何？只是说人人各具此个道理，无有不足故耳。它从上头说下来，只是此意。"又曰："'所求乎子，以事父未能也'，每常人责子必欲其孝于我，然不知我之所以事父者果孝否？以我责子之心而反推己之所以事父，此便是则也。'所求乎臣，以事君未能也'，常人责臣必欲其忠于我，然不知我之事君者尽忠否乎？以我责臣之心而反之于我，则其则在此矣。"又曰："'所求乎子，以事父未能也'，须要如舜之事父方尽得子之道，若有一毫不尽，便是道理有所欠阙，便非子之道矣。'所求乎臣，以事君未能也'，须要如舜、周公之事君，若有一毫不尽，便非臣之道矣。无不是如此，只缘道理当然，自是住不得。"僩。

○ 夜来说忠恕，论着忠恕名义，自合依子思"忠恕违道不远"是也。曾子所说却是移上一阶，说圣人之忠恕。到程子又移上一阶，说天地之忠恕。其实只一个忠恕，须自看教有许多等级分明。僩。

○ 或问："到得忠恕已是道，如何云'违道不远'？"曰："仁是道，忠恕正是学者着力下工夫处。'施诸己而不愿，亦勿施于人'，子思之说正为工夫。'夫子之道，忠恕而已矣'，却不是恁地，曾子只是借这个说'维天之命，於穆不已'。'乾道变化，各正性命'，便是天之忠恕；'纯亦不已'、'万物各得其所'，便是圣人之忠恕；'施诸己而不愿，亦勿施诸人'，便是学者之忠恕。"〔贺孙。〕

○ 董卿问："忠恕即道也，而曰'违道不远'，何耶？"曰："道是自然底。人能忠恕，则去道不远。"道夫。

○ "施诸己而不愿，亦勿施于人"，此与"己所不欲，勿施于人"一般，未是自然，所以"违道不远"正是学者事。"我不欲人之加诸我也，吾亦欲无加诸人"，此是成德事。闳祖。

○ 求责也，中庸求子以事父处。节。

○ "行险侥幸"，本是连上文"不愿乎其外"说。言强生意智，取所不当得。僴。

第十六章第十四十五章无

○ 侯师圣解中庸"鬼神之为德"，谓"鬼神为形而下者，鬼神之德为形而上者"。且如"中庸之为德"，不成说中庸为形而下者，中庸之德为形而上者！文蔚。

○ 问："'体物而不可遗'，是有此物便有鬼神，凡天下万物万事皆不能外夫鬼神否？"曰："不是有此物时便有此鬼神，说倒了。乃是有这鬼神了方有此物，及至有此物了又不能违夫鬼神也。'体物而不可遗'，用拽转看，将鬼神做主，将物做宾，方看得出是鬼神去体那物，鬼神却是主也。"僩。又曰："有是实理而后有是物，鬼神之德所以为物之体而不可遗也。"升卿。

○ 问："或问中谓：'循其说而体验之，若有以使人神识飞扬，眩瞀迷惑，无所底止。'所谓'其说'者，莫是指杨先生'非体物不遗者，其孰能察之'之说否？"曰："然。不知前辈读书如何也恁卤莽？据'体物而不遗'一句，乃是论鬼神之德为万物之体干耳。今乃以为体察之'体'，其可耶？"广。

○ 问："'洋洋如在其上，如在其左右'，莫是感格否？"曰："固是。然亦须自家有以感之始得。上下章自恁地说，忽然中间插入一段鬼神在这里，也是鸢飞鱼跃底意思。所以末梢只说'微之显，诚之不可掩也如此'。"赐。

○ "微之显，诚之不可揜如此夫"，皆实理也。僩。

○ 或问："中庸十六章初说鬼神'体物而不可遗'，只是就阴阳上说。末后又却以祭祀言之，是如何？"曰："此是就其亲切著见者言之也。若不如此说，则人必将风雷山泽做一般鬼神看，将庙中祭享者又做一般鬼神看。故即其亲切著见者言之，欲人会之为一也。"广。

○ 问："'鬼神之德其（至）〔盛〕矣乎'，此止说嘘吸聪明之鬼神。末后却归向'齐明盛服以承祭祀，洋洋乎如在其上'，是如何？"曰："惟是斋戒祭祀之时鬼神之理著。若是它人亦是卒未晓得，它须道风雷山泽之鬼神是一般鬼神，庙中泥塑底又是一般鬼神，只道有两样鬼神。所以如此说起，又归向亲切明著处去，庶几人知得不是二事也。"汉卿问："鬼神之德如何是良能、功用处？"曰："论来只是阴阳屈伸之气，只谓之阴阳亦可也。然必谓之鬼神者，以其良能、功用而言也，今又须从良能、功用上求见鬼神之德始得。前夜因汉卿说个修养，人死时气冲突，知得焄蒿之意亲切，谓其气袭人，知得凄怆之意分明。汉武李夫人祠云'其风肃然'。今乡村有众户还赛祭享时，或有肃然如阵风，俗呼为'旋风'者，即此意也。"因及修养，且言："苌弘死，藏其血于地，三年化为碧，此亦是汉卿所说'虎威'之类。"贺孙云："应人物之死，其魄降于地，皆如此。但或散或微，不似此等之精悍，所谓'伯有用物精多则魂魄强'是也。"曰："亦是此物禀得魄最盛。又如今医者定魄药多用虎睛，助魂药多用龙骨。魄属金，金西方，主肺与魄。虎是阴属之最强者，故其魄最盛。魂属木，木东方，主肝与魂。龙是阳属之最盛者，故其魂最强。龙能驾云飞腾，便是与气合。虎啸则风生，便是与魄合。虽是物之最强盛，然皆堕于一偏。惟人独得其全，便无这般磊磈。"因言："古时所传安期生之徒皆是有之。也是被它炼得气清，皮肤之内骨肉皆已融化为气，其气又极其轻清，所以有'飞升脱化'之说。然久之渐渐消磨，亦渐尽了。渡江以前，说甚吕洞宾、钟离权，如今亦不见了。"因言："鬼火皆是未散之物，如马血，人战斗而死，被兵之地皆有之。某人夜行淮甸间，忽见明灭之火横过来当路头。其人颇勇，直冲过去，见其皆似人形，仿佛如庙社泥塑未装饰者。亦未散之气，不足畏。'宰我问神鬼'一章最精密，包括得尽，亦是当时弟子记录得好。"贺孙。

○　问："中庸'鬼神'章首尾皆主二气屈伸往来而言，而中间'洋洋如在其上'乃引'其气发扬于上，为昭明、焄蒿、凄怆'，此乃人物之死气，似与前后意不合，何也？"曰："死便是屈，感召得来便是伸。"问："'昭明、焄蒿、凄怆'，这是人之死气也，此气会消了？"曰：
"是。"问："伸底只是这既死之气复来伸否？"曰："这里便难恁地说。
这伸底又是别新生了。"问："如何会别生？"曰："祖宗气只存在子孙身
上，祭祀时只是这气，便自然又伸。自家极其诚敬，肃然如在其上，是
甚物？那得不是伸？此便是神之著也。所以古人燎以求诸阳，灌以求诸
阴。谢氏谓'祖考精神便是自家精神'，已说得是。"淳。

○ 问："章句中所谓'鬼神之为德'，'犹言性情功效'者，固是
有性情便有功效，有功效便有性情。然所谓性情者，莫便是张子所谓
'二气之良能'否？所谓功效者，莫便是程子所谓'天地之功用'否？"
曰："鬼神视之而不见，听之而不闻，人须是于那良能与功用上认取其
德。"广。

○ 问："鬼神之德，如何？"曰："自是如此。此言鬼神实然之理，
犹言人之德。不可道人自为一物，其德自为德。"力行。

○ 因读"鬼神之德"一章，问："章句云'犹言性情功效云尔'，
性情乃鬼神之情状，不审所谓功效者何谓？"曰："能'使天下之人齐明
盛服以承祭祀'便是功效。"问："魂魄守体，有所知否？"曰："耳目聪
明为魄，安得谓无知？"问："然则人之死也，魂升魄降，是两处有知觉
也。"曰："孔子分明言'合鬼与神，教之至也'，当祭之时求诸阳及求
诸阴，正为此。况祭亦有报魄之说。"德明。

○ 问："'鬼神之为德'只是言气与理否？"曰："犹言性情也。"
问："章句中说'功效'，如何？"曰："鬼神会做得这般事。"因言："鬼
神有无，圣人未尝决言之。如言'之死而致死之，不仁；之死而致生
之，不知'、'于彼乎，于此乎'之类，与明道语上蔡'恐贤问某寻'之

意同。"问："五庙、七庙递迁之制,恐是世代浸远、精爽消亡,故庙有
迁毁。"曰："虽是如此,然祭者求诸阴,求诸阳,此气依旧在,如嘘吸
之则又来。若不如此,则是'之死而致死之'也。盖其子孙未绝,此气
接续亦未绝。"又曰："天神、地祇、山川之神,有此物在其气自在此,
故不难晓。惟人已死,其事杳茫,所以难说。"德明。

○　或问："'颜子死而不亡'之说,先生既非之矣。然圣人制祭祀
之礼所以事鬼神者,恐不止谓但有此理,须有实事?"曰："若是见理明
者,自能知之。明道所谓'若以为无,古人因甚如此说;若以为有,又
恐贤问某寻',其说甚当。"人杰。

○　问："侯氏中庸曰:'总摄天地,斡旋造化,阖辟乾坤,动役鬼
神,日月由之而晦明,万物由之而生死者,诚也。'此语何谓?"曰：
"这个亦是实有这理便如此。若无这理,便都无天地无物无鬼神了。不
是实理,如何'微之显,诚之不可掩'?"因问："'鬼神造化之迹',何
谓迹?"曰："鬼神是天地间造化,只是个二气屈伸往来。神是阳,鬼是
阴。往者屈,来者伸,便有个迹恁地。"淳因举谢氏"归根"之说。先
生曰："'归根'本是老氏语,必竟无归,这个何曾动?"问："性只是天
地之性。当初亦不是自彼来入此,亦不是自此往归彼,只是因气之聚
散,见其如此是耳。"曰："毕竟是无归。如月影映在这盆水里,除了这
盆水,这影便无了,岂是这飞上天去归那月里去? 又如这花落便无了,
岂是归去那里明年复来生这枝上?"问："人死时这知觉便散否?"曰：
"不是散,是尽了,气尽则知觉亦尽。"问："世俗所谓物怪神奸之说,
则如何断?"曰："世俗大抵十分有八分是胡说,二分亦有此理。多有是
非命死者,或溺死,或杀死,或暴病卒死,是它气未尽,故凭依如此,
然终久亦必消了。又有是乍死后气未消尽,是它当初禀得气盛故如此,
然终久亦消了。盖精与气合便生人物,'游魂为变'便无了。如人说神

仙，古来神仙皆不见，只是说后来神仙。如<u>左传</u>伯有为厉，此鬼今亦不见。"问："自家道理正，则自不能相干。"曰："亦须是气能便配义始得，若气不能配义，便馁了。"问："<u>谢氏</u>谓'祖考精神，便是自家精神'，如何？"曰："此句已是说得好。祖孙只是一气，极其诚敬自然相感。如这大树有种子下地，生出又成树，便即是那大树也。"〔<u>淳</u>。〕

○ 问："<u>中庸</u>十二章，<u>子思</u>论道之体用。十三章言人之为道不在乎远，当即夫众人之所能知、能行，极乎圣人之所不能知、不能行。第十四章又言人之行道，当随其所居之分而取足于其身。"曰："此两章大纲相似。第十五章又言进道当有序，第十六章方言鬼神之道'费而隐'。盖论君子之道则即人之所行言之，故但及其费而隐自存。论鬼神之道则本人之所不见不闻而言，故先及其隐而后及于费。"曰："鬼神之道便是君子之道，非有二也。"〔<u>广</u>。〕

第十七章

○ <u>节</u>问："'因其材而笃焉'，'笃'字何谓？"曰："是因材而加厚些子。"<u>节</u>。

○ <u>汉卿</u>问："栽者培之，倾者覆之，以'气至滋息，气反游散'来说，上言德而受福，而以气为言者，何也？"曰："道理是如此，亦非定定有个物使之然。若是成时自节节恁地长将去，若坏时恰似有个物来推倒了。道理都如此。如<u>诗</u>云'假乐君子，显显令德。宜民宜人，受禄于天。保佑命之，自天申之'，<u>董仲舒</u>云'为政而宜于人，固当受禄于天也'。上面虽是叠将来，此数语却转得意思好。"<u>贺孙</u>。

○　问："舜之大德受命，止是为善得福而已，中庸却言天之生物栽培倾覆，何也？"曰："只是一理。此亦非是有物使之然，但物之生时自节节长将去，恰似有物扶持他；及其衰也，则自节节消磨将去，恰似有个物推倒它。理自如此。唯我有受福之理，故天既佑之又申之。董仲舒曰'为政而宜于民，固当受禄于天'，虽只是叠将来说，然玩味之，觉它说得自有意思。"又曰："嘉乐诗下章又却不说其它，但愿其子孙之多且贤耳。此意甚好，然此亦其理之常，若尧舜之子不肖，则又非常理也。"广。

第十八章

○　问："'上祀先公以天子之礼'，先公谓组绀以上。盖古无（道）〔追〕王之礼，至周之武王、周公，以王业肇于太王、王季、文王，故追王三王。至于组绀以上，则止祀以先公之礼，所谓'葬以士，祭以大夫'之义也。"曰："然。周礼祀先王以衮冕，祀先公以鷩冕，则祀先公依旧止用诸侯之礼，鷩冕，诸侯之服。但乃是天子祭先公之礼耳。"问："诸儒之说，以为武王未诛纣，则称文王为'文考'，以明文王在位未尝称王之证。及既诛纣，乃称文考为'文王'。然既曰'文考'，则其谥定矣，若如其言，将称为'文公'耶？"曰："此等事无证佐，皆不可晓，阙之可也。"侗。

○　问："中庸解载游氏辨文王不称王之说，正矣。先生却曰'此事更当考'，是如何？"曰："说文王不称王，固好，但书中不合有'惟九年大统未集'一句。不知所谓'九年'自甚时数起？若谓文王固守臣节不称王，则'三分天下有其二'亦为不可。又书言'太王肇基王迹'，则到太王时周家已自强盛矣。今史记于梁惠王三十七年书'襄王元年'，而竹书纪年以为后元年，想得当时文王之事亦类此。故先儒皆以为自虞芮质成之后为受命之元年。"广。

○ 问："丧祭之礼至周公然后备，夏商而上想甚简略。"曰："然。'亲亲长长'，'贵贵尊贤'。夏商而上大概只是亲亲长长之意，到得周来，则又添得许多贵贵底礼数。如'始封之君不臣诸父昆弟，封君之子不臣诸父而臣昆弟'。期之丧，天子诸侯绝，大夫降。然诸侯大夫尊同则亦不绝不降，姊妹嫁诸侯者则亦不绝不降，此皆贵贵之义。上世想皆简略，未有许多降杀贵贵底礼数。凡此皆天下之大经，前世所未备，到得周公搜剔出来立为定制，更不可易。"偶。

○ "'三年之丧，达于天子'，中庸之意只是主为父母而言，未必及其它者。所以下句云'父母之丧无贵贱，一也'。"因言："大凡礼制欲行于今，须有一个简易底道理。若欲尽拘古礼，则繁碎不便于人，自是不可行，不晓它周公当时之意是如何。孔子尝曰'如用之，则吾从先进'，想亦是厌其繁。"文蔚问："伯叔父母，古人皆是期丧。今礼又有所谓'百日制，周期服'。然则期年之内当服其服，往往今人于此多简略。"曰："居家则可，居官便不可行。所以当时横渠为见天祺居官，凡祭祀之类尽令天祺代之，他居家服丧期。当时幸而有一天祺居官，故可为之。万一无天祺，则又当如何？便是动辄窒碍难行。"文蔚曰："今不居官之人，欲于百日之内略如居父母之丧，期年之内则服其服，如何？"曰："私居亦可行之。"文蔚。

○ 或问："'三年之丧达乎天子，父母之丧无贵贱，一也'，吕氏却分作两段说。"曰："它只据左氏载周穆后崩、太子寿卒，'叔向曰王一岁而有三年之丧二'一句。大抵左氏所说之礼不可据，往往是叔世之

后变乱无理会底礼数。今若引以为据，多失之。如君举是也。"味道因
举"先配后祖"之说，先生云："便是在古，岂有这个礼数？某尝说左
氏只是一个详练晓事、会做文章底人，却不是儒者。公、穀虽是儒者，
又却不晓事，其所说礼多有是处，只是说得忔煞郑重滞泥，政如世俗所
谓山东学究是也。"或云："若公羊谓孔父'义形于色'，仇牧'不畏强
御'，荀息'不食其言'，此皆断得好，又却有大段乱道处，是如何？"
曰："便是它不晓事，故不自知其不是，便写出来。若是左氏便巧，自
做道理回互了。"或云："以祭仲废君为行权，卫辄拒父为尊祖，是它全
不识道理也。"曰："此亦可见它不晓事处。它只知嫡孙可以代祖，却不
知子不可以无父先。"是旦日，吴兄不讲礼，先生问何故。曰："为祖母
承重，方在禫，故不敢讲贺礼。"或问："为祖母承重有禫制否？"曰：
"礼惟于父母与长子有禫，今既承重，则便与父母一般了，当服禫。"
广。按贺孙录大同，今附于下，云："正淳问中庸云'三年之丧'，又云父母之丧，
吕氏却作两段。"曰："吕氏所以如此说者，盖见左氏载周穆后薨、太子寿卒，谓周
'一岁而有三年之丧二焉'。左氏说礼皆是周（衰末）〔末衰〕乱不经之礼，无足取者。
君举所以说礼多错者，缘其多本左氏也。"贺孙云："如'陈鍼子送女，先配后祖'
一段，更是〔没〕分晓。古时那曾有这般礼数？"曰："便是他记礼皆差。某尝言左
氏〔不是〕儒者，只是个晓事该傅、会做文章之人。若公、穀二子，却是个不晓事
底儒者，故其说道理及礼制处不甚差，下得语怎地郑重。"贺孙因举所断："孔父谓
其'义形于色'，仇牧谓其'不畏强御'，荀息谓其'不食言'，最是断得好。"曰：
"然。"贺孙又云："其间有全乱道处，恐是其徒插入，如何？"曰："是他那不晓事底
见识，便写出来，亦不道是不好。若左氏便巧，便文饰回互了。"或云："以祭仲废
君为行权，卫辄拒父为尊祖，都是不是。"曰："是它不晓事底见识。只知道有所谓
'嫡孙承重'之义，便道孙可以代祖，而不知子不可以不父其父。尝谓学记云'多其
讯'，注云'讯，犹问也'，公、穀便是'多其讯'，没紧要处也便说道某言者何、某
事者何。"

第十九章

○ "或问中说庙制处，所谓'高祖'者何也?"曰："四世祖也。'世'与'大'字古多互用，如太子为世子、太室为世室之类。"广。

○ 林安卿问："中庸二昭、二穆以次向南，如何?"曰："太祖居中，坐北而向南。昭穆以次而出向南。某人之说如（何）〔此〕，乃是。如疏中谓太祖居中，昭穆左右分去列作一排。若天子七庙，恐太长些。"又曰："大率论庙制，刘歆之说颇是。"义刚。

○ 问"中庸集注略载杨氏说：'序事所以辨贤，处以玉币所以交神明，裸鬯所以求神于幽也。'岂以天神无声臭气类之可感，止用玉币表自家之诚意；而裸鬯交人神则以人鬼有气类之可感，故用芬香之酒耶?"曰："不然。自是天神高而在上，郁鬯之酒感它不着。盖灌鬯之酒却泻入地下去了，所以只可感人鬼而不可以交天神也。"僴。

○ 问："章句云'酬，导饮也'，如何是'导饮'?"曰："主人酌以献宾，宾酬主人曰酢，主人又自饮而复饮宾曰酬。其主人又自饮者是导宾使饮也。谚云"主人倍食于宾"，疑即此意。但宾受之却不饮，奠于席前，至旅时亦不举，又自别举爵，不知如何。"又问："行旅酬时，祭事已毕否?"曰："其大节目则已了，亦尚有零碎礼数未竟。"又问："想必须在饮福受胙之后。"曰："固是。古人酢宾便是受胙。'胙'与'酢'、'昨'字，古人皆通用。"广。

○ "旅酬"者，以其家臣或乡吏之属，_{大夫则有御史}。一人先举觯献宾。宾饮毕，即以觯授于执事者，执事者则以献于其长，递递相承，献及于沃盥者而止焉。沃盥，谓执盥洗之事，至贱者也。故曰"旅酬下为上，所以逮贱也"。<u>广</u>。

○ 汉卿问"导饮"是如何。先生历举仪礼献酬之礼。旅酬礼，下为上交劝。先一人如乡吏之属升觯，或二人举觯献宾。宾不饮，却以献执事。〔执事〕一人受之，以献于长，以次献，至于沃盥，所谓"逮贱"者也。旅酬后，乐作，献之俎未彻，宾不敢旅酬。酬酒，宾奠不举，至旅酬亦不举，更自有一盏在右，为旅盏也。受胙者，古者"胙"字与"酢"字通。受胙者，犹神之酢己也。周礼中"胙席"又作"昨昔"之"昨"。谓初未设，只跪拜，〔彻〕后方设席。周礼王享先公亦如之。（不言）〔又举〕尸饮酢之礼。其时祭，每献酬酢甚详，不知合享如何。周礼旅酬六尸。古者男女皆有尸，女尸不知起于何代。杜佑乃谓古无女尸，女尸乃本夷虏之属，后来圣人革之。贺孙因举仪礼士虞礼云："男，男尸；女，女尸。是古男女皆有尸也。"先生因举陶侃庙_{南昌 南康}。每年祭祀，堂上设神位，两（箱）〔厢〕设生人位。凡为劝首者，至祭时具公服，设马乘，仪状甚盛。至于庙，各就两（箱）〔厢〕之位。其奉祭者献饮食，一同神位之礼。又某处择一乡长，状貌甚魁伟者为之，至诸处祭，皆请与同享。此人遇冬春祭多时节，每日大醉也。厌祭是不用尸者。古者必有为而不用，如祭殇、阴厌、阳厌是也。<u>贺孙</u>。

朱子语类卷第六十四
中庸三

第二十章

○ "中庸言'修道以仁'。修道，便是言上文修身之道，自'为政在人'转说将来。'修道以仁'，仁是筑底处，试商量如何？"伯圭言："克去己私，复此天理，然后得其修。"先生曰："固是。然圣贤言'仁'字处，便有个温厚慈祥之意，带个爱底道理。下文便言'亲亲为大'。"壵。

○ 问："'修道以仁'，继之以'仁者人也'，何为下面又添说义礼？"曰："仁便有义，如阳便有阴。亲亲尊贤皆仁之事。亲之尊之，其中自有个差等，这便是义与礼。亲亲，在父子如此，在宗族如彼，所谓'杀'也；尊贤，有当事之者，有当友之者，所谓'等'也。"僴。

○ 节问："仁亦是道，如何却说'修道以仁'？"曰："道是泛说，"泛"字，疑是"统"字。仁是切要底。"又问："如此则这个'仁'字是偏言底？"曰："'仁者人也，亲亲为大'，如此说则此是偏言。"节。

○ "思修身不可以不事亲，思事亲不可以不知人，思知人不可以不知天。"知天是起头处，能知天，则知人、事亲、修身皆得其理矣。闻见之知与德性之知皆知也，只是要知得到信得及。如君之仁、子之孝之类，人所共知而多不能尽者，非真知故也。谟。

○ 问"思修身不可不事亲，思事亲不可不知人，思知人不可不知天"。曰："此处却是倒看，根本在修身，然修身得力处却是知天。知天是知至物格，知得个自然道理。学若不知天，便记得此又忘彼，得其一失其二。未知天见事头绪多，既知天了这里便都定。这事也定，那事也定。"淳。

○ 问："诸说皆以生知安行为仁，学知利行为知，先生独反，是何也?"曰："论语说'仁者安仁，智者利仁'，与中庸说'知仁勇'意思自别。生知安行便是仁在智中，学知利行便是仁在知外。既是生知必能安行，所以谓仁在知中。若是学知便是知得浅些了，须是力行方始至仁处，所以谓仁在智外。譬如卓子，论语说仁便是直脚处，说智便是横挡处；中庸说仁便是横挡处，说智便是直脚处。且将诸公说录出，看这一边了又看那一边，便自见得不相疑。"问"智〔仁〕勇"。曰："理会得底是智，行得底是仁，着力去做底是勇。"赐。

○ 仁则力行工夫多，智则致知工夫多。"好学近乎智，力行近乎仁"，意自可见。德明。

○ "思事亲不可不知人"，只如"知人则哲"之"知人"，不是思欲事亲先要知人，只是思欲事亲更要知人。若不好底人与它处，岂不为亲之累?"知天"是知天道。淳。

○ 知耻，如"舜，人也，我亦人也。舜为法于天下，可传于后世，我犹未免为乡人也，是则可忧也"。既耻为乡人，进学安得不勇！

○　为学自是用勇方行得彻，不屈慑。若才行不彻，便是半涂而废。所以中庸说"知、仁、勇三者"。勇本是个没紧要物事，然仁、知了，不是勇便行不到头。僴。

○　问："'为天下有九经'，若论天下之事，固不止此九件，此但举其可以常行而不易者否？"曰："此亦大概如此说，然其大者亦不出此。"又问："吕氏以'有此九者，皆德怀之事，而刑不与焉'，岂以为此可以常行，而刑则期于无刑，所以不可常行而不及之欤？"曰："也不消如此说。若说不及刑，则礼乐亦不及。此只是言其大者，而礼乐刑政固已行乎其间矣。"又问："养士亦是一大者，不言何也？"曰："此只是大概说。若如此穷，有甚了期？若论养士，如'忠信重禄'、'尊贤'、'子庶民'，则教民之意固已具其中矣。"僴。

○　"柔远"解作"无忘宾旅"。孟子注："宾客羁旅。"古者为之授节，如照身、凭子之类，（谨）〔近〕时度关皆给之。"因能授任以嘉其善"，谓愿留于其国者也。德明。

○　问"饩廪"。曰："饩，牲饩也，如今官员请受有生羊肉。廪，即廪给，折送钱之类是也。"赐。

○　问："'送往迎来'，集注云'授节以送其往'。"曰："远人来，至去时有节以授之，过所在为照。如汉之出入关者用缯，唐谓之'给过所'。"赐。

○　豫，先知也，事未至而先知其理之谓豫。"凡事豫则立，不豫则废"，横渠曰"事豫吾内，求利吾外也"，又曰"精义入神者，豫而已矣"，皆一义也。_僩。

○ 或问"言前定则不跲"。曰："句句着实，不脱空也。今人才有一句言语不实，便说不去。"_{贺孙}。

○ "事前定则不困"，闲时不曾做得，临时自是做不彻，便至于困。"行前定则不疚"，若所行不前定，临时便易得屈折枉道以从人矣。"道前定则不穷"，这一句又局得大，连那上三句都包在里面，是有个妙用，千变万化而不穷之谓。事到面前都理会得，它人处置不得底事自家便处置得，它人理会不得底事自家便理会得。_僩。

○ 问："'诚者天之道，诚之者人之道'，如何?"。曰："诚是天理之实然，更无纤毫作为。圣人之生，其禀受浑然，气质清明纯粹，全是此理，更不待修为，而自然与天为一。若其余则须是'博学、审问、谨思、明辨、笃行'，如此不已，直待得仁义礼智与夫忠孝之道。日用本分事无非实理，然后为诚。有一毫见得与天理不相合，便于诚有一毫未至。如程先生说常人之畏虎，不如曾被虎伤者畏之出于诚实，盖实见得也。今于日用间若不实见得是天理之自然，则终是于诚为未至也。"_{大雅}。

○ 敬之问："'诚者，天之道也；思诚者，人之道也'，思诚莫须是明善否?"曰："明善自是明善，思诚自是思诚。明善是格物、致知，思诚是毋自欺、谨独。明善固所以思诚，而思诚上面又自有工夫在。诚者都是实理了，思诚者恐有不实处，便思去实它。'诚者，天之道'，天无不实，寒便是寒，暑便是暑，更不待使它恁地。圣人仁便真个是仁，义便真个是义，更无不实处。在常人，说仁时恐犹有不仁处，说义时恐犹有不义处，便须着思有以实之始得。"_{时举}。

○　诚是天道，才人只说得"思诚"。泳。

○　或问："明善、择善，何者为先？"曰："譬如十个物事，五个善，五个恶。须拣此是善，此是恶，方分明。"从周。

○　问："舜是生知，何谓之'择善'？"曰："圣人也须择，岂是全然无所作为！它做得更密。生知、安行者只是不似它人勉强耳。尧稽于众，舜取诸人，岂是信采行将去？某尝（思目）见朋友好论圣贤等级，看来都不消得如此，圣人依旧是这道理。如千里马也须使四脚行，驽骀也是使四脚行，不成说千里马脚都不用动便到千里！只是它行得较快耳。"又曰："圣人说话都只就学知利行上说。"赐。〔夔孙录云："问：'"舜大知"章是行底意多，"回择中"章是知底意多？'曰：'是。'又问：'"择"字，舜分上莫使不得否？'曰：'好问好察，执其两端，岂不是择？尝见诸友好论圣贤等级，这都不消得，它依旧是这道理。且如说圣人生知、安行，只是行得较容易，如千里马云云，只是他行得较快尔，而今且学他如何动脚。'"〕

○　问："〔或问〕（所）引大学〔论〕小人之阴恶阳善，而以诚于中者目之，且有'为善也诚虚，为恶也何实如之'〔之〕语，何也？"曰："'小人闲居为不善'是诚心为不善也，'掩其不善，而著其善'是为善不诚也。"因举往年胡文定尝说："朱子发虽修谨，皆是伪为。"是时范济美天资豪杰，应云："子发诚是伪为，如公辈却是至诚。"文定逊谢曰："某何敢当'至诚'二字？"济美却戏云："子发是伪于为善，公却是至诚为恶也。"乃是此意。德明。

○　或问："'笃行'是有急切之意否？"曰："笃，厚也，是心之恳恻。"履孙。

○ 学聚、问辨，明善、择善，尽心、知性，此皆是知，皆始学之功也。<u>道夫</u>。

○ <u>中庸</u>言"谨思之"，思之粗（后）〔浅〕不及固是不谨，到思之过时亦是不谨。所以它圣人不说深思，不说别样思，却说个"谨思"。<u>道夫</u>。

○ <u>吕氏</u>说"博学、审问、谨思、明辨、笃行"一段煞好，皆是他平日做工夫底。<u>淳</u>。

○ 或问"人一能之己百之，人十能之己千之"。曰："此是言下工夫，人做得一分自己做百分。"<u>节</u>。

○ 问："'博学之'至'明辨之'是致知之事，'笃行'则力行之事否？"曰："然。"又问："'有弗学'至'行之弗笃弗措也'，皆是勇之事否？"曰："此一段却只是虚说，只是应上面'博学之'五句反说起。如云不学则已，学之而有弗能定不休。如云'有不战，战必胜矣'之类也。'弗措'也未是勇事，到得后面说'人一己百，人十己千'，方正是说勇处。'虽愚必明'是致知之效，'虽柔必强'是力行之效。"<u>㒒</u>。

○ <u>汉卿</u>问"哀公问政"章。曰："旧时只零碎解。某自初读时只觉首段尾与次段首意相接，如云'政也者，蒲卢也。故为政在人，取人以身；修身以道，修道以仁'，便说'仁者，人也，亲亲为大。义者，宜也，尊贤为大'，都接续说去，遂作一段看，始觉贯穿。后因看<u>家语</u>，乃知是本来只一段也。<u>中庸</u>三十三章，其次第甚密，古人著述便是不可及。此只将别人语言斗凑成篇，本末次第终始总合，如此缜密！"<u>贺孙</u>。

○ 问："中庸第二十章，初看时觉得涣散，收拾不得。熟读先生章句，方始见血脉通贯处。"曰："前辈多是逐段解去。某初读时但见'思修身'段后便继以'天下之达道五'，'知此三者'段后便继以'为天下国家有九经'，似乎相接续。自此推去，疑只是一章。后又读家语，方知是孔子一时间所说。"广云："岂独此章？今次读章句，乃知一篇首尾相贯，只是说一个中庸底道理。"曰："固是。它古人解做得这样物事，四散收拾将来，及并合聚，则便有个次序，又直得如此缜密！"广。

第二十一章

○ "自诚明"，性之也；"自明诚"，充之也。转一转说。"天命之谓性"以下举体统说。人杰。

○ "自诚明，谓之性。"诚，实然之理，此尧舜以上事。学者则"自明诚，谓之教"，明此性而求实然之理。经礼三百，曲礼三千，无非使人明此理。此心当提撕唤起，常自念性如何善？因甚不善？人皆可为尧舜，我因甚做不得？立得此后，观书亦见理，静坐亦见理，森然于耳目之前。可学。

第二十二章

○ 或问："如何是'唯天下至诚'？"曰："'唯天下至诚'，言其心中实是天下至诚，非止一家一国而已。不须说至于实理之极，才说个

'至于'，则是前面有未诚底半截。此是说圣人，不说这个未实底。况圣人亦非向未实处到这里方实也。'赞化育，与天地参'是说地头。"履孙。

○ 问"'惟天下至诚为能尽人之性'一段。且如性中有这仁，便真个尽得仁底道理；性中有这义，便真个尽得义底道理"云云。曰："如此说，尽说不着。且如人能尽父子之仁，推而至于宗族亦无有不尽，又推而至于乡党亦无不尽，又推而至于一国、至于天下亦无有不尽。若只于父子上尽其仁，不能推之于宗族，便是不能尽其仁。能推之于宗族，而不能推之于乡党，亦是不能尽其仁。能推之于乡党，而不能推之于一国、天下，亦是不能尽其仁。能推于己而不能推于彼，能尽于甲而不能尽于乙，亦是不能尽。且如十件事，能尽得五件而五件不能尽，亦是不能尽。如两件事，尽得一件而一件不能尽，亦是不能尽。只这一事上，能尽其初而不能尽其终，亦是不能尽；能尽于早而不能尽于莫，亦是不能尽。就仁上推来是如此，义、礼、智莫不然。然自家一身也，如何做得许多事？只是心里都有这个道理。且如十件事，五件事是自家平生晓得底，或曾做来；那五件平生不曾识也不曾做，卒然至面前，自家虽不曾做，然既有此道理便识得破，都处置得下，无不尽得这个道理。如'能尽人之性'，人之气禀有多少般样，或清或浊，或昏或明，或贤或鄙，或寿或夭，随其所赋，无不可以全其性而尽其宜，更无些子欠阙处。是它元有许多道理，自家一一都要处置教是。如'能尽物之性'，如鸟兽草木有多少般样，亦莫不有以全其性而遂其宜，所以说'惟天下之至诚，为能尽人物之性'。盖圣人通身都是这个真实道理了，拈出来便是道理，东边拈出东边也是道理，西边拈出西边也是道理。如一斛米初间量有十斗，再量过也有十斗，更无些子少欠。若是不能尽其性，如元有十斗，再量过却只有七八斗，少了三二斗，便是不能尽其性。天与你许多道理，本自具足无些子欠阙，只是人自去欠阙了它底。所以中庸难看，便是如此。须是心地大段广大方看得出，须是大段精微方看得出，精密而广阔方看得出。"或曰："中庸之尽性，即孟子所谓尽心否？"
曰："只差些子。"或问差处。曰："不当如此问。今夜且归去与众人商
量，晓得个'至诚能尽人物之性'分晓了，却去看尽心，少间差处自见
得，不用问。如言黑白，若先识得了，同异处自见。只当问黑白，不当
问黑白同异。"久之，又曰："尽心是就知上说，尽性是就行上说。"或
曰："能尽得真实本然之全体是尽性，能尽得虚灵知觉之妙用是尽心。"
曰："然。尽心就所知上说，尽性就事物上说。事事物物上各要尽得它
道理，较零碎，尽心则浑沦。盖行处零碎，知处却浑沦。如尽心，才知
些子，全体便都见。"又问："尽心了方能尽性否？"曰："然。孟子云
'尽其心者知其性也，知性则知天'，便是如此。"<u>僩</u>。

○ 问："至诚尽人物之性，是晓得尽否？"曰："非特晓得尽，亦
是要处之尽其道。若凡所以养人教人之政，与夫利万物之政，皆是也。
故下文云'赞天地之化育，而与天地参矣'。若只明得尽，如何得与天
地参去？这一个是无不得底，故曰'与天地参而为三矣'。"<u>大雅</u>。

○ 尽人性，尽物性，性只一般。人物气禀不同。人虽禀得气浊，
善底只在那里，有可开通之理。是以圣人有教化去开通它，使复其善
底。物禀得气偏了，无道理使开通，故无用教化。尽物性只是所以处之
各当其理，且随他所明处使之。它所明处亦只是这个善，圣人便是用它
善底。如马悍者，用鞭策亦乘得。然物只到得这里，此亦是教化，是随
它天理流行发见处使之也。如虎狼，便只得陷而杀之，驱而远之。<u>淳</u>。

○ 尽己之性，如在君臣则义、在父子则亲、在兄弟则爱之类，己
无一之不尽。尽人之性，如黎民时雍、各得其所。尽物之性，如鸟兽草
木咸若。如此，则可以"赞天地之化育"矣，皆是实事，非私心之仿像
也。<u>人杰</u>。

○ "能尽其性则能尽人之性，能尽人之性则能尽物之性"，只是恁地贯将去，然有个"则"字在。芝。

○ 圣人"赞天地之化育"，〔盖天下事〕有不恰好处被圣人做得都好。丹朱不肖，尧则以天下与人。洪水泛滥，舜寻得禹而民得安居。桀、纣暴虐，汤、武起而诛之。

○ "赞天地之化育。"人在天地中间虽只是一理，然天人所为各自有分，人做得底却有天做不得底。如天能生物，而耕种必用人；水能润物，而灌溉必用人；火能熯物，而薪爨必用人。财成辅相须是人做，非赞助而何？程先生言"参赞"之义非谓赞助，此说非是。闳祖。

○ 程子说赞化处，谓"天人所为各自有分"，说得好！淳。

○ 问"惟天下至诚，（惟）〔为〕能尽其性"。答曰："此已到到处，说着须如此说，又须分许多节次。只圣人之至诚，一齐具备。中庸于此皆分作两截言。至诚则浑然天成，更无可说。如下文却又云'诚之者人之道'，'其次致曲，曲能有诚'，皆是教人做去。如'至诚无息'一段，诸儒说多不明，却是古注是。此是圣人之至诚，天下久则见其如此，非是圣人如此节次。虽尧舜之德，亦久方著于天下。"问："赞化育，常人如何为得？"曰："常人虽不为得，亦各有之。"曰："此事惟君相可为。"曰："固然。以下亦有其分，如作邑而祷雨之类皆是。"可学。

○ 问："中庸两处说'天下之至诚'，而其结语一则曰'赞天地之化育'，一则曰'知天地之化育'。'赞'与'知'两字如何分？"曰："前一段是从里面说出，后段是从下而说上，如'修道之谓教'也。'立天下之〔大〕本'是静而无一息之不中。知化（者）〔育〕则知天理之流行。"广。按（集）〔叶〕贺孙录同，云："或问：'赞天地之化育与知天地之化育，何如？'曰："'感其性'者是从里面说将出，故能尽其性，则能尽人物之性，以赞天地之化育也。"经纶天下之大经"者是从下面说上去，如"修道之教"是也。"立天下之大本"是静而无一息之不中处。知化育则知天理之流行矣。'"

第二十三章

○ 问"致曲"。曰："须件件致去，如孝、如悌、如仁义，须件件致得到诚处始得。"赐。

○ 问："'致曲'是就偏曲处致力否？"曰："如程子说'或孝或弟，或仁或义'，所偏发处推致之，各造其极也。"问："如此，恐将来只就所偏处成就。"曰："不然。或仁或义，或孝或弟，更互而发，便就此做致曲工夫。"德明。

○ 问："'其次致曲'与易中'纳约自牖'之意亦略相类。'纳约自牖'是因人之明而导之，'致曲'是因己之明而推之。是如此否？"曰："是如此。"时举。

○ 问："'其次致曲'，注所谓'善端发见之偏'，如何？"曰："人所禀各有偏善，或禀得刚强，或禀得和柔，各有一偏之善。若就它身上更求其它好处，又不能如此。所以就其善端之偏而推极其全。恻隐、羞恶、是非、辞逊四端随人所禀，发出来各有偏重处，是一偏之善。"寓。

○ 问："前夜与直卿论'致曲'一段，或问中举孟子'四端扩而充之'，直卿以为未安。既是四端，安得谓之'曲'？"曰："四端先后互发，岂不是曲？孟子云'知皆扩而充之'则自可见。若谓只有此一曲则是夷惠之偏，如何得该偏？圣人具全体，一齐该了，然而当用时亦只是发一端。如用仁则义、礼、智如何上来得？"问："圣人用时虽发一端，然其余只平铺在，要用即用。不似以下人有先后间断之异，须待扩而后充。"曰："然。"又问："颜曾以下皆是致曲？"曰："颜子体段已具，曾子却是致曲，一一推之，至答一贯之时，则浑合矣。"问："所以必致曲者，只是为气禀隔，必待因事逐旋发见？"曰："然。"又问："程子说'致曲'云'于偏胜处发'似未安，如此则专主一偏矣。"曰："此说甚可疑。须于事上论，不当于人上论。"可学。

○　刘潜夫问"其次致曲"。曰："只为气质不同，故发见有偏。如至诚尽性则全体著见，次于此者未免为气质所隔。只如人气质温厚，其发见者必多与仁，仁多便侵却那义底分数；气质刚毅，其发见者必多与义，义多便侵却那仁底分数。"因指面前灯笼曰："且如此灯，乃本性也，未有不光明者。气质不同，便如灯笼用厚纸糊，灯便不甚明；用薄纸糊，灯便明似纸厚者；用纱糊，其灯又明矣。撤去笼则灯之全体著见，其理正如此也。"文蔚。

○　曲是气禀之偏，如禀得木气多便温厚慈祥，从仁上去发，便不见了发强刚毅。就上推长充扩，推而至于极便是致。气禀笃于孝便从孝上致曲，使吾之德浑然是孝而无分毫不孝底事。至于动人而变化之，则与至诚之所就者无殊。升卿。

○　元德问"其次致曲，曲能有诚"。曰："凡事皆当推致其理，所谓'致曲'也。如事父母便来这里推致其孝，事君便推致其忠，交朋友便推致其信。凡事推致便能有诚。曲不是全体，只是一曲。才遇着曲处，便与它推致。”时举。

○ 问：“‘致曲’莫是就其所长上推致否？”曰：“不只是所长，谓就事上事事推致。且如事父母，便就这上致其孝；处兄弟，便致其友弟；交朋友，便致其信，此所谓‘致曲’也。能如此推致则能诚矣。曲不是全体，只是一面曲。”淦。

○ 林子武问“曲能有诚”。曰：“若此句属上句意则曲是诚有诚，若是属下句意读则曲若能有诚则云云。”又问：“此有二意，不知孰稳？”曰：“曲也是诚有诚，但要之不若属下意底为善。”又问“诚者自成，道者自道”。曰：“自成是就理说，自道是就我说。有这实理所以有〔此万物〕。”问“其次致曲”。曰：“伊川先生说得好，将曲专做好处，所以云‘或仁或义，或孝或弟’，就此等处推致其极。”又问：“先生或问却作‘随其所禀之厚薄’，而以伊川之言为未尽，不可专就偏厚处说者，如何？”曰：“不知旧时何故如此说。”或曰：“所禀自应有厚薄，或厚于仁，薄于义；或厚于义，薄于仁。须是推致它恰好，则亦不害为有厚薄矣。”曰：“然，也有这般处。然观其下文‘曲能有诚’一句，则专是主好说。盖上章言‘尽性’，则统体都是诚了。所谓‘诚’字，连那‘尽性’都包在里面，合下便就那根头一尽都尽，更无纤毫欠阙处。‘其次致曲’则未能如此，须是事事上推致其诚，逐旋做将去，以至于尽性也。‘曲能有诚’一句，犹言若曲处能尽其诚，则‘诚则形，形则著’云云也。盖曲处若不能有其诚，则其善端之发见者或存或亡，终不能实有诸己。故须就此一偏发见处便推致之，使有诚则不失也。”又问：“‘明、动、变、化’，伊川以‘君子所过者化’解‘动’字，是和那‘变化’二字都说在里面否？”曰：“动是方感动。变则已改其旧俗，然尚有痕瑕在。化则都消化了，无复痕迹矣。”僩。

○ "明则动，动则变，变则化。"动与变化皆主乎外而言之。人杰。

第二十五章第二十四章无

○ 问："'诚者自成'便是'鬼神体物而不可遗'，'而道自道'便是'道不可离'。如何?"曰："也是如此。'诚者物之终始'，说得来好。"广。

○ 问："'道自道也'，'道'也只作人解，则文义无窒碍。"先生曰："'物'字正是兼人物而言，若专说人，则所该有不尽矣。"佣。

○ 问"诚者自成也，而道自道也"。曰："诚者，是个自然成就底道理，不是人去做作安排底物事。道自道者，道却是个无情底道理，却须是人自去行始得。这两句只是一样，而义各不同。何以见之?下面便分说了。"又曰："诚者自成，如这个草树所以有许多根株枝叶条干者，便是它实有。所以有许多根株枝叶条干，这个便是自成，是你自实有底。如人便有耳目鼻口手足百骸，都是你自实有底。道虽是自然底道理，然却须你自去做始得。"佣。

○ "'诚者自成也，而道自道也。'上句是孤立悬空说这一句，四旁都无所倚靠。盖有是实理则有是天，有是实理则有是地。如无是实理，则便没这天也没这地。凡物都是如此，故云'诚者自成'，盖本来自成此物。到得'道自道'便是有这道在这里，人若不自去行，便也空了。"贺孙问："既说'物之所以自成'，下文又云'诚以心言'，莫是心者物之所存主处否?"曰："'诚以心言'者是就一物上说。凡物必有是心，有是心然后有是事。下面说'诚者物之终始'，是解'诚者自成'一句。'不诚无物'已是说着'自道'一句了。盖人则有不诚，而理则无不诚者。恁地看，觉得前后文意相应。"贺孙。

○ 某问："'诚者自成也，而道自道也'，两句语势相似，而先生之解不同，上句工夫在'诚'字上，下句工夫在'行'字上。"先生曰："亦微不同。'自成'若只做'自道'解亦得。"某因言："妄意谓此两句只是说个为己不但为人，其后却说不独是自成，亦可以成物。"先生未答，久之，复曰："某旧说诚有病。盖诚与道皆泊在'诚之为贵'上了，后面却便是说个合内外底道理。若如旧说，则诚与道成两物也。"义刚。

○ "诚者自成也"，下文云"诚者物之终始，不诚无物"，此二句便解上一句。实有此理，故有是人；实有此理，故有是事。赐。

○ 问："'诚者物之终始'，而命之曰道。"答曰："诚是实理，彻上彻下只是这个。生物都从那上做来，万物流形天地之间，都是那底做。五峰云'诚者命之道，中者性之道，仁者心之道'，此数句说得密，如何大本处却含糊了！以性为无善恶，天理人欲都混了，故把作同体。"或问："'同行'语如何？"曰："此却是只就事言之。"黄直卿曰："它既以性无善恶，何故云'中者性之道'？"曰："它也把中做无善恶。"淳。

○ 蕫卿尝言："'诚'字甚大，学者未容骤语。"道夫以为："'诚者物之终始'，始学之士所当尽心，而圣人之所以为圣人者亦不过如此，正所谓彻上彻下之理也。"一日，以语曹丈进叔。曹曰："如何？"答曰："诚者，实然之理而已。"曹曰："也说实然之理未得。诚固实，便将实来做诚却不是。"因具以告先生。曰："也未可恁地执定说了。诚有主事而言者，有主理而言者。盖'不诚无物'是事之实然，至于参赞化育，则便是实然之理。"道夫。

○ "诚者物之终始"犹言"体物而不可遗",此是相表里之句。"物之终始",谓从头起到结尾,(更)〔便〕是有物底地头〔,着一些急不得〕。〔又曰:有一尺诚,便有一尺物;有一寸诚,便有一寸物。〕方子。

○ "诚者,物之终始"以理而言,"不诚无物"(丄)〔以〕人而言。以人而言则有空阙,有空阙则如无物相似。节。

○ 正淳问:"'诚者物之终始,不诚无物',此两句是泛说。'故君子诚之为贵',此却说从人上去。先生于'不诚无物'一句亦以人言,何也?"曰:"'诚者物之终始',此固泛说。若是'不诚无物',这个'不'字是谁不它?须是有个人不它方得。"贺孙。

○ "诚者,物之终始",物之终始皆此理也,以此而始,以此而终。物,事也,亦是万物。"不诚无物"以在人者言之,谓无是诚则无是物。如视不明则不能见是物,听不聪则不能闻是物,谓之无物亦可。又如鬼怪妖邪之物,吾以为无便无,亦是。〔今按,"无物"谓不能闻见是物,及"以为无便无",皆与章句不合。姑存之。〕德明。

○ 或问:"诚者物之终始,不诚无物,是故君子诚之为贵。"曰:"'诚者物之终始',来处是诚,去处亦是诚。诚则有物,不诚则无物。且如而今对人说话,若句句说实,皆自心中流出,这便是有物。若是脱空诳(诳)〔诞〕,不说实话,虽有两人相对说话,如无物也。且如草木自萌芽发生以至枯死朽腐归土,皆是有此实理方有此物。若无此理,安得有此物!"僩。卓录同。

○ "诚者物之终始，不诚无物。"如读书，半版以前心在书上，则此半版有终有始。半版以后心不在焉，则如不读矣。闳祖。

○ "诚者物之终始，不诚无物。"诚者，事之终始。不诚如不曾做得事相似。且如读书，一遍至三遍无心读，四遍至七遍方有心读，八遍又无心，则是三遍以下与八遍如不曾读相似。芟。

○ 问："'诚者物之终始，不诚无物'，是实（者）〔有〕是理而后有是物否？"曰："且看它圣人说底正文语脉，盖'诚者物之终始'却是事物之实理始终无有间断，自开辟以来以至人物消尽只是如此。在人之心，苟诚实无伪，则彻头彻尾无非此理。一有间断，则就间断处即非诚矣。如圣人至诚，便是自始生至没身首尾是诚。颜子不违仁，便是自三月之初为诚之始，三月之末为诚之终，三月以后便不能不间断矣。'日月至焉'只就至焉时便为终始，至焉之外即间断而无诚，无诚即无物矣。不诚则'心不在焉，视不见，听不闻'，是虽谓之无耳目可也。且如'禘自既灌而往不欲观'，是方灌时诚意存焉，即有其祭祀之事物，庋及其诚意一散，则虽有升降威仪，已非所以为祭祀之事物矣。"大雅。

○ "'诚者物之终始，不诚无物。'做万物看亦得，就事物上看亦得。物以诚为体，故不诚则无此物。终始是彻头彻尾底意。"问："或问中云'自其间断之后，虽有其事，皆无实之可言'，何如？"曰："此是说'不诚无物'。如人做事，未做得一半便弃了，即一半便不成。"问杨氏云"四时之运已即成物之功废"。先生曰："只为有这些子，如无这些子，其机关都死了。"再问："为其'至诚无息'，所以'四时行，百物生'更无已时。此所以'维天之命，於穆不已'也。"先生曰："然。"德明。

○ 问"不诚无物"。曰："诚，实也。且如人为孝，若是不诚，恰似不曾，诚便是事底骨子。"<u>文蔚</u>。

○ 不诚，虽有物犹无物。如禘自既灌而往者，诚意一散，如不祭一般。<u>闳祖</u>。

○ "不诚无物"，人心无形影，惟诚时方有这物事。今人做事，若初间有诚意，到半截后意思懒散，漫做将去，便只是前半截有物，后半截无了。〔若做到九分，这一分无诚意便是这一分无功。〕<u>传</u>。

○ 问"不诚无物"。曰："实有此理便实有此事。且如今日向人说我在东却走在西，说在这一边却自在那一边，便都成妄诞了。"<u>蟜</u>。

○ "诚者，物之终始"指实理而言，"君子诚之为贵"指实心而言。<u>僩</u>。

○ "诚者非自成己而已"，此"自成"字与前面不同。盖怕人只说"自成"，故言"非自成己，乃所以成物"，成己便以仁言，成物便以知言。故成己、成物固无内外之殊，但必先成己然后能成物，此道之所以当自行也。<u>夔孙</u>。

○ "成己，仁也"，是体；"成物，知也"，是用。"学不厌，知也"，是体；"教不倦，仁也"，是用。<u>闳祖</u>。

○ 问："'成己，仁也；成物，知也'，成物如何说知？"曰："须是知运用方成得物。"问："'时措之宜'是颜豃闭户缨冠之义否？"曰："亦有此意。须是仁知具、内外合，然后有个'时措之宜'。"又云："如平康无事时是一般处置，仓卒缓急时又有一样处置。"德明。

○ 问："'成己，仁也；成物，智也。'以某观之，成己却是智，成物却是仁。"曰："颜子克己复礼为仁，非成己而何？智周乎万物而道济天下，非成物而何？"㑇。

第二十六章

○ 问："'至诚无息，不息则久，久则征'，征是征验发见于外否？"曰："除是久然后有征验，只一日两日工夫，如何有征验！"德明。

○ 再问"悠久、博厚、高明"。曰："此是言圣人功业，自'征则悠久'至'博厚、高明、无疆'，皆是功业著见如此。故郑氏云'圣人之德，著于四方'。又'致曲'章'明则动'，诸说多就性分上理会，惟伊川云'"明则动"是诚能动人也'。"又说："'著则明'，如见面盎背是著，若明则人所共见，如'令闻广誉施于身'之类。"德明。

○ 问："'至诚无息'一章，自是圣人与天为一处，广大渊微，学者至此不免有望洋之叹。"曰："亦不须如此。岂可便道自家终不到那田地？只是分别义理令分明，旋做将去。"问："'悠远、博厚、高明'，章句中取郑氏说，谓'圣人之德，著于四方'。岂以圣人之诚自近而远，自微而著，如书称尧'光被四表，格于上下'者乎？"曰："亦须看它一个气象，自'至诚不息，不息则久'，积之自然如此。"德明。

○ "至诚无息"一段，郑氏曰"言至诚之德著于四方"，是也。诸家多将做进德次第说。只一个"至诚"已该了，岂复更有许多节次，不须说入里面来。古注有不可易处，如"非天子不议礼"一段，<u>郑氏</u>曰"言作礼乐者，必圣人在天子之位"，甚简当。〔<u>闳祖</u>。〕

○ 问："中庸二十六章中'博厚、高明、悠久'六字，先生解云'所积者广博而深厚，所发者高大而光明'，是逐字解，至'悠久'二字，却只做一个说了。据下文'天地之道，博也，厚也，高也，明也，悠也，久也'，则'悠'与'久'字其义恐亦各别？"先生良久曰："悠，长也。悠是自今观后，见其无终穷之意。久是就它骨子里说镇常如此之意。"翌早又云："昨夜思量下得两句'悠是据始以要终，久是随处而常在'。"<u>广</u>。

○ <u>吕氏</u>说"有如是广博则不得不高，有如是深厚则不得不明"，此两句甚善。章句中虽是用它意，然当初只欲辞简，故反不似它说得分晓。譬如为台观，须是大做根基方始上面可以高大。又如万物精气蓄于下者深厚，则其发越于外者自然光明。<u>广</u>。

○ 或问"今夫天昭昭之多"。曰："昭昭，小明也。管中所见之天也是天，恁地大底也是天。"<u>节</u>。

第二十七章

○ "大哉圣人之道"，此一段有大处做大处，有细密处做细密处，有浑沦处做浑沦处。<u>公晦</u>。

○ 或问"圣人之道，发育万物，峻极于天"，曰："即春生夏长、秋收冬藏，便是圣人之道，不成须要圣人使它发育，方是圣人之道。
'峻极于天'只是充塞天地底意思。"〔学蒙。〕

○ "礼仪三百，威仪三千，优优大哉"皆是天道流行，发见为用
处。祖道。

○ "优优大哉！礼仪三百，威仪三千"，一事不可欠阙，才阙一
事，便是于全体处有亏也。佛釋之学只说道无不存，无适非道，只此便了，若
有一二事阙着，说也不妨。人杰。

○ "经礼三百"便是仪礼中士冠、诸侯冠、天子冠礼之类。此是
大节，有三百条。如始加、再加、三加，又如甚"坐如尸，立如齐"之
类，皆是其中之小目，便有三千条。或有变礼，亦是小目。吕与叔云
"经便是常行底，纬便是变底"，恐不然。经中自有常、有变，纬中亦自
有常、有变。

○ 问"苟不至德，至道不凝焉"。曰："至德固是诚，但此章却漾
了诚不说，若牵来说又乱了。盖它此处且是要说道非德不凝，而下文遂
言修德事。"或问："'大德必得其位，必得其禄，必得其寿。'尧舜不闻
子孙之盛，孔子不享禄位之荣，何也？"曰："此是或非常理。今所说乃
是常理也。"因言："董仲舒云'固当受禄于天'，虽上面叠说将来不好，
只转此句，意思尽佳。"贺孙。

○ "'德性'犹言义理之性？"曰："然。"闳祖。处谦录同。

○ 不"尊德性"则懈怠弛（侵）〔慢〕矣，学问何从而进？升卿。

○ 问："'尊德性而道问学'，如何是'德性'？如何可尊？"曰："玩味得，却来商量。"<u>祖道</u>。

○ 圣人将那广大底收拾向实处来，教人从实处做将去。老佛之学则说向高远处去，故都无工夫了。圣人虽说本体如此，及做时须事事着实。如礼乐刑政，文为制度，触处都是。体用动静，互换无端，都无少许空阙处。若于此有一毫之差，则便于本体有亏欠处也。"洋洋乎，礼仪三百，威仪三千"，"洋洋"是流动充满之意。<u>广</u>。

○ 广大似所谓理一，精微似所谓分殊。<u>升卿</u>。

○ "致广大"，谓心胸开阔，无此疆彼界之殊。"极高明"，谓无一毫人欲之私以累于己，才汩于人欲便卑污矣。<u>贺孙</u>。

○ 问："'极高明'是以理言，'道中庸'是以事言否？"曰："不是理与事。'极高明'是言心，'道中庸'是言学底事。立心超乎万物之表而不为物所累，是高明；及行事则恁地细密无过不及，是中庸。"〔<u>淳</u>。〕

○ 问："'致广大'，章句以为'不以一毫私意自蔽'，'极高明'是'不以一毫私欲自累'。岂以上面已说'尊德性'是'所以存心而极乎道体之大'，故于此略言之欤？"曰："也只得如此说。此心本广大，若有一毫私意蔽之便狭小了；此心本高明，若以一毫私欲累之便卑污了。若能不以一毫私意自蔽，则其心开阔，都无此疆彼界底意思，自然能'致广大'。惟不以一毫私欲自累，则其心峻洁，决无污下昏冥底意思，自然能'极高明'。"因举<u>张子</u>言曰："阳明胜则德性用，阴浊胜则物欲行。"〔<u>广</u>。〕

○ <u>义刚</u>问："'广大高明'，<u>注</u>云：'不以一毫私意自蔽，不以一毫私欲自累。'意是心之所发处言，欲是指物之所接处言否？"曰："某本意解'广大高明'不在接物与未接物上，且看何处见得高明广大气象。此二句全在自蔽与自累上。盖为私意所蔽时，这广大便被它隔了，所以不广大。为私欲所累时，沉坠在物欲之下，故卑污而无所谓高明矣。"义刚。

○ "温故而知新"，温故有七分工夫，知新有三分工夫。其实温故则自然知新，上下五句皆然。人杰。

○ "敦厚"者，本自厚，就上更加增益底功。升卿。

○ "敦厚以崇礼"，厚是资质恁地朴实，敦是愈加它重厚，此是培其基本。赐。

○ "温故"只是存得这道理在，便是"尊德性"。"敦厚"只是个朴实头，亦是"尊德性"。闳祖。处谦录同。

○ 问："'温故而知新，敦厚以崇礼'，'而'与'以'字义如何？"曰："温故自知新者，'而'，顺词也。敦厚者又须当崇礼（是）〔始〕得，'以'者，反说上去也。世固有一种人，天资纯厚而不曾去学礼而不知礼者。"广。

○ 问："德性、问学，广大、精微，高明、中庸，据或问中所论皆具大小二意。如温故，恐做不得大看？"曰："就知新言之，便是新来方理会得那枝节分节解底，旧来已见得大体，与它温寻去，亦有大小之意。'敦厚以崇礼'，谓质厚之人又能崇礼，如云'质直而好义'。"问："高明、中庸，龟山每讥王氏心迹之判。"曰："王氏处己处人之说固不是，然高明、中庸亦须有个分别。"德明。

○ "居上不骄，为下不倍。国有道，其言足以兴；国无道，其默足以容。"举此数事，言大小精粗一齐理会过，贯彻了后盛德之效自然如此。<u>闳祖</u>。

○ "尊德性而道问学"一句是纲领。此五句，上截皆是大纲工夫，下截皆是细密工夫。"尊德性"故能"致广大、极高明、温故、敦厚"，"温故"是温（故）习此，"敦厚"是笃实此。"道问学"故能"尽精微、道中庸、知新、崇礼"。<u>闳祖</u>。

○ 节问："'尊德性而道问学'，何谓尊?"曰："只是把做一件物事，尊崇抬夯它。""何谓道?"曰："只是行，如去做它相似。这十件相类。'（尊德性、）致广大、极高明、温故、敦厚'，只是'尊德性'；'尽精微、道中庸、知新、崇礼'，便是'道问学'。如<u>程伊川</u>言'涵养须用敬，进学则在致知'，道问学而不尊德性则_{云云}，尊德性而不道问学则_{云云}。"<u>节</u>。

○ 问："'尊德性而道问学'，行意在先；'择善而固执之'，知意又在先。如何?"曰："此便是互相为用处。'大哉圣人之道！洋洋乎发育万物，峻极于天'，是言道体之大处。'礼仪三百，威仪三千'，是言道之细处。只章首便分两节来，故下文五句又相因。'尊德性'至'敦厚'，此上一截便是浑沦处；'道问学'至'崇礼'，此下一截便是详密处。道体之大处直是难守，细处又难穷究。若有上面一截而无下面一截，只管道是我浑沦，更不务致知，如此则茫然无觉。若有下面一截而无上面一截，只管要纤悉皆知，更不去行，如此则又空无所寄。如有一般人实是敦厚淳朴，然或箕踞不以为非，便是不崇礼。若只去理会礼文而不敦厚，则又无以居之。所以'忠信之人可学礼'，便是'敦厚以崇礼'。"<u>淳</u>。

○ 问中庸二十七章。广谓："'洋洋乎发育万物，峻极于天'，此是指道体之形于气化者言之。'优优大哉！礼仪三百，威仪三千'，此是指道体之形于人事者言之。虽其大无外，其小无内，然必待人然后行。"曰："如此说也得，只说道自能如此也得。须看那'优优大哉'底意思。盖三千、三百之仪，圣人之道无不充足，其中略无些子空阙处，此便是'语小，天下莫能破'也。"广云："此段中间说许多存心与致知底工夫了，末后却只说'居上不骄，为下不倍。国有道，其言足以兴；国无道，其默足以容'，此所以为中庸之道。"曰："固是。更须看中间五句，逐句兼小大言之，此章首两句相应，工夫两下皆要到。'尊德性而道问学'，此句又是总说。"又问："二十九章'君子之道本诸身'以下，广看得第一第二句是以人己对言，第三第六句是以古今对言，第四第五句是以隐显对言，不知是否？"曰："也是如此。'考诸三王而不缪，百世以俟圣人而不惑'，犹释子所谓以过去未来言也。后面说知天知人处，虽只举后世与鬼神言，其实是总结四句之义也。中庸自首章以下多是对说将来，不知它古人如何做得这样文字，直是恁地整齐！"因言："某旧年读中庸都心烦，看不得，且是不知是谁做。若以为子思做，又却时复有个'子曰'字，更没理会处。盖某僻性，读书须先理会得这样分晓了，方去涵泳它义理。后来读得熟后，方见得是子思参取夫子之说著为此书。自是沉潜反覆，（遂）〔逐〕渐得其旨趣，定得今章句一篇。其摆布得来直恁么细密！又如太极图，若不分出许多节次来，后人如何看得？但未知后来读者知其用功如是之至否？"广。

第二十八章

○ 问："中庸'非天子不议礼，不制度，不考文'，注云：'文，书名也。'何以谓之'书名'?"曰:"如'大'字唤做'大'字,'上'字唤做'上'字,'下'字唤做'下'字,此之谓书名,是那字底名。"又问数处小节。曰:"不必泥此等处。道理不在这样处,便纵饶有道理,宁有几何!如看此两段,须先识取圣人个功用之大、气象规模广阔处。'非天子不议礼,不制度,不考文',只看此数句是甚么样气象!若使有王者受命而得天下,改正朔,易服色,殊徽号,天下事一齐被他改换一番。其切近处,则自它一念之微而无毫厘之差。其功用之大,则天地万物一齐被它剪截裁成过,截然而不可犯。须先看取它这样大意思方有益。而今区区执泥于一二没紧要字之间,果有何益!"又曰:"'考文'者,古者人不甚识字,字易得差,所以每岁一番,使大行人之属巡行天下,考过这字是正与不正。这般事有十来件,每岁如此考过,都匝了,则三岁天子又自巡狩一番。须看它这般做作处。"<u>佐</u>。

第二十九章

○ 问:"'建诸天地而不悖',以上下文例之,此天地似乎是形气之天地。盖建诸天地之间而其道不悖于我也。"曰:"此天地只是道耳,谓吾建于此而与道不相悖也。"<u>时举</u>。

○ 问:"'质诸鬼神而无疑',只是'龟从,筮从'、'与鬼神合其吉凶'否?"曰:"亦是,然不专在此,只是合鬼神之理。"问:"'君子之道本诸身',章句中云'其道即议礼、制度、考文之事',如何?"曰:"君子指在上之人。上章言'虽有其德,苟无其位,不敢作礼乐',就那身上说只做得那般事者。"<u>德明</u>。

第三十章

○ 文蔚问:"'下袭水土',是因土地之宜否?"曰:"是所谓'安土敦乎仁故能爱',无往而不安。<u>文蔚</u>。

○ 大德是敦那化底,小德是流出那敦化底出来。这便如忠恕,忠便是做那恕底,恕便是流出那忠来底。如中和,中便是"大德敦化",和便是"小德川流"。自古亘今都只是这一个道理。"天高地下,万物散殊,而礼制行矣;流而不息,合同而化,而乐兴焉",圣人做出许多文章制度礼乐,颠来倒去都只是这一个道理做出来。以至圣人之所以为圣,贤人之所以为贤,皆只是这一个道理。人若是理会得那源头只是这一个物事,许多头项都有个归着,如天下雨,一点一点都着在地上。<u>僴</u>。

第三十一章

○ 问:"'至诚'、'至圣'如何分?"曰:"'至圣'、'至诚'只是以表里言。至圣是其德之发见乎外者,故人见之,但见其'溥博如天,渊泉如渊,见而民莫不敬,言而民莫不信',至'凡有血气者莫不尊亲',此其见于外者如此。至诚则是那里面骨子,'经纶大经'、'立大本'、'知化育',此三句便是骨子,那个聪明睿知却是这里发出去。至诚处非圣人不自知,至圣则外人只见得到这处。"自"溥博如天"至"莫不尊亲"处。或曰："'至诚'、'至圣'亦可以体用言否？"曰："体用也不相似，只是说得表里。"僩。

○ 陈安卿问："'仁义礼智'之'智'与聪明睿知想是两样。礼智是自然之性能辨是非者，睿知是说圣人聪明之德无所不能者。"曰："便只是这个物事。礼智是通上下而言，睿知是扩充得较大。炉中底便是那礼智，如睿知则是那照天烛地底。'睿知聪明，足有临也'，某初晓那'临'字不得。后思之，大概是有过人处方服得人。且如临十人须是强得那十人方得，至于百人、千人、万人皆然。若临天下，便须强得天下方得，所以道是'亶聪明，作元后'，〔又曰'天生聪明'，〕又曰'聪明文思'，又曰'聪明时宪'，便是大故底要那聪明。"义刚。

○ 问："'文理密察'，龟山解云'"理于义"也'。"曰："便是怕如此，说这一句了未得，又添一句，都不可晓。此是圣人于至纤至悉无不详审。且如一物初破作两片，又破作四片，若未恰好，又破作八片，只管详密。文是文章，如物之文镂。理是条理。每事详密审察，故曰'足以有别'。"德明。

○ 聪察便是知，强毅便是勇。季札。

○ "溥博渊泉。"溥，周遍。博，宏大。渊，深沉。泉便有个发达不已底意。道夫。

○ 问："上章言'溥博如天，渊泉如渊'，下章只言'其渊其天'，章句中云'不但如之而已'，如何？"曰："此亦不是两人事。上章是以圣言之，圣人德业著见于世，其盛大自如此。下章以诚言之，是就实理上说，'其渊其天'，实理自是如此。"德明。

第三十二章

○ 魏材仲问"惟天下至诚为能经纶"以下。曰："从上文来，经纶合是用，立本合是体。"问："'知天地之化'是与天地合否？"曰："然。"又问："四'强哉矫'欲骈合为一。"曰："不然。"大雅云："此是说强底体段，若做强底工夫，则须自学问思辨始。"曰："固是。智、仁、勇，须是智能知，仁能守，斯可言勇。不然则恃个甚！"大雅。

○ 林正卿问"焉有所倚"。曰："堂堂然流出来，焉有倚靠？"节。

○ "夫焉有所倚"，圣人自是无所倚，若是学者须是靠定一个物事做骨子方得。圣人自然如此，它才发出来，便"经纶天下之大经，立天下之大本"。侗。

○ 问："'惟天下至诚为能经纶天下之大经'一章，郑氏注云'唯圣人乃能知圣人'，恐上面圣人是人，下面圣人只是圣人之道耳。"曰："亦是人也。惟有其人而后至诚之道乃始实见耳。"时举。

第三十三章

○ 问絅衣之制。曰："古注以为禅衣，所以袭锦衣者。"又问"禅"与"单"字同异。曰："同。沈存中谓絅与蒜同，是用蒜麻织疏布为之，不知是否。"广。

　　○　问："'衣锦尚絅'章，首段虽是再叙初学入德之要，然也只是说个存养致知底工夫，但到此说得来尤密。思量来'衣锦尚絅'之意大段好，如今学者不长进，都缘不知此理，须是'暗然而日章'。"曰："中庸后面愈说得向里来，凡八引诗，一步退似一步，都用那般'不言、不动、不显、不大'底字，直说到'无声无臭'则'至矣'!"广。

　　○　汉卿问"衣锦尚褧"章。曰："自此凡七引诗，一步退一步，极至于'无声无臭'而后已。"贺孙云："到此方还得它本体。"曰："然。"又曰："汉卿看文字忒快，如今理会得了，更要熟读，方有汁水。某初看中庸都理会不得，又是子思之言，又有子曰，不知是谁做，只管读来读去，方见得许多章段分明。后来人看不知如前人恁地用心否？且如周子太极图，经许多人不与它思量出，自某逐一与它思索，方见得它如此精密。"贺孙。

　　○　问"知风之自"。曰："凡事自有个来处，所以与'微之显'厮对着。只如今日做一件事是也是你心下正，一事不是也是你心下元不正。推此类以往，可见。"大雅。

　　○　林子武说"衣锦"章。先生曰："只是收敛向内，工夫渐密，便见得近之可远。'风之自，微之显'，按，黄录无近之以下十字。君子之道固是不暴著于外。然曰'恶其文之著'，亦不是无文也，自有文在里。淡则可厌，简则不文，温则不理。而今却不厌而文且理，只缘有锦在里。若上面着布衫，里面着布袄，便是内外黑窣窣地。明道谓'中庸始言一理，中散为万事，末复合为一理'，虽曰'合为一理'，然自有万物住在。如云'不动而敬，不言而信'，也是自有敬信在。极而至于'无声无臭',然自有'上天之载'在。盖是其中自有,不是都无也。"黄录此下有云:"且天下只是这道理,走不得。如佛老虽灭人伦,然在他却拜其师为父,以其弟子为子,长者谓之师兄,少者谓之师弟,只是护得个假底。"贺孙。义刚录同。

○　先生检中庸诸先生"知风之自"说,令看孰是。伯丰以吕氏略本,正淳以游氏说对。曰:"游氏便移来'知远之近'上说,亦得。吕氏虽近之,然却是'作用是性'之意,于学无所统摄。此三句,'知远之近'是以己对物言之,知在彼之言是非,由在我之得失,如'行有不得,反求诸己';'知风之自'是知其身之得失,由乎心之邪正;'知微之显'又专指心,说就里来。大抵游氏说话全无气力,说得徒膀浪,都说不杀,无所谓'听其言也厉'气象。"訚。

○　"潜虽伏矣"便觉有善有恶,须用察。"相在尔室"只是教做存养工夫。大雅。

○　李丈问:"中庸末章引诗'不显'之义,只是形容前面'戒谨不睹,恐惧不闻',而极其盛以言之否?"曰:"是也。此所引与诗正文之义同。"淳。

○　中庸末章,恐是说只要收敛近里如此,则工夫细密。而今人只是不收向里,做时心便粗了。然而细密中却自有光明发出来。中庸一篇,始只是一,中间却事事有,末后却复归结于一。义刚。

○　"不大声以色"只是说至德自无声色。今人说笃恭了便不用刑政,不用礼乐,岂有此理!古人未尝不用礼乐刑政,但自有德以感人,不专靠它刑政尔。正卿。

○ 问："卒章引诗'不大声以色'，云'声色之于化民，末也'。又推至'德輶如毛'而曰'毛犹有伦'，直至'无声无臭'，然后为'至矣'。此意如何？"曰："此章到'笃恭而天下平'，已是极至结局处。所谓'不显维德'者，幽深玄远，无可得而形容。虽'不大声以色'，'德輶如毛'，皆不足以形容。直是'无声无臭'，到无迹之可寻然后已。它人孰不恭敬，又不能平天下。圣人笃恭，天下便平，都不可测了。"问："'不显维德'，按诗中例是言'岂不显'也。今借引此诗便真作'不显'说，如何？"曰："是个幽深玄远意，是不显中之显。此段自'衣锦尚絅'、'暗然日章'，渐渐收（领）〔敛〕到后面，一段密似一段，直到圣而不可知处，曰'无声无臭，至矣'。"德明。

○ 因问孔子"空空"、颜子"屡空"与中庸所谓"无声无臭"之理。曰："以某观论语之意，自是孔子叩鄙夫，鄙夫空空，非是孔子空空。颜子箪瓢屡空自对子贡货殖而言，始自文选中说颜子屡空，空心受道，故疏论语者亦有此说。要之，亦不至如今日学者直是悬空说入玄妙处去也。中庸'无声无臭'本是说天道。彼其所引诗，诗中自说须是'仪刑文王'然后'万邦作孚'，诗人意初不在'无声无臭'上也。中庸引之结中庸之义。尝细推之，盖其意自言谨独以修德。至诗曰'不显维德，百辟其刑之'，乃'笃恭而天下平'也。后面节节赞叹其德如此，故至'予怀明德'以至'"德輶如毛"，毛犹有伦，"上天之载，无声无臭"，至矣'，盖言天德之至而微妙之极，难为形容如此。今为学之始，未知所有而遽欲一蹴至此，吾见其倒置而终身迷乱矣。"〔大雅。〕

○ 公晦问"无声无臭"与老子所谓"玄之又玄"、庄子所谓"冥冥默默"之意。先生不答。良久，曰："此自分明，可子细看。"广云："此须看得那不显底与明著底方可。"曰："此须是自见得。"广因曰："前日与公晦论程子'鸢飞鱼跃，活泼泼地'。公晦问：'毕竟此理是如何?'广云:'今言道无不在,无适而非道,固是。只是说得死搭搭地。若说"鸢飞戾天,鱼跃于渊"与"必有事焉而勿正心,勿忘,勿助长",则活泼泼地。'"曰:"也只说得到这里,由人自看。且如孔子说'天何言哉? 四时行焉,百物生焉',如今只看'天何言哉'一句耶? 唯复是看'四时行焉,百物生焉'两句耶?"又曰:"'天有四时,春秋冬夏,风雨霜露,无非教也。地载神气,神气风霆,风霆流形,庶物露生,无非教也。'圣人说得如是实。"广。〔贺孙录别出。〕

○　公晦问:"中庸末章说及本体微妙处,与老子所谓'玄之又玄'、庄子所谓'冥冥默默'之意同。不知老庄是否?"先生不答。良久,曰:"此自分明,可且自看。某从前趁口答将去,诸公便更不思量。"临归,又请教。先生曰:"开阔中又着细密,宽缓中又着谨严,这是人自去做。夜来所说'无声无臭'亦不离这个。自'不显维德'引至这上,岂特老庄说得恁地? 佛家也说得相似,只是它个虚大。凡看文字要急迫亦不得,有疑处且渐渐思量。若一下便要理会得,如何会见得意思出!"贺孙。

朱子语类卷第六十五

易一

纲领上之上

阴阳

○　阴阳只是一气，阳之退便是阴之生，不是阳退了又别有个阴生。*淳*。

○　阴阳做一个看亦得，做两个看亦得。做两个看，是"分阴分阳，两仪立焉"；做一个看，只是一个消长。〔*文蔚*。〕

○　阴阳各有清浊偏正。*侗*。

○　阴阳之理有会处，有分处，事皆如此。今浙中学者只说合处、混一处，都不理会分处。*去伪*。

○　阴阳有个流行底，有个定位底。"一动一静，互为其根"便是流行底，寒暑往来是也；"分阴分阳，两仪立焉"便是定位底，天地上下四方是也。"易"有两义：一是变易，便是流行底；一是交易，便是对峙底。如魂魄，以二气言，阳是魂，阴是魄；以一气言，则伸为魂，屈为魄。<u>恪</u>。按<u>黄义刚</u>录同。

○　天地间道理有局定底，有流行底。<u>渊</u>。

○　阴阳，论推行底只是一个，对峙底则是两个。如日月、水火之类，皆是两个。推行底，如"一动一静，互为其根"；对峙底，如"分阴分阳，两仪立焉"。<u>方子</u>。

○　唤做一气，固是如此。然看他日月、男女、牝牡处，便见周先<u>生</u>所以说"一动一静，互为其根"，此是说那个对立底无一物无阴阳，如至微之物也有个背面。若说流行处，却只是一气。<u>渊</u>。

○　气无始无终，且从元处接起，元之前又是贞了。如子时是今日，子之前又是昨日之亥，无空缺时。有个局定底，有个推行底，天地间理都如此。四方是局定底，四时是推行底。<u>方子</u>。

○　阳气只是六层，只管上去。上尽后下面空缺处便是阴。<u>方子</u>。

○　〔方其有阳，那里知道有阴？有<u>乾卦</u>，那里知道有<u>坤卦</u>？〕天地间只是一个气，自今年冬至到明年冬至是他气周匝底。把来折做两截时，前面底便是阳，后面底便是阴。又折做两截也如此，便是天地四时。天地间只有六层阳气，到地面时地下便冷了。只是这六位阳长到底，那第一位极了，无去处，上面即是渐次消去。上面消去些个时下面便生了些个，那便是阴。只是个嘘吸，嘘是阳，吸是阴。<u>渊</u>。

○　<u>徐元震</u>问："自十一月至正月方三阳，是阳气自地上而升否？"

曰："然。只是阳气既升之后看看欲绝，便有阴生，阴气将尽，便有阳生，其已升之气便散矣。所谓消（是）〔息之〕理，其来无穷。"又问："雷出地奋，豫之后，六阳一半在地下，是天与地平分否?"曰："若谓平分则天却包着地在，此不必论。"因举康节渔樵问对之说甚好。畺。

○　阴阳有以动静言者，有以善恶言者。如"乾元资始，坤元资生"，则独阳不生，独阴不成，造化周流，须是并用。如"履霜坚冰至"，则一阴之生便如一（岁）〔赋〕。这道理在人如何看，直看是一般道理，横看是一般道理，所以谓之"易"。道夫。

○　天地间无两立之理，非阴胜阳即阳胜阴，无物不然。（寒暑）〔昼夜〕、君子小人、天理人欲。道夫。

○　阴阳不可分先后说，只要人去其中自主静。阴为主，阳为客。侗。

○　无一物无阴阳。方子。

○　都是阴阳，无物不是阴阳。淳。

○　无一物不有阴阳乾坤。至于至微至细、草木禽兽，亦有牝牡阴阳。康节云"坤无一，故无首；乾无十，故无后"，所以坤常是得一半。砥。

○　天地之间无往而非阴阳，一动一静，一语一默，皆是阴阳之理。至如摇扇便属阳，住扇便属阴，莫不有阴阳之理。"继之者善"是阳，"成之者性"是阴。阴阳只是此阴阳，但言之不同。如二气迭运，此两相为用不能相无者也。至以阳为君子，阴为小人，则又自夫刚柔善恶而推之以言其德之异尔。"继之者善"是已发之理，"感之者性"是未发之理。自其接续流行而言故谓之已发，以赋受成性而言则谓之未发。及其在人则未发者固是性，而其所发亦只是善。凡此等处皆须各随文义所在变通而观之，才拘泥便相梗说不行。譬如观山，所谓"横看成岭侧成峰"也。<u>谦</u>。

○ "易"字义只是阴阳。<u>闳祖</u>。

○ 易只是个阴阳。<u>庄生</u>曰"易以道阴阳"，亦不为无见。如奇耦、刚柔便只是阴阳做了易。等而下之，如医技养生家之说，皆不离阴阳二者。<u>魏伯阳参同契</u>，恐希夷之学有些自其源流。<u>蓥</u>。

○ <u>杨至之</u>曰："<u>正义</u>谓：'"易"者，变化之总号，代换之殊称，乃阴阳二气生生不息之理。'窃见此数语亦说得好。"先生曰："某以为'易'字有二义：有变易，有交易。<u>先天图</u>一边本都是阳，一边本都是阴，阳中有阴，阴中有阳，便是阳往交易阴，阴来交易阳，两边各各相对。其实非此往彼来，只是其象如此。然圣人当初亦不恁地思量，只是画一个阳、一个阴，每个（使）〔便〕生两个。就一个阳上又生一个阳、一个阴，就一个阴上又生一个阴、一个阳。只管恁地去。自一为二，二为四，四为八，八为十六，十六为三十二，三十二为六十四。既成个物事便自然如此齐整，皆是天地本然之妙元如此，但略假圣人手画出来。如<u>乾</u>一索而得<u>震</u>，再索而得<u>坎</u>，三索而得<u>艮</u>；<u>坤</u>一索而得<u>巽</u>，再索而得<u>离</u>，三索而得<u>兑</u>。初间画卦时也不是恁地，只是画成八个卦后便见有此象耳。"<u>义刚</u>。<u>陈淳</u>录同。

○ <u>龟山</u>过<u>黄亭</u> <u>詹季鲁</u>家。<u>季鲁</u>问易。<u>龟山</u>取一张纸画个图子，用墨涂其半，云："这便是易。"此说极好。易只是一阴一阳做出许多般样。渊。甘节同。

○ "诸公且试看天地之间别有甚事？只是'阴'与'阳'两个字，看是甚么物事都离不得。只就身上体看，才开眼，不是阴便是阳，密拶拶在这里，都不着得别物事。不是仁便是义，不是刚便是柔。只自家要做向前便是阳、才收退便是阴意思。才动便是阳，才静便是阴。未消别看，只是一动一静便是阴阳。伏羲只因此画卦以示人，若只就一阴一阳又不足以该众理，于是错综为六十四卦三百八十四爻。初只是许多卦爻，后来圣人又系许多辞在下。如他书则元有这事方说出这个道理。易则未曾有此事，先假托都说在这里。如书便有个尧舜，有个禹、汤、文、武、周公出来做许多事便说许多事。今易则元未曾有，圣人预先说出，得人占考，大事小事无一能外于此。圣人大抵多是垂戒。"又云："虽是一阴一阳，易中之辞大抵阳吉而阴凶。间亦有阳凶而阴吉者，何故？盖有当为有不当为。若当为而不为，不当为而为之，虽阳亦凶。"又云："圣人因卦爻以垂戒，多是利于正，未有不正而利者。如云'夕惕若厉，无咎'，若占得这爻必是朝乾夕惕、戒谨恐惧，可以无咎。若自家不曾如此，便自有咎。"又云："'直方大，不习无不利'，若占得这爻须是将自身己体看是直、是方、是大，去做某事必得其利。若自家未是直、不曾方、不曾大，则无所往而得其利，此是本爻辞如此。到孔子又自添说了，如云'敬以直内，义以方外'本来只是卜筮，圣人为之辞以晓人，便说许多道理在上。今学易，非必待遇事而占方有所戒，只平居玩味，看他所说道理于自家所处地位合是如何，故云'居则观其象而玩其辞，动则观其变而玩其占'。孔子所谓'学易'，正是平日常常学之。想见圣人之所谓读异乎人之所谓读，想见胸中洞然，于易之理无纤毫蔽处，故云'可以无大过'。"又曰："圣人系许多辞包尽天下之理。止缘万事不离乎阴阳，故因阴阳中而推说万事之理。今要占考，虽小小事都有。如占得'不利有攸往'便是不可出路,'利涉大川'便是可以乘舟。此类不一。"贺孙问:"乾卦文言圣人所以重叠四截说在此,见圣人学易只管体出许多意思。又恐人晓不得,故说以示教。"曰:"大意只管怕人晓不得,故重叠说在这里,大抵多一般,如云'阳在下也',又云'下也'。"贺孙问:"圣人所以因阴阳说出许多道理,而所说之理皆不离乎阴阳者,盖缘所以为阴阳者元本于实然之理。"曰:"阴阳是气,才有此理便有此气,才有此气便有此理。天下万物万化,何者不出于此理?何者不出于阴阳?"贺孙问:"此程先生所以说道'天下无性外之物'。"曰:"如云'天地间只是个感应',又如云'诚者物之终始,不诚无物'。"贺孙。

○ 程子言"易中只是言反复、往来、上下",这只是一个道理。阴阳之道,一进一退,一长一消,反复、往来、上下,于此见之。道夫。

○ 易中说到那阳处便扶助推移他,到阴处便抑遏壅绝他。渊。

数

○ 问理与数。先生曰:"有是理便有是气,有是气便有是数,盖数乃是分界限处。"又曰:"'天一地二,天三地四,天五地六,天七地八,天九地十',是自然如此,走不得。如水数六,雪花便六出,不是安排做底。"又曰:"古者用龟为卜,龟背上纹,中间有五个,两边有八个,后有二十四个,亦是自然如此。"夔孙。

○ 石子余问易数。答曰:"都不要说圣人之画数何以如此。譬之草木,皆是自然恁地生,不待安排。数亦是天地间自然底物事,才说道圣人要如何便不是了。"植。

○　某尝问蔡季通："康节之数，伏羲也曾理会否？"曰："伏羲须理会过。"某以为不然。伏羲只是据他见得一个道理恁地便画出几画，他也那里知得叠出来恁地巧？此伏羲所以为圣。若他也恁地逐一推排，便不是伏羲天然意思。史记曰"伏羲至淳厚，作易八卦"，那里恁地巧推排！贺孙。按，后刘砥先天图一段，亦与此意同。

○　大凡易数皆六十：三十六对二十四，三十二对二十八，皆六十也。以十甲十二辰亦凑到六十也，钟律以五声十二律亦积为六十也。以此知天地之数皆至六十为节。大雅。

河图洛书

○　先生谓甘叔怀曰："曾看河图洛书数否？无事时好看。虽未是要切处，然玩此时且得自家心流转得动。"广。

○　河图常数，洛书变数。渊。芑录同。

○　明堂篇说其制度有"二九四七五三六一八"，郑氏注云"法龟文"也。此又九数之为洛书验也。〔贺孙录云："他那时已自把九畴作洛书看了。"〕广。

○　河图中宫，天五乘地十而得。七八九六，因五为得数。积五奇五偶而为五十有五。渊。

○ 中数五，衍之而各极其数以至于十者，一个衍成十个，五个便是五十。圣人说这数，不是只说得一路。他说出这个物事，自然有许多样通透去。如五奇五耦成五十五。又一说，六七八九十因五得数，是也。渊。

○ 河图五十五是天地自然之数。大衍五十，是圣人去这河图里面取那天五地十衍出这个数。不知他是如何。大概河图是自然底，大衍是用以揲蓍求卦者。渊。

○ 天地生数，到五便住。那一二三四遇着五便成六七八九。五却只自对五成十。渊。（一）〔甘〕节录同。

○ 一二三四九八七六最妙。一藏九，二藏八，三藏七，四藏六。德功云："一得九，二得八，三得七，四得六，皆为十也。观河图可见。丙辛合、丁壬合之类，皆自此推。"德明。

○ "二始"者，一为阳始，二为阴始。"二中"者五、六，"二终"者九、十。五是十干所始，六是十二律所生。圆者星也。"圆者河图之数"，言无那四角底其形便圆。以下皆启蒙图书。渊。节录同。

○ "一与六共宗"，盖是那一在五下便有那六底数。"二与七同位"，是那二在五边便有七底数。渊。

○ 成数虽阳，固亦本曼作"生"字。之阴也。如子者父之阴，臣者君之阴。节。按曼渊录同。

○ 阴少于阳，气、理、数皆如此。用全用半，所以不同。渊。

○ 问："前日承教云：'老阳少阴，少阳老阴，老除了本身一二三四，便是九八七六之数。'今观启蒙阳退阴进之说似亦如此。"先生曰："他进退亦是自然如此，不是人去攒教他进退。以十言之，即如前说，大故分晓。若以十五言之，九便对六，七便对八，晓得时也好则剧。"又问："河图，此数控定了。"先生曰："天〔地〕便只是不会说，倩他圣人出来说。若天地自会说话，想更说得好在。且如河图、洛书便是天地书出底。"夔孙。

○ 所谓"得五成六"者，一才勾（素）〔牵〕着五便是个六。下面都恁地。渊。

○ 老阴老阳所以变者无他，到极处了，无去处便只得变。九上更去不得了，只得变回来做八。六下来便是五生数了，也去不得，所以却去做七。便是五生数了，亦去不得。芑。渊同，但无注。

伏羲卦画先天图

○ 问："先生说：'伏羲画卦皆是自然，不曾用些子心思志虑，只是借伏羲手画出尔。'唯其出于自然，故以之占筮则灵验否？"曰："然。自'太极生两仪'只管画去，到得后来更画不迭。正如磨面相似，四下都恁地自然撒出来。"广。

○ 淳问："先天图有自然之象数，伏羲当初亦知其然否？"曰："直图据见在底画较自然。圆图作两段来拗曲，恁地转来底是奇，恁地转去底是偶，有些造作，不甚依他元初底。伏羲当初只见太极下面有（人）阴阳，便知得一生二，二又生四，四又生八，恁地推去做成这物事，不觉成来却如此齐整。"淳。

○ 问："<u>先天图</u>阴阳自两边生，若将坤为太极，与<u>太极</u>图不同，如何？"曰："他自据他意思说，即不曾契勘<u>濂溪</u>底。若论他太极，中间虚者便是。他亦自说'图从中起'，今不合被横图在中间塞却。待取出放外，他两边生者即是阴根阳、阳根阴。这个有对，从中出即无对。"
<u>文蔚</u>。

○ 又说："<u>康节</u>方图子，自西北之东南便是自<u>乾</u>以之坤，自东北以之西南便是（否）〔泰〕以至（泰）〔否〕。其间有<u>咸</u> <u>恒</u> <u>损</u> <u>益</u>、<u>既济</u> <u>未济</u>，所以又于此八卦见义。盖为是自两角尖射上与<u>乾坤</u>相对，不知得怎生恁地巧。某尝说<u>伏羲</u>初只是画出八卦，见不到这里。<u>蔡季通</u>以为不然，却说某与<u>太史公</u>一般。某问云：'<u>太史公</u>如何说？'他云：'<u>太史公</u>云"<u>伏羲</u>至淳厚，画八卦"。'便是某这说。看来也是圣人淳厚，只据见定见得底画出。如<u>伊川</u>说：'若不因时，则一个圣人出来，许多事便都做了。'"砥。

○ 四象不必说阳向上。更合一画为九，方成老阳，到<u>兑</u>便推不去了。<u>兑</u>（下）〔上〕一画却是八卦，不是四象。渊。

○ 阴阳老少以少者为主。如震是少阳，却奇一耦二。渊。

○ 老阴老阳交而生<u>艮</u> <u>兑</u>，少阴少阳交而生<u>震</u> <u>巽</u>。<u>离</u> <u>坎</u>不交，各得本画。<u>离</u> <u>坎</u>之交是第二画，在生四象时交了。老阳过去交阴，老阴过来交阳，便是<u>兑</u> <u>艮</u>第三画。少阴少阳交，便生<u>震</u> <u>巽</u>上第三画。所以知其如此时，他这位次相挨旁。<u>兼山</u>谓圣人不分别阴阳老少，卜史取动爻之后卦，故分别老少。若如此则卦遂无动，占者何所用观变而玩占？渊。

○　一卦又各生六十四卦，则本卦为内卦，所生之卦为外卦，是个
十二爻底卦。渊。

○　问："昨日先生说：'程子谓"其体则谓之易"，体犹形体也，
乃形而下者。易中只说个阴阳交易而已。'然先生又尝有言曰'在人言
之则其体谓之心'。又是如何？"曰："心只是个动静感应而已，所谓
'寂然不动，感而遂通'者是也。看那几个字便见得。"因言："易是互
相博易之义，观先天图便可见。东边一画阴便对西边一画阳。盖东一边
本皆是阳，西一边本皆是阴。东边阴画皆是自西边来，西边阳画都是自
东边来。姤在西是东边五画阳过，复在东是西边五画阴过，互相博易而
成。易之变虽多般，然此是第一变。"广云："程子所谓'易中只说反复
往来上下'者，莫便是指此言之否？"曰："看得来程子之意又别。邵子
所谓易，程子多理会他底不得。盖他只据理而说，都不曾去问他。"广。

○　乾坤相为阴阳。乾后面一半是阳中之阴，坤前面一半是阴中
之阳。方子。

○　乾巽一边为上，震随坤为下。伏羲八卦。渊。

○　阳上交于阴、阴下交于阳而生四象，便是阴阳又各生两画了。
阴交刚、阳交柔，便是阴阳又各生两画了。就乾两画边看，乾兑是老
阳，离震是少阴；就坤两画边看，坤艮是老阴，坎巽是少阳。又各添
一画，则八卦全了。渊。

○　阴下交生阳，阳上交生阴。阴交阳，刚交柔，是博易之易。这

多变是变易之易，所谓"易"者只此便是。那个是易之体，这个是易之用。那是未有这卦底，这是有这卦了底。那个唤做体时是这易从那里生，这个唤做用时揲蓍取卦便是用处。芝。渊同。

○ 骧问："邵先生说'无极之前'，无极如何说前？"先生曰："邵子就图上说循环之意。自姤至坤是阴含阳，自复至乾是阳分阴。复坤之间乃无极，自坤反姤是无极之前。"道夫。

○ "无极之前"一段。问："既有前后，须有有无？"曰："本无间断。"闳祖。

○ 康节云"动静之间"，是指冬至夏至。闳祖。

○ 淳问："先天图说曰：'阳在阴中，阳逆行；阴在阳中，阴逆行。阳在阳中，阴在阴中，皆顺行。'何也？"曰："图左一边属阳，右一边属阴。左自震一阳，离兑二阳，乾三阳，为阳在阳中，顺行；右自巽一阴，坎艮二阴，坤三阴，为阴在阴中，顺行。坤无阳，艮坎一阳，巽二阳，为阳在阴中，逆行；乾无阴，兑离一阴，震二阴，为阴在阳中，逆行。"按，黄本以上自作一段。问："'先天图，心法也'，何也？'图皆自中起，万化万事生乎心'，何也？"曰："其中白处者太极也。三十二阴、三十二阳者，两仪也；十六阴、十六阳者，四象也；八阴、八阳，八卦也。"按，黄本以上又自作一段。问："'图虽无文，终日言之，不离乎是'，何也？"曰："一日有一日之运，一月有一月之运，一岁有一岁之运。大而天地之终始，小而人物之生死，远而古今之世变，皆不外乎此，只是一个盈虚消息之理。本是个小底变成大底，到那大处又变成小底。如纳甲法，乾纳甲，黄本此下有"壬"字。坤纳乙，黄本此下有"癸"字。离纳己，坎纳戊，巽纳辛，震纳庚，兑纳丁，艮纳丙，亦是此。又

如火珠林，若占一屯卦则初九是庚子，六二是庚寅，六三是庚辰，六四
是戊午，九五是戊申，上六是戊戌，亦是此。又如道家以坎离为真水
火，为六卦之主，而六卦为坎离之用。自月初三为震，上弦为兑，望日
为乾，望后为巽，下弦为艮，晦为坤，亦不外此。"〔又曰："乾之一爻属
戊，坤之一爻属己。留戊就己，方成坎离。盖乾坤是大父母，坎离是小父母"。〕淳。
义刚录同，但分作三条。

○　先天图更不可易。自复至乾为阳，自姤至坤为阴。以乾坤定
上下之位、坎离列左右之门为正。以象言之，天居上；地居下；艮为
山，故居西北；兑为泽，故居东南；离为日，故居于东；坎为月，故居
于西；震为雷，居东北；巽为风，居西南。方子。

○　康节"天地定位，否泰反类"诗八句，是说方图中两交股底。
且如西北角乾，东南角坤，是"天地定位"，便对东（南）〔北〕角泰，
西南角否。次乾是兑，次坤是艮，便对次否之咸、次泰之损。后四卦亦
如是。共十六卦。渊。

○　康节"乾南坤北，离东坎西"之说，言人立时全见前面，全不
见后面，东西只见一半，便似他这个意思。渊。

○　先天图直是精微，不起于康节。希夷以前元有，只是秘而不
传。次第是方士辈所相传授底。参同契中亦有些意思相似，与历不相
应。季通云"纽捻将来亦相应也，用六日七分"，某却不见康节说用六
日七分处。文王卦序亦不相应，他只用义理排将去。如复只用一阳生
处，此只是用物，而此也不用生底次第，也不应气候。扬雄太玄全模
放易。他底用三数，易却用四数。他本是模易，故就他模底句上看易，
也可略见得易意思，温公集注中可见也。康节云"先天图心法皆从中

起，且如说圆图”，又云“<u>文王</u>八卦应地之方”，这是见他不用卦生底次第，序四正卦出四角，似那方底意思。这个只且恁地，无大段分晓证左。未甚安。<u>渊</u>。

○ “<u>易</u>之精微在那‘两仪生四象，四象生八卦’，八卦生六十四卦，万物万化皆从这里流出。紧要处在那<u>复</u><u>姤</u>边。<u>复</u>是阳气发动之初。”因举<u>康节</u>诗“冬至子之半”。“六十四卦流布一岁之中，<u>离坎震</u>〔<u>艮</u>〕<u>兑巽</u>做得那二十四气，每卦当六日四分，<u>乾坤</u>不在四正，此以<u>文王</u>八卦言也。”<u>渊</u>。

○ 先天图，八卦为一节，不论月气先后。<u>闳祖</u>。

○ 先天图，今所写者是以一岁之运言之。若大而古今十三万五千六百年亦只是这圈子，小而一日一时亦只是这圈子。都从<u>复</u>上推起去。<u>公晦</u>。

○ 先天图，一日有一个恁地道理，一月有一个恁地道理，以至合元、会、运、世，十二万九千六百岁亦只是这个道理。且以月言之，自〔乾〕〔坤〕而<u>震</u>，月之始生，初三日也；至<u>兑</u>则月之上弦，初八日也；至<u>乾</u>则月之望，十五日也；至<u>巽</u>则月之始亏，十八日也；至<u>艮</u>则月之下弦，二十三日也；至<u>坤</u>则月之晦，三十日也。<u>广</u>。

○ 先天图与纳音相应，故<u>季通</u>言与<u>参同契</u>合。以图〔观〕之，<u>坤</u><u>复</u>之间为晦；<u>震</u>为初三，一阳生；初八日为<u>兑</u>，月上弦；十五日为<u>乾</u>；十八日为<u>巽</u>，一阴生；二十三日为<u>艮</u>，月下弦。<u>坎离</u>为日月，故不用。<u>参同契</u>以<u>坎离</u>为药，余者以为火候。此图自<u>陈希夷</u>传来，如<u>穆李</u>，想只收得，未必能晓。<u>康节</u>自思量出来，故墓志云云。<u>参同契</u>亦以<u>乾坤坎离</u>

为四正，故其言曰"运毂正轴"。

○ 谟问："先天图卦位，自乾一兑二离三右行，至震四住，揭起巽五作左行，坎六艮七，至坤八住，接震四。观卦气相接皆是左旋。盖乾是老阳，接巽末姤卦便是一阴生；坤是老阴，接震末复卦便是一阳生。自复卦一阳生，十一月之卦。尽震四离三，一十六卦然后得临卦；十二月之卦。又尽兑二，凡八卦然后得泰卦；正月卦。又隔四卦得大壮；二月卦。又隔大有一卦得夬；三月卦。夬卦接乾，乾卦接姤。自姤卦一阴生，五月卦。尽巽五坎六，一十六卦然后得遯卦；六月卦。又尽艮七，凡八卦然后得否；七月卦。又隔四卦得观；八月卦。又隔比一卦得剥；九月卦。剥卦接坤，坤卦接复。周而复始，循环无端。卦气左旋而一岁十二月之卦皆有其序，但阴阳初生，各历十六卦而后为一月，又历八卦再得一月。至阴阳将极处，只历四卦为一月，又历一卦，遂一并三卦相接。其初如此之疏，其末如此之密，此阴阳赢缩当然之理欤？然此图于复卦之下书曰'冬至子中'，于姤卦之下书曰'夏至午中'，此固无可疑者。独于临卦之下书曰'春分卯中'，则临卦本为十二月之卦，而春分合在泰卦之下。于遯卦之下书曰'秋分蜀本脱此十五字。酉中'，则遯卦本为六月之卦，而秋分合在否卦之下。昨侍坐复庵，闻王讲书所说卦气之论，皆世俗浅近之语，初无义理可推。窃意此图'春分卯中'、'秋分酉中'字，或恐后人误随世俗卦气之论，遂差其次，却与文王卦位相合矣。不然，则离兑之间所以为春、坎艮之间所以为秋者，必当别有其说？"先生曰："伏羲易自是伏羲说话，文王易自是文王说话，固不可以交互求合。所看先天卦气赢缩极子细，某亦尝如此理会来，尚未得其说。阴阳初生，其气中固缓，然不应如此之疏，其后又却如此之密。大抵此图布置皆出乎自然，不应无说，当更共思之。"谟。

○ 学者欲看易。曰："圣人不曾教学者看易，诗书执礼皆以为教，独不及易。至于'假我数年，卒以学易'乃是圣人自说，非学者事。盖易是个极难理会底物事，非他书之比。如古者先王顺诗书礼乐以造士，只是以此四者，亦不及于易。盖易是个卜筮书，藏于太史、太卜以占吉凶，亦未有许多说话。及孔子始取而敷绎，为十（经）〔翼〕，彖象系辞文言杂卦之类，方说出道理来。当初只是卜筮之书耳。"佪。

朱子语类卷第六十六

易二

纲领上之下

卜筮

○　易本为卜筮而作。古人淳质，初无文义，故画卦爻以"开物成务"。故曰："夫易，何为而作也？夫易，开物成务，冒天下之道，如斯而已矣。"此易之大意如此。谟。

○　古人淳质，遇事无许多商量，既欲如此，又欲如彼，无所适从。故作易示人以卜筮之事，故能通志、定业、断疑，所谓"开物成务"者也。人杰。

○　上古民淳，未有如今士（之）〔人〕识理义嶢崎，蠢然而已，事事都晓不得。圣人因做易，教他占，吉则为，凶则否，所谓"通天下之志，定天下之业，断天下之疑"者，即此也。及后来理义明，有事则便断以理义。如舜传禹曰："朕志先定，鬼神其必依，龟筮必协从。"已自吉了，更不用重去卜吉也。周公营都，意主在洛矣，所卜"涧水东，瀍水西"只是对洛而言。其他事惟尽人谋，未可晓处方卜。故迁国、立

1447

君，大事则卜。<u>洪范</u>"谋及乃心，谋及卿士"，尽人谋然后卜筮以审之。<u>淳</u>。

○ "且如<u>易</u>之作，本只是为卜筮。如'极数知来之谓占'、'莫大乎蓍龟'、'是（与）〔兴〕神物，以前民用'、'动则观其〔变而玩其〕占'等语，皆见得是占筮之意。盖古人淳质，不似后世人心机巧，事事理会得。古人遇一事理会不下，便须去占。占得<u>乾</u>时，'元亨'便是大亨，'利贞'便是利在于正，便是利意。古人便守此占。知其大亨却守其正以俟之，只此便是'开物成务'。若不如此，何缘见得'开物成务'底道理？即此是<u>易</u>之用。人人皆决于此，便是圣人之家至户到以教之也。若似后人事事理会得，亦不待占。盖'元亨'是示其所以为卦之意，'利贞'便因以为戒耳。"又曰："圣人恐人一向只把做占筮看，便以义理说出来。'元亨利贞'，在<u>文王</u>之辞只作二事，止是大亨〔以正〕，至<u>孔子</u>方作四件。然若是'坤，元亨，利牝马之贞'，不成把'利'字绝句，后云'主利'，却当如此绝句。至于他卦，却只作'大亨以正'。后人须要把<u>乾坤</u>说大于他卦，毕竟在占法却只是'大亨以正'而已。"<u>鲎</u>。

○ 问："<u>易</u>以卜筮设教。卜筮非日用，如何设教？"曰："古人未知此理时，事事皆卜筮，故可以设教。后来知此者众，必大事方卜。"<u>可学</u>。

○ <u>魏丙材仲</u>问"元亨利贞"之说。先生曰："<u>易</u>系云'夫<u>易</u>，开物成务，冒天下之道'。盖上古之时民淳俗朴，风气未开，于天下事全未知识。故圣人立龟以与之卜，作<u>易</u>以与之筮，使之趋利避害，以成天下之事，故曰'开物成务'。然<u>伏羲</u>之卦又也难理会，故<u>文王</u>从而为之辞，然于其间又却无非教人之意。如曰'元亨利贞'则虽大亨，然亦利于正。如不贞，虽有大亨之卦，亦不可用。如曰'潜龙勿用'则阳气在下，故教人以勿用。'童蒙'则又教人以须是如童蒙而求资益于人方吉。凡言吉则不如是，便有个凶在那里；凡言不好则莫如是，然后有个好在那里，他只是不曾说出耳。'物'只是人物，'务'只是事务，'冒'只是罩得天下许多道理在里。自今观之，也是如何出得他个。"道夫。

○ 易本卜筮之书，后人以为止于卜筮。至王弼用老庄解，后人便只以为理而不以为卜筮，亦非。想当初伏羲画卦之时，只是阳为吉、阴为凶，无文字。某不敢说，窃意如此。后文王见其不可晓，故为之作彖辞，或占得爻处不可晓，故周公为之作爻辞，又不可晓，故孔子为之作十翼，皆解当初之意。今人不看卦爻而看系辞，是犹不看刑统而看刑统之序例也，安能晓？今人须以卜筮之书看之方得，不然不可看易。尝见艾轩与南轩争，而南轩不然其说。南轩亦不晓。节。

○ 八卦之画本为占筮。方伏羲画卦时止有奇偶之画，何尝有许多说话！文王重卦作繇辞，周公作爻辞，亦只是为占筮设。到孔子方始说从义理去。如"乾，元亨利贞；坤，元亨，利牝马之贞"，与后面"元亨利贞"只一般。元亨谓大亨也，利贞谓利于正也。占得此卦者，则大亨而利于正耳。至孔子乃将乾坤分作四德说，此亦自是孔子意思。伊川先生云："元亨利贞，在乾坤为四德，在他卦只作两事。"不知别有何证据，故学易者须将易各自看。伏羲易自作伏羲易看，是时未有一辞也；文王易自作文王易看；周公易自作周公易看；孔子易自作孔子易看。必欲牵合作一意看，不得。今学者讳言易本为占筮作，须要说做为义理作。若果为义理，作时何不直述一件文字，如中庸、大学之书言义理以晓人，须得画八卦则甚？周官唯太卜掌三易之法，而司徒、司乐、师氏、保氏诸子之教国子、庶民，只是教以诗书，教以礼乐，未尝以易为教也。广。

○ 或问："易解，伊川之外谁说可取？"先生曰："如易，某便说道圣人只是为卜筮而作，不解有许多说话。但是此说难向人道，而今人不肯信。向来诸公力来与某辨，某煞费气力与他分析。而今思之只好不说，只做放那里，信也得，不信也得，无许多气力分疏。且圣人要说理，何不就理上直剖判说？何故恁地回互假托，教人不可晓？又何不别作一书？何故要假卜筮来说？又何故说许多'吉凶悔吝'？此只是理会卜筮后，因其中有些子理，故从而推明之，所以大象中只是一句两句子解了。但有文言与系辞中数段说得较详，然也只是取可解底来解，如不可晓底也不曾说。而今人只是眼孔小，见他说得恁地便道有那至理，只管要去推求。且孔子当时教人只说'诗、书、执礼'，只说'学诗乎'与'兴于诗，立于礼，成于乐'，只说'人而不为周南召南'、'诗三百，一言以蔽之曰"思无邪"'，元不曾教人去读易。但有一处说'假我数年，五十以学易，可以无大过矣'，这也只是孔子自恁地说，不曾将这个去教人。如周公做一部周礼，可谓纤悉毕备，而周易却只掌于太卜之官，却不似大司乐教成均之属重。缘这个只是理会卜筮，说个阴阳消长，却有些子理在其中。伏羲当时偶然见得一是阳、二是阴，从而画放那里。当时人一也不识、二也不识，阴也不识、阳也不识，伏羲便与他剔开这一机。然才有个一二，后来便生出许多象数来。恁地时节他也自遏不住，然当初也只是理会罔罟等事，也不曾有许多嶢崎，如后世经世书之类。而今人便要说伏羲如神明样、无所不晓得。伏羲也自纯朴，也不曾去理会许多事来。自他当时剔开这一个机后，世间生得许多事来，他也自不奈何，他也自不要得恁地。但而今所以难理会时，盖缘亡了那卜筮之法。如周礼太卜'掌三易之法'，连山归藏周易，便是别有理会周易之法。而今却只有上下经两篇，皆不见许多法了，所以难理会。今人却道圣人言理，而其中因有卜筮之说。他说理后，说从那卜筮上来做么？若有人来与某辩，某只是不答。"次日，义刚问："先生昨言易只是为卜筮而作，其说已自甚明白。然先生于先天后天、无极太极之说，却留意甚切，不知如何。"曰："卜筮之书如火珠林之类，许多道理依旧在其间。但是因他作这卜筮后，却去推出许多道理来。他当初做时却只是为卜筮画在那里，不是晓尽许多道理后方始画。这个道理难说。向来张安国儿子来问，某与说云：'要晓时，便只似灵棋课模样。'有一朋友言：'恐只是以其人未能晓而告之以此说。'某云：'是诚实恁地说。'"良久，曰："通其变遂成天下之文，极其数遂定天下之象。"陈安卿问："先天图有自然之象数，伏羲当初亦知其然否？"曰："也不见得如何。但圆图是有些子造作模样。如方图只是据见在底画，圆图便是就这中间拗做两截，恁地转来底是奇，恁地转去底是偶，便有些不甚依他当初画底。然伏羲当初也只见个太极下面有个阴阳，便知是一生二，二又生四，四又生八，恁地推将去做成这物事。想见伏羲做得这个成时也大故地喜欢，自前不曾见一个物事子恁地齐整。"因言："夜来有一说，说不曾尽。通书言'圣人之精，画卦以示；圣人之蕴，因卦以发'，精是圣人本意，蕴是偏旁带来道理。如春秋，圣人本意只是载那事，要见世变，'礼乐征伐，自诸侯出'，'臣弑其君，子弑其父'，如此而已。就那事上见得是非美恶曲折，便是因卦以发。如'易有太极，是生两仪，两仪生四象，四象生八卦'，这四象生八卦以上便是圣人本意底。如彖辞文言系辞皆是因而发底，不可一例看。今人只把做占去看便活，若是的定把卦爻来作理看，恐死了。国初讲筵讲'飞龙在天，利见大人'，太祖遽云：'此书岂可令凡民见之！'某便道是解易者错了。这'大人'便是'飞龙'，言人若占得此爻，便利于见那大人，谓如人臣占得此爻，则利于见君而为吉也。如那'见龙在田，利见大人'，有德者亦谓之大人，言人若寻师、若要见好人时占得此爻则吉。然而此两个'利见大人'皆言'君德'也者，亦是说有君德而居下者。今却说九二居下位而无应，又如何这个无头无面？又如何见得应与不应？如何恁地硬说得？若是把做占看时，士农工商事事人用得。这般人占得便把做这般用，那般人占得便把做那般用。若似而今说时，便只是秀才用得，别人都用不得了。今人说道明理，事来，便看道理如何后作区处。古时人蠢蠢然，事都不晓，做得是也不知，做得不是也不知。圣人便作**易**教人去占，占得恁地便吉，恁地便凶。所谓'通天下之志，定天下之业，断天下之疑'者，即此是也。而今若把作占说时，吉凶悔吝便在我，看我把作甚么用皆用得。今若把作文字解，便是硬装了。"安卿问："如何恁地？"先生曰："而今把作理说时，吉凶悔吝皆断定在九二、六四等身上矣，〔淳录云："彼九二、六四无头无面，何以见得如此？亦只是在人用得也。"〕如此则吉凶悔吝是硬装了，便只作得一般用了。"黄本止此。林择之云："<u>伊川易</u>说得理也太多。"先生曰："伊川求之太深。尝说'三百八十四爻，不可只作三百八十四爻解'，其说也好。而今似他解时依旧只作得三百八十四般用。"安卿问："彖象莫也是因爻而推其理否？"曰："彖象文言系辞皆是因而推明其理。"胡叔器问："吉凶是取定于揲蓍否？"曰："是。""然则<u>洪范</u>'龟从，筮从'又要卿士、庶民从，如何？"曰："决大事也不敢不恁地兢谨，如迁国、立君之类不可不恁地。若是其他小事，则亦取必于卜筮而已。然而圣人见得那道理定后常不要卜，且如**舜**所谓'朕志先定，询谋佥同，鬼神其依，龟筮协从'。若恁地便是自家所见已决，而卜亦不过如此，故曰'卜不习吉'。且如<u>周公</u>卜宅，云'我卜<u>河朔黎水</u>，我乃卜<u>涧水</u>东，<u>瀍水</u>西，惟<u>洛</u>食〔我又卜<u>瀍水</u>东，亦惟<u>洛</u>食〕'，<u>瀍涧</u>只在<u>洛</u>之旁，这便见得是<u>周公</u>先自要都<u>洛</u>，后但夹将<u>瀍涧</u>来卜，所以每与<u>洛</u>对说。而两卜所以皆言'惟<u>洛</u>食'，以此见得也是人谋先定后，方以卜来决之。"择之言："'筮短龟长，不如从长'，看来龟又较灵。"先生曰："揲蓍用手，又不似钻龟较自然。只是将火一钻便自成文，却就这上面推测。"叔器问："龟卜之法如何？"曰："今无所传，看来只似而今<u>五兆卦</u>。此间人有<u>五兆卦</u>，将五茎茅自竹筒中写出来，直向上底为木，横底为土，向下底为水，斜向外者为火，斜向内者为金。便如<u>文帝</u>兆得大横。横，土也。所以道'予为天王，<u>夏启</u>以光'，盖是得土之象。"义刚。按，<u>陈淳</u>录同而略，今附。云："择之问筮短龟长，先生曰：'撰蓍用手，不似备龟又较自然。今人有为**五兆卦**者用竹五，茎直上者为木，向下者为水，斜向外者为火，斜向内者为金，横者为土。所谓"**大横庚庚**"者，言占得国之象也。今看**易**把做占看便活，人人都用得。这般人占得便做这般人用，那般人占得便做那般人用。国初经筵讲"飞龙在天，利见大人"，**太祖**曰："此书岂可令凡民见之。"不知此"大人"即是那飞龙，人臣占得此爻，则利于见大人之君。又如"见龙在田，利见大人"两言君德，是有君（得）〔德〕而居下位者，求求师亲贤而占得此爻，则利见此大人也。作占看则吉凶悔吝都在我为之，作理说则吉凶悔吝皆断定在九二、六四等身上矣。彼九二、六四无头无面，何以见得如此？亦只是士人用得也。'"

○ "民可使由之，不可使知之。"上古圣人不是著此垂教，只是见得天地万物变化之理，画而为卦，使因卜筮而知所修为避忌。至**周公孔子**，一人又说多了一人。某不敢教人看**易**，为这物阔大，且不切己，兼其间用字与今人皆不同。如说田猎祭祀，侵伐疾病，皆是古人有此事去卜筮，故爻卜出去。今无此事了，都晓不得。<u>砥</u>。

○ 古人凡事必占，如"田获三禽"，则田猎之事亦占也。<u>佃</u>。

○ 又曰："**易**只是个卜筮之书。**孔子**却就这上依傍说<u>些</u>道理教人。虽似**孔子**也只得随他那物事说，不敢别生说。"<u>佃</u>。

○ "看系辞须先看**易**。自'大衍之数'以下皆是说卜筮，若不是说卜筮，却是说一无底物。今人诚不知**易**。"<u>南升</u>云："今人只见说**易**为卜筮作，便群起而争之，不知圣人乃是因此立教。"先生曰："圣人丁宁曲折极备。因举（乾）〔大畜〕"九三，良马逐"。读易当如筮相似，上达鬼神，下达人道，所谓'冒天下之道'。只如此说出模样，不及作为，而天下之道不能出其中。"<u>南升</u>云："今人皆执画前**易**，皆一向乱说。"先生曰："画前**易**亦分明。〔居则玩其占，有不待占而占自显者。〕"<u>可学</u>

○ "易书本原于卜筮。"又说："邵子之学，只把'元、会、运、世'四字贯尽天地万物。"友仁。

○ 先生论易云："易本是卜筮之书。若人卜得一爻便要人玩此一爻之义，如'利贞'之类只是正者便利，不正者便不利，不曾说道利不贞者。人若能见得道理已十分分明，则亦不须更卜。如舜之命禹曰：'官占，惟先蔽志，昆命于元龟。朕志先定，询谋金同，鬼神其依，龟筮协从，卜不习吉。'其，犹将也。言虽未卜而吾志已是先定，询谋已是金同，鬼神亦必将依之，龟筮亦必须协从之。所以谓'卜不习吉'者，盖习，重也，这个道理已是断然见得如此，必是吉了，便自不用卜，若卜则是重矣。"时举。

○ 刘用之问坤卦"直方大，不习无不利"。曰："坤是纯阴卦，诸爻皆不中正。五虽中，亦以阴居阳。惟六二居中得正，为坤之最盛者，故以象言之，则有三者之德而不习无不利。占者得之，有是德则吉。易自有一个本意直从中间过，都不着两边。须要认得这些（小）〔子〕分晓方始横三竖四说得，今人不曾识得他本意（要便）〔便要〕横三竖四说，都无归着。"文蔚曰："易本意只是为占筮。"曰："便是如此。易当来只是为占筮而作。文言彖象却是推说做义理上去，观乾坤二卦便可见。孔子曰'圣人设卦观象，系辞焉而明吉凶'，若不是占筮，如何说'明吉凶'？且如需九三，'需于泥，致寇至'，以其逼近坎险有致寇之象。象曰：'需于泥，灾在外也。自我致寇，敬慎不败也。'孔子虽说推明义理，这般所在又变例推明占筮之意。'需于泥，灾在外'，占得此象，虽若不吉，然能敬慎则不败，又能坚忍以需待，处之得其道，所以不凶。或失其刚健之德，又无坚忍之志，则不能不败矣。"文蔚曰："常爱先生易本义云：'伏羲不过验阴阳消息两端而已。只是一阴一阳便分吉凶了。只管就上加去，成八卦以至六十四卦，无非是验这两端消息。'"先生曰："易不离阴阳，千变万化只是这两个。庄子云'易道阴阳'，他亦自看得好。"文蔚。

○　乾坤六爻不相似。某常说圣人做这物事不用将个印板子脱出来，一个个得一样，他各自随他道理，若个个得一样，便是扬子云书了。故说道易难看，盖缘后世诸儒都将这易做发明天地造化之理。易本不如是，盖易之作本专为教人用做卜筮。然而他取象如那"随之时义，遁之时义"，这般底倒是后来添底，初做卦爻时本不如此，只是因那卦爻中有这个道理故说出来。说出来时本不为要发明这道理，只是说道理在卦爻中时有这象，人若占得这爻时，便当因这象了看他下面占底。且如坤六二云"直方大"，坤卦中唯这一爻最精粹，盖五虽尊位，却是阳爻破了体了，四重阴而不中，三又不正，惟此爻得中正，所以就这说个"直方大"，此是说坤卦之本体。然而本意却是教人知道这爻有这个德，不待习学而无不利，人得这个时若能直能方能大，则亦"不习无不利"，却不是要发明坤道。伊川有这个病，从头到尾皆然。渊。

○　晏亚夫问"坤六二，直方大"。先生云："易不是圣人须要说出六爻如此，只是为占得此卦合当如此，〔不如此〕不足以合此卦。"黄直卿云："观象玩辞自不同。若只推从易爻上去，则是观象；推从人上去，则是玩辞。"盖卿。

○　用之问："易坤六二爻'直方大，不习无不利'。学须用习，然后至于不习。"先生曰："不是如此。圣人作易只是说卦爻中有此象而已。如坤六二'直方大，不习无不利'，自是他这一爻中有此象。人若占得，便应此事、有此用也，未说到学者须习至于不习。在学者之事固当如此，然圣人作易未有此意在。"用之曰："然'不习无不利'，此成德之事也。"先生曰："亦非也。未说到成德之事，只是卦爻中有此象而已。若占得便应此象，都未说成德之事也。某之说易，所以与先儒、世儒之说皆不同，正在于此。学者须晓某之正意，然后方可推说其他道理。某之意思极直，只是一条路径去。若才惹着今人便说差着了，便非易之本意矣。"〔池录云："如过剑门相似，须是蓦直撺过，脱得剑门了，却以之推说易之道理，横说竖说都不妨。若才挨近两边触动那剑，便是撺不过，便非易之本意矣。"〕才卿云："先生解易之本意只是为卜筮尔。"曰："然。据某解，一部易只是作卜筮之书。今人说得来太精了，更入粗不得。如某之说虽粗，然却入得精，精义皆在其中。若晓得某一人说则晓得伏羲、文王之易本是如此，元未有许多道理在，方不失易之本意。今未晓得圣人作易之本意便先要说道理，纵饶说得好，〔池录云："只是无情理。"〕只是与易元不相干。圣人分明说昔者圣人之作易，'观象设卦，系辞焉以明吉凶'，几多分晓！某所以说易只是卜筮书者，此类可见。"僩。

○　易中言占者，有其德则其（中）〔占〕如是言，无其德而得是占者却是反说。如南蒯得"黄裳元吉"，疑吉矣，而蒯果败者，盖卦辞明言黄裳则元吉，无黄裳之德则不吉也。又如适所说"直方大，不习无不利"，占者有直方大之德则不习而无不利，占者无此德即虽习而不利也。如奢侈之人而得共俭则吉之占，明不共俭者是占为不吉也。他皆放此。如此看自然意思活。铢。

○　论易云："其他经先因其事，方有其文。如书言尧、舜、禹、成汤、伊尹、武王、周公之事，因有许多事业方说到这里，若无这事亦不说到此。若易则是个空底物事，未有是事，预先说是理，故包括得尽许多道理，看人做甚事皆撞着他。"又曰："'易无思也，无为也'，易是个无情底物事，故'寂然不动'；占之者吉凶善恶随事著见，乃'感而遂通'。"又云："易中多言正，如'利正'、'正吉'、'利永贞'之类，皆是要人守正。"又云："人如占得一爻，须是反观诸身果尽得这道理否也？坤之六二'直方大，不习无不利'，须看自家能直、能方、能大，方能'不习无不利'。凡皆类此。"又云："所谓'大过'，如当潜而不潜、当见而不见、当飞而不飞，皆是过。"又曰："如坤之初六，须知'履霜坚冰'之渐，要人恐惧修省。不知恐惧修省便是过。易大概欲人恐惧修省。"又曰："文王系辞本只是与人占底书，至孔子作十翼方说'君子居则观其象而玩其辞，动则观其变而玩其占'。"又曰："夫子读易与常人不同。是他胸中洞见阴阳刚柔、吉凶消长、进退存亡之理。其赞易即就胸中写出这道理。"味道问："圣人于文言，只把做道理说。"先生曰："有此气便有此理。"又问："文言反覆说，如何？"曰："如言'潜龙勿用，阳在下也'，又'潜龙勿用，下也'，只是一意重叠说。伊川作两意，未稳。"时举。

○　圣人作易本为欲定天下之志，断天下之疑而已，不是要因此说道理也。如人占得这爻，便要人知得这爻之象是吉是凶，吉便为之，凶便不为。然如此，理却自在其中矣。如剥之上九"硕果不食，君子得舆，小人剥庐"，其象如此，谓一阳在上，如硕大之果，人不及食而独留于其上，如君子在上而小人皆载于下，则是君子之得舆也；然小人虽载君子，而乃欲自下而剥之，则是自剥其庐耳。盖唯君子乃能覆盖小人，小人必赖君子以保其身。今小人欲剥君子，则君子亡，而小人亦无所容其身，如自剥其庐也。且看自古小人欲害君子，到害得尽后国破家亡，其小人曾有存活得者否？故圣人象曰："'君子得舆'，民所载也。'小人剥庐'，终不可用也。"若人占得此爻，则为君子之所为者必吉，而为小人之所为者必凶矣。其象如此而理在其中，却不是因欲说道理而后说象也。时举。按：潘植录同而有详略，今附。云："'易只是说象，初未有后人所说许多道理堆垛在上面，盖圣人作易本为卜筮设，上自王公而下达于庶人，故曰"以通天下之志，以定天下之业，以断天下之疑"，但圣人说象则理在其中矣。'因举剥之上九：'硕果不食'，五阴在下，来剥一阳，一阳尚存，如硕大之果不食。'君子得奥'是君子在上，为小人所载，乃下五阴载上一阳之象。'小人剥庐'者言小人既剥君子，其庐亦将自剥，看古今小人既剥君子而小人亦死亡灭族，岂有存者！圣人之象只如是。后人说易只爱将道理堆垛在上面，圣人本意不解如此。"

○ 先之问易。曰："坤卦大抵减乾之半。据某看来，易本是个卜筮之书，圣人因之以明教，因其疑以示训。如卜得乾卦云'元亨利贞'，本意只说大亨利于正，若不正便会凶。如卜得爻辞如'潜龙勿用'，便教人莫出做事；如卜得'见龙在田'，便教人可以出做事。如说'利见大人'，一个是五在上之人，一个是二在下之人，看是甚么人卜得。天子自有天子'利见大人'处，大臣自有大臣'利见大人'处，群臣自有群臣'利见大人'处，士庶人自有士庶人'利见大人'处。当时又那曾有某爻与某爻相应？那自是说这道理如此，又何曾有甚么人对甚么人说？有甚张三李四？中间都是正吉，不曾有不正而吉。大率是为君子设，非小人盗贼所得窃取而用。如'黄裳元吉'，须是居中在下方始会大吉，不然则大凶。此书初来只是如此。到后来圣人添许多说话，也只是怕人理会不得，故就上更说许多教分明，大抵只是因是以明教。若能恁地看，都是教戒。恁地看来，见得圣人之心洞然如日星，更无些子屈曲遮蔽，故曰'圣人以通天下之志，以定天下之业，以断天下之疑'。"贺孙。

○ 又曰："看他本来里面都无这许多事，后来人说不得便去白撰个话。若做卜筮看，这说话极是分明。某如今看来直是分明。若圣人有甚么说话要与人说便分明说了，若不要与人说便不说，不应恁地千般百样，藏头亢脑，无形无影，教后人自去多方推测。圣人一个光明盛大之心，必不如此。故曰'君子居则观其象而玩其辞，动则观其变而玩其占'者，这般处自分晓。如今读书，恁地读一番过了须是常常将心下温过，所以孔子说'学而时习之'。若只看过便住，自是易得忘记了，故须常常温习，方见滋味。"贺孙。

○ 易本为卜筮设。如曰"利涉大川"是利于行舟也，"利有攸往"是利于启行也。易之书大率如此。后世儒者鄙卜筮之说，以为不足言，而所见太卑者又泥于此而不通。故曰：易者，难读之书也。不若且从大学做工夫，然后循次读论、孟、中庸，庶几切己有益也。盖卿。

○ 易爻只似而今发课底卦影相似。如云"初九，潜龙勿用"，这只是戒占者之辞。解者遂去这上面生义理，以初九当"潜龙勿用"，九二当"利见大人"。初九是个甚么？如何会潜？如何会勿用？试讨这个人来看。九二爻又是甚么人？他又如何会"见龙在田，利见大人"？尝见林艾轩云："世之发六壬课者，以丙配壬则吉。"盖火合水也。如卦影云"朱鸟翾翾，归于海之湄，吉"，这个只是说水火合则吉尔。若使此语出自圣人之口，则解者必去上面说道理，以为朱鸟如何、海湄如何矣。偗。按，林夔孙录同而略，无"初九"以下，止"利见大人"。

○ 问："易中也有偶然指定一两件实事言者，如'亨于岐山'、'利用征伐'、'利迁国'之类是也。"先生云："是如此。亦有兼譬喻言者，如'利涉大川'则行船之吉占，而济大难大事亦如之。"赐。〔学履。〕

○ 凡占得卦爻，要在互分宾主、各据地位而推。如九五"飞龙在天，利见大人"，若揣自己有大人之德，占得此爻则如圣人作而万物咸睹，作之者在我而睹之者在彼，我为主而彼为宾也。自己无大人之德，占得此爻则利见彼大人，作之者右彼而睹之者在我，我为宾而彼出为主也。偗。

○ 易只是古人卜筮之书，如五虽主君位而言，然实不可泥。人杰。

○ 问："左传载卜筮，有能先知数世之后之事，有此理否？"曰："此恐不然。只当时子孙欲僭窃，故为此以欺上罔下尔。如汉高帝斩蛇，也只是脱空。陈胜王凡六月，便只是他做不成，故人以为非；高帝做得成，故人以为符瑞。"庚。

○ 说卦中说许多卜筮，今人说易却要扫去卜筮，如何理会得易？每恨不得古人活法，只说得个半死半活底。若更得他那个活法，却须更看得高妙在。古人必自有活法，且如筮得之卦爻，却与所占底事不相应时如何？他到这里又须别有个活底例子括将去，不只恁死杀看。或是用支干相合配处，或是因他物象。揲蓍虽是占筮，只是后人巧去里面见个小小底道理，旁门曲径，正理不只如此。渊。

○ "今之说易者先掊击了卜筮。如下击说卜筮，是甚次第！某所恨者，不深晓古人卜筮之法，故今说处多是想象古人如此。若更晓得，须更有奥义可推。"或曰："布蓍求卦即其法也。"曰："爻卦与事不相应则推不去，古人于此须有变通。"或以支干推之。方子。

○ "熟读六十四卦，则觉得系辞之语直为精密，是易之括例。要之，易书是为卜筮而作。如云'定天下之吉凶、成天下之亹亹者，莫大乎蓍龟'，又云'天生神物，圣人则之'，则专为卜筮也。"鲁可几曰："古之卜筮恐不如今日所谓火珠林之类否？"曰："以某观之，恐亦自有这法。如左氏所载，则支干纳音配合之意，似亦不废。如云'得屯之比'既不用屯之辞，亦不用比之辞，却自别推一法，恐亦不废这理也。"道夫。

○ "以四约之者"，"揲之以四"之义也。以下启蒙占门。渊。

○ "五四为奇"各是一个四也，"九八为偶"各是两个四也。渊。按，甘节录同。

○ 因一二三四便见得六七八九在里面。老阳占了第一位便含个九，少阴占第二位便含个八，少阳、老阴亦如此，数不过十。惟此一义先儒未曾发，先儒但只说得他个中间进退而已。节。按，㽦渊录同。

○ 老阴老阳为乾坤，然而皆变；少阴少阳亦皆为乾坤，然而皆不变。节。按，㽦渊录同。

○ 老阴老阳不专在乾坤上，亦有少阴少阳。如乾坤，六爻皆动底是老，六爻皆不动底是少。六卦上亦有老阴老阳。渊。

○ 所以到那三画变底第三十二卦以后占变卦象、爻之辞者，无他，到这里时离他那本卦分数多了。到四画五画则更多。渊。

○ 问："占法：四爻不变，二爻变，占变爻则以上爻为主；四爻变，二爻不变，占不变爻则以下爻为主。是如何？"先生云："变者，下至上而止。不变者，下便是不变之本，故以之为主。"学蒙。

○ 问："卜卦：二爻变则以二变爻占，仍以上爻为主；四爻变则以之卦二不变爻占，仍以下爻为主。"曰："凡变须就其变之极处看，所以以上爻为主。不变者是其常，只顺其先后，所以以下爻为主。亦如阴阳、老少之义，老者变之极处，少者便只是初。"贺孙。

○ 内卦为贞，外为悔。因说："生物只有初时好，凡物皆然。康节爱说。"偰。

○ 贞悔即"占用二"之谓。贞是在里面做主宰底，悔是做出了末后阑珊底。贞是头边。渊。

○ 问："'内卦为贞，外卦为悔'，贞悔何如?"曰："此出于洪范。贞，看来是正。悔是过意。凡'悔'字都是过了方悔，这'悔'字是过底意思，亦是多底意思。下三爻便是正卦，上三爻似是过多了，恐是如此。这贞悔亦似今占卜分甚主客。"问："两爻变则以两变爻占，仍以下爻为主，何也?"曰："卦是从下生，占事都有一个先后首尾。"贺孙。

○ 陈日善问："'内卦为贞，外卦为悔'是何义?"先生曰："'贞'训'正'，问事方正如此。'悔'是事已如此了。凡悔吝者，皆是事过后方有悔吝。内卦之占是事方如此，外卦之占是事之已然者如此。二字又有始终之意。"雉。

○ 贞是事之始，悔是事之终；贞是事之主，悔是事之客；贞是在我底，悔是应人底。三爻变，则所主不一，以二卦彖辞占而以本卦为贞、变卦为悔。六爻俱不变，则占本卦彖辞而以内卦为贞、外卦为悔。凡三爻变者有二十卦，前十卦为贞，后十卦为悔。后十卦是变尽了又反来。有图，见启蒙。义刚。

○ 胡叔器问"内卦为贞，外卦为悔"。先生曰："'贞悔'出洪范。贞是正底，便是体；悔是过底，动则有悔。"又问"一贞八悔"。先生曰："如乾、夬、大有、大壮、小畜、需、大畜、泰，内一乾，是贞；外八卦，是悔。余放此。"义刚。按，陈淳录同。

○ 问："卦爻，凡初者多吉，上者多凶。"先生曰："时运之穷自是如此。内卦为贞，外卦为悔。贞是贞正底意，悔是事过有追不及底意。"砥。

○　占法：阳主贵，阴主富。渊。

○　悔阳而吝阴。方子。

○　巽离兑，乾之所索乎坤者；震坎艮，坤之所索乎乾者。本义挈著之说恐不须恁地。方子。

○　凡爻中言人者，必是其人尝占得此卦。如"大横庚庚"，必请启未归时，那曾占得。渊。

○　易中言"帝乙归妹"、"箕子明夷"、"高宗伐鬼方"之类，疑皆当时帝乙、高宗、箕子曾占得此爻，故后人因而记之，而圣人以入爻也。如汉书"大横庚庚，余为天王，夏启以光"，亦是启曾占得此爻也。火珠林亦如此。僩。

○　程昌寓守蔡州，卜遇益之六四，曰"利用为依，迁国遂退"，保鼎州后平杨么有功。方子。

○　王子献卜，遇夬之九二，曰"惕号，莫夜有戎，勿恤，吉"。卜者告之曰："必夜有惊恐，后有兵权。"未几果夜遇寇，旋得洪帅。方子。渊录同。

○　今人以三钱当挈著，不能极其变，此只是以纳甲附六爻。纳甲乃汉焦赣、京房之学。可学。

○ 火珠林犹是汉人遗法。方子。

○ "筮短龟长",近得其说。是筮有个病（子）〔了〕。才一画定便只有三十二卦,永不到是那三十二卦。又二画便只有十六卦,又三画便只有八卦,又四画便只有四卦,又五画便只有二卦。这二卦便可以着意揣度了。不似龟,才钻拆便无救处,全不可容心。贺孙。

○ 问:"'筮短龟长',如何?"曰:"筮已费手。"可学。

○ 因言筮卦,先生曰:"卦虽出于自然,然一爻成则止有三十二卦,二爻成则止有十六卦,三爻成则止有八卦,四爻成则止有四卦,五爻成则止有二卦,是人心渐可以测知。不若卜,龟文一兆则吉凶便见,更无移改。所以古人言'筮短龟长'。"广因言:"浙人多尚龟卜,虽盗贼亦取决于此。"曰:"左传载臧会卜信与僭,'僭吉',此其法所以不传。圣人作易示人以吉凶,却无此弊。故言'利贞'不言利不贞,'贞吉'不言不贞吉,言'利御寇'不言利为寇也。"广。

○ 易占不用龟而每言蓍龟,皆具此理也。筮即蓍也。"筮短龟长,不如从长"者,谓龟有钻灼之易而筮有扐揲之烦。龟之卦,一灼便成,亦有自然之意。洪范所谓"卜五占用二"者,卜五即龟,用二即蓍。"曰雨,曰霁,曰蒙,曰驿,曰克"即是五行,雨即水,霁即火,蒙即土,驿是木,克是金。"曰贞,曰悔"即是内、外卦也。谟。

○ 占龟。土兆大横,木兆直,或曰"火兆直",只周礼曰"木兆直"。金兆从右邪上,火兆从左邪上,或曰"木兆从左邪上"。水兆曲。以大小、长短、明暗为吉凶。或占凶事,又以短小为吉。又有旋者吉,大横吉。"大横庚庚",庚庚是豹起恁地庚庚然,不是金兆也。贺孙。

○　汉卿说钻龟法云："先定四向，欲求甚纹兆，顺则为吉，逆则为凶。"正淳云："先灼火，然后观火之纹而定其吉凶。"先生曰："要须先定其四向而后求其合，从逆则凶，如'亦惟洛食'。乃先以墨画定，看食墨如何。'筮短龟长'，古人固重此。洪范谓'龟从筮逆'，若'龟筮共违于人'，则'用静吉，用作凶'。"汉卿云："今为贼者多卜龟，以三龟连卜，皆顺则往。"贺孙云："若'石祁子兆，卫人以龟为有知'，此却是无知也。"先生曰："所以古人以易而舍龟，往往以其难信。易则有'贞吉'，无不贞吉；'利御寇'，不利为寇。"贺孙。

象

○　尝谓伏羲画八卦，只此数画，该尽天下万物之理。阳在下为震，震，动也；在上为艮，艮，止也。阳在下自动，在上自止。欧公却说系辞不是孔子作，所谓"书不尽言，言不尽意"者非。盖他不曾看"立象以尽意"一句。惟其"言不尽意"，故立象以尽之。学者于言上会得者浅，于象上会得者深。广。

○　伊川说象只似譬喻样说。看得来须有个象如此，只是如今晓他不出。渊。

○　某尝作易象说，大率以简治繁，不以繁御简。晦夫。

○　前辈也曾说易之取象似诗之比兴。如此却是虚说，恐不然。如"田有禽"，须是此爻有此象，但今不可考。数，则只是"大衍之数五十"与"天数五，地数五"两段。"大衍之数"是说著，天地之数是说造化生生不穷之理。除此外，都是后来人推说出来底。渊。

○ 以上底推不得，只可从象下面说去。<u>王辅嗣</u>、<u>伊川</u>皆不信象。如今却不敢如此说，只可说道不及见这个了。且从象以下说象，免得穿凿。<u>渊</u>。

○ 问："<u>易</u>之象似有三样，有本画自有之象，如奇画象阳、偶画象阴是也；<small>六十四卦之爻，一爻各是一象。</small>有实取诸物之象，如<u>乾坤</u>六子，以天地雷风之类象之是也；有则是圣人以意自取那象来明是义者，如'白马翰如'、'载鬼一车'之类是也。实取诸物之象决不可易。圣人始假是象以明义者，当初若别命一象亦通得，不知是如此否？"先生云："圣人自取之象也不见得如此，而今且据因象看义。恁地说则成凿了。"<u>学蒙</u>。

○ 他所以有象底意思不可见，却只就他那象上推求道理。不可为求象不得便唤做无，如潜龙便须有那潜龙之象。<u>渊</u>。

○ 取象各不同，有就自己身上取底，有自己当不得这卦爻却就那人身上取。如"潜龙勿用"是就占者身上言。到那"见龙"，自家便当不得，须把做在上之大人。九五"飞龙"便是人君，"大人"却是在下之大人。<u>渊</u>。

○ <u>易</u>之象理会不得。如"<u>乾</u>为马"，而<u>乾</u>之卦却专说龙，如此之类皆不通。<u>恪</u>。

○ <u>易</u>中取象不如卦德上命字较亲切。如<u>蒙</u>"险而止"、<u>复</u>"刚动而〔上〕〔顺〕行"，此皆亲切。如"山下出泉"、"地中有雷"，恐是后来又就那上面添出。所以<u>易</u>中取象处亦有难理会也。<u>学蒙</u>。

○ "易毕竟是有象，只是今难推。如既济'高宗伐鬼方'在九三，未济却在九四。损'十朋之龟'在六五，益却在六二，不知其象如何？又如履卦、归妹卦皆有'跛能履'，皆是艮体，此可见。"问："诸家易除易传外，谁为最近？"曰："难得。其间有一二节合者却多，如'涣其群'，伊川解却成'涣而群'，却是东坡说得好：群谓小队，涣去小队便合于大队。"问："孔子专以义理说易，如何？"曰："自上世传流至此，象数已分明，不须更说，故孔子只于义理上说。伊川亦从孔子。今人既不知象数，但依孔子说，只是说得半截，不见上面来历。大抵去古既远，书多散失。今且以占辞论之，如人占婚姻却占得一病辞，如何用？似此处，圣人必有书以教之。如周礼中所载，今皆亡矣。"问："左氏传卜易与今异？"曰："亦须有所传。向见魏公在揆路，敬夫以易卜得睽卦，李寿翁为占曰：'离为戈兵，兑为说。用兵者不成，讲和者亦不成。'其后魏公罢相，汤思退亦以和反致虏寇而罢。"问："康节于易如何？"曰："他又是一等说话。"问："渠之学如何？"曰："专在数上，却窥见理。"曰："可用否？"曰："未知其可用，但与圣人之学自不同。"曰："今世学者言易，多要入玄妙。却是遗书中有数处，如'不只是一部易书'之类。今人认此意不着，故多错了。"曰："然。"可学。

○ 尝得郭子和书云，其先人说："不独是天地、雷风、水火、山泽谓之象，只是卦画便是象。"亦说得好。学蒙。

○ "川壅为泽"，坎为川，兑为泽。泽是水不流底。坎下一画闭合时便成兑卦，便是川壅为泽之象。渊。

○ 易象自是一法。如"离为龟"则损益二卦皆说龟。易象如此者甚多。佃。

○　凡卦中说龟底，不是正得一个离卦，必是伏个离卦，如“观我朵颐”是也。“兑为羊”，大壮卦无兑，恐便是三四五爻有个兑象。这说取象底是不可晓处也多。如乾之六爻，象皆说龙，（常）〔至〕说到乾却不为龙。龙却是变化不测底物，须着用龙当之。如“夫征不复，妇孕不育”，此卦是取“离为大腹”之象。本卦虽无离卦，却是伏得这卦。渊。

○　或说易象云：“‘果行育德’，育德有山之象，果行有水之象。‘振民育德’，则振民有风之象，育德有山之象。”先生云：“此说得好。如‘风雷，益’，则迁善当如风之速，改过当如雷之决。‘山下有泽，损’，则惩忿有摧高之象，窒欲有塞水之象。次第易之卦象都如此，不曾一一推究。”又云：“迁善工夫较轻，如己之有善，以为不足，而又迁于至善。若夫改过者，非有勇决不能，贵乎其用力也。”人杰。

○　卦中要看得亲切，须是兼象看，但象学不传了。郑东卿易专取象，如以鼎为鼎、革为炉、小过为飞鸟者，亦有义理。其他更有好处，亦有杜撰处。砥。

○　郑东卿少梅说易象亦有是者。如鼎卦分明是鼎之象。他说革是炉之象，亦恐有此理。“泽中有火，革”，☲上画是炉之口，五四三是炉之腹，二是炉之下口，初是炉之底。然亦偶然此两卦如此耳。广。

○　郑东卿说易亦有好处。如说中孚有卵之象，小过有飞鸟之象。“孚”字从“爪”从“子”，如鸟以爪抱卵也。盖中孚之象，以卦言之，四阳居外，二阴居内，外实中虚，有卵之象。又言鼎象鼎形，革象风炉，亦是此义。此等处说得有些意思，但易一书尽欲如此牵合附会，少间便疏脱。学者须是先理会得正当道理了，然后于此等些小零碎处收拾以树资益，不为无补。若未得正路脉，先去理会这样处，便疏略。㑺。

按，陈〔文〕蔚同而略。

○ 程沙随以井卦有"井谷射鲋"一句，鲋，虾蟆也，遂说井有虾蟆之象。"木上有水，井"，䷯云："上，前两足也；五，头也；四，眼也；三与二，身也；初，后两足也。"其穿凿一至于此。某尝谓之曰："审如此，则此卦当为'虾蟆卦'方可，如何却谓之井卦?"广。

纲领下

○ 乾之"元亨利贞",本是谓筮得此卦则大亨而利于守正,而彖辞文言皆以为四德。某常疑如此等类皆是别立说以发明一意,至如坤之"利牝马之贞",则发得不甚相似矣。道夫。

○ 上古之易方是"利用厚生",周易始有"正德"意,如"利贞"是教人利于贞正,"贞吉"是教人贞正则吉。至孔子则说得道理又多。闳祖。

○ 上古之易只是"利用厚生",周易始有"正德"意。"利贞"、"贞吉",文王说底方是教人"随时变易以从道"。道夫。

○ 伏羲自是伏羲易,文王自是文王易,孔子自是孔子易。伏羲分卦,乾南坤北。文王卦又不同,故曰周易。"元亨利贞",文王以前只是大亨而利于正,至孔子方解作四德。易只是尚占之书。德明。

○ 须是将伏羲画底卦做一样看,文王卦做一样看。文王、周公说底彖、象做一样看，孔子说底做一样看，王辅嗣、伊川说底各做一样看，方得。伏羲是未有卦时画出来，文王是就那见成底卦边说。"画前有易"，真个是恁地。这个卦是画不迭底，那许多都在这里了，不是画了一画又旋思量一画，才一画时画画都具。渊。

○ 易只是说个卦象以明吉凶而已，更无他说。如乾有乾之象，坤有坤之象，人占得此卦者则有此用以断吉凶，那里说许多道理？今人读易当自分为三等，伏羲自是伏羲之易，文王自是文王之易，孔子自是孔子之易。读伏羲之易，如未有许多彖象文言说话，方见得易之本意只是要作卜筮之用。如伏羲画八卦，那里有许多文字言语，只是说八个卦有某象，乾有乾之象而已。其大要不出于阴阳刚柔、吉凶消长之理。然亦未尝说破，只是使人知卜得此卦如此者吉，彼卦如此者凶。今人未曾明得乾坤之象，便先说乾坤之理，所以说得都无情理，为此也。及文王周公分为六十四卦，添入"乾元亨利贞"、"坤元亨利牝马之贞"，早是非伏羲之意，已是文王、周公自说他一般道理了。然犹是就人占处说，如卜得乾卦，则大亨而利于正耳。及孔子系易，作彖象文言，则以"元亨利贞"为乾之四德，又非文王之易矣。到得孔子尽是说道理。然犹就卜筮上发出许多道理，欲人晓得所以凶、所以吉。卦爻好则吉，卦爻不好则凶。若卦爻大好而自家之（福）〔德〕相当，则吉；若卦爻虽吉而自家之德不足以胜之，则虽吉亦凶；若卦爻虽凶而自家之德足以胜之，则虽凶犹吉，反覆都就占筮上发明诲人底道理。如云"需于泥，致寇至"，此卦爻本自不好，而象却曰"自我致寇，敬慎不败也"。盖卦爻虽不好，而占之者能敬慎畏防，则亦不至于败。盖需者，待也。需有可待之时，以就需之时思患预防，而不至于败也。此则圣人就占处发明诲人之理也。佪。

○ 问易。曰："圣人作易之初，盖是仰观俯察，见得盈乎天地之间无非一阴一阳之理。有是理则有是象；有是象则其数便自在这里，非特河图洛书为然。盖所谓数者只是气之分限节度处，得阳必奇，得阴必偶，凡物皆然，而图书为特巧而著耳。于是圣人因之而画卦，其始也只是画一奇以象阳，画一偶以象阴而已。但才有两则便有四，才有四则便有八，又从而再倍之便是十六。盖自其无朕之中而无穷之数已具，不待安排而其势有不容已者。卦画既立，便有吉凶在里。盖是阴阳往来交错于其间，其时则有消长之不同，长者便为主，消者便为客；事则有当否之或异，当者便为善，否者便为恶。即其主客善恶之辨而吉凶见矣，故曰'八卦定吉凶'。吉凶既决定而不差，则以之立事，而大业自此生矣。此圣人作易教民占筮，而以开天下之愚、以定天下之志、以成天下之事者如此。但自伏羲而上，但有此六画而未有文字可传，到得文王、周公乃系之以辞，故曰'圣人设卦观象，系辞焉而明吉凶'。盖是卦之未画也，因观天地自然之法象而画。及其既画也，一卦自有一卦之象，象谓有个形似也，故圣人即其象而命之名。以爻之进退而言，则如剥、复之类；以其形之肖似而言，则如鼎、井之类，此是伏羲即卦体之全而立个名如此。及文王观卦体之象而为之彖辞，周公视卦爻之变而为之爻辞，而吉凶之象益著矣。大率天下之道只是善恶而已，但所居之位不同、所处之时既异，而其几甚微。只为天下之人不能晓会，所以圣人因此占筮之法以晓人，使人居则观象玩辞，动则观变玩占，不迷于是非得失之涂，所以是书夏商周皆用之。其所言虽不同，其辞虽不可尽见，然皆太卜之官掌之以为占筮之用。有所谓'繇辞'者，左氏所载，尤可见古人用易处。盖其所谓'象'者，皆是假此众人共晓之物以形容此事之理，使人知所取舍而已。故自伏羲而文王、周公，虽自略而详，所谓占筮之用则一。盖即那占筮之中，而所以处置是事之理，便在那里了。故其法若粗浅，而随人贤愚，皆得其用。盖文王虽是有定象、有定辞，皆是虚说此个地头合是如此处置，初不黏着物上，故一卦一爻足以包无穷之事，不可只以一事指定说。他里面也有指一事说处，如'利建侯'、

'利用祭祀'之类，其他皆不是指一事说。此所以见易之为用无所不该、无所不遍，但看人如何用之耳。到得夫子方始纯以理言，虽未必是羲文本意，而事上说理亦是如此，但不可便以夫子之说为文王之说。"又曰："易是个有道理底卦影。易以占筮作，许多理□□□曰"用"字，无"许多"二字，而"理"上有"道"字。便也在里，但是未便说到这处。如楚词以神为君，以林无此字。祀之者为臣，以寓林作"见"。其敬事林作"奉"。不可忘之意。林此处有"他意"二字。固是说君臣，林此处有"但假托事神而说"一句。但是林无此二字，有"今也须"三字。先且为他林无此字。说事神，然后及他事君，意趣始得。林无此三字，有"处"字。今人解说，便林无此四字，有"解者"二字。直去解作事君底意思，也不唤做不是林自"底"以下九字但曰"未为不是"。他意，林无此二字。但须是先与林无"与"字，有"为他"二字。结了那林无"那"字，有"事神"二字。一重了，方可及这里，方得本末周备。林自"了"以下至此皆无，但曰"方及那处"。易便是如此。今人心性褊急，更不待先说他本意，便将道林无"道"字。理来衮说了。自"易以占筮"止此，与林录同。易如一个镜相似，看甚物来都能照得。如所谓'潜龙'，只是有个潜龙之象，自天子至于庶人，看甚人（求）〔来〕都便得。孔子说作'龙德而隐，不易乎世，不成乎名，遁世无闷，不见是而无闷，乐则行之，忧则违之，确乎其不可拔，潜龙也'，便是就事上指杀说了。然会看底，虽孔子说也活也无不通；不会看底，虽文王周公说底也死了。须知得他是假托说，是包含说。假托谓不惹着那事，包含是说个影象在这里无所不包。"又曰："卦虽八，而数须是十。八是阴阳数，十是五行数。一阴一阳便是二，以二乘二便是四，以四乘四便是八。五行本只是五而有十者，盖是一个便包两个，如木便包甲乙，火便包丙丁，土便包戊己，金便包庚辛，水便包壬癸，所以为十。彖辞，文王作；爻辞，周公作，是先儒从来恁地说，且得依他。谓爻辞为周公者，盖其中有说文王，不应是文王自说也。"贺孙。按"易以占筮作"以下，下至"衮说了"，与林夔孙同。

○ 孔子之易非文王之易，文王之易非伏羲之易，伊川易传又自是程氏之易也。故学者且依古易次第，先读本爻，则自见本旨矣。方子。

○ 凡人看易须是将伏羲画卦、文王重卦、周公爻辞、孔子系辞及程氏传各自看，不要相乱惑，无抵牾处也。处谦。

○ 又曰："文王之心已自不如伏羲宽阔，急要说出来。孔子之心不如文王之心宽大，又急要说出道理来。所以本意浸失，都不顾元初圣人画卦之意，只认各人说自家一副当道理而已。及至伊川之易，又说他一样，微似孔子之易而又甚焉。其所以说易之说自伏羲至伊川自成四〔横〕〔样〕。某所以不敢从，而原易之所以作而为之说，为此也。"用之云："圣人作易，只是明个阴阳刚柔、吉凶消长之理而已。"先生曰："虽是如此，然伏羲作易只是画八卦如此，也何尝明说阴阳刚柔吉凶之理？然其中则具此道理。想得个古人教人也不甚说，只是说个方法如此，使人依而行之，如此则吉，如此则凶。伏羲八卦那里有许多言语在？某之此说据某所见如此。东坡解易自云'有易以来，未有此书'，又不知后人以为如何。"僴。

邵子易数

○ 康节易数出于希夷。他在静中推见得天地万物之理如此，又与他数合，所以自乐。今道藏中有此卦数。谓魏伯阳参同契。魏，东汉时人。德明。

○ 王天悦雪夜见康节于山中，犹见其俨然危坐。盖其心地虚明，所以推得天地万物之理。其数以阴阳刚柔四者为准，四分为八，八分为十六，只管推之无穷。有太阳、太阴、少阳、少阴、太刚、太柔、少刚、少柔。今人推他数不行，所以无他胸中。德明。

○ 康节也则是一生二，二生四，四生八。渊。

○ 问："康节云'天根月窟闲来往，三十六宫都是春'，盖云天理流行，而己常周旋乎其间，天根月窟是个总会处，如'大明终始，时乘六龙'之意否？"先生曰："是。"砥。

○ 圣人说数说得疏，到康节说得密了。他也从一阴一阳起头。他却做阴、阳、太、少，乾之四象；刚、柔、太、少，坤之四象。又是那八卦。他说这易，将那"元亨利贞"全靠着那数。三百八十四爻管定那许多数，说得太密了。易中只有个奇耦之数是自然底，"大衍之数"却是用以揲蓍底。康节尽归之数，所以二程不肯问他学。若是圣人用数，不过如"大衍之数"便是。他须要先揲蓍以求那数、起那卦，数是怎地起，卦是怎地求。不似康节坐地默想推将去，便道某年某月某日当有某事。圣人决不怎地！渊。池本注云："此条有误〔录〕，可详之。"

○ "圣人（数说）〔说数〕，说得简略高远疏阔。易中只有个奇耦之数天一地二。是自然底数也，大衍之数是揲蓍底数也，惟此二者而已。康节却尽归之数，切恐圣人必不为也。"因言："或指一树问康节曰：'此树有数可推否？'康节曰：'亦可推也，但须待其动尔。'顷之，一叶落，便从此推去，此树甚年生，甚年当死。凡起数，静则推不得，须动方推得起。"方子。〔高录略。〕

○ 〔伊川之学于大体上莹彻，于小小节目上犹有疏处。康节能尽得事物之变，却于大体上有未莹处。〕用之云："康节说易极好，见得透

彻。"先生曰:"然伊川不服他,常忽其说。尝有一束与横渠云:'康节
说易好听。今夜试来听他说看。'某尝言,此(理)便是伊川不及孔子
处。只观孔子便不如此。"用之云:"康节心胸如此快活,如此广大,人
如何似他?"先生曰:"他甚么样做工夫!"僩。

程子易传

○ 已前人解易多只说象数,自程门以后,人方都作道理说了。砥。

○ 伊川先生晚年所见甚实,更无一句悬空说底话。今观易传可
见,何尝有一句不着实!大雅。

○ 伯恭谓"易传理到语精,平易的当,立言无毫发遗恨",此乃
名言。今作文字不能得如此,自是牵强处多。一本云:"自然",无"自是"
以下一句。闳祖。

○ "易传明白,无难看。但伊川以天下许多道理散入六十四卦中,
若作易看即无意味,唯将来作事看,即句句字字有用处。"问胡文定春
秋。曰:"他所说尽是正理,但不知圣人当初是恁地不是恁地?今皆见
不得。所以某于春秋不敢措一辞,正谓不敢臆度尔。"道夫。

○ 易传,须先读他书理会得义理了,方有个入路,见其精密处。
盖其所言义理极妙,初学者未曾使着,不识其味,都无启发。如遗书之
类,人看着却有启发处。非是易传不好,是不合使未当看者看,须是已
知义理者得此便可磨砻入细。此书于学者非是启发工夫,乃磨砻工
夫。螯。

○ 程氏易传难看，其用意精密、道理平正，更无抑扬。若能看得有味，则其人亦大段知义理矣。盖易中说理是豫先说下个未曾有底事，故乍看甚难。不若大学中庸有个准则，读着便令人识蹊径。诗又能兴起人意思，皆易看。如谢显道论语却有启发人处，虽其说或失之过，识得理后却细密商量、令平正也。人杰。

○ 伯恭多劝人看易传，一禁禁定，更不得疑着。局定学者只得守此个义理，固是好。但缘此使学者不自长意智，何缘会有聪明！璘。

○ 看易传若自无所得，纵看数家底，〔反〕被惑。伊川先生教人看易须只看王弼注，胡安定、王介甫解。今有伊川传，只看此尤妙。辛。

○ 铢问："易传如何看？"先生曰："且只恁地看。"又问："程易于本义如何？"曰："程易不说易文义，只说道理处，极好看。"又问："乾（系）〔彖〕辞下解云：'圣人始画八卦，三才之道备矣。因而重之以尽天下之变，故六画而成卦。'据此说，却是圣人始画八卦，每卦便是三画，圣人因而重之为六画。似与邵子〔一生两，〕两生四，四生八，八生十六，十六生三十二，三十二生六十四，为六画，不同。"曰："〔程子之意只云三画上叠成六画，八卦上叠成六十四卦，与邵子说诚异。盖〕康节此意不曾说与程子，程子亦不曾问之，故一向只随他所见去。但说'圣人始画八卦'，不知圣人画八卦时先画甚卦？此处便晓他不得。"又问："启蒙所谓'自太极而分两仪，则太极固太极，两仪固两仪；自两仪而分四象，则两仪又为（两）太极，而四象又为两仪'，以至四象生八卦，节节推去，莫不皆然。可见一物各具一太极，是如此否？"曰："此只是一分为二，节节如此，以至于无穷，皆是一生两尔。"〔因问："序所谓'自本而干，自干而支'是此意否？"曰："是。"〕又问："'以功用谓之鬼神，以妙用谓之神'，二'神'字不同否？"曰：
"'鬼神'之'神'说得粗，此'神'又是说'妙用'也者。系辞言
'(鬼)神也者，妙万物而为言'，此所谓'妙用谓之神'也；言'知鬼
神之情状'，此所谓'功用谓之鬼神'也，只是推本系辞说。程易除去
解易文义处，只单说道理处，则如此章说'天，专言之则道也'以下数
句皆极精。"又问："'元亨利贞'，乾之四德；仁义礼智，人之四德。然
亨却是礼，次序却不同，何也？"曰："此仁义礼智犹言春夏秋冬也。"
因问李子思易说。曰："他是胡说。"因问："或云'先生许其说乾坤二
卦本于诚敬'，果否？"曰："就他说中，此条稍是。但渠只是以乾卦说
'修辞立其诚'、'闲邪存其诚'，坤卦说'敬以直内'，便说是诚敬尔。"
铢云："恐渠亦未曾实识得诚敬。"曰："固是。且谩说耳。"又问：
"'天，专言之则道也'，又曰'天地者，道也'，不知天地即道耶？〔抑
天地是形，所以为天地乃道耶？〕"曰："天地只以形言之。'先天而天
弗违'，如'礼或先王未之有而可以义起'之类，虽天之所未为，而吾
意之所为自与道契，天亦不能违也。'后天而奉天时'，如'天叙有典，
天秩有礼'之类，虽天之所已为，而理之所在，吾亦奉而行之耳。盖大
人无私，以道为体，此一节只是释大人之德。其曰'与天地合其德，与
日月合其明，与四时合其序，与鬼神合其吉凶'，将天地对日月鬼神说，
便是指有形者言。伊川此句，某未敢道是。"铢。

○　"易传言理甚备，象数却欠在。"又云："易传亦有未安处。如
无妄六二'不耕获，不菑畬'，只是说一个无所作为之意。易传却言
'不耕而获，不菑而畬，谓不首造其事'，殊非正意。"闳祖。

○　易要分内外卦看，伊川却不甚理会。如巽而止则成蛊，止而巽
便不同。盖先止后巽，却是有根株了方巽将去，故为渐。蕣。

○ 问："伊川易说理太多。"曰："伊川言：'圣人有圣人用，贤人有贤人用。若一爻止做一事，则三百八十四爻止做得三百八十四事。'也说得极好。然他辞解依旧是三百八十四爻止做得三百八十四事用也。"淳。义刚录小异，今附，云："林择之云：'伊川易说得理也太多。'先生曰：'伊川求之便是太深。尝说三百八十四爻不可只作三百八十四爻解，其说也好。而今似他解时，依旧三百八十四爻只作得三百八十四般用了。'"

○ 问："程传大概将三百八十四爻做人说，恐通未尽否？"曰："也是。则是不可妆定做人说。看占得如何。有就事言者，有以时节言者，有以位言者。以吉凶言之则为事，以初终言之则为时，以高下言之则为位，随所值而看，皆通。系辞云'不可为典要，惟变所适'，岂可妆定做人说！"学蒙。

○ 伊川易煞有重叠处。孔明出师表，文选与三国志所载字多不同，互有得失。"五月渡泸"是说前（辈）〔事〕。如孟获之七纵七擒正其时也。渡泸是先理会南方许多去处。若不先理会许多去处，到向北去，终是被他在后乘间作挠。既理会得了，非惟不被他来挠，又却得他兵众来使。贺孙。

○ 易传说文义处犹有些小未尽处。公谨。

○ 学者须读诗与易。〔易〕尤难看。伊川易传亦有未尽处。当时邵康节传得数甚佳，却轻之不问。天地必有倚靠处，如复卦先动而后顺，豫卦先顺而后动，故其彖辞极严。似此处却闲过了。可学。

○ 易，变易也。"随时变易以从道"，正谓伊川这般说话难说。盖他把这书硬定做人事之书。他说圣人做这书，只为世间人事本有许多变样，所以做这书出来。渊。

○ 易传序："至微者，理也；至著者，象也。体用一原，显微无间。'观会通以行其典礼'，则辞无所不备。"此是一个理，一个象，一个辞。然欲理会理与象又须就辞上理会，辞上所载皆"观会通以行其典礼"之事。凡于事物须就其聚处理会，寻得一个通路行去。若不寻得一个通路，只蓦地行去，则必有碍。"典礼"只是常事，"聚"是事之合聚交加难分别处。如庖丁解牛固是"奏刀（划）〔騞〕然，莫不中节"，若至那难处便着些气力方得通。故庄子又说："虽然，每至于族，吾见其难为，怵然为戒，视为止，行为迟。"庄子说话虽无头当，然极精巧，说得到。今学者却于辞上看"观其会通以行典礼"也。

○ "体用一源"，体虽无迹，中已有用。"显微无间"者，显中便（其）〔具〕微。天地未有，万物已具，此是体中有用；天地既立，此理亦存，此是显中有微。苔。

○ 刘用之问易传序"观会通以行典礼"。曰："如尧舜揖逊，汤武征伐，皆是典礼处。只是常事。"

○ "求言必自近，易于近者非知言者也"，此伊川吃力为人处。寓。

朱子易本义易学启蒙

○ 方叔问："易本义何专以卜筮为主？"曰："且须熟读正文，莫看注解。盖古易，彖、象、文言各在一处，至王弼始合为一，后世诸儒遂不敢与移动。今难卒说，且须熟读正文，久当自悟。"大雅。

○ 某之易简略者，当时只是略搭记。兼文义，伊川及诸儒皆已说了，某只就语脉中略牵过这意思。砥。

○ 圣人作易，有说得极疏处，甚散漫。如爻象，盖是泛观天地万物取得来阔，往往只仿佛有这意思，故曰"不可为典要"。又有说得极密处，无缝罅，盛水不漏，如说"吉凶悔吝"处是也。学者须是大着心胸方看得。譬如天地生物有生得极细巧者，又自有突兀粗拙者。近赵子钦有书来云，某说语孟极详，易说却太略。譬之此烛笼，添得一条骨子则障了一路明，若能尽去其障，使之统体光明，岂不更好！盖着不得详说故也。方子。渊录同而略，今附，云："易中取象似天地生物，有生得极细巧底，有生得粗拙突兀底。赵子钦云'本义太略'。此譬如烛笼，添了一条竹片便障却一路明，尽彻去了，使它统体光明，岂不更好！盖是着不得详说，如此着来则取象处如何拘得！"

○ 启蒙，初间只因看欧阳公集内或问易"大衍"，遂将来考算得出。以此知诸公文集虽各自成一家文字，中间自有好处。缘是这道理人人同得，看如何也自有人见得到底。贺孙。

○ 先生于诗传自以为无复遗恨，曰："后世若有扬子云，必好之矣。"而意不甚满于易本义。盖先生之意，只欲作卜筮用，而为先儒说道理太多，终是翻这窠臼未尽，故不能不致遗恨云。㑦。

○ 先生问时举："看易如何？"时举云："只看程易，见其只就人事上说，无非日用常行底道理。"先生云："易最难看，须要识圣人当初作易之意。且如泰之初九'拔茅茹，以其汇，征吉'，谓其引贤类进也，都不正说引贤类进而云'拔茅'，何耶？如此之类要须思看。某之启蒙自说得分晓，且试去看。"因云："某少时看文字时，凡见有说得合道理底须旁搜远取，必要看得他透。今之学者多不如是，如何？"时举退看启蒙。晚往侍坐，时举云："向者看程易只就注解上生议论，却不曾靠得易看，所以不见得圣人作易之本意。今日看启蒙，方见得圣人一部易皆是假借虚设之辞。盖缘天下之理若正说出便只作一件用，唯以象言，则当卜筮之时看是甚事都求应得。如泰之初九，若正作引贤类进说，则后便只作得引贤类进用。唯以'拔茅茹'之象言之，则其他事类此者皆可应也。启蒙警学篇云'理定既实，事来尚虚。用应始有，体该本无'，便见得易只是虚设之辞，看事如何应耳。未知如此见得否？"先生颔之。因云："程易中有甚疑处，可更商量看。"时举问："坤六二爻传云'由直方而大'，切意大是坤之本体，安得由直方而后大耶？"曰："直、方、大是坤有此三德。若就人事上说，则是'敬义立而德不孤'，岂非由直方而后大耶？"时举。

○ 敬之问启蒙"理定既实，事来尚虚。用应始有，体该本无。稽实待虚，存体应用。执古御今，以静制动"。曰："圣人作易只是说一个理，都未曾有许多事，却待他甚么事来凑。所谓'事来尚虚'，盖谓事之方来尚虚而未有，若论其理则先自定，固已实矣。'用应始有'谓理之用实，故有。'体该本无'，谓理之体该万事万物，又初无形迹之可见，故无。下面云，稽考实理以待事物之来，存此理之体以应无穷之用。'执古'，古便是易书里面文字言语。'御今'，今便是今日之事。'以静制动'，理便是静底，事便是动底。且如'即鹿无虞，惟入于林中。君子几，不如舍，往吝'，其理谓将即鹿而无虞，人必陷于林中，若不舍而往，是取吝之道。这个道理，若后人做事，如求官爵者求之不已，便是取吝之道，求财利者求之不已，亦是取吝之道。又如'潜龙勿用'，其理谓当此时只当潜晦，不当用。若占得此爻，凡事便未可做，所谓'君子动则观其变而玩其占'。若是无事之时观其象而玩其辞，亦当知其理如此。某每见前辈说易止把一事说。某之说易所以异于前辈者，正谓其理人人皆用之，不问君臣上下、大事小事，皆可用。前辈止缘不把做占说了，故此易竟无用处。圣人作易，盖谓当时之民遇事都闭塞不知所为，故圣人示以此理，教他恁地做便会吉，如此做便会凶，必恁地则吉而可为，如此则凶而不可为。大传所谓'通天下之志'是也。通是开通之意，是以易中止说道善则吉，却未尝有一句说不善亦会吉。仁义忠信之事占得其象则吉，却不曾说不仁不义不忠不信底事占得亦会吉。如南蒯得'黄裳'之卦，自以为大吉，而不知黄中居下之义方始会元吉，反之则凶。大传说'上下无常，刚柔相易，不可为典要，惟变所适'，便见得易人人可用，不是死法。虽道是二五是中，却其间有位二五而不吉者，有当位而吉，亦有当位而不吉者。若扬雄太玄，皆排定了第几爻便吉，第几爻便凶，此便是死法。故某尝说学者未可看易，虽是善则吉、恶则凶，然其规模甚散，其辞又涩，学者骤去理会他文义已自难晓，又且不曾尽经历许多事意，都去凑他意不着。所以孔子晚年方学易，到得平常教人，亦只言'兴于诗，立于礼，成于乐'，却未曾说到易。"又云："易之卦爻，所以该尽天下之理。一爻不止于一事，而天下之理莫不具备，不要拘执着。今学者涉世未广，见理未尽，凑他底不着，所以未得他受用。"贺孙。

读易之法

○ 说及读易，曰："易是个无形影底物，不如且先读诗书礼，却紧要。'子所雅言，诗、书、执礼，皆雅言也。'"淳。

○ 问："看易如何？"先生曰："'诗、书、执礼'，圣人以教学者，独不及于易。至于'假我数年，五十以学易'，乃是圣人自说，非学者事。盖易是个极难底事，非他书之比也。如古者先王'顺诗书礼乐以造士'，亦只是以此四者，亦不及于易。盖易只是个卜筮书，藏于太史、太卜以占吉凶，亦未有许多说话。及孔子始取而敷绎为十（经）〔翼〕，文言、杂卦、彖、象之类，方说出道理来。当初只是个卜筮之书耳。"㤗。

○　易只是空说个道理，只就此理会能见得如何？不如"诗、书、执礼，皆雅言也"，一句便是一句，一件事便是一件事。如春秋，亦不是难理会底，一年事自是一年事。且看礼乐征伐是自天子出？是自诸侯出？是自大夫出？今人只教去一字上理会褒贬，要求圣人之意。千百年后如何知得他肚里事？圣人说出底犹自理会不得，不曾说底便如何理会得！淳。

○　易与春秋难看，非学者所当先。盖春秋所言以为褒亦可，以为贬亦可。易如此说亦通，如彼说亦通。大抵不比诗书的确，难看。

○　问："易如何读？"曰："只要虚其心以求其义，不要执己见读。其他书亦然。"以上答万人杰问、金去伪问。又曰："人读书不可搀前去，下梢必无所得。如理会论语，只得理会论语，不得存心在孟子。如理会里仁一卷，且逐章相挨理会去，却然后从公冶长理会去，此读书之常法也。"谟。

○　人自有合读底书，如大学语孟中庸等书岂可不读！读此四书，便知人之所以不可不学底道理，与其为学之次序，然后更看诗书礼乐。某才见人说看易便知他错了，未尝识那为学之序。易自是别是一个道理，不是教人底书。故记中只说先王"崇四术，顺诗书礼乐以造士"，不说易也。语孟中亦不说易。至左传、国语方说，然亦只是卜筮尔。盖易本为卜筮作，故夫子曰："易有圣人之道四焉：以言者尚其词，如程子

所说是也。以动者尚其变，已是卜筮了，易以变者占，故曰："君子居则观其象
而玩其词，动则观其变而玩其占。"以制器者尚其象，十三卦是也。以卜筮者
尚其占。"文王、周公之词皆是为卜筮。后来孔子见得有是书必有是理，
故因那阴阳消长盈虚说出个进退存亡之道理来。要之，此是圣人事，非
学者可及也。今人说伏羲作易，示人以天地造化之理，便是自家又如何
知得伏羲意思？兼之伏羲画易时亦无意思，他自见得个自然底道理了，
因借他手画出来尔，故用以占筮无不应。其中言语亦煞有不可晓者，然
亦无用尽晓。盖当时事与人言语，自有与今日不同者。然其中有那事今
尚存，言语有与今不异者，则尚可晓尔。如"利用侵伐"是事存而词可晓者。
只如比卦初六"有孚比之，无咎。有孚盈缶，终来有他吉"之类，便不可晓。某尝
语学者，欲看易时且将孔子所作十翼分明易晓者看，如文言中"元者善
之长"之类。如中孚九二"鸣鹤在阴，其子和之"，亦不必理会鹤如何
在阴？其子又如何和？且将那系辞传中所说言行处看。此虽至浅，然却
不到差了。盖为学只要理会自己胸中事尔。某尝谓上古之书莫尊于易，
中古后书莫大于春秋，然此两书皆未易看。今人才理会二书便入于凿。
若要读此二书，且理会他大义：易则是个尊阳抑阴，进君子而退小人，
明消息盈虚之理；春秋则是个尊王贱伯，内中国而外夷狄，明君臣上下
之分。广。

○ 敬之问易。曰："如今不曾经历得许多事过，都自凑他道理不
着，若便去看也卒未得他受用。孔子晚而好易，可见这书卒未可理会。
如春秋、易，都是极难看底文字。圣人教人自诗礼起，如鲤趋过庭，
曰：'学诗乎？学礼乎？'诗是吟咏情性、感发人之善心，礼使人知得个
定分，这都是切身工夫。如书亦易看，大纲亦似诗。"贺孙。

○ 易道神便如心性情。渊。

○ "'洁静精微'是不犯手。"又云："是各自开去，不相沾黏。去声。"方子。〔佐录云："是不沾着一个物事。"〕

○ 看易须是看他卦爻未画以前是怎模样，却就这上见得他许多卦爻象数是自然如此，不是杜撰。且诗则因风俗世变而作，书则因帝王政事而作。易初未有物，只是悬空说出。当其未有卦画，则浑然一太极，在人则是喜怒哀乐未发之中。一旦发出，则阴阳吉凶事事都有在里面。人须是就至虚静中见得这道理周遮通珑方好，若先靠定一事说，则滞泥不通了。此所谓"洁静精微，易之教也"。学蒙。按，沈僴录同而少异，今附于下，云："看易须是看他未画卦以前是怎生模样，却就这里看他许多卦爻象数非是杜撰，都是自然如此。未画之前，在易只是浑然一理，在人只是湛然一心，都未有一物在，便是寂然不动、喜怒哀乐未发之中也。忽然在这至虚至静之中有个象，方发出许多象数吉凶道理来，所以灵，所以说'洁静精微'之谓易。易只是个'洁静精微'，若似如今人说得恁地拖泥带水，有甚理会处！"〔焘录云："未画以前便是寂然不动、喜怒哀乐未发之中，只是个至虚静而已。忽然在这至虚至静之中有个象，方说出许多象数吉凶道理，所以礼记曰'洁静精微，易教也'。盖易之为书是悬空做出来底。谓如书，便真个有这政事谋谟方做出书来。诗，便真个有这人情风俗方做出诗来。易却都无这已往底事，只是悬空做底。未有爻画之先，在易则浑然一理，在人则浑然一心。既有爻画，方见得这爻是如何，这爻又是如何。然而皆是就这至虚至静中做许多象数道理出来，此其所以灵。若是似而今说得来恁地拖泥合水，便都没理会处了。"〕

○ 易难看，不比他书。易说一个物，非真是一个物，如说龙非真龙。若他书则真是实，孝弟便是孝弟，仁便是仁。易中多有不可晓处，如"王用亨于西山"，此却是"享"字，只看"王用亨于帝，吉"则（如）〔知〕此是祭祀山川底意思。如"公用亨于天子"，亦是"享"字，盖朝觐燕飨之意。易中如此类甚多。后来诸公解只是以己意牵强附合，终不是圣人意。易难看，盖如此。赐。

○ "易最难看。其为书也广大悉备，包涵万理，无所不有。其实是古者卜筮书，不必只说理，象数皆可说将去，做道家、医家等说亦有，初不曾滞于一偏。某近看易，见得圣人本无许多劳攘。自是后世一向乱说，妄意增减，（便）〔硬〕要作一说以强通其义，所以圣人经旨愈见不明。且如解易，只是添虚字去迎过意来便得，今人解易乃去添他实字，却是借他做己意说了。又恐或者一说有以破之，其势不得不支离，更为一说以护吝之。说千说万，与易全不相干。此书本是难看底物，不可将小巧去说，又不可将大话去说。"又云："易难看，不惟道理难寻，其中或有用当时俗语，亦有他事后人不知者。且如'樽酒簋贰'，今人硬说作二簋，其实无二簋之实。陆德明自注断，人自不曾去看。如所谓'贰'乃是周礼'大祭三贰'之'贰'，是'副贰'之'贰'，此不是某穿凿，却有古本。若是强为一说，无来历，全不是圣贤己语。"〔盖卿。〕

○ 易不须说得深，只是轻轻地说过。渊。

○ 和静学易，从伊川。一日只看一爻。此物事成一片，动着便都成片，不知如何只看一爻得。砥。

○ 看易须着四日看一卦：一日看卦辞、彖、象，两日看六爻，一日统看，方细。因吴宜之记不起，云然。闳祖。

○ "读易之法，先读正经，不晓则将彖、象、系辞来解。"又曰："易爻辞如签解。"节。

○ 易中象辞最好玩味，说得卦中情状出。季札。

○ 八卦爻义最好玩味。祖道。

○ 先就乾坤二卦上看得本意了，则后面皆有通路。砥。

○ 系辞中说"是故"字都是唤那下文起，也有相连处，也有不相连处。渊。

○ 张钦夫说易，谓只依孔子系辞说便了。如说"公用射隼于高墉之上，获之，无不利"，子曰："隼者，禽也。弓矢者，器也。射之者，人也。君子藏器于身，待时而动，何不利之有？动而不括，是以出而有获，语成器而动者也。"只如此说便了。固是如此，圣人之意只恁地说不得。缘在当时只理会象数，故圣人明之以理。贺孙。

○ 〔或问"井以辨义"之义。曰："'井居其所而迁'，又云'井，德之地也'，盖井有定体不动，然水却流行出去不穷，犹人心有持守不动而应变则不穷也。'德之地也'，地是那不动底地头。"一本云："是指那不动之处。"又曰：〕"佛家有三（包）〔句〕，有函盖乾坤句，有随波逐流句，有截断众流句。圣人言语亦然。如'以言乎远则不御，以言乎迩则静而正'，此函盖乾坤句。如'井以辨义'等句，只是随道理说得将出去，此随波逐流句。如'复见天地之心'、'神者妙万物'之句，此截断众流句也。"学蒙。

总论卦象爻

○ 古易十二篇，人多说王弼改今本，或又说费直初改。只如乾坤卦次序，后来王弼尽改彖象各从爻下。近日吕伯恭却去后汉中寻得一处，云是韩康伯改，都不说王弼。据某考之，其实是韩康伯初改，如乾卦次序。其他是王弼改。雉。

○　卦，分明自将一片木画挂于壁上，所以为卦。爻是两个交（义）〔叉〕，是交变之义，所以为爻。学蒙。

○　问：“见朋友记答，云先生谓‘伏羲只画八卦，未有六十四卦’。今看先天图则是那时都有了，不知如何。”曰：“不曾恁地说。那时六十四卦都画了。”又问云：“那时未有文字言语，恐也只是卦画，未有那卦名否?”曰：“而今见不得。”学蒙。

○　卦体如内健外顺、内阴外阳之类，卦德如乾健坤顺之类。渊。

○　有一例，成卦之主皆说于彖词下，如屯之初九“利建侯”，大有之五，同人之二，皆如此。砥。

○　或说一是（卦）〔乾〕初画。某谓那时只是阴阳，未有乾坤，安得乾初画？初间只有一画者二，到有三画，方成乾卦。淳。

○　问：“‘乾一画，坤两画’，如何?”曰：“观‘乾一而实与坤二而虚’之说可见。〔本义系辞上第六章。〕乾只是一个物事充实遍满，天之包内皆天之气。坤便有开阖，乾气上来时，坤便开从两边去，如两扇门相似。〔正如扇之运风，甑之蒸饭，扇、甑是坤，风与蒸则乾之气也。〕”僴。

○　凡易一爻皆具两义，如此吉者，不如此则凶；如此凶者，不如此则吉。如“出门同人”，须是自出去与人同方吉，若以人从欲则凶。亦有分明说破底，如“妇人吉，夫子凶”、“咸其腓，虽凶居吉”、“君子得舆，小人剥庐”。如“需于泥，致寇至”更不决吉凶，夫子便象辞中说破，云“若敬慎则不败也”，此是一爻中具吉、凶二义者。如小过“飞鸟以凶”，若占得此爻，则更无可避祸处，故象曰“不可如何也”。蓥。

○ 六爻不必限定是说人君。且如"潜龙勿用"，若是庶人得之自当不用，人君得之也当退避。"见龙在田"，若是众人得亦可用事。"利见大人"，如今人所谓宜见贵人之类。<u>易</u>不是限定底物。<u>伊川</u>亦自说"一爻当一事，则三百八十四爻只当得三百八十四事"，说得自好。不知如何到他解却恁地说。<u>渊</u>。

○ <u>易</u>中紧要底只是四爻。<u>渊</u>。

○ <u>伊川</u>云"卦爻有相应"，看来不相应者多。且如<u>乾卦</u>，如其说时除了二与五之外，初何尝应四？三何尝应六？<u>坤卦</u>更都不见相应。此似不通。<u>渊</u>。

○ <u>伊川</u>多说应，多不通。且如六三便夹些阳了，阴则浑是不发底。如六三之爻有阳，所以言"含章"，若无阳何由有章？"含章"为是有阳，半动半静之爻。若六四则浑是柔了，所以"括囊"。<u>渊</u>。

○ 问："<u>王弼</u>说'初上无阴阳定位'，如何？"曰："<u>伊川</u>说'阴阳奇偶，岂容无也？<u>乾</u>上九"贵而无位"，<u>需</u>上九"不当位"，乃爵位之位，非阴阳之位'，此说极好。"<u>学蒙</u>。

○ 卦爻象初无一定之例。<u>渊</u>。

卦体卦变

○ <u>伊川</u>不取卦变之说。至"柔来而文刚"、"刚自外来而为主于内"，诸处皆牵强说了。<u>王辅嗣</u>卦变又变得不自然。某之说却觉得有自然气象，只是换了一爻。非是圣人合下作卦如此，自是卦成了自然有此象。砥。

○ 汉上易卦变只变到三爻而止，于卦辞多有不通处，某更推尽去方通。如无妄"刚自外来而为主于内"，只是初刚自讼二移下来。晋"柔进而上行"，只是五柔自观四挨上去。此等类，按汉上卦变则通不得。旧与蔡季通在旅邸推。淳。义刚录同而无注。

○ 卦有两样生，有从两仪四象加倍生来底，有卦中互换自生一卦底。互换成卦，不过换两爻。这般变卦，伊川破之，及到那"刚来而得中"却推不行。大率是就义理上看，不过如"刚自外来"而得中、"分刚上而文柔"等处看，其余多在占处用也。贲，变节之象，这虽无紧要，然后面有数处彖辞不如此看，无来处，解不得。渊。

○ 易上经始乾、坤而终坎、离，下经始艮、兑、震、巽而终坎、离。杨至之云："上经反对凡十八卦，下经反对亦十八卦。"先生曰："林黄中算上〔下〕经阴阳爻适相等。某算来诚然。"方子。

○ 问："乾、坤、坎、离、中孚、小过、〔大〕过、颐八卦，反覆不成两卦，是如何？"曰："兑只是番转底巽，震只是番转底艮。六十四卦，自此八卦外，只二〔十〕八卦番转为五十六卦。就此八卦中又只是四正〔卦〕，乾坤坎离是也。中孚又是大底离，小过又是大底坎。是双夹底坎。大过是厚画底坎，颐是个大画底离。"学□。

○ 卦有反，有对，乾、坤、坎、离是反，艮、兑、震、巽是对。乾、坤、坎、离倒转也只是四卦。艮、兑、震、巽倒转则为中孚、颐、小过、大过。其余皆是对卦。渊。

○ "互体"自<u>左氏</u>已言，亦有道理。只是今推不合处多。<u>可学</u>。

○ <u>王弼</u>破互体，<u>朱子发</u>用互体。<u>渊</u>。

○ <u>朱子发</u>互体，一卦中自二至五又自有两卦，这两卦又伏两卦。<u>林黄中</u>便倒转推成四卦，四卦里又伏四卦。此谓"互体"。这自那"风（于）〔为〕天于土上"有个<u>艮</u>之象来。<u>渊</u>。他本无"这自"以下十四字。

○ 一卦互换是两卦，伏两卦是四卦。反看又是两卦，又伏两卦，共成八卦。<u>渊</u>。

○ <u>时举</u>问："易中'互体'之说，其共（又）〔父〕以为'杂物撰德，辨是与非，则非其中爻不备'，此是说互体。"先生曰："今人言互体者，皆以此为说，但亦有取不得处也，如<u>颐</u>卦、<u>大过</u>之类是也。<u>王辅嗣</u>又言'纳甲飞伏'，尤更难理会。纳甲是<u>震</u>纳庚、<u>巽</u>纳辛之类，飞伏是<u>坎</u>伏<u>离</u>、<u>离</u>伏<u>坎</u>、<u>艮</u>伏<u>兑</u>、<u>兑</u>伏<u>艮</u>之类也。此等皆支蔓，不必深泥。"<u>时举</u>。

辞义

○ 易有象辞，有占辞，有象、占相浑之辞。<u>节</u>。

○ "<u>彖</u>词极精，分明是圣人所作。"<u>鲁可几</u>曰："<u>彖</u>是总一卦之义。"曰："也有别说底。如<u>乾</u>彖却是专说天。"<u>道夫</u>。

○ <u>晏亚夫</u>问"中"、"正"二字之义。先生曰："中须以正为先。

凡人做事须是剖决是非邪正，却就是与正处斟酌一个中底道理。若不能先见正处，又何中之可言？譬如欲行赏罚，须是先看当赏与不当赏，然后权量赏之轻重。若不当赏矣，又何轻重之云乎！<u>处谦</u>。

○ 凡事先理会得正方到得中，若不正，更理会甚中！<u>显仁陵寝</u>时，要发掘旁近数百家墓，差御史往相度。有一人说："且教得中。"<u>曾文清</u>说："只是要理会个是与不是，不理会中。若还不合如此，虽一家不可发掘，何处理会中？"且如今赏赐人，与之百金为多，五十金为少，与七十金为中。若不合与，则一金不可与，更商量甚中！<u>渊</u>。

○ 二卦有二中，二阴正，二阳正。言"乾之无中正"者，盖云不得兼言中正。二五同是中，如四上是阳，不得为正。盖卦中以阴居阳、以阳居阴是位不当，阴阳各居本位乃是正当。到那"正中"、"中正"，又不可晓。<u>渊</u>。

○ <u>林安卿</u>问："<u>伊川</u>云'中无不正，正未必中'，如何？"先生曰："如'君子而时中'则是'中无不正'，若君子有时乎不中即'正未必中'。盖正是骨子好了，而所作事有不恰好处，故未必中也。"<u>义刚</u>。

○ "中重于正，正不必中"，一件物事自以为正，却有不中在。且如饥渴饮食是正，若过些子便非中节。中节处乃中也。责善，正也，父子之间不责善。<u>泳</u>。

○ "中重于正，正不必中"，中能度量而正在（是）〔其〕中。<u>可学</u>。

○ 厉，多是在阳爻里说。<u>渊</u>。

○ "吉凶悔吝"，圣人说得极密。若是一向疏去却不成道理，若一向密去却又不是易底意思。渊。

○ "吉凶悔吝"，吉过则悔，既悔必吝，吝又复吉。如"动而生阳，动极复静，静而生阴，静极复动"。悔属阳，吝属阴。悔是逞快做出事来了有错失处，这便生悔，所以属阳。吝则是那隈隈衰衰不分明底，所以属阴。亦犹骄是气盈，吝是气歉。渊。

○ 问："时与位，古易言之。自孔子以来方说出此义。"曰："易虽说时与位，亦有无时义可说者。"历举易中诸卦爻无时义可言者。德明。

○ 仁父问时与义。先生曰："'夏日、冬日'时也，'饮汤、饮水'义也。许多名目须是逐一理会过，少间见得一个却有一个落着。不尔，都只恁地鹘突过。"〔贺孙。〕

○ 问："读易贵知时，今观爻辞皆是随时取义。然非圣人见识卓绝，尽得义理之正，则所谓'随时取义'安得不差?"先生曰："古人作易只是为卜筮，今说易者乃是硬去安排。圣人随时取义，只事到面前审验个是非，难为如此安排下也。"德明。

○ 圣人说易逐卦取义。如泰时则以三阳在内为吉，至否又以在上为吉，大概是要压他阴说。六三所以不能害君子，亦是被阳压了，但"包羞"而已。"包羞"是他做得不好事，只得惭惶，更不堪对人说。砥。

○ 福州韩云："能安其分则为需，不能安其分则为讼；能通其变则为随，不能通其变则为蛊。"文蔚、林椿录同，并止此，而陈注云福州刘砥信说。此是说卦对，然只是此数卦对得好，其他底又不然。渊。〔文蔚录作："'险而能忍则为需，险而不能忍则为讼'，刘砥信说，福唐人。"〕

上下经上下系

○ 上经犹可晓，易解。下经多有不可晓、难解处。不知是某看到末梢懒了解不得，为复是难解？砥。

○ 六十四卦只是上经说得齐整，下经便乱董董地。系辞也如此，只是上系好看，下系便没理会。论语后十篇亦然。孟子末后却划地好，然而如那般"以追蠡"样说话，也不可晓。〔渊。〕

论易明人事

○ 孔子之辞说向人事上者，正是要用得。渊。

○ 须是以身体之。且如六十四卦须做六十四人身上看，三百八十四爻又做三百八十四人身上小底事看。易之所说皆是假说，不必是有恁地事，假设如此则如此，假设如彼则如彼。假设有这般事来，人处这般地位便当恁地应。渊。

○ 易中说卦爻多只是说刚柔。这是半就人事上说去，连那阴阳上面，不全就阴阳上说。卦爻是有形质了，阴阳全是气。彖辞所说刚柔半在人事上。此四（爻）件物事有个精粗显微分别。健顺，刚柔之精者；刚柔，健顺之粗者。渊。

○　横渠云"易为君子谋，不为小人谋"，极好。方子。

○　问："横渠先生说'易为君子谋，不为小人谋'，盖自太极一判而来便已如此了。"曰："论〔其〕极是如此。然小人亦（是）〔具〕此理，只是他自反悖了。君子治之，不过即其固有者以正之而已。易中亦有时而为小人谋，如'包承，小人吉，大人否，亨'，言小人当否之时能包承君子则吉。但此虽为小人谋，乃所以为君子谋也。"广。

论后世易象

○　京房卦气用六日七分。季通云："康节亦用六日七分。"但不见康节说处。方子。

○　京房辈说数，捉他那影（里）〔象〕才发见处便算将去。且如今日一个人来相见，便就那相见底时节算得这个是好人、不好人，用得极精密。他只是动时便算得，静便算不得。渊。

○　太玄纪日而不纪月，无弦望晦朔。方子。

○　问太玄。先生曰："天地间只有阴阳二者而已，便会有消长。今太玄有三个了，如冬至是天元，到三月便是地元，七月便是人元，夏至却在地元之中，都不成物事。"夔孙。

○　太玄中高处只是黄老，故其言曰："老子之言道德，吾有取焉。"方子。

○ 太玄甚拙。岁是方底物，他以三数乘之，皆算不着。庚。

○ 自晋以来，解经者却改变得不同，如王弼、郭象辈是也。汉儒解经，依经演绎。晋人则不然，舍经而自作文。方子。

○ 潜虚只是"吉凶臧否平，王相休囚死"。闳祖。

○ 潜虚后截是张行成续，不押韵，见得。闳祖。

○ 伊川先生与谢湜持正书，曰："若欲治易，请先寻绎令熟。且看王弼、胡先生、王介甫三家文字，令通贯再三。"云："此是读书要法。"闳祖。

○ 欧阳公所以疑十翼非孔子所作者，他童子问中说道，"仰以观于天文，俯以察于地理"，又说"河出图，洛出书，圣人则之"，只是说作易一事，如何有许多般样？又疑后面有许多"子曰"，既言"子曰"则非圣人自作。这个自是他晓那前面道理不得了，却只去这上面疑。他所谓"子曰"者，往往是弟子后来旋添入，亦不可知。近来胡五峰将周子通书尽除去了篇名，却去上面各添一个"周子曰"，此亦可见其比。渊。

○ 问："籍溪见谯天授问易，天授令先看'见乃谓之象'一句。籍溪未悟，他日又问，天授曰：'公岂不思象之在道，犹易之有太极耶？'此意如何？"曰："如此教人，只好听耳。使某答之，必先教他将六十四卦自乾、坤起，至离卦，且熟读。晓得源流，方可及此。"晦夫。
〔方录云："先生云：'此不可晓。其实见而未形有无之间为象，形则为器也。'"〕

○ 问："籍溪胡先生见谯天授问易，天授曰：'且看"见乃谓之象"一句。通此一句则六十四卦、三百八十四爻皆通。'籍溪思之不得。天授曰：'岂不知"易有太极"者乎?'"先生曰："若做个说话，乍番看似好，但学易功夫不是如此。不过熟读精思，自首至尾章章推究、字字玩索，以求圣人作易之意，庶几其可。一言半句，如何便了得他！"谟。

○ 问："谯居士教人看易先看'见乃谓之象'一句，是如何?"先生云："他自是一家说，能误人，其说未是。"学蒙。

○ (郭)〔谯〕先生说"见乃谓之象"有云："象之在道，乃易之在太极。"其意想是说道，念虑才动处便有个做主宰底。然看得系辞本意，只是说那"动而未形有无之间者几"底意思。几虽是未形，然毕竟是有个物了。渊。

○ 老苏说易，专得于"爱恶相攻而吉凶生"以下三句。他把这六爻似那累世相仇相杀底人相似，看这一爻攻那一爻，这一画克那一画，全不近人情！东坡见他恁地太粗疏，却添得些佛老在里面。其书自做两样，亦间有取王辅嗣之说以补老苏之说，亦有不晓他说了乱填补处。老苏说底亦有去那物理上看得着处。渊。

○ 朱震说卦画七八爻称九六，他是不理会得老阴、老阳之变。且如占得乾之初爻是少阳，便是初七，七是少，不会变，便不用了。若占得九时，九是老，老便会变，便占这变爻。此言用九。用六亦如此。渊。

○ 先生因说郭子和易，谓诸友曰："且如揲著一事，可谓小小，只所见不明便错了。子和有蓍卦辩疑说前人不是。不知疏中说得最备，只是有一二字错。更有一段在乾卦疏中。刘禹锡说得亦近。柳子厚曾有书与之辨。"先生撰蓍辩为子和设。盖卿。

○ 向在南康见四家易。如刘居士变卦，每卦变为六十四，却是按古。如周三教及刘虚古，皆乱道。外更有戴主簿传得麻衣易，乃是戴公伪为之。盖尝到其家见其所作底文，其体皆相同。南轩及李侍郎被他瞒，遂为之跋。某尝作一文字辨之矣。义刚。

○ 或言某人近注易。先生云："缘为（是）易〔是〕一件无头面底物，故人人各以其意思去解说得。近见一两人所注，说得一片道理也都好，但不知圣人元初之大意果是如何。春秋亦然。"广。

○ 因说赵子钦名彦肃。易说，曰："以某看来都不是如此。若有此意思，圣人当初解彖、解象辞、系辞、文言之类必须自说了，何待后人如此穿凿！今将卦爻来则线牵，或移上在下，或挈下在上，辛辛苦苦说得出来，恐都非圣人作易之本意。须知道圣人作易还要做甚用，若如此穿凿，则甚非'易简而天下之理得矣'。"又云："今人凡事所以说得恁地支离者，只是见得不透。如释氏说空，空亦未是不是，但空里面须有道理始得。若只说道我见得个空，而不知他有个实底道理，却做甚用得！譬如一渊清水清泠澈底，看来一如无水相似。他便道此渊只是空底，却不曾将手去探看，自冷而湿，终不知道有水在里面。此释氏之见正如此。今学者须贵于格物。格，至也，须要见得到底。今人只是知得一班半点，见得些子，所以不到极处也。"又云："某病后自知日月已不多，故欲力勉。诸公不可悠悠。天下只是一个道理，更无三般两样。若得诸公见得道理透，使诸公之心便是某心，某之心便是诸公之心，见得不差不错，岂不济事耶！"时举。

○　因看赵子钦易说，云："读古人书，看古人意，须是不出他本来格当。须看古人所以为此书者何为，初间是如何，后来又如何。若如屈曲之说，却是圣人做一个谜与后人猜搏，决不是如此！圣人之意简易条畅通达，那尚恁地屈曲缠绕，费尽心力以求之？易之为书，不待自家意起于此，而其安排已一一有定位。"贺孙。

○　赵善誉说易云"乾主刚，坤主柔，刚柔便自偏了"。某云，若如此，则圣人作易须得用那偏底在头上则甚？既是乾坤皆是偏底道理，圣人必须作一个中卦是得。今二卦经传又却都不说那偏底意思是如何。刚，天德也。如生长处便是刚，消退处便是柔。如万物自一阳生后，生长将去便是刚，长长极而消便是柔。以天地之气言之则刚是阳，柔是阴；以君子小人言之则君子是刚，小人是柔；以理言之则有合当用刚时，合当用柔时。广。

○　林黄中以互体为四象八卦。德明。

○　林黄中侍郎来见，论"易有太极，是生两仪，两仪生四象，四象生八卦"："就一卦言之，全体为太极，内外为两仪，内外及互体为四象，又颠倒取为八卦。"先生曰："如此则不是生，却是包也。始画卦时只是个阴阳奇耦，一生两、两生四、四生八而已。方其为太极未有两仪也，由太极而后生两仪；方其为两仪未有四象也，由两仪而后生四象；方其为四象未有八卦也，由四象而后生八卦。此之谓生。若以为包，则是未有太极已先有两仪，未有两仪已先有四象，未有四象已先有八卦矣。"林又曰："太极有象，且既曰'易有太极'，则不可谓之无。濂溪乃有'无极'之说，何也？"先生曰："有太极是有此理，无极是无形器方体可求。两仪有象，太极则无象。"林又言："三画以象三才。"先生曰："有三画，方看见似个三才模样，非故画以象之也。"闳祖。

○ 问："'易，圣人所以立道，穷神则无易矣'，此是指易书?"曰："然。易中多是说易书，又有一两处说易理。神，如今人所谓精神发挥，乃是变易之不可测处。易书乃为易之理写真。"可学。

○ 麻衣易是南康戴某所作。太平州刊本第二跋即其人也。师卦象倒说了。闳祖。

○ 先生言："麻衣易乃是南康戴主簿作。某亲见其人，甚称此易得之隐者，问之，不肯言其人。某适到其家，见有一册杂录乃戴公自作，其言皆与麻衣易说大略相类。及戴簿死，子弟将所作易图来看，乃知真戴公所作也。"恪。

○ 问："麻衣易是伪书。其论师卦'地中有水，师'，'容民蓄众'之象，此一象也；若水行地中，随势曲折，如师行而随地之利，亦一义也。"答曰："易有精有蕴。如'师贞，丈人吉'，此圣人之精，画前之易，不可易之妙理。至于'容民蓄众'等处，因卦以发，皆其蕴也。既谓之蕴则包含众义，有甚穷尽? 尽推去，尽有也。"大雅。

○ 关子明易、麻衣易皆是伪书。麻衣易是南康士人作。今不必问其理，但看其言语，自非希夷作。其中有云："学易者当于羲皇心地上驰骋。"不知心地如何驰骋! 可学。

○ 龙图本谓注假书，无所用。康节之易，自两仪、四象、八卦以至六十四卦，皆有用处。砥。

朱子语类卷第六十八

易四

乾上

○ 问："'乾坤'，古无此二字。作易者特立此以明道，何如？"曰："作易时未有文字。是有此理，伏羲始发出。"可学。

○ 乾坤阴阳以位相对而言，固只一般。然以分而言，乾尊而坤卑，阳尊而阴卑，不可并也。以一家言之，如父母固皆尊，母终不可以并乎父。兼一家亦只容有一个尊长，不容并，所谓"尊无二上"也。僴。

○ 乾坤只是卦名。乾只是个健，坤只是个顺。纯是阳所以健，纯是阴所以顺。至健者惟天，至顺者惟地。所以后来取象，乾便为天，坤便为地。渊。

○ "乾坤是阴阳之粹者。"或曰："以四时推之可见否？""以卦气言之，四月是纯阳，十月是纯阴，然又恁地执定不得。"方子。

○ 易中只是阴阳，乾坤是阴阳之纯粹者。然就一年论之，乾卦

气当四月，坤卦气当十月。不可便道四月、十月生底人便都是好人，这
个又错杂，不可知。渊。

○　又曰："物物有乾坤之象，虽至微至隐、纤毫之物亦有之。无
者，子细推之皆可见。"㝢。

○　乾道奋发而有为，坤道静重而有守。方子。

○　江德功言"乾是定理，坤是顺理"，近是。升卿。

○　问黄先之易说，因曰："伊川好意思固不尽在解经上，然就解
经上亦自有极好意思。如说'乾'字，便云：'乾，健也，健而无息之
谓"乾"。夫天，专言之则道也，"天且弗违"是也。分而言之，以形体
谓之"天"，以主宰谓之"帝"，以功用谓之"鬼神"，以妙用谓之
"神"，以性情谓之"乾"。'"贺孙。

○　问："程子曰'夫天，专言之则道也，天且弗违是也'，又曰
'天地者，道也'，此语何谓?"曰："程子此语，某亦未敢以为然。'天
且弗违'，此只是上天。"曰："'知性则知天'，此天便是'专言之则道'
者否?"曰："是。"淳。

○　问："'乾者天地之性情'，是天之道否?"曰："性情是天爱健、
地爱顺处。"又问"天，专言之则道也"。曰："所谓'天命之谓性'，此
是说道；所谓'天之苍苍'，此是说形体；所谓'惟皇上帝降衷于下
民'，此是说帝。以此理付人便有主宰意。"又曰："'天道亏盈而益谦，
地道变盈而流谦'，此是说形体。"又问："今之郊祀何故有许多帝?"
曰："而今煞添差了天帝，共成十个帝了。且如汉时祀太乙，便即是帝，

而今又别祀太乙。'一国三公'尚不可，况天而有十帝乎！周礼中说'上帝'是总说帝；说'五帝'是五方之帝；说'昊天上帝'只是说天之象，郑氏以为北极，看来非也。北极只是星，如太微是帝之庭，紫微是帝之居。紫微便有太子、后妃许多星，帝庭便有宰相、执法许多星，又有天市〔亦有帝座处〕便有权衡〔秤斗星〕。"夔孙。

○　或问："'以主宰谓之帝'，孰为主宰？"曰："自有主宰。盖天是个至刚至阳之物，自然如此运转不息。所以如此，必有为之主宰者。这样处要人自见得，非言语所能尽〔佣录作"到"。〕也。"沈录止此。因举庄子"孰纲维是，孰主张是"十数句而曰："他也见得这道理，如圭峰禅师说'知'字样。"卓。按，沈佣录同而略。

○　符兄问"以情性言之谓之乾"。先生云："是他天一个性情如此。火之性情则是个热，水之性情则是个寒，天之性情则是一个健。健，故不息。惟健乃能不息，其理是自然如此。使天有一时息，则地须落下去，人都坠死。缘他转运周流，无一时息，故局得这地在中间。今只于地信得他是断然不息。"盖卿。〔方子录云："天惟健，故不息，不可把不息做健。"下同。〕

○　乾坤是性情，天地是皮壳，其实只是一个道理。阴阳，自一气言之只是一个物，若做两个物看，则如日月、如男女，又是两个物事。学蒙。

○　问："'天者，天之形体。乾者，天之性情，健而无息之谓乾'，何以合性情言之？"曰："'性情'二字常相参在此。情便是性之发，非性何以有情？健而不息，非性何以能此？"卓。按，沈佣录同。

○ 问："'乾坤，天地之性情'，性是性，情是情，何故兼言之？"曰："'乾，健也'，动静皆健；'坤，顺也'，动静皆顺。静是性，动是情。"淳。

○ 黄螢子耕问程传"乾者，天之性情"，先生云："乾，健也。健体为性，健之用是情。"人杰问"利贞者，性情也"，先生云："是对元亨言之，性情犹情性，是说本体。"人杰。

○ 问："'乾者，天之性情'如何？"曰："此是以乾之刚健取义，便是天之性情。此性在人，如气质然。静也专，便是性；动也直，便是情。"𤏡。

○ 再问"乾者，天之性情"。曰："此只是论其性体之健，静专是性，动直是情。大抵乾健，虽静时亦专，到动时便行之直。到坤主顺，只是翕辟。谓如一个刚健底人，虽在此静坐，亦专一而有个作用底意思，只待去作用，到得动时（直其）〔其直〕可知。若一柔顺人坐时便只恁地静坐收敛，全无个营为底意思，其动也只是辟而已。"又问："如此，则乾虽静时亦有动意否？"曰："然。"𤏡。

○ 方其有阳，怎知道有阴？方有乾卦，怎知道更有坤卦在后？渊。

○ "元亨利贞"在这里都具了。杨宗范却说"'元亨'属阳，'利贞'属阴"，此却不是。乾之利贞是阳中之阴，坤之元亨是阴中之阳。乾后三画是阴，坤后三画是阳。渊。

○ 文王本说"元亨利贞"为大亨利正，夫子以为四德。梅蕊初生

为元，开花为亨，结子为利，成熟为贞。物生为元，长为亨，成而未全
为利，成熟为正。<u>芝</u>。

○ <u>致道</u>问"元亨利贞"。曰："元是未通底，亨、利是收未成底，
贞是已成底。譬如春夏秋冬，冬夏便是阴阳极处，其间春秋便是过接
处。"<u>恪</u>。

○ "<u>乾</u>之四德，元譬之则人之首也，手足之运动则有亨底意思，
利则配之胸脏，贞则元气之所藏也。"又曰："以五脏配之尤明白，且如
肝属木，木便是元；心属火，火便是亨；肺属金，金便是利；肾属水，
水便是贞。"<u>道夫</u>。

○ "元亨利贞"，譬诸谷可见。谷之生，萌芽是元，苗是亨，穟是
利，成实是贞。谷之实又复能生，循环无穷。<u>德明</u>。

○ 元亨利贞只就物上看〔亦分明〕，所以有此物便是有此气，所
以有此气便是有此理，都在这里。<u>伊川</u>"元者万物之始"四句自动不
得，只为"遂"字、"成"字说不尽，故某略添几个字说教尽。<u>方子</u>。

○ "元亨利贞"，理也；有这四段，气也。有这四段，理便在气
中，两个不曾相离。若是说时则有那未涉于气底四德。要就气上看也
得，所以<u>伊川</u>说"元者物之始，亨者物之遂，利者物之实，贞者物之
成"，这虽是就气上说，然理便在其中。<u>伊川</u>这说话改不得，谓是有气
则理便具。所以<u>伊川</u>只恁地说，便可见得物里面便有这理。若要亲切，
莫若只就自家身上看，恻隐须有恻隐底根子，羞恶须有羞恶底根子，这
便是仁义。仁义礼智便是元亨利贞。<u>孟子</u>所以只得恁地说，更无说处。
仁义礼智似一个包子，里面合下都具了。一理浑然，非有先后，元亨利

贞便是如此，不是说道有元之时、有亨之时。渊。

○ "元亨利贞"无断处，贞了又元。今日子时前便是昨日亥时。物有夏秋冬生底，是到这里方感得生气，他自有个小小元亨利贞。气无始无终，且从元处说起，元之前又是贞了。渊。

○ 道夫问："道乡谓'四德之中各具四德'。窃尝思之，谓之'各具四德'，如康节所谓'春之春，春之夏，春之秋，春之冬，夏之春，夏之夏，夏之秋，夏之冬'则可；谓之能迭相统摄，如春可以包夏，夏亦可以包春，则不可也。"先生复令举似道乡说，曰："便是他不须得恁地说。"道夫。

○ 论乾之四德，曰："贞取以配冬者，以其固也。孟子以'知斯二者弗去'为'知之实'，'弗去'之说乃贞固之意，彼'知'亦配冬也。"处谦。

○ 温底是元，热底是亨，凉底是利，寒底是贞。节。

○ 以天道言之为"元亨利贞"，以四时言之为春夏秋冬，以人道言之为仁义礼智，以气候言之为温凉燥湿，以〔四〕方言之为东西南北。节。

○ "四德之元犹五常之仁，偏言则一事，专言则包四者"，此段只于易"元者善之长"与论语言仁处看。若"天下之动，贞夫一者也"则贞又包四者；"周易一书只说一个利"则利又大也；"元者善之长也"，善之首也；"亨者嘉之会也"，好底会聚也。义者宜也，利即义也。万物各得其所，义之合也。"干事"，事之骨也，犹言体物也。看此一段须与太极图通看。四德之元安在甚处，剥之为卦在甚处，"乾，天也"一段在甚处，方能通成一片。不然则不贯通。少间看得如此了，犹夫是受用处在。贺孙。

○ 光祖问"四德之元犹五常之仁，偏言则一事，专言则包四者"。曰："元是初发生出来，生后方会通，通后方始向成。利者物之遂，方是六七分，到贞处方是十分成，此偏言也。然发生中已具后许多道理，此专言也。恻隐是仁之端，羞恶是义之端，辞逊是礼之端，是非是智之端。若无恻隐，便都没下许多。到羞恶也是仁发在羞恶上，到辞逊也是仁发在辞逊上，到是非也是仁发在是非上。"问："这是犹金木水火是否？"曰："然。仁是木，礼是火，义是金，智是水。"贺孙。

○ 曾兄亦问此。答曰："元者乃天地生物之端。乾言'大哉乾元，万物资始。至哉坤元，万物资生'，乃知元者天地生物之端倪也。元者生意，在亨则生意之长，在利则生意之遂，在贞则生意之成。若言仁便是这意思。仁本生意，乃恻隐之心也，苟伤着这生意，则恻隐之心便发。若羞恶也是仁去那义上发，若辞逊也是仁去那礼上发，若是非也是仁去那智上发。若不仁之人，安得更有礼智义！"卓。

○ 问："元亨利贞有次第，仁义礼智因发而感则无次第。"曰："发时无次第，生时有次第。"〔佐。〕

○ "元亨利贞"，其发见有次序。仁义礼智在里面自有次序，到发见时随感而动却无次序。渊。

○ 周贵卿问："'元亨利贞'，以此四者分配四时，却如何云'乾之德也'？"曰："他当初只是说大亨利于正，不以分配四时，孔子见此四字好，后始分作四件说。**孔子之易与文王之易，略自不同。**"伏羲易自是伏羲易，文王易自是文王易，孔子易自是孔子易。义刚。

○ 或问："乾卦是圣人之事，坤卦是学者之事，如何？"曰："也未见得。初九、九二是圣人之德，至九三、九四，又却说学者修业、进德事，如何都把做圣人之事得？"学蒙。

○ "利见大人"与程传说不同。不是卦爻自相利见，乃是占者利去见大人。也须看自家占底是何人，方说得那所利见之人。渊。

○ 占者当不得见龙、飞龙，则占者为客，利去见那大人。大人即九二、九五之德，见龙、飞龙是也。若潜龙、君子，则占者自当之矣。渊。

○ 其他爻象，占者。惟九二见龙，人当不得，所以只当把爻做主，占者做客，大人即是见龙。又如九三不说龙，亦不可晓。若说龙时，这亦是龙之在那亢旱处。他所以说"君子乾乾夕惕"，只如此意。渊。

○ 或言："乾之六爻，其位虽不同而其为德则一也。"曰："某未要人看易，这个都难说。如乾卦，他爻皆可作自家身上说，惟九二、九五要作自家说不得。两个'利见大人'，向来人都说不通。九二有甚么形影，如何教见大人？某看来易本卜筮之书，占得九二便可见大人，大人不必说人君也。"贺孙。

○ 窦问："'君子终日乾乾'是法天否？"曰："才说法天便添着一件事。君子只是'终日乾乾'，天之行健不息往往亦只如此。如言存个天理，不须问如何存他，只是去了人欲，天理自然存。如颜子问仁，夫子告以勿视听言动而有非礼。除却此四者，更有何物须是仁？"德明。

○ "厉无咎"是一句，他后面有此例，如"频复，厉无咎"是也。渊。

○ "乾虽言圣人事，苟不设戒，何以为教"，发得此意极好。渊。

○ 问："乾九三，伊川云：'虽言圣人事，苟不设戒，何以为教？'"沈此下云："窃意因时而惕，虽圣人亦尝有此心。"先生云："'易之书，广大悉备'，人皆可得而用，初无圣贤之别。伊川有一段云'君有君之用，臣有臣之用'，说得好。及到逐卦解释，又却分作圣人之卦、贤人之卦，更有分作守令之卦者，古者又何尝有此！不知是如何。以某观之，无问圣人以至士庶，但当此时便当恁地兢惕。卜得此爻也当恁地兢惕。"砥。按，沈偁录同。

○ 祖道因论易传，举："乾九三'君子终日乾乾'，是君子进德不懈不敢须臾宁否？"曰："程子云'在下之人，君德已著'，此语亦是拘了。记得昔尝有人问程子，胡安定以九四爻为太子者。程子笑之曰：'如此，三百八十四爻只做得三百八十四件事了！'此说极是。及到程子解易却又拘了。要知此是通上下而言，在君有君之用，臣有臣之用，父有父之用，子有子之用，以至事物莫不皆然。若如程子之说，则千百年间只有个舜、禹用得也。大抵九三此爻才刚而位危，故须着'乾乾夕惕若厉'方可无咎。若九二，则以刚居中位，易处了。故凡刚而处危疑之地，皆当'乾乾夕惕若厉'则无咎也。"祖道。

○ 渊与天不争多。渊是那空虚无实底之物；跃是那不着地了，两脚跳上去底意思。渊。

○ "或跃在渊"，渊是通处。渊虽下于田，田却是个平地。渊则通
上下，一跃即飞在天。僴。

○ 问："胡安定将乾九四为储君，不知可以如此说否？"曰："易
不可恁地看。(看)〔易〕只是古人卜筮之书。如五虽主君位而言，然亦
有不可专主君位言者。天下事有那一个道理自然是有。若只将乾九四为
储位说，则古人未立太子者，不成是虚却此一爻？如一爻只主一事，则
易三百八十四爻乃止三百八十四件事。"谟。去伪录同。

○ 问："龟山说乾卦九五'飞龙在天'，取'飞'字为义，'以天
位言之不可阶而升，以圣学言之非力行而至'。"曰："此亦未尽。乾卦
自是圣人之天德，只时与位有隐显渐次耳。"德明。

○ "用九"盖是说变。卓。

○ 用九不用七，且如得纯乾卦皆七数，这却是不变底。定未当得
九，未在这爻里面，所以只占上面彖辞。"用九"盖是说变。渊。

○ "见群龙无首"，王弼、伊川皆解不成。他是不见得那用九、用
六之说。渊。

○ 问："'用九，见群龙无首，吉'，伊川之意似云，用刚阳以为
天下先则凶，无首则吉。"先生云："凡说文字，须有情理方是。'用九'
当如欧阳公说方有情理。某解易所以不敢同伊川，便是有这般处。看来
当以'见群龙无首'为句，盖六阳已盛，如群龙然。龙之刚猛在首，故

见其无首则吉。大意只是要刚而能柔，自人君以至士庶皆须如此。若说
为天下先，便只是人主方用得，以下更使不得，恐不如此。"又曰："如
欧说，盖为卜筮言，所以须着有'用九、用六'。若如伊川说，便无此
也得。"砥。

○　乾吉在无首，坤利在永贞，这只说二用变卦。"乾吉在无首"，
言卦之本体元是六龙，今变为阴，头面虽变，浑身却只是龙，只一似无
头底龙相似。"坤利在永贞"，不知有何关掠子，这坤却不得见他元亨，
只得他永贞。坤之本卦固有元亨，变卦却无。渊。

○　"群龙无首"，便是"利牝马"者，为不利牡而却利牝。如"西
南得朋，东北丧朋"，皆是无讨头底。渊。

○　伯丰问本义："乾用九爻辞，如何便是坤'先迷后得，东北丧
朋'之意？"曰："此只是无首，所以言'利牝马之贞'，无牡马。"銶。

○　大凡人学皆不可忽。欧公文字寻常往往不以经旨取之，至于说
"用九、用六"，自来却未曾有人说得如此。他初非理会象数者，而此论
最得之。且既有六爻，又添用九、用六，因甚不用七、八？盖九乃老阳
〔，六乃老阴，取变爻也。古人遇乾之坤即以"见群龙无首，吉"为占。
"见群龙无首"，却是变乾〕为坤，便以坤为占也。遇坤之乾即用"利
永贞"为占。坤变为乾，即乾之"利"也。銶。

○　道夫问："天地生物（象）气象，如温厚和粹即天地生物之仁
否？"曰："这是从生处说来。如所谓'大哉乾元，万物资始。至哉坤
元，万物资生'，那'元'字便是生物之仁，'资始'是得其气，'资生'
是成其形。到得亨便是他彰著，利便是结聚，贞便是收敛。收敛既无形

迹，又须复生。至如夜半子时此物虽存，犹未动在，到寅卯便生，巳午便著，申酉便结，亥子丑便实，及至寅又生。他这个只管运转，一岁有一岁之运，一月有一月之运，一日有一日之运，一时有一时之运。虽（百心）〔一息〕之微，亦有四个段子恁地运转。但元则是始初，未至于著。如所谓'怵惕恻隐'存于人心，自恁恻恻地，未至大段发出。"道夫曰："他所以谓'满腔子是恻隐之心'，盖以其未散也。"曰："他这个是事事充满。如恻隐则皆是恻隐，羞恶则皆是羞恶，辞逊、是非则皆是辞逊、是非，初无不充满处。但人为己私所隔，故多虚空处尔。"道夫。

○ "大哉乾元"是说天道流行。"各正性命"是说人得这道理做那性命处，却不是正说性。如"天命之谓性"、"孟子道性善"，便是就人身上说性。易之所言却是说天人相接处。渊。节录同。

○ 问："'乾元统天'，注作：'健者，所以用形者也。'恐说得是否？"先生云："也是。则是说得乾健不见得是乾元，盖云'大哉乾元，万物资始，乃统天'，则大意主在'元'字上。"学蒙。

○ "大明终始"，这一段说圣人之元亨。六位、六龙只与譬喻相似。圣人之六位，如隐显、进退、行藏，潜龙时便当隐去，见龙时便是他出来。如孔子为鲁司寇时便是他大故显了，到那获麟绝笔便是他亢龙时。这是在下之圣人，然这卦大概是说那圣人得位底。若使圣人在下亦自有个元亨利贞，如"首出庶物"不必在上方如此，如孔子出类拔萃便是"首出万物"，著书立言、泽及后世便是"万国咸宁"。"大明终始"是就人上说。杨遵道录中言"人能大明乾道之终始"，易传却无"人"字。某谓文字疑似处须下语割断教分晓。〔方子。〕

○ "'时乘六龙以御天'，六龙只是六爻，龙只是譬喻，明此六爻之义。潜见飞跃，以时而动，便是'乘六龙'，便是'御天'。"又曰："圣人便是天，天便是圣人。"砥。

○ "乘"字大概只是譬喻。"御"字，龟山说做御马之"御"，却恐伤于太巧。这段是古人长连地说下去，却不分晓。伊川传说得也不分晓。语录中有一段却分晓，乃是杨遵道所录，云"人大明天道之终始"，这个处下个"人"字，是紧切底字，读书须是看这般处。渊。

○ "乾道变化"似是再说起"元亨"。"变化"字且只大概悢地说，不比系辞所说底子细。"各正性命"，他那元亨时虽正了，然未成形质，到这里方成。如那百谷，坚实了方唤做"正性命"。乾道是统说底，四德是说他做出来底。大率天地是那有形了重浊底，乾坤是他情性。其实乾道、天德，互换一般，乾道（有）〔又〕言得深些子。天地是形而下者，只是这个道理，天地是个皮壳。渊。

○ 乾道便只是天德，不消分别。"乾道变化"是就乾德上说，天德是就他四德上说。渊。

○ 节问："何谓'各正性命'？"曰："各得其性命之正。"节。

○ 问"保合大和乃利贞"。先生云："天之生物莫不各有躯壳，如人之有体，果实之有皮核，有个躯壳保合以全之。能保合则真性常存，生生不穷。如一粒之谷，外面有个壳以裹之。方其发一萌芽之始，是物之元也；及其抽枝长叶，则是物之亨；到得生实欲熟未熟之际，此便是利；及其既实而坚，此便是贞矣。盖乾道变化发生之始，此是元也；各正性命，小以遂其小，大以遂（动）〔其〕大，则是亨矣；能保合以全其大和之性，则可利贞。"卓。

○ "保合大和"，天地万物皆然。天地便是大底万物，万物便是小底天地。<u>文蔚</u>。僩录同。

○ 问："'首出庶物，万国咸宁'恐尽是圣人事。<u>伊川</u>分作乾道、君道，如何？"先生云："'乾道变化'至'乃利贞'是天，〔饶录作"乾"。〕'首出庶物，万国咸宁'是圣人。"又曰："'首出庶物'须是聪明睿智高出庶物之上，以君天下方得'万国咸宁'。礼记云'聪明睿智，足以有临也'，须聪明睿智皆过于天下之人，方可临得他。"砥。

○ 天惟健故不息，不可把不息做健。使天有一顷之息则地必陷，人必跌死矣。惟其不息，故局得地在中间。<u>方子</u>。

○ 乾卦有两乾，〔非〕是两天也。昨日行，一天也；今日行，又一天也。其实一天而行健不已，此所以为"天行健"也。地平则不见其顺，必其高下层层地去，此所以见地势之坤顺。<u>辛</u>。

○ 问："<u>卫老</u>疑问中'天行健'一段，先生批问他云：'如何见得天之行健？'<u>德明</u>窃谓，天以气言之，则一昼一夜周行乎三百六十度之中；以理言之，则'於穆不已'，无间容息，岂不是至健？"先生曰："他却不是如此，只管去'自强不息'上讨。"又说<u>邵</u>老社仓宜避去事，举<u>易</u>之否象曰："君子以俭辟难，不可荣以禄。"<u>德明</u>。

○ 天之运转不穷，所以为天行健。<u>季札</u>。

○ <u>厚之</u>问："健足以形容乾否？"曰："可。<u>伊川</u>曰'健而无息谓之乾'。盖自人而言，固有一时之健，有一日之健。惟无息乃天之德。"<u>可学</u>。

○　因说乾健，曰："而今人只是坐时便见他健不健了，不待做事而后见也。"又曰："某人所记，<u>刘元城</u>每与人相见，终坐不甚交谈。欲起，屡留之，然终不交谈。或问之，<u>元城</u>曰：'人坐久必倾侧，久坐而不倾侧必贵人也。故观人之坐起，可以知人之贵贱。'某后来观<u>草堂先生</u>说又不如此。<u>元城</u>极爱说话。观<u>草堂</u>之说与某人所记之语，大抵皆同，多言其平生所履与行己立身之方。是时<u>元城</u>在<u>南京</u>，恣口极谈，无所顾忌。<u>南京</u>，四方之冲。东南士大夫往来者无不见之，宾客填门无不延接。其死之时，去<u>靖康</u>之祸只三四年间耳。<u>元城</u>与<u>了斋</u>死同时。不知二公若留到<u>靖康</u>，当时若用之，何以处也。"<u>偰</u>。

○　<u>文言</u>上不必大故求道理，看来只是协韵说将去。"潜龙勿用，何谓也"以下，大概各就他要说处便说，不必言专说人事、天道。<u>伊川</u>说"乾之用"、"乾之时"、"乾之义"，也难分别。到了，时似用，用似义。<u>渊</u>。

○　<u>易</u>只消认他经中七段。<u>乾坤</u>二卦分外多了一段。认得这个了，向后一面底，不大故费解说。<u>渊</u>。

○　问："<u>伊川</u>分别言'乾之时'与言'乾之义'，如何？"曰："也是觉得不亲切。圣人只是敷演其义，又兼要押韵，那里恁地分别！"<u>砥</u>。

○　<u>致道</u>问"元者善之长也"。曰："'元亨利贞'皆善也。而元乃为四者之长，是善端初发见处也。"<u>时举</u>。<u>赐</u>录同。

○　<u>易</u>中言"元者善之长"，说得最亲切，无渗漏。仁义礼智莫非善，这个却是善之长。仁是有滋味底物事，说做知觉时，知觉却是无滋味底物事。仁则有所属，如孝弟、慈和、柔爱皆属仁。<u>渊</u>。

○ "元者善之长。"春秋传记穆姜所诵之语，谓"元者体之长"。觉得"体"字较好，是一体之长也。僩。

○ 问"亨者嘉之会"。曰："'元者善之长也，亨者嘉之会也。'春天万物发生，未大故齐。到夏，一时发生都齐旺，许多好物皆萃聚在这里，便是'嘉之会'。"曰："在人言之则如何？"曰："动容周旋皆中礼，便是'嘉之会'。'嘉会足以合礼'，须是嘉其会始得。"淳。

○ "亨者嘉之会。"亨是万物亨通，到此（异）〔界〕分，无一（夫）〔物〕不美，便是"嘉之会"。僩。

○ 问"亨者嘉之会"。曰："此处难下语。且以草木言之，发生到夏时，好处都来凑会。嘉只是好处，会是期会也。"又曰："贞固是固得恰好。如尾生之信是不贞之固，须固得好方是贞。"赐。

○ 问"亨者嘉之会"。曰："嘉是美，会是聚，无不尽美处是亨。盖自春至夏便是万物畅茂，物皆丰盈，咸遂其美。然若只一物如此又不可以为会，须是合聚来皆如此方谓之会。如'嘉会足以合礼'，则自上文体仁而言，谓君子嘉其会。此'嘉'字说得轻，又不当如前说。此只是嘉其所会。此'嘉'字当若'文之以礼乐'之'文'，〔盖'礼乐之文'〕则'文'字为重，到得'文之以礼乐'便不同。谓如在人，若一言一行之美亦不足以为会，直是事事皆尽美方可以为会，都无私意方可以合礼。"僩。

○ 学谕问"利者义之和"。先生指在坐，云："如何说某云'义乃利之和'处？"曰："义之分（有）别似乎无情，却是要顺，乃和处。盖严肃之气，义也，而万物不得此不生，乃是和。"又曰："'亨者嘉之会。'会，聚也。正是夏，万物一齐长时。然上句'嘉'字重，'会'字轻；下句'会'字重，'嘉'字轻。"<u>可学</u>。

○ 利是那义里面生出来底。凡事处制得合宜，利便随之，所以云"利者义之和"，是义便兼得利。若只理会利，却是从中间半截做下去，遗了上面一截义底。小人只理会后面半截，君子从头来。<u>植</u>。

○ "利者义之和。"义是个有界分断制底物事，疑于不和。然使物各得其分，不相侵越，乃所以为和也。〔<u>偊</u>。〕

○ "义之和"只是中节。义有个分至，如"亲其亲，长其长"，则是义之和；如不亲其亲而亲他人之亲，便不是和。<u>砥</u>。

○ 义之和处便是利，如君臣父子各得其宜，此便是义之和处，安得谓之不利！如"君不君，臣不臣，父不父，子不子"，此便是不和也，安得谓之利！<u>孔子所以"罕言利"者，盖不欲专以利为言，恐人只管去利上求也。<u>人杰</u>。<u>去伪</u>录同。

○ "利者义之和。"所谓义也，如父之为父，子之为子，君之为君，臣之为臣，各自有义。然行得来如此和者，岂不是利？"利"字与"不利"字对，如云"利有攸往"、"不利有攸往"。<u>南升</u>。

○ 问："<u>程子</u>曰'义安处便为利'，只是当然便安否？"曰："是。只万物各得其分便是利。君得其为君，臣得其为臣，父得其为父，子得其为子，何利如之！这'利'字即<u>易</u>所谓'利者义之和'，利便是义之和处。<u>程子</u>当时此处解得亦未亲切，不似这语却亲切，正好去解'利者义之和'句。义初似不和，却和。截然而不可犯似不和，分别后万物各止其所却是和。不和生于不义，义则无不和，和则无不利矣。”

○ “贞者事之干。”伊川说“贞”字只以为“正”，恐未足以尽“贞”之义。须是说“正而固”，然亦未推得到知上。看得来合是如此。知是那默运事变底一件物事，所以为事之干。渊。

○ “体仁”如体物相似。人在那仁里做骨子，所谓“仁”。憂作“故谓之‘体仁’”。仁是憂作“只是个”。道理。须是有这人，憂作“须看这人”。方始体得他，做得他骨子。“比而效之”之说却觉得未是。节。渊录同而少异。

○ “体仁”不是将仁来为我之体，我之体便都是仁也。僩。

○ 问：“‘体仁长人’，解云‘以仁为体’，是如何?”先生说：“只得如此。要自见得，盖谓身便是仁也。”学蒙。

○ 问：“伊川解‘体仁长人’作‘体乾之仁’。看来在乾为元，在人为仁，只应就人上说仁。又解‘利物和义’作‘合于义乃能利物’，亦恐倒说了。此类恐皆未安否?”先生曰：“然。‘君子行此四德’，则体仁是君子之仁也。但前辈之说，不欲辨他不是，只自晓得便了。”学蒙。

○ “嘉会”者，万物皆发见在里许。直卿云：“犹言万物皆相见。”处得事事是，故谓之“嘉会”，一事不是，便不谓之“嘉会”。会是礼发见处，意思却在未发见之前。利物，使万物各得其所，乃是义之和处。义自然和，不是（气）〔义〕外别讨个和。方子。

○ “嘉会”虽是有礼后底事，然这意思却在礼之先。嘉其所会时未说到那礼在，然能如此则便能合礼。利物时未说到和义在，然能使物各得其利则便能和义。"会"字说道是那万物一齐发见处，得他尽嘉会便是，如只一事两事嘉美时未为嘉会。"会"字，张葆光用"齐"字说，说得几句也〔好〕。使物各得其宜，何利如之！如此便足以和义。这"利"字是好底，如孟子所谓战国时利是不好底，这个利如那"未有仁而遗其亲，未有义而后其君"之利。"和"字，也有那老苏所谓"无利则义乃有惨杀不和"之意，盖于物不利则义未和。渊。

○ 又问"利物足以和义"。曰："义断是非、别曲直，近于不和。然是非曲直辨则便是利，此乃是和处也。"时举。

○ "利物足以和义。"凡说义各有分别，如君臣、父子、夫妇、兄弟之义自不同，似不和。然而各正其分，各得其理，便是顺利，便是和处。事物莫不皆然。人杰。

○ 问"利物足以和义"。"〔义〕便有分别。当其分别之时觉得来不和，及其分别得各得其所，使物物皆利，却是和其义。如天之生物，物有个分别。如'君君、臣臣、父父、子子'，至君得其所以为君，父得其所以为父，各得其利便是和。若君处臣位，臣处君位，安得和乎！"又问："觉得于上句字义颠倒。"曰："惟其利于物者，所以和其义耳。"正淳问："'贞固'字，却与上文'体仁'、'嘉会'、'利物'亦似不同。"曰："亦是比方，(使)〔便〕用两字方说得尽。"蹇。

○ 伊川说"利物足以和义"，觉见他说得糊涂，如何唤做和合于义？四句都说不力。渊。

○ "利物足以和义"，此数句最难看。老苏论此，谓惨杀为义，必以利和之。如武王伐纣，义也。若徒义则不足以得天下之心，必散财发粟而后可以和其义。若如此说则义在利之外，分截成两段了！看来义之为义只是一个宜。其初则甚严，如"男正位乎外，女正位乎内"，直是有内外之辨。君尊于上，臣恭于下，尊卑小大，截然不可犯，似若不和之甚。然能使之各得其宜，则其和也孰大于是！至于天地万物无不得其所，亦只是利之和尔。此只是就义中便有一个和。既曰"利者义之和"，却说"利物足以和义"，盖不如此，不足以和其义也。"嘉会足以合礼。"嘉，美也。会，是集齐底意思。许多嘉美一时斗凑到此，故谓之会。亨属夏，如春生之物自是或先或后、或长或短，未能齐整，才到夏便各各一时茂盛，此所谓"嘉之会"也。嘉其所会便动容周旋无不中礼。就"亨者嘉之会"观之，"嘉"字是实，"会"字是虚。"嘉会足以合礼"，则"嘉"字却轻，"会"字却重。"贞固足以干事"，干如木之干，事如木之枝叶。"贞固"者，正而守之。贞固在事是与立个骨子，所以为事之干。欲为事而非此贞固便植立不起，自然倒了。谟。

○ "故曰'乾，元亨利贞'"，他把"乾"字当君子。渊。

乾下

○ 问："伊川易传，如乾卦引舜事以证之，当初若逐卦引得这般事来证，大好看。"曰："便是当时不曾计会得。"久之，曰："经解说'洁净精微，易之教也'，不知是谁做，伊川却不以为然。据某看，此语自说得好。盖易之书诚然是'洁净精微'。他那句语都是悬空说在这里，都不犯手。而今如伊川说得都犯手势，引舜来做乾卦，乾又那里有个舜来？当初圣人作易，又何尝说乾是舜？他只是悬空说在这里，都被人说得来事多，失了他'洁净精微'之意。易只是说个象是如此，何尝有实事。如春秋便句句是实，如言'公即位'便真个有个公即位，如言'子弑父'、'臣弑君'便真个是有此事。易何尝如此，不过只是因画以明象，因数以推数，因这象数便推个吉凶以示人而已，都无后来许多劳攘说话。"僩。

○ 庸言庸行，盛德之至。到这里不消得恁地，犹自"闲邪存诚"便是"无射亦保"，虽无厌致，亦当保也。保者，持守之意。渊。

○ 常言既谨，常行既信，但用闲邪，怕他入来。此正是"无射亦保"之意。僩。

○　乾之九二处得其中，都不着费力，"庸言之信，庸行之谨，闲邪存其诚，善世而不伐，德博而化"而已。若九三则刚而不中，过高而危，故有"乾乾"之戒。人杰。

○　"利见大人，君德也。"两处说这个"君德"，却是要发明大人即是九二。孔子怕人道别是个大人，故如此互相发。使三百八十四爻皆恁地凑着，岂不快活！人只为中间多有凑不着底，不可晓。渊。

○　"利见大人，君德也。"夫子怕人不把九二做大人，别讨一个大人，所以去这里说个"君德也"。两处皆如此说。"龙德正中"以下皆君德，言虽不当君位却有君德，所以也下做大人。伊川却说得这个大人做两样。渊。

○　黄有开问："乾之九二是圣人之德，坤之六二是贤人之德，如何？"先生曰："只谓乾九二是见成底，不待修为。如'庸言之信，庸行之谨，善世不伐，德博而化'，此即圣人之德也。坤六二'直方大，不习无不利'，须是'敬以直内，义以方外'，如此方能'德不孤'，即是大矣。此是自直与方以至于大，修为之序如此，是贤人之德也。尝谓乾之一卦皆圣人之德，非是自初九以至上九渐渐做来。盖圣人自有见成之德，所居之位有不同尔。德无浅深而位有高下，故然。昔者圣人作易以为占筮，故设卦假乾以象圣人之德。如'勿用'、'无咎'、'利见大人'、'有悔'，皆是占辞。若人占遇初九则是潜龙之时，此则当勿用。如'见龙在田'之时则宜见大人。所谓大人，即圣人也。"辛。

○　问："乾九二说圣人之德已备，何故九三又言'进德修业，知至至之'?"曰:"圣人只逐爻取象,此不是言德学节次,是言居地位节次。六爻皆是圣人之德,只所处之位不同。初爻言'不易乎世,不成乎名,遁世无闷,不见是而无闷,乐则行之,忧则违之,潜龙也',已是说圣人之德了,只是潜而未用耳。到九二却恰好其化已能及人矣,盖正是臣位,所以处之而〔安〕。到九三,居下卦之上,位已高了,那时节无可做,只得恐惧、进德、修业,乾乾不息,此便是伊周地位。徐本无"此便"以下七字。九四位便乖,徐本此下有"这处进退不由我了"八字。'或跃在渊',伊川谓'渊者龙之所安',恐未然。田是平所在,纵有水亦浅。渊是深处,不可测。跃,离乎行而未至乎飞。行尚以足,跃则不以足,一跳而起,足不踏地,跳得便天上去,不得依旧在渊里,皆不可测。下离乎行,上近乎飞。'上不在天,下不在田,中不在人,故或之。或之者,疑之也',不似九二安稳。徐有"自在"二字。此时进退不得,皆不由我,徐无"不得"以〔下〕六字。只听天时了。以圣人言之,便是舜历试、文王三分天下有二、汤武鸣条牧野时。徐此下却有"九三是伊周地位,已自离了"十一字。到上九又亢了。徐无"到上九"以下六字。看来人处大运中无一时闲。徐此下云:"跳得时便做。有德无位,做不彻,亦不失为潜龙。"吉凶悔吝,一息不曾停。如大车轮一般,一惷衮将去。圣人只随他恁地去,看道理如何。这里,则将这道理处之;那里,则将那道理处之。"淳。㝢录同,略。

○ 德者,得之于心,如得这孝之德在自家心里。行出来方见,这便是行。忠信是真实如此。渊。

○ "进德修业",这四个字煞包括道理。德是就心上说,业是就事上说,忠信是自家心中诚实。"修辞立其诚",是说处有真实底道理。"进德修业"最好玩味。渊。节录同。

○ 问"君子进德修业"。曰:"乾卦则连致知、格物、诚意、正心都说了。坤卦只是说持守。坤卦是个无头物事,只有后面一节,只是一个持守、柔顺、贞固而已,事事都不能为首,只是循规蹈矩,依而行之。乾父坤母,意思可见。乾卦如个创业之君,坤卦如个守成之君。乾如萧何,坤如曹参。所以'坤元亨,利牝马之贞'都是说个顺底道理。"又云:"'先迷后得。'先迷者,无首也,前面一项事他都迷不晓,只知顺从而已。后获者,迷于先而获于后也。乾则'不言所利',坤则'利牝马之贞',每每不同。所以康节云'乾无十,坤无一',乾至九而止,奇数也;坤数偶,无奇数也。"用之云:"'乾无十'者,有坤以承之;'坤无一'者,有乾以首之。"先生曰:"然。"又曰:"且如人占得九五'飞龙在天,利见大人',若自揣有大人之德,则如飞龙之在天而万物咸见于我;若自无大人之德则宜利见大人,彼有大人之德而我利见之也。所以互分宾主,各据人之位而言尔。"万物咸睹于我,则我为主而彼为宾。我则见彼大人,则彼为主而我为宾。僩。

○ 因说"进德居业""进"字、"居"字,曰:"今看文字未熟,所以鹘突,都只见成一片黑淬淬地。须是只管看来看去、认来认去,今日看了,明日又看;早上看了,晚间又看;饭前看了,饭后又看。久之自见得开,一个字都有一个大缝罅。今常说见得,又岂是悬空见得!亦只是玩味之久自见得。文字只是旧时文字,只是见得开,如织锦上用青丝、用红丝、用白丝。若见不得,只是一片皂布。"贺孙。

○ 亚夫问"进德修业",复云"居业"所以不同。先生曰:"德则日进不已。业如屋宇,未修则当修之,既修则居之。"盖卿。

○ 林安卿问"修业"、"居业"之别。先生曰:"二者只是一意。居,守也。逐日修作是修,常常为此是守。"义刚。

○ 或问:"修业,德亦有进否?"曰:"进德只就心上言,居业是就事上言。忠信,'如恶恶臭,如好好色',直是事事物物皆见得如此纯是天理,则德日进。不成只如此了却!'修辞立诚'就事上理会,'所以居业也'。进则日见其新,居则常而不厌。"<u>贺孙</u>。

○ "忠信所以进德。"实便光明,如诚意之润身。<u>方子</u>。

○ 问:"忠信进德,莫只是实理否?"曰:"此说实理未得,只是实心。有实心则进德,德自无穷。"<u>学蒙</u>。

○ 问:"'修辞立其诚',何故独说辞?得非只举一事而言否?"曰:"然。也是言处多,言是那发出来处。人多是将言语做没紧要,容易说出来。若一一要实,这工夫自是大。'立其诚',便是那后面'知终终之,可与存义也'。"<u>恒</u>。

○ 晏渊问"修辞立其诚,所以居业也"。曰:"如胡说空诚意,如何立说?一句话是一句的确,方立得诚。'居业'如人住屋子,日日如此。"<u>学蒙</u>。

○ "忠信所以进德",只是着实则德便自进。居只是常常守得,常常做去。业只是这个业。今日"修辞立其诚",明日又"修辞立其诚"。<u>渊</u>。

○ "进德修业",进是要日新又新,德须是如此;业却须着居,修业便是要居他。居如人之居屋,只住在这里面便是居,不成道修些个了便了。修辞便是立诚,如今人持择言语,丁一确二,一字是一字,一句是一句,便是立诚。若还脱空乱语,诚如何立?<u>伊川</u>说这个做两字,<u>明</u>

道只做一意说。明道说这般底，说得条直。渊。

○ "忠信进德，修辞立诚"与"敬以直内，义以方外"，分属乾坤，盖取健顺之体。修辞立诚自有刚健主立之体，敬义便有静顺之体。进修便是个笃实，敬义便是个虚静。故曰"阳实阴虚"。骛。

○ "坤只说得持守一边事。如乾九三言'忠信所以进德，修辞立其诚所以居业'，便连致知、持守都说了。坤从首至尾皆去却一个头，如云'后得主而有常'、'或从王事，无成有终'，皆是无头。"文蔚曰："此见圣人、贤人之分不同处。"曰："然。"文蔚。

○ "'忠信所以进德'是乾健工夫，盖是刚健粹精，兢兢业业，日进而不自已，如活龙然，精彩气焰自有不可及者。'直内方外'是坤顺工夫，盖是固执持守，依文按本底做将去，所以为学者事也。"又云："说易只是阴阳，说乾坤只是健顺。如此议论，更无差错。"人杰。

○ "'忠信所以进德，修辞立其诚所以居业'，如何是乾德?""只是健底意思，恁地做去。""'敬以直内，义以方外'，如何是坤德?""只是顺底意思，恁地收敛。"淳。

○ 问："'忠信所以进德修业'，如何是乾德？'敬以直内'，如何是坤德?"曰："'忠信所以进德'是健底意思，是硬立脚做去。'敬以直内'是顺守意思，只是恁地收敛做去。"寓。

○ 问："'忠信所以进德，修辞立诚'，这是知得此理后全无走作了，故直拔恁地勇猛刚健做将去，便是乾道。资敬义夹持之功，不敢有少放慢，这是坤道。"曰："意思也是恁地。但乾便带了个知底意思，带了个健底意思。所谓'进德'又是他心中已得这个道理了。到坤便有个顺底意思，便只蒙乾之知，更不说个'知'字，只说敬义夹持做去底已后事。"道夫问："'敬以直内'，若无'义以方外'也不得。然所谓'义以方外'者，只是见得这个道理合当恁地，便只斩截恁地做将去否？"曰："见不分晓则圆后糊涂，便不方了。'义以方外'，只那界限便分明，四面皆恁平正。"道夫。

○ 履之问："'忠信所以进德、修辞立其诚所以居业者，乾道也；敬以直内、义以方外者，坤道也。'乾道恐是有进修不已之意，坤道是安静正固之意否？"曰："大略也如此。但须识得'忠信所以进德'是如何。"仲思曰："恐只是'发己自尽，循物无违'。"曰："此是言应事接物者，却又依旧是'修辞立其诚'了。"伯羽曰："恐是存主诚实，以为进德之地。"曰："如何便能忠信？仲思所说固只是见于接物，董卿所说也未见下落处。"直卿曰："恐作内外分说，如中庸所谓'大德敦化，小德川流'。"曰："也不必说得恁地高。这只是'如恶恶臭，如好好色'则其独自谨。""乾固是健，然硬要他健也不得。譬如不健底人只有许多精力，如何强得？""乾从知处说，坤从守处说。""生知者是合下便见得透，忠信便是他，更无使之忠信者。""大凡人学须是见到自住不得处方有功，所以圣人说得恁地宽，须是人自去里面寻之，须是知得方能忠信。'诚之者，人之道'，看'诚之'字全只似固执意思，然下文必先说择善而后可固执也。某尝谓，这心若未正时，虽欲强教他正也卒乍未能得他正。若既正后，虽欲邪也卒乍邪未得。虽曰'操则存，舍则亡'，然亡也不得恁地快，自是他势恁地。"伯羽。

○ 伊川说"内积忠信"，"积"字说得好。某"实其善"之说虽密，不似"积"字见得积在此而未见于事之意。学蒙。

○ 伊川解"修辞立诚"作"择言笃志",说得来宽。不如明道说云"修其言辞,正为立己之诚意",乃是体当自家"敬以直内,义以方外"之实事。学蒙。

○ "'内积忠信,所以进德也;择言笃志,所以居业也。'择言便是修省言辞,笃志便是立诚,'知至至之'便是知得进前去。"又曰:"'知至'便是真实知得'如恶恶臭,如好好色','至之'便是真个求到'如恶恶臭,如好好色'之地。'知终'便是知得进到这处了。如何保守得便终保守取,便是'终之'。如'修辞立其诚'便是'知终终之'。'可与几'是未到那里,先见得个事几便是见得到那里。'可与存义'便似守得个物事在。一个是进,一个是居。进如'日知其所亡',只管进前去;居如'月无忘其所能',只管日日恁地做。"贺孙。

○ "内积忠信",一言一动必忠必信,是积也。"知至至之"全在"知"字,"知终终之",在着力守之。贺孙。

○ 道夫问:"'内积忠信'是诚之于内,'择言笃志'是诚之于外否?"曰:"'内积忠信'是实心,'择言笃志'是实事。"又问:"'知至至之'是致知,'知终终之'是力行,自今观之,固是如此。然细思,恐知至与知终属致知,至之、终之属力行,二者自相兼带。"曰:"程子云'知至至之'主(至)〔知〕,'知终终之'主终。然某却疑似亦不须如此说,只恐'忠信所以进德,修辞立其诚所以居业'说自得。盖无一念之不诚,所以进其德也。德谓之'进',则是见得许多又进许多。无一言之不实,所以居其业也。业谓之'居',便是知之至此又有以居之也。"道夫。

○ (今)〔令〕思"乾,圣人之分也,可欲之善属焉;坤,贤人之分也，有诸己之信属焉"。对曰："乾者，纯阳之卦，阳气之始也，始无不善。圣人之心纯乎天理，一念之发无非至善，故曰'乾，圣人之分也，可欲之善属焉'。坤者，纯阴之卦，阴气之终，所以成始者也。贤人学而后复其初，欲有诸己必积习而后至，故曰'坤，贤人之分也，有诸己之信属焉'。"先生曰："只是一个是自然、一个是做工夫。'可欲之谓善'是说资禀可欲，是别人以为可欲。'有诸己之谓信'是说学。"

○ 又问："'忠信所以进德也'，本义云：'忠信主于心者，无一念之不实。'既无不实则是成德，恐非进德之事也。"曰："'忠信所以进德'，忠信者，无一毫之不实。若有一毫之不实，如捕风捉影，更无下工处，德何由进？须是表里皆实，无一毫之伪，然后有以为进德之地，德方日新矣。"又问："'修辞'云'无一言之不实'，此易晓。'居业'如何实？"曰："日日如此行，从生至死常如此用工夫，无顷刻不相似〔池录云："本义说见于事者。"〕也。"又曰："'知崇礼卑'，亦是此事。'崇效天，卑法地。''知崇'，进德之事也；'礼卑'，居业之事也。"〔池录云："进谓日见其新，居谓常而不厌。"〕侗。

○ 飞卿举圣贤所说忠信处以求其同异。曰："公所举许多忠信只是一个，但地头不同。"直卿问："乾之'忠信'与他处所谓'忠信'，正犹夫子之'忠恕'与子思所谓'违道不远'之'忠恕'相似。"曰："不然。此非有等级也，但地头各别耳。正如伊川所谓'无妄之谓诚，不欺其次也'。不欺也是诚，但是次于无妄耳。"先生复问："昨所说如何？"曰："先生昨举'如好好色，如恶恶臭'说'忠信所以进德'。"曰："只是如此，何不以此思之？适所举忠信只是对人言之者，乾之忠信是专在己上言之者。乾卦分明是先见得这个透彻，便一直做将去。如'忠信所以进德'至'可与存义'，也都是径前做去，有勇猛严厉、斩截刚果之意，须是见得方能恁地。又如'乐则行之，忧则违之，确乎其不可拔’，亦是这般刚决意思。所以生知者分明是合下便见得透，故其健自然如此，更着力不得。坤卦则未到这地位，‘敬以直内，义以方外’，未免紧帖把捉，有持守底意，不似乾卦见得来透彻。"道夫问："易传云‘内积忠信，所以进德也’，‘积’字又也似用力，如何？"曰："正是用力，不用力如何得！乾卦虽如此，亦是言学。但乾是先知得透，故勇猛严厉，其进莫之能御。"履之问："易之‘忠信’莫只是实理？"曰："此说实理未得，只是实心。有实心则进德自无穷已。实心便是学者之关中河内，必先有此而后可以有为，若无此则若存若亡而已，乌能有得乎？‘有诸己之谓信’，意正谓此。"又曰："程子谓‘一心之中如有两人焉。将为善，有恶以间之；为不善，又有愧耻之心。此正交战之验’，程子此语正是言意不诚、心不实处。大凡意不诚分明是吾之贼。我要上，他牵下来；我要前，他拖教后去。此最学者所宜察。"道夫。

○ 问"君子进德修业。忠信所以进德，修辞立诚所以居业"云云。曰："这‘忠信’二字，正是中庸之‘反诸身而诚’、孟子之‘反身而诚’样‘诚’字。是知得真实了，知得决然是如此，更擛扑不碎了，只欠下手去做。‘忠信’是知得到那真实极至处了，‘修辞立诚’是做到真实极至处。若不是真实知得，进个甚么？前头黑淬淬地，如何地进得去？既知得，若不真实去做，那个道理也只悬空在这里，无个安泊处，所谓‘忠信’也只是虚底道理而已。这里极难说，须是合中庸‘反诸身而诚’与孟子‘反身而诚’诸处看。旧又见先生说："孟子‘有诸己之谓信’，亦是易中所谓‘忠信’，非‘主忠信’之‘忠信’也。"若看不透，且休，待他时看。而今正是这‘忠信所以进德’一节看未得，所以那‘修辞立诚’一段也看未得。"又问："所以只说‘修辞’者，只是工夫之一件否？"曰："言是行之表，凡人所行者无不发出来，也是一件大事。"又曰："‘忠信’是始，‘修辞立诚’是终。‘知至至之’是忠信进德之事，‘知终终之’是居业之事。"问："‘至之’是已至其处否？"曰："未在。是知得那至处方有个向望处，正要行进去。'知终终之'是已至其处了，终之而不去。"又问："'忠信所以'至'居业'，可以做圣人事否？"曰："不可。'所以进德'正是做工夫处。圣人则不消说忠信了，只说得至诚。"问："如此则皆是学者事？"曰："然。这里大概都是学者事。"问："顷见某人言，乾卦是圣人事，坤卦是贤人事，不知是否？"曰："某不见得如此。便是这物事劳攘。如说他是圣人事，他这里又有说学者处。如初九云'潜龙勿用，子曰'云云也可以做圣人事。九二曰云云也可以做圣人说。及至九三便说得劳攘，只做得学者事矣。"问："内卦以德、学言，外卦以时、位言，此却定。"曰："然。"㑙。

○ 问："乾九三文言曰'忠信所以进德也，修辞立其诚所以居业也'，疑忠信是指言行发出于外者而言。如'为人谋而不忠，与朋友交而不信'，皆是发见于外者，如何却言'进德'？'修辞立诚'与忠信果何异？（人）〔又〕指为'居业'，何也？"曰："忠信是心中朴实头见得道理如此，故日进而不已，犹孟子所谓'有诸己'者是也，故指进德而言。'修辞立诚'却是就言语上说。"又问："'立诚'不就制行上说，而特指'修辞'，何也？"曰："人之不诚处多在言语上也。"柄。

○ "君子进德"至"存义也"。忠信犹言实其善之谓，非"主忠信"、"与朋友交而信"之"忠信"。能实其为善之意自是住不得，德不期进而自进，犹饥之欲食，自是不可已。进德则所知所行自进而不已，居业则只在此住了不去。只看"进"字、"居"字可见。进者，日新而不已；居者，一定而不易。"忠信进德，修辞立诚居业"，工夫之条件也；"知至至之可与几，知终终之可与存义"，工夫之功程也。此一段只是说"终日乾乾"而已。学蒙。

○ 敬之问："'忠信'至'存义也'，上面'忠信'与'修辞立诚'，未是工夫，到下面方是工夫，是否？"曰："'忠信所以进德，修辞立其诚所以居业'，如何未是工夫？只上面'忠信'与'修辞立诚'便是材料，下面'知至，知终'，惟有实了方会如此。大抵以忠信为本。忠信只是实，若无实如何会进！如播种相似，须是实有种子下在泥中，方会日日见发生，若把个空壳下在里面，如何会发生？即是空道理，须是实见得。若徒将耳听过，将口说过，济甚事？忠信所以为实者，且如孝，须实是孝，方始那孝之德一日进一日；如弟，须实是弟，方始那弟之德一日进一日。若不实，却自无根了，如何会进！今日觉见恁地去，明日便渐能熟。明日方见有一二分，后日便见有三四分，意思自然觉得不同。'立其诚'，'诚'依旧便是上面忠信。'修辞'是言语照管得，那里面亦须照管得到。'居业'是常常如此，不少间断。德是得之于心，业是见之于事。'进德'是自觉得意思日强似一日，日振作似一日，不是外面事，只是自见得意思不同。业是德之事也，德则欲日进，业要终始不易，居是存而不失之意。'可与几'是见得面前个道理，便能日进向前去。'存义'是守这个义，只是这个道理常常存在这里。'可'是心肯意肯之义，譬如昨日是无奈何勉强去为善，今日是心肯意肯要去为善。"贺孙。

○ 问"忠信进德"一段。先生曰："'忠信'是心中所发，真见得道理如此，'如恶恶臭、好好色'一般。'修辞立诚'是就事上说，欲无一言之不实也。"问："修辞也是举一端而言否？"曰："言者行之表，故就言上说。"又云："'知至至之'是属'忠信进德'上说，盖真见得这道理，遂求以至之。'知终终之'是属'修辞立诚'上说，盖事是已行到那地头了，遂守之而不失。"又云："'忠信进德'（见是）〔是见〕个'修辞立诚'底道理，'修辞立诚'是行个'忠信进德'底道理。"学蒙。

○ 符问"知至至之可与几也，知终终之可与存义也"。曰："'忠信所以进德也，修辞立其诚所以居业也'，方说'知至至之可与几也，知终终之可与存义也'。'知至'是知得到至处，'至之'谓意思也随他到那处，这里便可与理会几微处。'知终'是知得到终处，'终之'谓意思也随他到那里，这里便可与存义。'存'谓存主，今日也存主在这里，明日也存主在这里。"贺孙。

○ "知至"，虽未做到那里，然已知道业可居，心心念念做将去。"修辞立其诚"以终他，终便是居了。"进德"、"知至"、"可与几"是一类事。这般处说得精，便与那"崇德广业"、"知崇礼卑"一般。若是那"始条理、终条理"底，说得粗。渊。

○ "知至至之"，知谓进德者也；"知终终之"，此知谓居业者也。进德者，"日日新，又日新"，进进而不已也；居业者，日日守定在此也。然必内有忠信方能修辞，心不在时如何修得？于乾言"忠信"者有（继）〔健〕而无息之意，于坤言"敬"者有顺而有常之意。祖道。

○ "知至至之"主在"至"上，"知终终之"主在"终"上。"至"是要到那去处而未到之辞。如去长安，未到长安却先知道长安在那里，从后行去，这便是进德之事。进德是要日新又新，只管要进去，便是要至之，故说道"可与几"。未做到那里，先知得如此，所以说"可与几"。"进"字贴着那"几"字，"至"字又贴着那"进"字。"终"则只是要守。业只是这业，今日如此，明日又如此，所以下个"居"字。"终"者只这里终，"居"字贴着那"存"字，"终"字又贴着那"居"字。德是心上说，义是那业上底道理。渊。

○ "知至至之"，知其可至而行至也；"知终终之"，知其可住而止之。祖道。

○ "知至"是要知所至之地，"至之"便是至那地了。"知终"是知得合如此，"终之"便须下终底工夫。"几"字是知之初，方是见得事几便须是至之。"存义"是守得定方存得这义。砥。

○ "可与几，可与存义"是旁人说，如"可与立，可与（礼）〔权〕"之"可与"同。砥。

○ 用之问"知至至之可与几也，知终终之可与存义也"。曰："上'至'字是至处，下'至'字是到那至处。'知终'是终处，'终之'是终之而不去，盖求必终于是而守之不去也。'知至至之，可与几也'，先知为几。如人欲往长安，虽未到长安，然已知长安之所在，所谓'可与几也'。若已到彼，则不谓之'几'，'几'者先知之谓也。'知终终之，可与存义也'，存者守而勿失。既知得个道理如此，则坚守之而勿失，所谓'可与存义也'。"僩。

○ 〔林〕问："'知至'与'知终'，'终'字与'至'字其义相近，如何？"曰："这处都作两段衮将去，所以难得分晓。'知至'与'至之'，'知终'与'终之'，分作四截说。'知至'是知得到处，'知终'是终其到处。'至之'是须着行去到那处，故曰'知至至之'。'终之'是定要守到那处，故曰'知终终之'。上两个'知'字却一般。"举遗书所谓"'知至至之'主知也，'知终终之'主终也"："均一'知'也，上却主知，下却主终。要得守故如此。"寓。

○ 亚夫问"知至至之"、"知终终之"之旨。曰："'知至至之'是进德意。如人欲到长安，虽未得，却见得长安在，彼自然赶逐将去，故曰'可与几'也。'知终终之'是居业意。'修辞立其诚'，今日也只做此事，明日也只做此事，更无〔住〕底意，故曰'可与存义'也。此两句紧要在'至'字与'终'字上。"处谦。

○ "知至至之"。"知至"则"知"字是轻，"至"字是到那处。"至之"则"至"字是实，"之"字是虚。如知得要到临安是"知至"，须是行到那里方是"至之"。大学"知至"，"知"字是重，"至"字是轻。贺孙。

○ 问："乾卦内卦以德学言，外卦以时位言否？"先生云："此正说文言六段，盖虽言德学而时位亦在其中，非德学何以处时位？此是'子曰'以下分说，其后却错杂说了。"学蒙。僩录同。

○ 天下所患无君，不患无臣。有如是君必有如是臣，虽使而今无，少间也必有出来。"云从龙，风从虎"，只怕不是真个龙虎，若是真个龙虎，必生风致云也。僩。

○ "'上下无常非为邪，进退无恒非离群'，是不如此只要得及时。"又云："如此说也好。"渊。

○ 体无刚柔，位有贵贱。因他这贵贱之位随紧慢说，有那难处，有那易处。九三处一卦之尽，所以说得如此。九二位正中，便不恁地。渊。

○ "飞龙在天，利见大人。"文言分明言："同声相应，同气相求。水流湿，火就燥，云从龙，风从虎，圣人作而万物睹。"他分明是以圣人为龙，以作言飞，以万物睹解"利见大人"，只是言天下利见夫大德之君也。今人却别做一说，恐非圣人本意。道夫。

○　看来大人只是这大人，无不同处。伊川之病在那二五相见处，卦画如何会有相见之理？只是说人占得这爻利见于大人。"万物睹"之"睹"便是"见"字。且如学聚、问辨说个君德，前一处也说君德，盖说道虽非君位而有君德。下面说许多大人者，〔言〕所以为大人者如此。今却说二五相见，却揍不着他这语脉。且如"先迷，后得（至）主，利，西南得朋，东北丧朋"，只是说先时不好，后来却好，西南便合着，东北便合不着。岂是说卦爻？只是说占底人。常观解易底惟是东坡会做文字了，都揍着他语脉。如"涣其群，元吉"，诸家皆云涣散了却成群，都不成语句。唯东坡说道，涣散他小小群，聚合成一大群，如那天下混一之际破散他小群，如此方成文理。渊。

○　叶味道问："圣人于文言只把做道理说？"先生曰："有此气便有此理。"又问："文言反覆说，如何？"曰："如言'潜龙勿用，阳在下也'，又'潜龙勿用，下也'，只是一意重叠说。伊川作两意，未稳。"刘居之问"人皆有不忍人之心"一段。曰："'恻隐之心，仁之端也'，犹乍见孺子入井，此只是一件事。仁之端只是仁萌芽处，如羞恶即是羞恶这一件事，辞逊即是辞逊这一件事，是非亦即见得这一件事为是为非，方是义、礼、智萌芽处。要得推扩充满得自家本然之量，不特是见赤子入井便恁地，其他事皆恁地。如羞恶、辞逊、是非，不特于一件事上恁地，要事事皆然，方是充满足、无欠阙。如'知皆扩而充之矣'，知方且是知得如此，若火始然、泉始达。至说到'苟能充之则足以保四海'。盖'知'字与'始然'、'始达'字相应，'充'字与'保四海'相应。盖才知得便不能自已，若火才发便不可遏，泉才达便涓涓流而不绝。"植。

○　问"乾元用九，天下治也"。先生云："九是天德，健中便自有顺，用之则天下治。如下文'乃见天则'，'则'便是天德。与上文'见群龙无首'又别作一样看。"砥。

○ "乾元者始而亨"一段，"始而亨"是生出去，"利贞"是收敛聚方见性情。所以言"元亨诚之通，利贞诚之复"。砥。

○ "元亨"是大通，"利贞"是收敛情性。道夫。

○ "利贞者，性情也"是乾元之性情，"始而亨"时是乾之发作处，共是一个性情。到那利贞处，一个有一个性情，百谷草木皆有个性情了。元亨方是他开花结子时，〔到〕这利贞时方见得他底性情，就这上看乾之性情，便见得这是那"利贞诚之复"处。渊。

○ 问"利贞者，性情也"。曰："此只是对'元亨'说，只是意思体质。盖'元亨'是动，发用在外；'利贞'是静而伏藏于内。"䇦。

○ 〔正淳〕问"利贞者性情"。曰："此是相对说。性情如言本体。元亨是发用处，利贞是收敛归本体处。体却在下，用却在上。盖春便生，夏便长茂条达，秋便有个收敛撮聚意思，直到冬方成。"又曰："天地之心别无可做，'大德曰生'，只是生物而已。谓如一树，春荣夏敷，至秋乃实，至冬乃成。虽曰成实，若未冬便种不成。直是受得气足，便是将欲相离之时，却将千实来种，便成千树，如'硕果不食'是也。方其自小而大，各有生意。到冬时，疑若树无生意矣，不知却自收敛在下，每实各具生理，更见生生不穷之意。这个道理（真）〔直〕是自然，全不是安排得。只是圣人便窥见机缄，发明出来。伊川易传解四德，便只就物上说：'元者万物之始，亨者万物之长，利者万物之遂，贞者万物之成。'解得逐字最好。通书曰'元亨诚之通，利贞诚之复'，通即发用，复即本体也。"䇦。〔人杰录少异。〕

○ "不言所利"是说得不似坤时"利牝马之贞"，但说利贞而已。渊。

○ "不言所利"，明道说云"不有其功，常久而不已者乾"，此语说得好。渊。

○ "'大哉乾乎'，阳气方流行，固已包了全体，阴便在（这）里了，所以说'刚健中正'。然不可道这里却夹杂些阴柔，所以却说'纯粹精'。"渊。

○ "刚健中正"，为其嫌于不中正，所以说个"中正"。阳刚自是全体，岂得不中正？这个因近日赵善誉者着一件物事说道："只乾坤二卦便偏了。乾只是刚底一边，坤只是柔底一边。"某说与他道："圣人做一部易，如何却将两个偏底物事放在卢头？如何不讨个混沦底放在那里？"注中便是破他说。渊。

○ 德（都）〔者〕行之本，"君子以成德为行"，言德则行在其中矣。道夫。

○ 问："'行而未成'如何？"曰："只是事业未就。"又问："乾六爻皆圣人事，安得有未成？伊川云'未成是未著'，莫是如此否？"曰："虽是圣人，毕竟初九行而未成。"问："此只论事业，不论德否？"曰："不消如此费力。且如伊尹居有莘之时，便是'行而未成'。"文蔚。

○ "学聚、问辨"，圣人说得宽。这个便是下面所谓"君德"。两处说君德皆如此。〔渊。〕

○ 乾之九三，以过刚不中而处危位，当"终日乾乾，夕惕若"，则"虽危无咎矣"。圣人正意只是如此，若旁通之，则所谓"对越在天"等说皆可通。大抵易之卦爻，上自天子，下至庶人，皆有用处。若谓乾之九三君德已著，为危疑之地，则只做得舜禹事使。人杰。

○ 又问："'先天而天弗违，后天而奉天时'，圣人与天为一，安有先后之殊？"曰："只是圣人意要如此，天便顺从，先后相应，不差毫厘也。"因说："人常云，如鸡覆子，唼啄同时，不知是如此否？"时举云："旧时家尝养鸡，时举时为儿童，日候其雏之出。见他母初未尝啄，盖气数才足便自横迸裂开。有时见其出之不利，因用手略助之，则其子下来便不长进，以此见得这里一毫人力有不能与。"先生笑而然之。时举。

○ 问："胡文定公云：'舜"先天而天弗违"，"志壹则动气也"。孔子"后天而奉天时"，"气壹则动志也"。'如何？"先生曰："'先天而（非）〔天弗〕违'者，舜先作韶乐而凤凰来仪；'后天而奉天时'者，孔子因获麟而作春秋。'志壹动气'、'气壹动志'，皆借孟子之言形容天地感格之意。"谟。

○ 乾卦有两个"其惟圣人乎"，王肃本却以一个做"愚人"，此必其自改得恁地乱道！如中庸，王肃作"小人反中庸"，这却又改得是。贺孙。

坤

○ 乾主义，坤便主利。占得这卦便主利底事。不是坤道主利万物，乃是此卦占得时主有利。<u>渊</u>。

○ "主利"不是谓<u>坤</u>主利万物，是占者主利。<u>砥</u>。

○ "利牝马之贞"，言利于柔顺之正而不利于刚健之正。"利"是个虚字。"西南得朋"固是好了，"东北丧朋"亦自不妨为有庆。<u>坤</u>比<u>乾</u>，都是折一半用底。<u>渊</u>。

○ "利牝马之贞"，本无四德底意，<u>彖</u>中方有之。<u>彖</u>中说四德自不分晓，前数说"元亨"处却说得分明，后面几句无理会。"牝马地类，行地无疆"便是那"柔顺利贞，君子攸行"，本连下面，缘他趁押韵后，故说在此。这般底难十分理会。"先迷失道"却分晓，只是说坤道。<u>池</u>本无"先迷"至此十二字。"先迷后得，东北西南"大概是阴减<u>池</u>本有"为"字。阳一半。就前后言，没了前一截；就四方言，没了东北一截。阳却是全体安贞之吉。他这分段只到这里，若更妄作以求全时便凶了。在人亦当如此。<u>伊川</u>说"东北丧朋"处，但不知这处添得许多字否？此是用<u>王辅嗣</u>说。<u>渊</u>。

○ 又论坤卦"利牝马之贞"，曰："<u>乾</u>卦'元亨利贞'便都好，到坤只一半好。全好故云'利永贞'。一半好故云'利牝马之贞'，即是亦有不利者。只'西南得朋，东北丧朋'，虽<u>伊川</u>亦解做不好。殊不知'西南得朋'乃以类行，岂是不好！至于东北，是坤卦到〔东〕〔西〕南则好，到（西）〔东〕北实是丧朋，亦非是凶，只是自然不容不丧朋。虽然丧朋，'乃终有庆'，却终有庆耳。"（东）〔西〕南得地，与类行，自是好。（西）〔东〕北不得地，自然丧朋。然其终亦如此等说，恐难依旧说。<u>砺</u>。

○ "牝马之贞"，<u>伊川</u>只为泥那四德，所以如此说不通。<u>渊</u>。

○ "阴体柔躁"，只为他柔所以躁，刚便不躁。躁是那欲动而不得动之意，刚则便动矣。柔躁不能自守，所以说"安贞吉"。渊。

○ 资乾以始便资坤以生，不争得霎时间。乾底亨时，坤底亦亨。生是生物，池本"时间"至此无，有"坤之所生"四字。即乾之所始者。渊。

○ 徐焕云："天之行健，一息不停。而坤不能顺动以应其行，则造化生生之功或几乎息矣。"此语亦无病。万物资乾以始而有气，资坤以生而有形。气至而生，生即坤元，徐说亦通。渊。

○ "未有乾行而坤止"，此说是。且如乾施物，坤不应则不能生物。既会生物，便是动。若不是他健后，如何配乾？只是健得来顺。渊。

○ 又曰："东北非阴之位。阴柔至此，既丧其朋，自立脚不得，必须归本位，故终有庆。"又曰："牝是柔顺，故先迷而丧朋。然马健行，却后得而有庆。牝马不可分为二，今姑分以见其义。"砥。

○ "坤卦'西南得朋乃与类行，东北丧朋乃终有庆'，既言'终有庆'，则有庆不在今矣。沈录此下云"言乃终有庆也"。为他是个柔顺底物，东北阳方非他所安之地。慢水中鱼去〔急〕水中不得，自是丧朋。〔丧朋〕于东北则必反于西南，是终有庆也。正如'先迷后得'，为他柔顺故先迷，柔顺而不失乎健故后得，所以卦下言'利牝马之贞'。丧朋先迷便是'牝'，有庆后得便是'马'，将'牝马'字分开，却形容得这意思。"文蔚曰："大抵柔顺中正底人做越常过分底事不得，只是循常守分时又却自做得他底事。"曰："是如此。"文蔚录同。

○ 地之势常有顺底道理，且如这个平地，前面便有坡陁处，那突然起底也自顺。渊。

○ 阴爻称六，与程传之说大不同。这只就四象看便见得分晓。阴阳一段只说通例，此两物相无不得底，且如天晴几日后无雨便不得。十二个月，六月是阴，六月是阳。一日中，阳是昼，阴是夜。渊。

○ 坤六爻虽有重轻，大概皆是持守、收敛、畏谨底意。砥。

○ 问："履霜坚冰，何以不著占象？"曰："此自分晓。占者（自）〔目〕前未见有害，却有未萌之祸，所宜戒谨。"砥。

○ 阴阳皆自微至著，不是阴便积着，（便阳）〔阳便〕合下具足。此处亦不说这个意。"履霜坚冰"，只是说那从微时便须着慎来，所以说"盖言慎也"，"由辨之不早辨"。李光祖云："不早辨他，直到得郎当了却方辨，划地激成事来。"此说最好。渊。

○ "直方大"，是他阴爻居阴位，无如此之纯粹。爻辞云"直方大"者，言占者"直方大"则"不习无不利"，却不是说坤德直方大也。且如"元亨利贞"，彖里面说底且随他说做一个事，后面说底四事又尽随他说去。如某之说爻，无许多捞攘。渊。

○ 问："坤之道'直方大'，六二纯正，能得此以为德否？"曰："不可说坤先有是道，而后六二得之以为德。坤是何物？六二是何物？毕竟只是一个坤。只因这一爻中正，便见得'直方大'如此。"学蒙。

○ 六二不当说正，要说也说得行，不若除了。渊。

○ 问："坤二五皆中爻。二是就尽得地道上说，五是就著见于文章事业上说否？"曰："不可说尽地道，他便是坤道也。二在下方是就工夫处说，文言云'不疑其所行'是也。五得尊位则是就他成就处说，所以云'美在其中而畅于四支，发于事业，美之至也'。"学蒙。

○ "黄裳元吉"，不过是在上之人能以柔顺之道。黄，中色。裳是下体之服。能似这个则无不吉。渊。

○ 六五"黄裳元吉"，这是那居中处下之道。乾之九五自是刚健底道理，坤之六五自是柔顺底道理。各随他阴阳自有一个道理。其为九六不同，所以在那五处亦不同。这个五之柔顺从那六里来。渊。

○ 问："坤六五'黄裳元吉'，伊川解作圣人示戒，并举女娲氏、武后之事。今考本爻无此象，这又是象外立教之意否？"先生云："不晓这意，看来伊川要立议论教人，可向别处说，不可硬配在易上说。此爻何曾有这义？都是硬入这意，所以说得絮了。"因举云："邵溥谓，伊川因宣仁垂帘事有怨母后之意，故此爻义特为他发。固是他后生妄测度前辈，然亦因此说而后发也。"学蒙。

○ 时举问："坤上六，阴极盛而与阳战，爻中乃不言凶。且乾之上九犹言'有悔'，此却不言，何耶？"曰："战而至于（其）〔俱〕伤，'其血玄黄'，不言而凶可知矣。"时举。

○ 子耕问"龙战于野"。曰："乾无对，只是一个物事。至阴则有对待。大抵阴常亏于阳。"人杰。

○ 螢问："乾上九只言'亢'，坤上六却言'战'，何也？"曰：

"乾无对待，只有乾而已，故不言坤。〔坤〕则不可无乾。阴体不足，常亏欠，若无乾便没上截。大抵阴阳二物本别无阴，只阳尽处便是阴。"蒉。

○ "用六永贞，以大终也。"阳为大，阴为小，如大过、小过之类，皆是以阴阳而言。坤六爻皆阴，其始本小，到此阴皆变为阳矣。所谓"以大终也"，言始小而终大。文蔚。偁录同而无"言始"以下六字。

○ "坤至柔而动也刚。"坤只是承天，如一气之施，坤则尽能发生承载，非刚安能如此？偁。

○ "敬以直内"最是紧切工夫。贺孙。

○ 问"义形而外方"。曰："义是心头断事底。心断于内而外便方正，万物各得其宜。"寓。按，陈淳录同。

○ "敬以直内"是持守工夫，"义以方外"是讲学工夫。升卿。

○ "敬以直内，义以方外。""直"是直上直下，胸中无纤毫委曲。"方"是割截方整之意。德明。"方"，疑是"齐"。

○ "敬以直内，义以方外。"敬立而内自直，义形而外自方。若欲以敬要去直内，以义要去方外，即非矣。铢。

○ "敬以直内"便能"义以方外"，非是别有个义。敬譬如镜，义便是能照底。德明。

○ "'敬以直内,义以方外,敬义立而德不孤',此在坤六二之爻,论六二之德。圣人本意谓人占得此爻,若'直方大'则不习而无不利。夫子遂从而解之,以敬解直,以义解方,又须敬义皆立然后德不孤,将不孤来解'大'字。然有敬而无义不得,有义而无敬亦不得。只一件便不可行,便是孤。〔必大录云:"敬而无义,则做出事来必错了。只义而无敬则无本,何以为义?皆是孤也。"〕若是敬义立,施之事君则忠于君,事亲则悦于亲,交朋友则信于朋友,皆不待习而无一之不利也。"又问:"'方'是如何?"曰:"'方'是处此事皆合宜,截然区处得。如一物四方在面前,截然不可得而移易之意。若是圆时,便转动得。"銖。

○ 先之问"敬以直内,义以方外"。曰:"说只恁地说,须自去下工夫方见得如此。'敬以直内'是无纤毫私意,胸中洞然,彻上彻下,表里如一。'义以方外'是见得是处决定是恁地,不是处决定不恁地,截然方方正正。须是自将去做工夫。圣门学者问一句,圣人答他一句便领略将去,实是要行得。如今说得尽多,只是不曾就身己做看。某之讲学所以异于科举之文,正是要切己行之。若只恁地说过,依旧不济事。若实是把做工夫,只是'敬以直内,义以方外'八个字,一生用之不穷。"贺孙。

○ 问:"'君子敬以直内,义以方外',伊川'主一之谓敬,无适之谓一',而不涵'义'之意,则须于应事接物间无往而不主一,则义亦在其中矣。如此则当明敬中有义、义自敬中出之意方好。"答曰:"亦不必如此说。'主一之谓敬'只是心专一,不以他念乱之。每遇事与至诚专一做去,即是主一之义。但既有敬之名,则须还他'敬'字;既有义之名,则须是还他'义'字。二者相济则无失,此乃理也。若必欲骈合,谓义自敬中出,则圣人何不只言'敬'字便了?既又言'义'字,则须与寻'义'字意始得。"大雅。

○ 景绍问"敬义"之说。答曰："敬是立之本，义是处事截然方正，各得其宜。"道夫曰："'敬以直内，义以方外'，莫是合内外之道否？"曰："久之则内外自然合。"又问："'敬以直内'后便能'义以方外'，还是更用就上做工夫？"曰："虽是如此，也须是先去'敬以直内'，然后能'义以方外'。"景绍曰："敬与诚如何？"曰："敬是戒谨恐惧之义，诚是实然之理。如实于为善，实于不为恶，便是诚。只如敬，（与）〔亦〕有诚与不诚。有人外若谨畏，内实纵弛，这便是不诚于敬。只不诚便不得是这个物。"道夫。

○ 道夫问："前所说'敬'、'义'、'诚'三者，今思之，'敬以直内，义以方外'是个交相养之理，至于诚则合一矣。"曰："诚只是实有此理。如实于为敬，实于为义，皆是诚。不诚则是无此，所以中庸有谓'不诚无物'。"因问："旧尝闻，有人问'不诚无物'，先生答曰：'秉彝不存谓之无人可也，中和不存谓之无礼乐可也。'还是先生所言否？"曰："不记有无此语。只如此说也却无病。"

朱子语类卷第七十

易六

屯

○ 屯是阴阳未通之时，蹇是流行之中有蹇滞，困则穷矣。_{贺孙}。

○ "刚柔始交而难生"，龟山解云："刚柔始交是震，难生是坎。"_銮。

○ "刚柔始交"是震，此是龟山说"震一索而得男"也。_渊。

○ "雷雨之动满盈"，亦是那郁塞底意思。_渊。

○ "天造草昧，宜建侯而不宁。"孔子又是别发出一道理，说当此扰攘之时不可无君，故须立君。_砥。

○ "宜建侯而不宁"，不可道建侯便了，须更自以为不安宁不可。_渊。

○ 又问："屯、需二象皆阴阳未和洽、成雨之象也。然屯言'君子以经纶’，而需乃言‘饮食宴乐’，何也？”曰：“需是缓意，在他无所致〔力〕，（乃）只得饮食宴乐。屯是物之始生，象草木初出地之状。其初出时欲破地面而出，不无龃龉艰难，故当为经纶。其义所以不同也。”时举。

○ “十年乃字”，耿南仲亦如此说。渊。

蒙

○ “山下有险”是卦象，“险而止”是卦德。蒙有二义，“险而止”，险在内，止在外，自家这里先自不安稳了，外面更去不得，便是蒙昧之象。若“见险而能止”则为蹇，却是险在外，自家这里见得去不得，所以不去，故曰“知矣哉”。尝说八卦着这几个字形容最好。看如“险止”、“健顺”、“丽入”、“说动”，都包括得尽，唤做“卦之情”。渊。

○ 伊川说蒙亨，仿佛是指九二一爻说，所以云“刚中”也。渊。

○ “蒙以养正，圣功也”，盖言蒙昧之时先自养教正当了，到那开发时便有作圣之功。若蒙昧之中已自不正，他日何由得会有圣功！渊。

○ 问“山下出泉”。曰：“古人取象也只是看大意略如此仿佛，不皆端的。若解要到亲切，便都没去处了。如‘天在山中’，山中岂有天？如‘地中有山’，便只是平地了。”淳。

○ "果行育德"又是别说一个道理，"山下出泉"，却是个流行底物事暂时被他碍住在这里。观这意思，却是说自家当恁地做工夫。卦中如此者多。<u>渊</u>。

○ 或自家是蒙，得他人发；或他人是蒙，得自家发。<u>芝</u>。

○ 卦辞有（正）〔平〕易底，有难晓底。"利用刑人，用说桎梏"，粗说时，如今人打人棒也，须与他脱了那枷方可，一向枷他不得，若一向枷他，便是"以往吝"。这只是说治蒙者当宽慢，盖法当如此。<u>渊</u>。

○ 卦中说"刚中"处最好看。刚故能"包蒙"，不刚则方且为物所蒙，安能"包蒙"！刚而不中亦不能"包蒙"。如上九过刚而不中，所以为"击蒙"。六三说"勿用取女"者，大率阴爻又不中不正，合是那一般无主宰底女人。"金夫"不必解做刚夫。此一卦紧要是九二一爻为主，所以治蒙者，只在两个阳爻，而上九过刚，故只在此九二为主。而二与五应，亦助得那五去治蒙。大抵蒙卦除了初爻统说治蒙底道理，其余三四五皆是蒙者，所以唯九二一爻为治蒙之主。<u>渊</u>。

○ "不利为寇。"寇只是要去害他，故戒之如此。<u>渊</u>。

○ 问："'击蒙，不利为寇'，如本义只是就自身克治上说，是如何？"曰："事之大小都然。治身也恁地。若治人，做得太甚亦反成为寇。占得此爻，凡事不可过当。如伊川作用兵之说亦是。但只做得一事用，不如且就浅处说去，却事事上有用。若便说深了，则一事用得，别事用不得。"<u>学蒙</u>。

需

○ 需主事，孚主心。需其事，而心能信实，则"光亨"。以位乎尊位而中正，故所为如此。"利涉大川"而能需，则往必有功。"利涉大川"，亦蒙上文"有孚，光亨贞吉"。渊。

○ "以正中"，"以中正"，也则一般，这只是要协韵。渊。

○ 后世策士之言只说出奇应变。圣人不恁地，合当需时便需。渊。

○ 需，待也。"以饮食宴乐"谓更无所为，待之而已。待之须（存）〔有〕至时，学道者亦犹是也。人杰。

○ "穴"是陷处，唤做"所安"处不得，分明有个"坎，陷也"一句。柔得正了，需而不进，故能出于坎陷。四又是坎体之初，有出底道理。到那上六则索性陷了。渊。

○ 伯圭问"需于酒食，贞吉"。曰："需只是待。当此之时别无作为，只有个待底道理。然又须是正，方吉。"銤。

○ 坎体中多说酒食，想须有此象，但今不可考。渊。

○ 王弼说初上无位，如言乾之上九"贵而无位"、需之"不当位"。然乾之上九不是如此。需之不当却有可疑。二四止是阴位，不得言不当。渊。

○ 易中"当"字皆当音去声，音见乾卦注。节。

讼

○ 又问："讼彖云'刚来而得中也'，大抵上体是刚，下体是柔，刚下而变柔则为刚来。今讼之上体既是纯刚，安得谓之刚来邪？"曰："此等要须画个图子看便好。以某观之，讼卦本是遁卦变来。遁之六二上为讼之六三，其九三下为九二，乃为讼卦。此类如'柔来而文刚'、'分刚上而文柔'，与夫'刚自外来而为主于内'，皆是如此。若画图子起便极好看，更不待说。若如先儒说，则多牵强矣。"时举。

○ "不利涉大川"，是上面四画阳，载不起，压了这船重。渊。

○ 天自向上去，水自向下来，必是有讼。渊。

○ "作事谋始"，言观此等象便当每事谋之于其始。渊。

○ 王弼言"有德司契"是借这个"契"字说。言自家执这个契在此，人来合得，我便与他。自家先定了，这是"谋始"、"司契"底意思。渊。

○　九二正应在五，五亦阳，故为窒塞之象。渊。

○　"三百户"，必须有此象，今不可考。王辅嗣说"得意忘象"是要忘了这象，伊川又说"假象"是只要假借此象。今看得不解得恁地全无那象，只是不可知，只得且从理上说。乾为马却说龙，坤为牛却说马，离为龟却说牛，做得个例来括他方得。见说已做了例，又却不曾得见。渊。

○　"复即命，渝"，言复就命而变其不顺之命。渊。

○　"讼元吉"便似乾之"利见大人"，有占无象者。爻便是象。"讼元吉"，九五便是。渊。

师

○　"吉无咎"，谓如一件事自家做出来好方得无罪咎，若做得不好，虽是好事也则有咎。"无咎吉"，谓如一件事元是合做底，自家做出来又好。如所谓"战则克，祭则受福"，战而临事惧，好谋成，祭而恭敬斋肃，便是无咎，克与受福便是吉。如行师之道既已正了，又用大人率之，如此则是都做得是，便是吉了，还有甚咎？渊。

○　"在师中吉"，言以刚中之德在师中，所以吉。渊。

○　问："潘谦之说师九二，欲互说，'在师中吉，怀万邦也。王三锡命，承天宠也'，何如？"曰："圣人作易象只是大概恁地，不是恁地子细解释。"砥。

○ 问："'师或舆尸'，伊川说训为'众主'，如何?"先生曰："从来有'舆尸血刃'之说，何必又牵引说? 某自小时未曾识训诂、只读白本时，便疑如此说。后来从乡先生学，皆作'众主'说，甚不以为然。今看来，只是兵败舆其尸而归之义。小年更读左传'形民之力，而无醉饱之心'，意欲解释'形'字是割剥之意，'醉饱'是厌足之意，盖以为割剥民力而无厌足之心。后来见注解皆以'形'字训'象'字意，云象民之力而无已甚，某甚觉不然。但被'形'字无理会，不敢改他底。近看贞观政要有引用处皆作'刑民'，又看家语亦作'刑民'字，方知旧来看处是。此是祭公箴穆（公）〔王〕之语，须如某说，其语方切。"砥。

○ 问："师六五象曰'长子帅师，以中行也'，传云：'长子，谓九二以中正之德合于上，而受任以行。'夫以九之居二，中则是矣，岂得为正?"曰："此只是错了一字耳，莫要泥他。"时举。

○ "开国承家"为是坤有土之象。然屯之"利建侯"却都无坤，止有震，此又不可晓。渊。

○ 说师卦"开国承家，小人勿用"："旧时说只作论功行赏之时不可及小人。今思量看理去不得。他既一例有功，如何不及他得！看来'开国承家'一句是公共得底，未分别君子、小人在。'小人勿用'则是勿更用他与之谋议经画尔。汉光武能用此义，自定天下之后一例论功行封。其所以用之在左右者，则邓禹、耿弇、贾复数人，他不与焉。"因问云："古之论功行封，真个是裂土地与之守，非如后世虚带爵邑也。若使小人参其间，则诚有弊病。"先生云："势不容不封他得，但圣人别有以处之，未见得如何。如舜封象则使吏治其国，则若小人，亦自有以处之也。"先生云："此义方思量得如此，未曾改入本义，且记得。"〔学履。〕

〔比〕

○ "比，吉也"，"也"字羡。当云："比吉。比，辅也，下顺从也。""比，辅也"解"比"字，"下顺从也"解"吉"字。广。

○ 李兄问："比卦，大抵占得之，多是人君为人所比之象。"先生云："也不必拘。若三家村中推一个人作头首，也是为人所比，也须自审自家才德可以为之比否。所以'原筮，元永贞'也。"学蒙。

○ "筮"字，说做占决亦不妨，然亦不必说定不是"龟筮"之"筮"。渊。

○ 问"不宁方来，后夫凶"。曰："别人自相比了，既已后于众人，却要强去比他，岂不为人所恶？是取凶也。'后夫'犹言后人。春秋传有云'先夫当之矣'，亦只占中一义。"鳖。

○ 比卦"后夫凶"。先生云："'后夫'不必如伊川说。左传齐崔卜娶妻卦云：'入于其宫，不见其妻，凶。'人以为凶，他云：'前夫已当之矣。'彼云'前夫'则此云'后夫'，正是一样语。阳便是夫，阴便是妇。"砥。

○ "后夫"只是说后来者。古人亦曾说"先夫当之",也有唤作夫妇之"夫"底。渊。

○ "后夫凶"言九五既为众阴所归,若后面更添一个阳来则必凶。古人如袁绍、刘馥、刘繇、刘备之事,可见两雄不并栖之义。渊。

○ "终来有他"说将来,似"显比"便有那周遍底意思。渊。

○ 伊川言"建万国以比民",言民不可尽得而比,故建诸侯使比民,而天子所亲者诸侯而已,这便是它比天下之道。渊。

○ 又问"比之匪人"一爻。曰:"初应四,四是外比于贤,为比得其人。二应五,五为'显比'之君,亦为比得其人。惟三乃应上,上为'比之无首'者,故为'比之匪人'也。"时举。

○ 问:"伊川解'显比,王用三驱失前禽',所谓'来者掩之,去者不追'。与'失前禽'而杀不去者,所譬颇不相类,如何?"先生曰:"田猎之礼,置旃以为门,刈草以为长围。田猎者自门驱而入,禽兽向我而出者皆免,惟被驱而入者皆获。故以前禽比去者不追,获者譬来则取之。大者如此,无缘得一一相似。伊川解此句不足疑,但'邑人不诚吉'一句似可疑,恐易之文义不如此耳。"泳。

○ 比九五"邑人不诚",盖上人显明其比道而不必人之从己,而其私属亦化之,不相戒约使人从己也。砥。

○ "邑人不诚",如有闻无声,言其自不消相告戒,又如"归市者不止,耕者不变"相似。渊。

小畜

○ 小畜，言以巽之柔顺而畜三阳，畜他不住。大畜则以艮畜乾，畜得有力，所以唤作"大畜"。"小畜亨"，是说阳缘阴畜他不住，故阳得自亨。横渠言"易为君子谋，不为小人谋"。凡言亨皆是说阳，到得说阴处便分晓说道"小人吉"。"亨"字便是下面"刚中而志行乃亨"。渊。

○ 又问云："尝见人说此卦作巽体顺，是小人以柔顺小术畜君子，故曰'小畜'。不知如何?"曰："易不可专就人上说，且就阴阳上看分明。巽畜乾，阴畜阳，故谓之'小'。若配之人事，则为小人畜君子也得，为臣畜君也得，为因小小事畜止也得，不可泥定一事说。"学蒙。

○ 问"密云不雨，自我西郊"。先生云："此是以巽畜乾，巽顺乾健，畜他不得，故不能雨。凡雨者皆是阴气盛，凝结得密，方（温）〔湿〕润下降为雨。且如饭甑，盖得密了，气郁不通，四畔方有温汗。今乾上进，一阴止他不得，所以象中云'尚往也'，是指乾欲上进之象。到上九则以卦之始终言，畜极则散，遂为'既雨既处'。阴德盛满如此，所以有'君子征凶'之戒。"学蒙。

○ 小畜"密云不雨，尚往也"，是阴包他不住，阳气更散，做雨不成，所以尚往也。〔砺。〕

○ 又问："'风行天上，小畜'，象义如何?"曰："'天在山中，大

畜'，盖山是坚刚之物，故能力畜其三阳。风是柔软之物，止能小畜之
而已耳。"时举。

○ "风行天上，小畜，君子以懿文德"，言畜他不住，且只逐些子
发泄出来。只以大畜比之便见得。大畜说"多识前言往行以畜其德"，
便见得小畜只是做得这些个文德，如威仪、文辞之类。渊。

○ 又问："小畜'初九复自道，何其咎？吉'，此爻与四相应，正
为四所畜者，乃云'复自道'，何邪？"曰："易有不必泥爻义看者，如
此爻只平看自好。'复自道'便吉，复不自道便凶，自无可疑者矣。"
〔时举。〕

○ "复自道"之"复"与复卦之"复"不同。复卦言已前不见了
这阳，如今阳在此。"复自道"是复他本位，从那道路上去，如"无往
不复"之"复"。渊。

○ 小畜但能畜得九三一爻而已。九三是迫近他底，那两爻自牵连
上来。渊。

○ 孚有在阳爻，有在阴爻。伊川谓："中虚，信之本；中实，信
之质。"渊。

○ "富以其邻"与"上合志"，是说上面巽体同力畜乾。邻，如东
家取个，西家取个，取上下两画也。此言五居尊位，便动得那上下底。
"挛如"如手把挛住之象，"既雨既处"言便做畜得住了，做得雨后这气
必竟便透出散了。"德积"是说阴德，妇人虽正亦危，月才满便亏，君
子到此亦行不得。这是那阴阳皆不利底象。渊。

○　上九虽则是阴畜阳，至极处，和而为雨。必竟阴制阳是不顺，所以云"虽正亦厉"。<u>砥</u>。

履

○　"履虎尾"言履危而不伤之象。便是后履前之意，随着他后去。<u>渊</u>。

○　<u>履卦</u>，上<u>乾</u>下<u>兑</u>，以阴蹑阳，是随后蹑他，如踏他脚迹相似。所以云"履虎尾"是随后履他尾，故于卦之三四爻发虎尾义，便是阴去蹑他阳背脊后处。<u>伊川</u>云"履藉"，说得生受。<u>砥</u>。

○　<u>叔重</u>问："易<u>履卦</u>彖曰'刚中正，履帝位而不疚，光明也'，此是指九五而言。然九五爻辞则云'夬履贞厉'，与彖似相反，何邪?"曰："九五是以刚居上，下临柔说之人，故决然自为而无所疑，不自知其过于刚耳。"<u>时举</u>。

○　<u>伊川</u>这一卦说那<u>大象</u>，并"素履"、"履道坦坦"处，却说得好。<u>渊</u>

○　"履道"，道即路也。<u>渊</u>。

○　"武人为于大君"，必有此象。但六三阴柔，不见得有武人之象。<u>渊</u>。

○　履三四爻正是蹑他虎尾处。阳是进底物事。四又上蹑五，亦为虎尾之象。砥。

○　"志行也"只是说进将去。渊。

○　"夬履"是做得忒快，虽合履底也有危厉。渊。

○　"夬履贞厉"正东坡所谓"忧治世而危明主也"。学履。

○　"视履考祥"，居履之终，视其所履而考其祥，做得周备底则大吉。若只是半截时，无由考得其祥，后面半截却不好，未可知。"旋"是那团旋来，却到那起头处。渊。

泰

○　论阴阳各有一半，圣人于泰否只为阳说道理。看来圣人出来做，须有一个道理使得天下皆为君子。世间人多言君子小人常相半，不可太去治之，急迫之却为害。不然。如舜、汤举伊尹、皋陶，不仁者远，自是小人皆不敢为非，被君子夹持得皆革面做好人了。砥。

○　又问："看否泰二卦，见得泰无不否，若是有手段底，则是稍迟得。"曰："自古自治而入乱者易，由乱而入治者难。治世稍不支捂，便入乱去。乱时须是大人休否方做得。"学蒙。

○　问："'财成辅相'字如何解?"曰："裁成，犹裁截成就之也；

裁成者，所以辅相也。"一作"辅相者，便只是于裁成处以补其不及而已"。又
问："裁成何处可见？"曰："眼前皆可见。且如君臣、父子、兄弟、夫
妇，圣人便为制下许多礼数伦序，只此便是裁成处。一本此下有"至大至
小之事皆是，固是"十字。万物本自有此理，若非圣人裁成，亦不能如此
齐整，所谓'赞天地化育而与之参'也。"一作"此皆天地之所不能为而圣
人之所能以赞天地之化育而功与天地参也"。又问："辅相裁成，学者日用处
有否？"曰："饥食渴饮，冬裘夏葛，耒耜罔罟，皆是。"偁。

○ "财成"是截做段子底，"辅相"是佐助他底。天地之化优侗相
续下来，圣人便截作段子。如气化一年一周，圣人与他截做春夏秋冬四
时。渊。

○ 问："'财成辅相'无时不当然，何独于泰时言之？"曰："泰时
则万物各遂其理，方始有裁成辅相处。若否塞不通，〔一〕齐都无理会
了，如何裁成辅相得？"学蒙。〔焘录作"天地闭塞，万物不生，圣人亦无所施
其力"。〕

○ 问："泰九二'包荒得尚于中行，以光大也'，以九二刚中有光
大之德乃能包荒邪？为是'包荒得尚于中行'所以光大邪？"先生云：
"易上如说'以中正也'，皆是以其中正方能如此。此处也只得做以其光
大说。若不是一个心胸明阔底，如何做得！"砥。

○ 泰卦"勿恤其孚"只作一字读。"孚"只是信，盖言不恤后来
信与不信尔。义刚。

○ "于食有福"，"食"如"食旧德"之"食"，东坡赤壁赋"吾与
子之所共食"之"食"。砥。

○ "富以其邻"言以其富厚之力而能用其邻，"不富以其邻"言不待富厚之力而能用其邻。渊。

○ "帝乙归妹"，今人只做道理譬（谕）〔喻〕推说。看来须是帝乙嫁妹时占得此爻。渊。

○ "自邑告命"是倒了。邑是私邑，却倒来命令自家。虽便做得正，人君到此也则羞吝。渊。

○ 且如"城复于隍"，须有这个城底象、隍底象、邑底象。城、隍、邑皆土地，在坤爻中自有此象。渊。

○ 方泰极之时只得自治其邑。程先生说民心离散，自其亲近者而告命之，虽正亦吝。然此时只得如此，虽吝却未至于凶。砥。

否

○ "否之匪人"言没了这人道。渊。

○ "拔茅茹，贞吉亨"，这是吉凶未判时。若能于此改变时，小人便是做君子，君子小人只是个正、不正。初六是那小人欲为恶而未发露之时，到六二"包承"则已是打破头面了，然尚自承顺那君子，未肯十分做小人在，到六三便全做小人了，所以包许多羞耻。大凡小人做了罪恶，他心下也自不稳当，此便是"包羞"之说。渊。

○ "包承"，<u>龟山</u>以"包承小人"为一句，言否之世当包承那小人，如此却不成句。<u>龟山</u>之意，盖欲解洗他从<u>蔡京</u>父子之失也。<u>渊</u>。

○ "包承"也是包得许多承顺底意思。<u>学蒙</u>。

○ "包羞"之说，是有意伤善而未能之意。他六二尚自包承，到这六三，已是要害君子。然做事不得，所以包许多羞耻。<u>渊</u>。

○ "<u>否</u>九四虽是阳爻，犹未离乎否体。只是他阳，可以有为，然须有命方做得。"又曰："'有命'是有个机会方可以做，占者便须是有个筑着磕着时节方做得事成，方无咎。"<u>砥</u>。

○ <u>否</u>九四"有命无咎，畴离祉"，这里是吉凶未判，须是有命方得无咎，故须得一个幸会方能转祸为福。<u>否</u>本是阴长之卦，九五"休否"、上九"倾否"又自大故好，盖阴之与阳自是不可相无者。今以四时寒暑而论，若是无阴阳亦做事不成。但以善恶及君子小人而论，圣人直是要消尽了恶，去尽了小人。盖亦抑阴进阳之义。某于<u>坤卦</u>曾略发此意。今有一样人议论，谓君子小人相对，不可大故地去他，若要尽去他则反激其祸。且如<u>舜</u>、<u>汤</u>举皋陶、<u>伊尹</u>，不仁者远。所谓去小人非必尽灭其类，只是君子道盛、小人自化，虽有些小无状处亦不敢发出来，岂必剿灭之乎！<u>文蔚</u>。<u>僩</u>录止于"略发此意"，<u>学蒙</u>则止于"为福"。

○ 九四则<u>否</u>已过中。上三爻是说君子，言君子有天命而无咎。大抵<u>易</u>为君子谋。且如<u>否</u>内三爻是小人得志时，然不大段会做得事。初则如此，二又如此，三虽做得些个也不济事。到四则圣人便说他那君子得时，否渐次反泰底道理。五之"包桑"，<u>系辞</u>中说得条畅，尽之矣。上九之"倾否"，到这里便倾了否做泰。<u>渊</u>。

○ "九五以阳刚得位,可以休息天下之否,然须常存危亡〔之心〕方有包桑之固。不知圣人于否泰只管说'包'字如何,须是象上如何取其义。今晓他不得,只得说坚固。尝见林谦之与张钦夫讲易林,以为有象。钦夫云:'看孔子说"公用射隼于高墉之上",只是以道理解了,便是无用乎象。'遂著书说此。看来不如此。盖当时人皆识得象,却有未晓得道理处。故圣人不说象,却就上发出道理说,初不是悬空说出道理。凡天下之物须是就实事上说方有着落。"又曰:"圣人分明是见有这象方就上面说出来。今只是晓他底不得,未说得也未要紧,不可说道他无此象。吕大临以'酬爵不举'解'不尽人之欢'。酬爵不举是实事如此,'不尽人之欢'便是就上说出这话来。"砥。

同人

○ "同人于野,亨,利涉大川",是两象(利)〔一〕义。"利(见)君子贞"是一象。渊。

○ "乾行也",言须是这般刚健之人方做得这般事。若是柔弱者,如何会出去外面同人,又去涉险!渊。

○ 易虽抑阴,然有时把阴为主,如同人是也。然此一阴虽是一卦之主,又却柔弱,做主不得。渊。

○ "类族辨物"言类其族、辨其物。且如青底做一类,白底做一类,恁地类了时同底自同,异底自异。渊。

○ 问："'类族辨物'，如伊川说云'各以其类族辨物之同异也'，则是就类族上辨物否?"先生云："'类族'是就人上说，'辨物'是就物上说。天下有不可以皆同之理，故随他头项去分别。'类族'，如分姓氏，张姓同作一类，李姓同作一类。'辨物'，如牛类是一类，马类是一类。就其异处以致，其所以为同也。伊川之说不可晓。"学蒙。

○ 二、五本相同，却为三、四隔了他，以中直也。言其理直而不得伸，所以"先号咷"。渊。

○ 伯丰问："同人皆有争夺之义。"曰："只是争六二阴爻。却六二自与九五相应。三以刚居刚便迷而不返，四以刚居柔便有可反刚底一道理。系辞云'近而不相得则凶'，如初、上则各在事外，不相干涉，所以无争。"銤。

○ 又问"同人于郊"一爻。曰："'同人于野'是广大无我之意，'同人于郊'是无可与同之人也。取义不同，自不相悖。"时举。

大有

○ "大有卦'应乎天而时行'，程说以为应天时而行，何如?"曰："是以时而行。是有可行之时。"砥。

○ "火在天上，大有"，凡有物须是自家照见得，方见得有。若不照见则有无不可知，何名为有？渊。

○ 盖卿问：“'君子以遏恶扬善，顺天休命'，窃以为天之所以命我者，此性之善也。人惟蔽于非心邪念，是以善端之在人心日以湮微。君子傥能遏止非心邪念于未萌，则善端始自发扬，而天之所以命我者始无所不顺。'〔顺〕天休命'，若何？”曰：“天道喜善而恶恶，遏恶而扬善，非'顺天休命'而何？吾友所说却似嫌他说得大，要束小了说。”盖卿。

○ 问大有初九“无交害，匪咎，艰则无咎”。曰：“此爻本最吉，不解有咎，然须说'艰则无咎'。盖易之书大抵教人戒谨恐惧，无有以为易而处之者。虽至易之事亦必以艰难处之，然后无咎也。”㝠。学蒙录同而少异。

○ 古人于“亨”字作“享”、“烹”字通用。如“公用亨于天子”，分明是“享”字。易中解作“亨”字便不是。璗。

谦

○ 谦便能亨，又为“君子有终”之象。渊。

○ “变盈流谦”，扬子云言“山杀瘦，泽增高”，此是说山上之土为水漂流下来，山便瘦，泽便高。渊。

○ “亏盈益谦”是自然之理。渊。

○ 鬼神言“害”言“福”，是有些造化之柄。渊。

○ 又问："谦彖曰'天道亏盈而益谦，地道变盈而流谦，鬼神害盈而福谦'。夫鬼神是造化之迹，既言天地之道又言鬼神，何邪?"曰："天道是就寒暑往来上说，地道是就地形高下上说，鬼神是就祸福上说，各自主一事而言耳。"因云："上古之时民心昧然，不知吉凶之所在，故圣人作易，教之卜筮，使吉则行之，凶则避之，此是开物成务之道。故系辞云'以通天下之志，以定天下之业，以断天下之疑'，正谓此也。初但有占而无文，往往如今之（环）〔杯〕珓相似耳。但如今人因火珠林起课者，但用其爻而不用其辞，则知古者之占往往不待辞而后见吉凶。至文王、周公方作彖爻之辞，使人得此爻者便观此辞之吉凶。至孔子，又恐人不知其所以然，故又复逐爻解之，谓此爻所以吉者谓以中正也，此爻所以凶者谓不当位也，明明言之，使人易晓耳。至如文言之类，却是就上面发明道理，非是圣人作易专为说道理以教人也。须见圣人本意，方可学易。"时举。

○ 鬼神说"害"说"福"。如言"与鬼神合其吉凶"，则鬼神便说个"吉"、"凶"字。渊。

○ 问："'天道福善祸淫'，此理定否?"曰："如何不定? 自是道理当如此。赏善罚恶亦是理当如此，不如此便是失其常理。"又问："或有不如此者，何也?"曰："福善祸淫，其常理也。若不如此，便是天也把捉不定了。"又曰："天莫之为而为，他亦何尝有意? 只是理自是如此。且如冬寒夏热，此是常理当如此，若冬热夏寒，便是失其常理。"又问："失其常者皆人事有以致之耶，抑偶然邪?"曰："也是人事有以致之，也有是偶然如此时。"又曰："大底物事也不会变，如日、月之类。只是小小底物事会变。"如冬寒夏热之类，如冬间大热、六月降雪是也。近年径山尝六七月大雪。僩。

○ 谦之为义，不知天地人鬼何以皆好尚之。盖太极中本无物，若事业功劳又于我何有？观天地生万物而不言所利可见矣。贺孙。

○ “哀多益寡”便是谦，“称物平施”便是“哀多益寡”。渊。

○ 问：“谦卦‘哀多益寡’。看来谦虽是若放低去，实是损高就低使教恰好，不一向低去。”曰：“大抵人多见得在己者高，在人者卑。谦则抑己之高而卑以下人，便是平也。”学蒙。

○ “鸣谦”在六二，又言“贞”者，言谦而有闻须得其正则吉。盖六二以阴处阴，所以戒他要贞，谦而不贞则近于邪佞。上六之鸣却不同，处谦之极而有闻则失谦本意。盖谦本不要人知，况在人之上而有闻乎！此所以“志未得”。渊。

○ “拚谦”，言发扬其谦。盖四是阴位，又在上卦之下、九三之上，所以更当发拚其谦。“不违则”言不违法则。渊。

○ 六四“拚谦”是合如此，不是过分事，故（云）〔某〕解象云“言不为过”。“不违则”是不违法则。砥。

○ 叔重因问：“程易说‘利用侵伐’，盖以六五柔顺谦卑，然君道又当有刚武意，故有‘利用侵伐’之象。然上（九）〔六〕亦言‘利用行师’，如何？”先生曰：“便是此等有不通处。”时举。

○ 用之问：“谦上六云‘鸣谦，利用行师征邑国’，象曰‘志未得也’，如何？”曰：“为其志未得，所以‘行师征邑国’，盖以未尽信从故也。”用之又问：“谦之五、上专说征伐，何意？”曰：“坤为地、为众，凡说国邑征伐处多是因坤。圣人元不曾着意，只是因有此象方说此事。"
文蔚。

○ 问："谦上六'志未得也'。"曰："'志未得'所以行师，亦如六
五之意。"问："谦上六何取象于行师?"曰："坤为众，有坤卦处多言师，
如泰上六'城复于隍，勿用师'之类。坤为土，土为国，故云'征邑国
也'。以此见圣人于易不是硬做，皆是取象，因有这象方就上面说。"砥。

豫

○ "建侯行师"，顺动之大者。立个国君，非举动而何！渊。

○ 刑罚不清，民不服。只为举动不顺了，致得民不服。便是徒配
了他，亦不服。渊。

○ "豫之时义"言豫之时底道理。

○ "雷出地奋"止是象其声而已。"荐上帝，配祖考"，大概言
之。渊。

○ "雷出地奋，豫，先王以作乐崇德，殷荐上帝，以配祖考。"先
王作乐，无处不用，如燕享饭食之时无不用乐，此特言其大者尔。学蒙。

○ 先王作乐，无处不用。然用乐之大者尤在于"荐上帝，配祖
考"也。㣓。

○ 又问"作乐崇德"。曰："先王作乐，其功德便自不可掩也。"时举。

○ 问"豫，先王以作乐崇德"，曰："是自崇其德，如大韶、大武之类否？"曰："是。"砥。

○ 叔重问："豫卦初六与九四为应。九四'由豫，大有得'本亦自好，但初六（持）〔恃〕有强援，不胜其豫，至于自鸣，所以凶否？"先生曰："九四自好，自是初六自不好，怎奈他何？"又问"雷出地奋，豫，先王以作乐崇德"。先生谓："象其声者谓雷，取其义者为和。'崇德'谓著其德，'作乐'所以发扬其德也。"时举。

○ "介于石"言两石相摩击而出火之意。言介然之顷，不待终日，而便见得此道理。渊。

○ "盱豫，悔"言觑着六四之豫便当速悔，迟时便有悔。"盱豫"是句。渊。

○ "盱豫，悔"，迟有悔。从周。

○ "由豫"，犹言"由颐"。渊。

随

○ 伊川说"说而动，动而说"，不是，不当说"说而动"。凡卦皆

从内说出去，盖卦自内生，"动而说"却是。若说"说而动"却是自家说他后他动，不成随了。我动彼说，此之谓随。〔渊。〕

○ 动而说成随，巽而止成蛊。芝。

○ "天下随时"处当从王肃说。渊。

○ 问："随初九'官有渝，贞吉，出门交有功'，官是'主'字之义，是一卦之主。首变得正便吉，不正便凶。"曰："是如此。"又曰："这必是变了。只是要'出门交有功'却是变。"砥。

○ "官有渝"，随之初主有变动，然尚未深。渊。

○ "小子"、"丈夫"，程说是。渊。

○ 元德问"王用亨于岐山"。云："只是'享'字。古文无'享'字，所谓'亨'、'享'、'烹'只是通用。"又曰："'乾，元亨利贞'，屯之'元亨利贞'只一般。圣人借此四字论乾之德，然本非四件事也。"时举。

○ "王用亨于西山"言诚意通神明，神亦随之。如"况于鬼神乎"之意。渊。

蛊

○ 问："蛊是坏乱之象，虽乱极必治，如何便会'元亨'？"曰：

"乱极必治，天道循环自是如此。如五胡乱华以至于隋乱，必有唐太宗者出，又如五季必生太祖，若不如此便无天道了。所以彖只云'蛊元亨而天下治也'。"砥。

○ "先甲"、"后甲"，言先甲之前三日，乃辛也。是时前段事已过中了，是那欲坏之时，便当图后事之端，略略撑住则个。虽终归于弊，且得支吾几时。渊。

○ "皿虫"为"蛊"，言器中盛那虫教他自相并，便是那积蓄到那坏烂底意思。一似汉唐之衰，弄得来到那极弊大坏时，所以言"元亨"，盖极弊则将复兴，故言"元亨"。"巽而止，蛊"，却不是巽而止能治蛊。"巽而止"，所以为蛊。赵德庄说，下面人只务巽，上面人又懒惰不肯向前。上面一向刚，下面一向柔，倒塌了，这便是蛊底道理。渊。

○ 上头底只管刚，下头底只管柔，又只巽顺，事事不向前，安得不蛊！旧闻赵德庄此说。伯丰。

○ 又问："'巽而止，蛊'，莫是遇事巽顺以求其理之所止，而后为治蛊之道？"曰："非也。大抵资质柔巽之人，遇事便不能做事，无奋迅之意，所以事遂至于蛊坏了。蛊只是事之坏了者。"祖道。

○ 先生说："汪圣锡曾言，某人别龟山，往赴召，龟山道之曰：'且缓下手，莫去拆倒人屋子。'"因言："龟山解蛊卦，以'巽而止'为治蛊之道，所以有此说。大凡看易须先看成卦之义。'险而健'则成讼，'巽而止'则成蛊。蛊，艮上而巽下。艮刚居上，巽柔居下，上高亢而不下交，下卑巽而不能救，此所以蛊坏也。'巽而止'只是巽顺便止了，便无所施为，如何治蛊？'蛊元亨而天下治'，须是大善以亨，方能治蛊也。"德明。

○　"刚上而柔下，巽而止，蛊"，此是言致蛊之由，非治蛊之道。龟山之说非是。又尝见〔龟山在朝与陈几叟书，及有一人赴召，请教于龟山，〕龟山云："不要拆坏人屋子。"皆是此意思。及胡文定论时政，说得便自精神索性。尧夫诗云："安得淳厚又秀慧，与之共话天下事。"伯丰。

○　问："蛊卦初九'干父之蛊'，程传云：'初居内而在下，故取子干父蛊之象。'本义云：'蛊者，前人已坏之事，故诸爻皆以子干父蛊为言。'柄窃（调）〔谓〕若如此说，惟初爻为可通，若他爻则说不行矣。本义之说则诸爻皆可通也。"先生曰："是如此。"柄。

○　"蛊元亨而天下治"，言蛊之时如此，必须是大善亨通，而后天下治。渊。

○　"干母之蛊"，伊川说得是。渊。

○　"不事王侯"，无位之地如何出得来？更干个甚么？渊。

○　问："蛊上九传'知止足之道，退而自保者'，与'量能度分，安于不求知者'，何以分别？"曰："'知止足'是能做底，'量能度分'是不能做底。"淳。

临

○　问："临卦'临'字，不特是上临下之谓临，凡进而逼近者皆谓之临否?"先生云:"然。此是二阳自下而进上,则知凡相逼近者皆为临也。"学蒙。

○ "刚浸而长"以下三句解"临"字。"大亨以正"便是"天之道也",解"亨"字,亦是惟其如此,所以如此。须用说"八月有凶"者,盖要反那二阳。二阳在下,四、五皆以正应临之。上无所临,却还去临那二阳。三近二阳,也去临他。如小人在上位,却把甘言好语临在下之君子。"至临"言其相临之切,"敦临"有敦厚之意。渊。

○ 问:"临初九以刚居正,九二以刚居中,六四、六五以柔顺临下,故有相感应之道,所以谓之'咸临'否?"曰:"是。"又问:"六四以阴居正,柔顺临下,又有正应,临之极善,故谓之'至临'。"曰:"'至临无咎'未是极好。只是与初相临得切至,故谓之'至'。上(九)〔六〕'敦临'自是积累至极处,有敦笃之义。艮上九亦谓之'敦艮'。复上六爻不好了,所以只于五爻谓之'敦复'。居临之时,二阳得时上进,阴不敢与之争而志与之应。所谓'在内'者非谓正应,只是卦内与二阳应也。"又曰:"此便是好卦,不独说道理,自是好读。所谓'卦有小大,辞有险易',此便是大底卦。"砥。

观

○ 盥非灌之义。盥本谓荐而不荐,是欲蓄其诚意以观示民,使民观感而化之义。"有孚颙若"便是那下观而化,却不是说人君身上事。"圣人以神道设教"是圣人不犯手做底,即是"盥而不荐"之义。"顺而巽,中正以观天下",谓以此观示之也。渊。

○ 问："观'盥而不荐'，是取未荐之时诚意浑全而未散否？"先生云："祭祀无不荐者，此是假设来说。'荐'是用事了，'盥'是未用事之初。云'不荐'者，言常持得这诚敬，如盥之意常在。若荐则是用出，用出则才毕便过了，无复有初意矣。诗云'心乎爱矣，遐不谓矣。中心藏之，何日忘之'，楚词云'（爱君子）〔思公子〕兮不敢言'，正是此意。说出这爱了则都无事可把持矣。惟其不说，但藏在中心，所以常见其不忘也。"学蒙。

○ 用之问："观'盥而不荐'，伊川以为灌鬯之初诚敬犹存，至荐羞之后精意懈怠。本义以为'致其洁清而不轻自用'。其义不同。"曰："盥只是浣手，不是灌鬯，伊川承先儒之误。若云荐羞之后诚意懈怠，则先王祭祀只是灌鬯之初犹有诚意，及荐羞之后皆不成礼矣。"问："若尔，则是圣人在上，视听言动皆当为天下法而不敢轻，亦犹祭祀之时致其洁清而不敢轻用否？"曰："然。"问："'有孚颙若'，先生以为孚信在中而尊严，故下观而化之。伊川以为天下之人孚信颙然而仰之，恐须是孚信尊严方得下观而化。"曰："然。"又问观、观之义。曰："自上示下曰'观'，去声。自下观上曰'观'。平声。故卦名之'观'去声，而六爻之'观'皆平声。"问"观我生"、"观其生"之别。曰："我者，彼我对待之言，是以彼观此。'观其生'是以此自观。六三之'观我生进退'者，事君则观其言听计从，治民则观其政教可行、膏泽可下，可以见自家所施之当否而为进退。九五之'观我生'，如观风俗之媺恶、臣民之从违，可以见自家所施之善恶。上九之'观其生'则是就自家视听言动、应事接物处自观。九五、上九'君子无咎'，盖为君子有刚阳之德故无咎，小人无此德，自当不得此爻。如初六'童观'，小人之道也，君子则吝，小人自是如此，故无咎。此二爻，君子、小人正相对说。"僩。

○ "观天之神道"只是自然运行底道理，四时自然不忒。"圣人神道"亦是说他有教人自然观感处。渊。

○ 又问"观卦阴盛，而不言凶咎"。曰："此卦取义不同。盖阴虽盛于下，而九五之君乃当正位，故只取为观于下之义，而不取阴盛之象也。"时举。

○ 又问："观六爻，一爻胜似一爻，岂所据之位愈高，则所见愈大邪?"先生云："上二爻意自别。下四爻是所据之位愈近则所见愈亲底意思。"学蒙。

○ "观我生"如月受日光，"观其生"只是日光。砥。

○ "观我"是自观，如"视履考祥"底语势。"观其"亦是自观，却从别人说。易中"其"字不说别人，只是自家，如"乘其墉"之类。渊。

朱子语类卷第七十一

易七

噬嗑

○ 彖辞中"刚柔分"以下都掉了"颐中有物"，只说"利用狱"。爻亦各自取义，不说噬嗑颐中之物。渊。

○ 张元德问："易中言'刚柔分'两处。一是噬嗑，一是节。此颇难解。"先生曰："据某所见，只是一卦三阴三阳谓之'刚柔分'。"〔淦录云："分，犹均也。'刚柔分'，语意与'日夜分'同。"〕曰："易中三阴三阳卦多，独于此言之，何也?"曰："偶于此言之，其他卦别有义。"又问："复卦'刚反'当作一句否?"曰："然。此二字是解'复亨'，下云'动而以顺行'是解'出入无疾'以下。大抵彖辞解得易极分明，子细寻索，尽有条理。"时举。按，自"又问"以下沈倜录同。

○ "'雷电噬嗑'与雷电丰似一同。"先生云："噬嗑明在上，动在下，是明得事理，先立这法在此，未有犯底人，留待异时而用，故云'明罚敕法'。丰威在上，明在下，是用这法时，须是明见下情曲折方得，不然威动于上，必有过错也，故云'折狱致刑'。此是伊川之意，其说极好。"学蒙。

○ "噬肤灭鼻。"肤，腹腴拖泥处；灭，浸没也。谓因噬肤而没其鼻于器中也。"噬干肺，得金矢"，<u>荆公</u>已尝引<u>周礼</u>"钧金"之说。按，"噬肤灭鼻"之说与<u>本义</u>不同。<u>僩</u>。

○ 问："噬嗑九四'利艰贞'、六五'贞厉'，皆有艰难贞固危惧之意，故皆为戒占者之辞。"先生曰："亦是爻中元自有此道理。大抵才是治人，彼必为敌，不是易事。故虽时、位、卦德得用刑之宜，亦须以艰难贞固处之。至于六三'噬腊肉遇毒'，则是所噬者坚韧难合。六三以阴柔不中正而遇此，所以遇毒而小吝。然此亦是合当治者，但难治耳。治之虽小吝，终无咎也。"<u>铢</u>。

○ 问："噬嗑'得金矢'，不知古人狱讼要钧金束矢之意如何？"先生云："这不见得。想是词讼时便令他纳此，教他无切要之事，不敢妄来。"又问云："如此则不问曲直，一例出此，则实有冤枉者亦惧而不敢诉矣。"先生云："这个须是大切要底事，古人如平常事又别有所在。"如剂石之类。<u>学蒙</u>。

贲

○ <u>伊川</u>说"乾坤变为六子"，非是。卦不是逐一卦画了旋变去，这话难说。<u>伊川</u>说两仪四象自不分明。卦不是旋取象了方画，须是都画了这卦，方只就已成底卦上面取象，所以有刚柔、来往、上下。<u>渊</u>。

○ 贲彖辞，先儒云："'天文也'上有'刚柔相错'四字。"恐有之方与下文相似，且得分晓。<u>砥</u>。

○ 贲卦"天文也"之上，先儒多言脱"刚柔交错"四字，看来合有四字。僩。

○ 问："诸卦象皆顺说，独'雷电噬嗑'倒说，何耶？"曰："先儒皆以为倒写二字。二字相似，疑是如此。"僩。

○ "'山下有火，贲'，离下艮上。内明外止。虽然内明，是个止杀底明，所以不敢用其明以折狱。此与'山上有火，旅。君子以明慎用刑而不留狱'正相似而相反，贲内明外止，旅外明内止，艮下离上。其象不同如此。"僩问："苟明见其情罪之是非，亦何难于折狱？"曰："是他自有个象如此，遇着此象底便用如此。然狱亦自有十三八棒便了底，亦有须待囚讯鞠勘、录问结证而后了底。书曰：'要囚，服念五六日，至于旬时，丕蔽要囚。'周礼秋官亦有此数句，便是有合如此者。若狱未（是）〔具〕而决之，是所谓'敢折狱'也；若狱已具而留之不决，是所谓'留狱'也。'不留狱'者，谓囚讯结证已毕而即决之也。"僩。

○ 问："'山下有火，贲。君子以明庶政，无敢折狱。'本义云，明庶政是明之小者，无折狱是明之大者，此专是就象取义。伊川说此则又就贲饰上说。不知二说可相备否？"先生曰："明庶政是就离上说，无折狱是就艮上说。离明在内，艮止在外，则是事之小者可以用明。折狱是大事，一折便了，有止之义。明在内不能及他，故止而不敢折也。大凡就象中说则意味长。若悬空说道理，虽说得去亦不甚亲切也。"学蒙。

○ 问"贲，君子以明庶政，无敢折狱"。曰："此与旅卦都说刑狱事，但争艮与离之在内外，故其说相反。止在外，明在内，故明政而不敢折狱；止在内，明在外，故明谨用刑而不敢留狱。"又曰："□而言之，如今州郡治狱，禁勘审覆自有许多节次，过乎此而不决便是留狱，不及乎此而决便是敢于折狱。尚书'要囚''至于旬时',他须有许多时日。〔此〕一段与周礼秋官同意。"砥。

○ 贲六四"白马翰如"言此爻无所贲饰,其马亦白也,言无饰之象如此。学蒙。

○ "贲于丘园"是个务实底。"束帛戋戋"是贲得不甚大,所以说"吝"。两句是两意。渊。

○ 问:"贲六五'贲于丘园'是在艮体,故安止于丘园而不复有外贲之象。"曰:"虽是止体,亦是上比于九渐渐到极处,若一向贲饰去亦自不好,须是收敛方得。"问:"敦本务实,莫是反朴还淳之义?"曰:"贲取贲饰之义,他今却来贲田园为农圃之事。当贲之时若是鄙吝,然约终得吉,吉则有喜,故象云'有喜'也。"砥。

○ 问"贲于丘园,束帛戋戋,吝,终吉"。曰:"当贲饰华盛之时而安于丘园朴陋之事,其道虽可吝,而终则有吉也。"问:"'六五之吉'何以有喜?"曰:"终吉所以有喜。"又问"白贲无咎"。曰:"贲饰之事太盛则有咎。所以处太盛之终则归于白贲,势当然也。"僴。

○ 先生曰:"'贲于丘园,束帛戋戋'是个务农尚俭。'戋戋'是狭小不足之意,以义考之,从'水'则为'浅',从'贝'则为'贱',从'金'则为钱。如所谓'束帛戋戋',六五居尊位却如此敦本尚俭,便似吝啬,如卫文公、汉文帝。虽是吝,却终吉,此在贲卦有反本之义。到上九便'白贲',和束帛之类都没了。"銍。

○ 问"贲于丘园,束帛戋戋"。曰:"此两句只是当来卦辞,非主事而言。看如何用，皆是这个道理。"或曰："'贲于丘园'，安定作'敦本'说。"答曰："某之意正要如此说。"或以"戋戋"为盛多之貌。先生曰："非也。'戋戋'者，浅小之义。凡'浅'字、'笺'字，皆从'戋'字。"或问："浅小是俭之义否?"曰："然。所以下文云'吝，终吉'。吝者虽不好看，然终却吉。"人杰。按，周谟、沈僩录同。

○ "贲于丘园"者，是务农尚本之义。学蒙。

○ 问："伊川解'贲于丘园'指上九而言，看来似好。盖贲三阴皆受贲于阳，不应此又独异而作敦本务实说也。"先生云："如何丘园便能贲人?'束帛戋戋'，他解作裁剪之象，尤艰曲，说不出。这八字只平白在这里，若如所说则曲折多、意思远。旧说指上九作高尚隐于丘园之贤，而用束帛之礼聘召之。若不用某说则说又近。他将丘园作上九之象，'束帛戋戋'作裁剪纷裂之象，则与象意大故相远也。"学蒙。

○ 贲卦，伊川此卦传大有牵强处。"束帛"解作"剪裁"，恐无此理。且如今将"束帛"示人□□，人决不思量从剪裁上去。义刚。

○ "白贲无咎"，据"刚上文柔"是不当说自然，而卦之取象不恁地拘，各自说一义。渊。

剥

○ 问："'上以厚下安宅'，'安宅'者，安于礼义而不迁否?"曰：

"非也。厚下者乃所以安宅。如山附于地,惟其地厚,所以山安其居而不摇。人君厚下以得民,则其位亦安而不摇,犹所谓'本固邦宁'也。"僩。

○ 问:"剥之初与二'蔑贞凶',是以阴蔑阳,以小人蔑君子之正道,凶之象也。不知只是阳与君子当之则凶为复,阴与小人亦自为凶?"曰:"自古小人灭害君子终亦有凶,但此爻象只是说阳与君子之凶也。"砥。

○ 或问:"剥卦上九云'硕果不食',伊川谓'阳无可尽之理,剥于上则生于下,无间可容息也'。剥于上则生于下,乃剥复相因之理。毕竟须经由坤,坤卦纯阴无阳,如此阳有断灭也,何以能生于复?"曰:"凡阴阳之生,一爻当一月,须是满三十日方满得那腔子,做得一画成。今坤卦非是无阳,阳始生甚微,未满那腔子,做一画未成,非是坤卦纯阴便无阳也。然此亦不是甚深奥事,但伊川当时解不曾分明道与人,故令人做一件大事看。"文蔚。

○ "小人剥庐",是说阴到这里时把他这些阳都剥了。此是自剥其庐舍,无安身己处。众小人托这一君子为庇覆,若更剥了,是自剥其庐舍,便不成剥了。渊。

复

○ 问:"剥一阳尽而为坤,程云'阳未尝尽也'。"先生云:"剥之一阳未尽时不曾生,才尽于上,这些子便生于下了。"卓。

○　问："一阳复于下，是前日既退之阳已消尽而今别生否？"曰："前日既退之阳已消尽，此又是别生。伊川谓'阳无可尽之理，剥于上则生于下，无间可容息'，说得甚精。且以卦配月，则剥九月，坤十月，复十一月。剥一阳尚存，复一阳已生。坤纯阴，阳气阙了三十日，安得谓之无尽？"曰："恐是一月三十日，虽到二十九日，阳亦未尽否？"曰："只有一夜亦是尽，安得谓之无尽？尝细考之，这一阳不是忽地生出。才交立冬便萌芽，下面有些气象了。上面剥一分，下面便萌芽一分；上面剥二分，下面便萌芽二分；三日便三分；四日便四分。积累到那复处方成一阳。坤初六便是阳已萌了。"淳。

○　贺孙问伊川所说剥卦。曰："公说关要处未甚分明。他上才消下便生。且如复卦是一阳有三十分，他便从三十日头逐分累起，到得交十一月冬至，他一爻已成。消时也如此。只伊川说欠得几句说渐消渐长之意。"直卿问："'冬至子之半'，如何是一阳方生？"贺孙云："'冬至子之半'是已生成一阳，不是一阳方生。"先生曰："冬至方是结算那一阳，冬至以后又渐生二阳，过一月却成临卦。坤卦之下，初阳已生矣。"贺孙。

○　"为嫌于无阳也"，自观至剥，三十日剥方尽。自剥至坤，三十日方成坤。三十日阳渐长，至冬至方是一阳，第二阳方从此生。阴剥，每日剥三十分之一，一月方剥得尽；阳长，每日长三十分之一，一月方长得成一阳。阴剥时一日十二刻，亦每刻中渐渐剥，全一日方剥得三十分之一。阳长之渐亦如此长。直卿举"冬至子之半"。先生曰："正是及子之半方成一阳，子之半后第二阳方生。阳无可尽之理，这个才剥尽，阳当下便生，不曾断续。伊川说这处未分晓，似欠两句在中间，方说得阴剥阳生不相离处。"虞复之云："恰以月弦望便见阴剥阳生，逐旋如此。阴不会一上剥，阳不会一上长也。"寓。

○ 问:"十月何以为阳月?"先生因反诘诸生,令思之。云:"程先生于易传虽发其端,然终说得不透彻。"诸生以所见答,皆不合,复请问其旨。先生云:"剥尽为坤,复则一阳生也。复之一阳不是顿然便生,乃是自坤卦中积来。且一月三十日,以复之一阳分作三十分,从小雪后便一日生一分。上面趱得一分,下面便生一分,到十一月半一阳始成也。以此便见得天地无休息处。"时举。

○ "上九一画分为三十分,一日剥一分,至九月尽方尽。然剥于上则生于下,无间可息。至十月初一日便生一分,积三十分而成一画,但其始未著耳。至十一月则此画已成,此所谓'阳未尝尽'也。"道夫问:"阴亦然。今以夬、乾、姤推之,亦可见矣。但所谓'圣人不言'者何如?"曰:"前日刘履之说蔡季通以为不然,某以为分明是如此。但圣人所以不言者,这便是一个参赞裁成之道。盖抑阴而进阳,长善而消恶,用君子而退小人,这便可见此理自是恁地。虽尧舜之世,岂无小人?但有圣人压在上面,不容他出而有为耳,岂能使之无邪!"刘履之曰:"蔡季通尝言:'阴不可以抗阳,犹地之不足以配天,此固然之理也。而伊川乃谓"阴亦然,圣人不言耳"。元定不敢以为然也。'"道夫。

○ 义刚曰:"十月为阳月,不应一月无阳。一阳是生于此月但未成体耳。"先生曰:"九月阴极则下已阳生。谓如六"六"字恐误。阳成六段,而一段又分为三十小段,从十月积起至冬至,即成一爻。不成一阳是陡顿生,亦须以分毫积起。且天运流行本无一息间断,岂解一月无阳!且如木之黄落时萌芽已生了。不特如此,木之冬青者必先萌芽而后旧叶方落。若论变时,天地无时不变。如楞严经第二卷首段所载,非惟一岁有变,月亦有之;非惟月有变,日亦有之;非惟日有变,时亦有之。但人不知耳。此说亦是。"义刚。

○ 叶味道举十月无阳。曰："十月是坤卦，皆纯阴。自交过十月节气固是纯阴，然潜阳在地下已旋生起来了。且以一月分作三十分，细以时分之是三百六十分。阳生时处逐分旋生，生到十一月冬至方生得就一画阳。这一画是卦中六分之一，余在地下。二画又较在上面则个，至三阳则全在地上矣。（不解）四阳、五阳、六阳则又层层在上面去，不解到冬至时便顿然生得一画，所以庄子之徒说道'造化密移，畴觉之哉'。"又曰："一气不顿〔进，一形不顿〕亏，盖见此理。阴〔阳〕消长亦然。如包胎时十月具方成个儿子。"植。

○ "且阳无骤生之理，如冬至前（十）〔半〕月中气是小雪，阳已生三十分之一分。到得冬至前几日，须已生到二十七八分，到至日方始成一画。不是昨日全无，今日一旦便都复了，大抵剥尽处便生。庄子云'造化密移，畴觉之哉'，这语自说得好。又如列子亦谓'运转无已，天地密移，畴觉之哉'。凡'一气不顿进，一形不顿亏'，亦不觉其成，不觉其亏。盖阴阳浸消浸盛，人之一身自少至老，亦莫不然。"贺孙。

○ 问："先生前日说十月为阳月，举庄子所谓'一气不顿进，一形不顿亏'。'顿进'莫是阳渐生，'顿亏'莫是阳渐消否？"先生曰："是。"又问："阴阳之气皆然？"先生曰："是。"植。

○ 问："坤为十月。阳气剥于上必生于下，则此十月阳气已生，但微而未成体，至十一月一阳之体方具否？"先生曰："然。"又云："凡物变之渐，不惟月变日变，而时亦有变，但人不觉尔。十一月不能顿成一阳之体，须是十月生起。一卦六画，一画分作三十分。九月已剥了，从十月初一便从下画生起，一日生一分，三十日遂成一画。"学蒙。

○ 问："十月是坤卦，阳已尽乎？"答曰："阴阳皆不尽。至此则微微一线路过，因而复发耳。"<u>大雅</u>。

○ "七日"只取七义，犹"八月有凶"只取八义。<u>渊</u>。

○ 问："复'一阳动于下'而云'朋来无咎'，何也?"曰："方一阳生，未有朋类。必竟是阳长，将次并进，以其为君子之道，故亨通而无咎也。"<u>砥</u>。

○ 又问："复卦'刚反'当作一句?"先生曰："然。此二字是解'复亨'。下云'动而以顺行'是解'出入无疾'以下。大抵彖辞解得<u>易</u>极分明，子细寻索，尽有条理。"<u>学蒙</u>。

○ 问"朋来无咎"。曰："复卦一阳方生，疑若未有朋也。然阳有刚长之道，自一阳始生而渐长以至于极，则有朋来之道而无咎也。'反复其道，七日来复，天行也'，消长之道自然如此，故曰'天行'。处阴之极，乱者复治，往者复还，凶者复吉，危者复安，天地自然之运也。"问"六二'休复之吉，以下仁也'"。曰："初爻为仁人之体，六二爻能下之，谓附下于仁者。学莫便于近乎仁，既得仁者而亲之，资其善以自益，则力不劳而学美矣，故曰'休复吉'。上六'迷复，凶，有灾眚，用行师，终有大败，以其国君凶，至于十年不克征'，这是个极不好底爻，故其终如此。凡言'十年'、'三年'、'五年'、'七月'、'八月'、'三月'者，想是象数中自有个数如此，故圣人取而言之。'至于十年不克征'、'十年勿用'，则其凶甚矣。"<u>僩</u>。

○ 问："'复其见天地之心'，生理初未尝息，但到坤时藏伏在此，至复乃见其动之端否?"曰："不是如此。这个只是就阴阳动静、阖辟消长处而言。如一堆火，自其初发，以至渐渐发过，消尽为灰。其消之未尽处固天地之心也，然那消尽底亦天地之心也。但那个不如那新生底鲜好，故指那接头再生者言之，则可以见天地之心亲切。如云'利贞者性情也'，一元之气，亨通发散，品物流形，天地之心尽发见在品物上，但丛杂难看。及到利贞时，万物悉已收敛，那时只有个天地之心，丹青著见，故云'利贞者性情也'，正与'复其见天地之心'相似。康节云'一阳初动处，万物未生时'，盖万物生时此心非不见也，但天地之心悉已布散丛杂，无非此理呈露，倒多了，难见。若会看者能于此观之，则所见无非天地之心矣。惟是复时万物皆未生，只有一个天地之心昭然著见在这里，所以易看也。"偀。

○ 问"复见天地之心"。先生云："天地所以运行不息者做个甚事？只是生物而已。物生于春，长于夏，至秋万物咸遂，如收敛结实，是渐欲离其本之时也。及其成则物之成实者各具生理，所谓'硕果不食'是已。具生理者，固各继其生，而物之归根复命犹自若也。如说天地以生物为心，斯可见矣。"又问："既言'心性'，则'天命之谓性'，'命'字有'心'底意思否？"曰："然。流行运用是心。"人杰。

○ 天地之心未尝无，但静则人不得而见尔。道夫。

○ "天地生物之心未尝须臾停，然当气候肃杀、草木摇落之时，此心何以见？"曰："天地此心常在，只是人看不见，故必到复而后始可见。"偀。

○ 寓问："复卦，程子言：'先儒皆以静为见天地之心，不知动之端乃天地之心。'动处如何见得？"曰："这处便见得阳气发生，其端已兆于此。春了又冬，冬了又春，都从这里发去。事物间亦可见，只是这里见得较亲切。"郑兄举王辅嗣说"寂然至无，乃见天地心"。曰："他说'无'是胡说。若静处说无，不知下面一画作甚么？"寓问："动见天地之心，固是。不知在人可以主静言之否？"曰："不必如此看。这处在天地则为阴阳，在人则为善恶。'有不善未尝不知，知之未尝复行'，不善处便是阴，善处便属阳。上五阴下一阳，是当沉迷蔽固之时，忽然一夕省觉，便是阳动处。<u>齐宣王</u>'兴甲兵，危士臣，构怨于诸侯'，可谓极矣，及其不忍觳觫，即见善端之萌，肯从这里做去，三王事业何患不到！"<u>寓</u>。

○ <u>居甫</u>问"复其见天地之心"。曰："复未见造化，而造化之心于此可见。"某问："静亦是心，而心未见？"曰："固是，但又须静中含动意始得。"曰："<u>王弼</u>说此似把静作无。"曰："渠是添一重说话，下自是一阳，如何说无？上五阴亦不可说无，说无便死了。无复生成之意，如何见其心？且在人身上，一阳善也，五阴恶也；一阳君子也，五阴小人也。只是'有一善未尝不知，知之未尝复行'。且看一阳对五阴，是恶五而善一。才复则本性复明，非天心而何！"<u>可学</u>。

○ 问："复以动见天地之心，而主静观复者又何谓？"曰："复固是动，主静是所以养其动，动只是这静所养底。一阳动便是纯坤月养来。"曰："此是养之于未动之前否？"曰："此不可分前后，但今日所积底便为明日之动，前日所积底便为后日之动，只管恁地去。'观复'是<u>老氏</u>语，儒家不说。<u>老氏</u>爱说动静。'万物并作，吾以观其复'，谓万物有归根时，吾只观他复处。"<u>淳</u>。

○ 问："<u>程子</u>以'动之端'为天地之心。动乃心之发处，何故云'天地之心'？"曰："此须就卦上看。上坤下震，坤是静，震是动。十月纯坤，当贞之时，万物收敛，寂无踪迹，到此一阳复生便是动。然不直下'动'字却云'动之端'，端又从此起。虽动而物未生，未到大段动处。凡发生万物却是从这里起，岂不是天地之心！<u>邵尧夫</u>诗云：'冬至子之半，大雪，子之初气。冬至，子之中气。天心无改移。一阳初动处，万物未生时。玄酒味方淡，大音声正希。此言如不信，更请问<u>包羲</u>。'可谓振古豪杰！"淳。

○ <u>道夫</u>问"冬至子之半"。曰："<u>康节</u>此诗最好，某于<u>复卦本义</u>亦载此诗。盖立冬是十月初，小雪是十月中，大雪十一月初，冬至十一月中，小寒十二月初，大寒十二月中。'冬至子之半'即十一月之半也。人言夜半子时冬至，盖夜半以前一半已属子时，今推五行者多不知之。然数每从这处起，略不差移，此所以为天心。然当是时一阳方动，万物未生，未有声臭气味之可闻可见，所谓'玄酒味方淡，大音声正希'。"道〔夫〕。

○ <u>汉卿</u>问"一阳初动处，万物未生时"。曰："此在贞、元之间，才见孺子入井，未做出恻隐之心时节。"因言："<u>康节</u>之学不似<u>濂溪</u>、<u>二程</u>。<u>康节</u>爱说个循环底道理，不似<u>濂溪</u>与<u>二程</u>说得活。如'无极而太极，太极本无极'、'体用一源，显微无间'，<u>康节</u>无此说。"方子。

○ <u>汉卿</u>问："'一阳初动处，万物未生时'，以人心观之，便是善恶之端，感物而动处。"曰："此是欲动未动之间，如怵惕恻隐于赤子入井之初，方怵惕恻隐而未成怵惕恻隐之时。故上云'冬至子之半'，是<u>康节</u>常要就中间说。'子之半'则是未成子，方离于亥而为子方四五分。是他常要如此说，常要说阴阳之间、动静之间，便与<u>周濂溪</u>、<u>程先生</u>不同。周、程只是'五行一阴阳也，阴阳一太极也，太极本无极也'，只是体用动静，互换无极。<u>康节</u>便只要说循环，便须指消息动静之间，便有方了，不似二先生。"学蒙。

○ 天地之心，动后方见；圣人之心，应事接物方见。"出入"、"朋来"只做人说，觉不捞攘。渊。按，甘节录止"接物方见"。

○ 论"复见天地之心"。"程子曰'圣人无复，故未尝见其心'，且尧、舜、孔子之心千古常在，圣人之心周流运行，何往而不可见？若言天地之心，如春生发育，犹是显著。此独曰'圣人无复，未尝见其心'者，只为是说复卦。系辞曰'复小而辨于物'，盖复卦是一阳方生于群阴之下，如幽暗中一点白，便是"小而辨"也。圣人赞易而曰'复见天地之心'。今人多言惟是复卦可以见天地之心，非也。六十四卦无非天地之心，但于复卦忽见一阳之复，故即此而赞之尔。论此者当知有动静之心，有善恶之心，各随事而看。今人乍见孺子〔将入于井，因发动而见其恻隐之心；未有孺子〕将入井之时，此心未动，只静而已。众人物欲昏蔽便是恶底心，及其复也，然后本然之善心可见。圣人之心纯于善而已，所以谓'未尝见其心'者，只是言不见其有昏蔽忽明之心，如所谓幽暗中一点白者而已。但此等语说话只就此一路看去，才转入别处便不分明，也不可不知。"谟。

○ 举"圣人无复，故不见其心"一节，语学者曰："圣人天地心无时不见。此是圣人因赞易而言一阳来复，于此见天地之心尤切，正是大黑暗中有一点明。"可学。

○ 国秀问："旧见蔡元思说先生说复卦处：'静极而动，圣人之复；恶极而善，常人之复。'是否？"曰："固是。但林无三字。常人也有林无"也有"字，作"亦"字。静极而动底时节，林无"时节"字。圣人则不复有恶极而善之复矣。林无"之复矣"字，作"尔"字。"僩。按，林学蒙录同而略。

○ 上云"见天地之心"以动静言也，下云"未尝见圣人之心"以善恶言也。道夫。

○ 复虽一阳生，然而与众阴不相乱。如人之善端方萌，虽小而为众恶所遏底意思。学蒙。

○ 问："'一阳复'，在人言之只是善端萌处否？"曰："以善言之，是善端方萌处。以恶言之，昏迷中有悔悟向善意便是复。如睡到忽然醒觉处亦是复气象。又如人之沉滞，道不得行，到极处，忽小亨，道虽未大行，已有可行之兆，亦是复。这道理千变万化，随所在无不浑沦。"淳。

○ 敬子问："今寂然至静在此，若一念之动，此便是复否？"曰："怎地说不尽。复有两样，有善恶之复，有动静之复，两样复自不相须，须各看得分晓。终日营营，与万物并驰，忽然有恻隐、是非、羞恶之心发见，此善恶为阴阳也。若寂然至静之中有一念之动，此动静为阴阳也。二者各不同，须推教子细。"僩。

○ "伊川与濂溪说这'复'字亦差不同。"用之云："濂溪说得'复'字就归处说，伊川就动处说，所以不同？"曰："然。濂溪就坤上说，就回来处说。如云'利贞者诚之复'，'诚心，复其不善之动而已矣'，皆是就归来处说。伊川却正就动处说。如'元亨利贞'，濂溪就'利贞'上说'复'字，伊川就'元'字头说'复'字，以周易〔卦〕爻之义推之，则伊川之说为正。然濂溪、伊川之说，道理只一般，非有所异，只是所指地头不同。以复卦言之，下面一画便是动处。伊川云'下面一爻，正是动，如何说静得？雷在地中，复'云云。看来伊川说得较好。王弼之说与濂溪同。"僩。

○ 问："'阳始生甚微，安静而后能长'，故复之象曰'先王以至日闭关'。人于迷途之复，其善端之萌亦甚微，故须庄敬持养，然后能大。不然，复亡之矣。"曰："然。"又曰："古人所以四十强而仕者，前面许多年亦且养其善端。若一下便出来与事物衮了，岂不坏事！"贺孙。

○ 董铢问："复卦'先王以至日闭关'，程传谓阳之始生至微，当安静以养之，恐是十月纯坤之卦，阳已养于至静之中，至是方成体尔。"先生曰："非也。养于既复之后。"又问"复见天地之心"。先生曰："要说得'见'字亲切，盖此时天地之间无物可见天地之心，只有一阳初生，净净洁洁，见得天地之心在此。若见三阳发生万物之后，则天地之心散在万物，则不能见得如此端的。"雄。

○ 问："'不远复，无祗悔'，'祗'字何训?"曰："书中'祗'字，只有这'祗'字使得来别。看来只得解做'至'字。又有训'多'为'祗'者，如'多见其不知量也'，'多，祗也'。'祗'与'只'同。"佃。

○ 问："上六'迷复'至于'十年不克征'，何如?"曰："过而能改则亦可以进善，迷而不复自是无说，所以无往而不凶。凡言'十年'、'三岁'，皆是有个象方说。若三岁犹是有个期限，到十年便是无说了。"砥。

无妄

○ "无妄"本是"无望"。这是没理会时节，忽然如此得来面前，朱英所谓"无望之福"是也。桑树中箭，柳树汁出。渊。

○ "往"字说得不同。渊。

○ 因论易传无妄"虽无邪心，苟不合正理则妄也，乃邪心也"，或以"子路使门人为臣"事为证。先生曰："如鬻拳强谏之类是也。"或云："王荆公亦然。"曰："温公忠厚，故称荆公'无奸邪，只不晓事'。看来荆公亦有邪夹杂，他却将周礼来卖弄，有利底事便行之。意欲富国强兵然后行礼义，不知未富强，人才风俗已先坏了。向见何一之有一小论，称荆公所以（辨）〔办〕得尽行许多事，缘李文靖为相日，四方言利害者尽皆报罢，积得许多弊事，所以激得荆公出来一齐要整顿过。荆公此意便是庆历范文正公诸人要做事底规模。然范文正公等行得尊重，其人才亦忠厚。荆公所用之人一切相反。"僩。

○ 伊川谓"虽无邪心，苟不合正理，即妄也"，如杨、墨何尝有邪心？只是不合正理。淳。按，郑可学录"杨墨"下止有"便是"二字。

○ "刚自外来"说卦变，"动而健"说卦德，"刚中而应"说卦体，"大亨以正"说"元亨利贞"。自文王以来说做希望之"望"。这事只得倚阁在这里，难为断杀他。渊。

○ 伊川易传似不是本意。"刚自外来"是所以做造无妄，"动而健"是有卦后说底。渊。

○ 或说无妄卦。曰："卦中未便有许多道理。圣人只是说有许多爻象如此，占着此爻则有此象。无妄是个不指望、偶然底卦，忽然而有福，忽然而有祸。如人方病，忽忽药而愈，是所谓'无妄'也。据诸爻名义合作'无望'，不知孔子何故说归'无妄'。人之卜筮如决杯珓，如此则吉，如此则凶，杯珓又何尝有许多道理！如程子之说，说得道理尽好，尽开阔。只是不如此，未有许多道理在。"又曰："无妄一卦虽云祸福之来也无常，然自家所守者不可不利于正。不可以彼之无常，而吾之所守亦为之无常也，故曰'无妄，元亨利贞，其匪正，有眚'。若所守匪正则有眚矣。眚即灾也。"问："伊川言'灾自外来，眚自内作'，是否？"曰："看来只一般，微有不同耳。灾是偶然生于彼者，眚是过误致然。书曰'眚灾肆赦'，春秋曰'肆大眚'，皆以其过误而赦之也。"倜。

○ "不耕获"一句，伊川作三意说：不耕而获、耕而不获、耕而必获。看来只是也不耕也不获，只见成领会他物事。渊。

○ 问"无妄六三'不耕获，不菑畬'，伊川说爻辞与小象却不同，如何？"曰："便是晓不得。爻下说'不耕而获'，到小象又却说耕而不必求获，都不相应。某所以不敢如此说。他爻辞分明说道'不耕获'了，自是有一样时节都不须得作为。"又曰："看来无妄合是'无望'之义，不知孔子何故使此'妄'字。如'无妄之灾'、'无妄之疾'，都是没巴鼻恁地。"又曰："无妄自是大亨了，又却须是贞正始得。若些子不正则'行有眚'，'眚'即与'灾'字同。不是自家做得，只有些子不是，他那里便有灾来。"问："'眚'与'灾'如何分？"曰："也只一般。尚书云'眚灾肆赦'，春秋'肆大眚'，眚似是过误，灾便直是自外来。"又曰："（如）〔此〕不可大段做道理看，只就逐象上说，见有此象便有此义，少间自有一时筑着磕着。如今人问杯珓，杯珓上岂曾有道理，自是有许多吉凶。"砥。

○ "'不耕获，不菑畬'，如易传所解，则当言'不耕而获，不菑而畬'方可。又如言'太极言无妄之义'，缘只要去义理上说，故如此解。易爻只是占吉凶之词，至彖、象方说义理。六二在无妄之时居中得正，故吉。其曰'不耕获，不菑畬'，是四事都不做，谓虽事事都不动作，亦自'利有攸往'。史记'无妄'作'无望'，是此意。六三便是'无妄之灾，或系之牛，行人之得'，何与邑人事？而'邑人之灾'，如谚曰'闭门屋里坐，祸从天上来'是也。此是占辞。如'飞龙在天，利见大人'，若庶人占得此爻，只是利去见大人也。然吉凶以正胜，有虽得凶而不可避者，纵贫贱穷困死亡却无悔、咎。故横渠云'不可避凶趋吉，一以正胜'，是也。又如占得坤六二爻，须是自己'直方大'，方与爻辞相应，便'不习无不利'；若不直方大，却反凶也。坤六四爻不止言大臣事，凡得此爻者，在位者便当去，未仕者便当隐。"伯丰因此问比干事。曰："此又别是一义，虽凶无咎。"蕰。

○ 问"不耕获，不菑畬，未富"之义。曰："此有不可晓。然既不耕获、不菑畬，自是未富。此爻（不）〔只〕是圣人说占得如此。虽是'未富'，但'利有攸往'耳。虽是占爻，然义理亦包在其中。易传中说'未'字多费辞。"蕰。

大畜

○ "能止健"，都不说健而止，见得是艮来止这乾。渊。

○ "笃实"便有"辉光"，艮止便能笃实。渊。按，甘节录同。

○ "何天之衢，亨"，或如伊川说，衍一"何"字，亦不可知。砥。

颐

○　颐须是正则吉。何以观其正不正？盖"观颐"是观其养德是正不正，"自求口实"是又观其养身是正不正，未说到养人处。"观其所养"亦只是说君子之所养，养浩然之气模样。渊。

○　"自养"，则如爵禄下至于饮食之类，是说"自求口实"。渊。

○　问："'观颐，观其所养'作所养之道，'观其自养'作所以养生之术。"先生曰："所养之道，如学圣贤之道则为正，黄、老、申、商则为非，凡见于修身行义皆是也。所养之术则饮食起居者是也。"又问："伊川把'观其所养'作观人之养，如何？"先生曰："这两句是解'养正则吉'。所养之道与养生之术正，则吉；不正，则不吉。如何是观人之养！不晓程说是如何。"学蒙。

○　又问："颐六爻，伊川解云上三爻是养德义，下三爻是养口体，是否？"先生曰："上三爻是养人，下三爻是资人以养己，养己所以养人也。"义刚。

○　问："伊川解颐作下三爻养口体，上三爻养德义，如何？"先生云："看来下三爻是资人以为养，上三爻是养人也。六四、六五虽是资初与上之养，其实是他居尊位，借人以养，而又推以养人，故此三爻似都是养人之事。伊川说亦得，但失之疏也。"学蒙。

○ 颐六四一爻理会不得。虽是恁地解，必竟晓不得如何是"施于下"，又如何是"虎"。砥。

○ 颐六五"拂经，居贞吉，不可涉大川"。六五阴柔之才，但守正则吉，故不可以涉患难。六四"颠颐吉，虎视眈眈，其欲逐逐"，此爻不可晓。個。

大过

○ 问："大过'栋桡，利有攸往，亨'，既'栋桡'，是不好了，又如何'利有攸往'?"先生曰："看彖辞可见。'栋桡'是以卦体'本末弱'而言，卦体自不好了。却因'刚过而中，巽而说行'，如此，所以'利有攸往乃亨'也。〔大抵彖传解得卦辞直是分明。〕"学蒙。〔㳠同。〕

○ "伊川易传大过云'道无不中，无不常'，'圣人有小过，无大过'，看来亦不消如此说。圣人既说有'大过'，直是有此事，虽云'大过'，亦是常理始得。"因举晋州蒲事云："旧常不晓胡文定公意，以问范伯达丈，他亦不晓。后来在都下见其孙伯逢，问之。渠云：'此处有意思，但是难说出。如左氏分明有"称君无道"之说。厉公虽有罪，但合当废之可也，而栾书中行偃弑之，则不是。'然必竟厉公有罪，故难说，后必有晓此意者。"赐。

○ 问："易大过小过，先生与伊川之说不同。"曰："然。伊川此论，正如以反经合道为非相似。殊不知大过自有大过时节，小过自有小过时节。处大过之时则当为大过之事，处小过之时则当为小过之事。如尧舜之禅授、汤武之放伐，此便是大过之事。'丧过乎哀，用过乎俭'，此便是小过之事。只是在事虽是过，然当其时便是义，合当如此做，便是合义。如尧舜之有朱均，岂不能多择贤辅而立其子，且恁地平善过？然道理去不得，须是禅授方合义。林（死）〔无〕"且恁"以下止此。汤武岂不能出师以恐吓〔桀〕纣，且使其悔悟林此下（资）〔有〕"却且恁平善做去"七字。修省？然道理去不得，必须林此下有"受禅"二字。放伐而后已。此所以事虽过而皆合理也。"僩。按，林录同而少异。

○ "'泽灭木，大过'，泽在下而木在上，今泽水高涨乃至浸没了木，是为大过。"又曰："木虽为水浸而木未尝动，故君子观之而'独立不惧，遁世无闷'。"砥。

○ 〔小〕过是收敛入来底，大过是〔行出来〕底，如"独立不惧，遁世无闷"是也。渊。

○ "藉用白茅"亦有过慎之意。此是大过之初，所以其过尚小在。渊。

○ 问："大过'栋桡'是初、上二阴不能胜四阳之重，故有此象。九三是其重刚不中，自不能胜其任，亦有此象。两义自不同否？"曰："是如此。九三又是与上六正应，亦皆不好，不可以有辅，自是过于刚强，辅他不得。九四'栋隆'，只是隆便'不挠乎下'。'过涉灭顶'，'不可咎也'，恐是他做得是了，不可以咎他，不似伊川说。易中'无咎'有两义。如'不节之嗟'无咎，王辅嗣云，是他自做得，又将谁咎？至'出门同人'无咎，又是他做得好，人咎他不得，所以云'又谁咎也'。此处恐不然。"又曰："四阳居中，如何是大过？二（阴）〔阳〕在中，又如何是小过？这两卦晓不得。今且只逐爻略晓得，便也可占。"砥。

○ 大过 "过涉灭顶，凶，无咎"，彖曰 "不可咎也"。某谓<u>东汉</u>诸人不量深浅，至于杀身亡家，此是凶。然而其心何罪？故不可咎也。赐。

坎

○ "水流不盈"，才是说一坎满便流出去，一坎又满又流出去。"行险而不失其信"，则是说决定如此。渊。

○ 坎水只是平，不解满。盈是满出来。渊。

○ 坎六三 "险且枕"，只是前后皆是枕，便如枕头之 "枕"。砥。

○ "樽酒簋"做一句，自是说文如此云。砥。

○ "纳约自牖"，虽有向明之意，然非是路之正。渊。

○ 问："'用缶，纳约自牖'如何？"曰："不由户而自牖，以言艰难之时不可直致也。"季札。

○ 九五 "坎不盈，祇既平"，"祇"字他无说处，看来只得作 "抵"字解。复卦亦然。不盈未是平，但将来必会平。二与五虽是陷于阴中，必竟是阳会动，陷他不得。如 "有孚"，如 "维心亨"，如 "行有尚",皆是（他）〔也〕。砥。

○ "坎不盈,中未大也。"曰:"水之为物,其在坎只能平,自不能盈,故曰'不盈'。盈,高之义。'中未大'者,平则是得中,'不盈'是未大也。"学蒙。

离

○ 离便是丽,附着之意。易中多说做"丽",也有兼说明处,也有单说明处。明是离之体。"丽"是丽着底意思。"离"字,古人多用做（离）〔丽〕着说。然而物相离去,也只是这字。"富贵不离其身",东坡说道剩个"不"字,便是这意。古来自有这般两用底字,如"乱"字又唤做治。渊。

○ "离"字不合单用。渊。

○ 火中虚暗则离中之阴也,水中虚明则坎中之阳也。道夫。

○ 问:"离卦是阳包阴,占利'畜牝牛'便也是宜畜柔顺之物。"曰:"然。"砥。

○ 彖辞"重明"自是五、二两爻为君臣重明之义。大象又自说继世重明之义,不同。砥。

○ 六二中正,六五中而不正。今言"丽乎正"、"丽乎中正",次第说六二分数多。此卦唯这爻较好，然亦未敢便恁地说，只得且说"未详"。<u>渊</u>。<u>本义今无"未详"字</u>。

○　"明两作，离。"作，起也。如日然，今日出了，明日又出，是之谓"两作"。盖只是这一个明，两番作。非"明两"，乃"两作"也，犹云"水洊至习坎"。<u>僩</u>。

○　问"明两作，离"。"若做两明则是有二个日，不可也，故曰'明两作，离'，只是一个日相继之义。'明两作，离'如坎卦'水洊至'，非'明两'为'作离'也。""明"字便是指日而言。<u>学蒙</u>。<u>渊同</u>。

○　"明两作"犹言"水洊至"。今日明，来日又明。若说两明却是两个日头。<u>渊</u>。

○　<u>叔重</u>说离卦，问："'火体阴而用阳'，是如何？"先生云："此言三画卦中阴而外阳者也。坎象为阴，水体阳而用阴，盖三画卦中阳而外阴者也。惟六二一爻，柔丽乎中而得其正，故'元吉'。至六五，虽是柔丽乎中，而不得其正，特借'中'字而包'正'字耳。"又问"日昃之离"。先生云："死生常理也，若不能安常以自乐，则不免有嗟戚。"曰："生之有死，犹昼之必夜，故君子当观日昃之象以自处。"先生曰："人固知常理如此，只是临时自不能安耳。"又问"九四，突如其来如"。先生曰："九四以刚迫柔，故有突来之象。'焚'、'死'、'弃'言无所用也。'离为火'故有'焚如'之象。"或曰："'突如'与'焚如'自当属上句，'死如'、'弃如'自当做一句。"先生曰："说时亦少通，但文势恐不如此。"<u>时举</u>。

○　又问<u>离</u>九四"突如其来如，焚如，死如，弃如"。曰："九四有侵陵六五之象，故曰'突如其来如'。火之象则有自焚之义，故曰'焚如，死如，弃如'，言其焚死而弃也。"<u>学蒙</u>。

○ "焚"、"死"、"弃"只是说九四阳爻突出来逼拶上爻。"焚如"是"不戢自焚"之意。"弃"是死而弃之之意。<u>渊</u>。

○ 六五介于两阳之间，忧惧如此，然处得其中，故不失其吉。<u>渊</u>。

○ 离六五陷于二刚之中，故其忧如此。<u>人杰</u>。

○ 问："离六五'出涕沱，若戚嗟，若吉'，象曰'六五之吉，离王公也'。<u>郭冲晦</u>以为离六五乃文明盛德之君，知天下之治莫大于得贤，故忧之如此。如'<u>尧</u>以不得<u>舜</u>为己忧，<u>舜</u>以不得<u>禹</u>、<u>皋陶</u>为己忧'。是否？"先生曰："离六五陷于二刚之中，故其忧如此。只为<u>孟子</u>说得此二句，便取以为说，_{金此下云}："不是如此，于上下爻不相通。"所以有牵合之病。解释经义最怕如此。"_{金自"所以"至此皆无}。<u>谟</u>。按，<u>金去伪</u>录同而差略。

○ "有嘉折首"是句。<u>渊</u>。

朱子语类卷第七十二

易八

咸

○　咸就人身取象，看来便也是有些取象说。咸上一画如人口，中三画有腹背之象，下有人脚之象。艮就人身取象，便也似如此。上一阳画有头之象，中二阴有口之象，所以"艮其辅"于五爻见。内卦之下亦有足之象。砥。

○　"否、泰、咸、常、损、益、既济、未济，此八卦首尾皆是一义。如咸皆是感动之义之类。咸内卦艮，止也，何以皆说动？"曰："艮虽是止，然咸有交感之义，都是要动，所以都说动。卦体虽是动，然才动便不吉。动之所以不吉者，以其内卦属艮也。"僴。

○　"'山上有泽，咸'，当如伊川说，水润土燥，有受之义。"又曰："土若不虚，如何受得？"又曰："上兑下艮，兑上缺，有泽口之象；兑下二阳画，有泽底之象；艮上一画阳，有土之象；下二阴画中虚，便是渗水之象。"砥。

○　问："咸卦'君子以虚受人'，伊川注云：'以量而容之，择交而受之。''以量'莫是要着意容之否?"曰:"非也。以量者乃是随我量之大小以容人,便是不虚了。"又问:"'贞吉悔亡',易传云'贞者,虚中无我之谓',本义云'贞者,正而固',不同,何也?"曰:"某寻常解经只要依训诂说字。如'贞'字作'正而固',子细玩索,自有滋味。若晓得'正而固',则'虚中无我'亦在里面。"又问:"'憧憧往来,朋从尔思'莫是此感彼应,憧憧是添一个心否?"曰:"往来固是感应。憧憧是一心方欲感他,一心又欲他来应。如正其义便欲谋其利,明其道便欲计其功。又如赤子入井之时,此心方怵惕要去救他,又欲他父母道我好,这便是憧憧底病。"㬊。

○ "憧憧往来。"往来自不妨,如暑往寒来,日往月来,皆是常理。只(看)〔着〕个"憧憧"字便闹了。德明。

○ 厚之问"憧憧往来,朋从尔思"。曰:"'往来'字不妨,天地间自是往来不绝。只不合着'憧憧'了,便是私意。"又问:"明道云'莫若廓然而大公,物来而顺应',如何?"曰:"'廓然大公'便不是'憧憧','物来顺应'便不是'朋从尔思'。此只是'比而不周,周而不比'之意。这一段,旧看易惑人,近来看得节目极分明。"可学。

○ 问:"伊川解屈伸往来一段,以屈伸为感应。屈伸之与感应若不相似,何也?"先生曰:"屈则感伸,伸则感屈,此自然之理也。今以鼻息观之:出则必入,感出也;入则又出,感入也。故曰'感则有应,应复为感,所感复有应'。屈伸非感应而何?"㳦。

○ 赵致〔道〕问感通之理。先生曰:"感是事来感我,通是自家受他感处之意。"时举。

○ "（憧憧）往来"是感应合当底，"憧憧"是私。感应自是当有，只是不当私感应耳。渊。

○ "憧憧往来，朋从尔思。"圣人未尝不教人思，只是不可憧憧，这便是私了。感应自有个自然底道理，何必思他？若是义理，却不可不思。渊。

○ 寓问："伊川易传咸之九四，言'有感必有应，凡有动皆为感。感则必有应，所应复为感'。是如何？"曰："凡在天地间无非感应之理，造化与人事皆是。且如雨旸，雨不成只管雨，便感得个旸出来；旸不成只管旸，旸已是应处，又感得雨来。是'感则必有应，所应复为感'。寒暑、昼夜无非此理。如人夜睡不成只管睡至晓，须着起来。一日运动，向晦亦须当息。凡一死一生、一出一入、一往一来、一语一默，皆是感应。中人之性，半善半恶，有善则有恶。古今天下，一盛必有一衰。圣人在上兢兢业业，必曰保治，及到衰废，自是整顿不起，终不成一向如此，必有兴起时节。唐贞观之治可谓甚盛，至中间武后出来作坏一番，自恁地塌塌塌底去。至五代，衰微极矣。国之纪纲、国之人才，举无一足恃。一旦圣人勃兴，转动一世，天地为之豁开！仁宗皇帝时，天下称太平，眼虽不得见，想见是太平。然当时灾异亦数有之，所以驯至后来之变，亦是感应之常如此。"又问："感应之理于学者工夫有用处否？"曰："此理无乎不在，如何学者用不得？'精义入神，以致用也；利用安身，以崇德也'，亦是这道理。研精义理于内，所以致用于外；利用安身于外，所以崇德于内。横渠此处说得更好："精义入神"，事豫吾内，求利吾外；"利用安身"，（求）〔素〕利吾外，致养吾内。'此几句亲切，正学者用功处。"寓。

○ 林一之名易简，邵人。问："'凡有动皆为感，感则必有应'是如何？"曰："如风来是感，树动便是应。树拽又是感，下面物动又是应。如昼极必感得夜来，夜极又便感得昼来。"曰："感便有善恶否？"曰："自是有善恶。"曰："何谓'心无私主，则有感皆通'？"曰："心无私主不是瞑涬没理会，也只是公。善则好之，恶则恶之；善则赏之，恶则刑之。此是圣人之至神之化。心无私主如天地一般，寒则遍天下皆寒，热则遍天下皆热，便是'有感皆通'。"曰："心无私主最难。"曰："只是克去己私，便心无私主。若心有私主，只是相契者应，不相契者则不应。如好读书人见（读）书便爱，不好读书人见书便不爱。"淳。

○ 器之问程子说感通之理。曰："如昼而夜，夜而复昼，循环不穷。所谓'一动一静，互为其根'，皆是感通之理。"木之问〔："所谓'天下之理，无独必有对'便是这话否？"〕。"便是。天下事那件无对来？阴与阳对，动与静对，一物便与一理对。君可谓尊矣，便与民为对。人说棋盘中间一路无对，某说道，便与许多路为对。"因举"寒往则暑来，暑往则寒来"与屈伸消长之说。邵氏击壤集云："上下四方谓之宇，古往今来谓之宙。"因说："易咸感处，伊川说得未备。往来自还他自然之理，惟正静为主则吉而悔亡。至于憧憧则私意为主，而思虑之所及者朋从，所不及者不朋从矣。是以事未至则迎之，事已过则将之，全掉脱不下。今人皆病于无公平之心，所以事物之来，以有私意杂焉，则陷于所偏重矣。"木之。

○ "程子谓'感应'，在学者日用言之，则如何是感应？"曰："只因这一件事又生出一件事，便是感与应。因第二件事又生出第三件事，第二件事又是感，第三件事又是应。如王文正公平生俭约，家无姬妾。自东封后，真宗以太平宜共享，令直省官为买妾，公不乐。有沈伦家鬻银器、花篮、火筒之属，公嚬蹙曰：'吾家安用此！'其后姬妾既具，乃复呼直省官求前日<u>沈氏</u>银器而用之。此买妾底便是感，买银器底便是应。"<u>淳</u>。

○ 或问<u>易传</u>说感应之理。曰："如日往则感得那月来，月往则感得那日来，寒往则感得那暑来，暑往则感得那寒来。一感一应，一往一来，其理无穷，感应之理是如此。"曰："此以感应之理言之，非有情者。云'有动者皆为感'，似以有情者言。"曰："父慈则感得那子愈孝，子孝则感得那父愈慈。其理亦只一般。"<u>文蔚</u>。

○ <u>系辞</u>解咸九四，据爻义看，上文说"贞吉悔亡"，"贞"字甚重。<u>程子</u>谓："圣人感天下如雨旸寒暑，无不通、无不应者，贞而已矣。"所以感人者果贞矣，则吉而悔亡。盖天下本无二理，果同归矣，何患乎殊涂！果一致矣，何患乎百虑！所以重言"何思何虑"也。如日月寒暑之往来，皆是自然感应如此。日不往则月不来，月不往则日不来，寒暑亦然。往来只是一般往来，但憧憧之往来者患得患失，既要感这个又要感那个，便自憧憧忙乱，用其私心而已。"屈伸相感而利生焉"者，有昼必有夜，设使长长为昼而不夜，则何以息？夜而不昼，安得有此光明？春气固是好和，只有春夏而无秋冬则物何以成？一向秋冬而无春夏又何以生？屈伸往来之理，所以必待迭相为用，而后利所由生。春秋冬夏只是一个感应，所应复为感，所感复为应也。春夏是一个大感，秋冬则必应之，而秋冬又为春夏之感。以细言之，则春为夏之感，夏则应春而又为秋之感；秋为冬之感，冬则应秋而又为春之感，所以不穷也。尺蠖不屈则不可以伸，龙蛇不蛰则不可以藏身。今山林冬暖而蛇出者往往多死，坐此则屈伸往来感应必然之理。夫子因"往来"两字说得许多大，又推以言学，所以内外交相养亦只是此理而已。<u>横渠</u>曰"事豫吾内，求利吾外；素利吾外，致养吾内"，此下学所当致力处，过此以上则不容计功。所谓"穷神知化"乃养盛自至，非思勉所及，此则圣人事矣。谟。

○ 或说"贞吉悔亡，憧憧往来，朋从尔思"，云："一往一来皆感应之常理也，加憧憧焉，则私矣。此以私感，彼以私应，所谓'朋从尔思'，非有感必通之道也。"先生然之。又问："'往来'是心中憧憧然往来，犹言往来于怀否?"曰："非也。下文分明说'日往则月来，月往则日来；寒往则暑来，暑往则寒来'，安得为心中之往来? 伊川说微倒了，所以致人疑。一往一来，感应之常理也，自然如此。"又问："是憧憧于往来之间否?"曰："亦非也。这个只是对那日往则月来底说。那是个自然之往来，此憧憧者是加私意、不好底往来。'憧憧'只是加一个忙迫底心，不能顺自然之理，犹言'助长'、'正心'，与计获相似。方往时又便要来，方来时又便要往，只是一个忙。"又曰："方做去时是往，后面来底是来。如人耕种，下种是往，少间禾生是来。"问："'憧憧往来'如霸者，以私心感人便要人应。自然往来如王者，我感之也无心而感，其应我也无心而应，周遍公溥，无所私系。是如此否?"曰："也是如此。"又问："此以私而感，恐彼之应者非以私而应，只是应之者有限量否?"曰："也是以私而应。如自家以私惠〔人及〕〔及人〕，少间被我之惠者则以我为恩，不被我之惠者则不以我为恩矣。王者之感，如云'王用三驱失前禽'，去者不以为恩，获者不以为怨，如此方是公正无私心。"又问："'天下何思何虑。'人固不能无思虑，只是不可加私心欲其如此否?"曰："也不曾教人不得思虑，只是道理自然如此。感应之理本不消思虑。空费思量，空费计较，空费安排，都是枉了，无益于事，只顺其自然而已。"因问："某人在位，当日之失便是如此，不能公平其心，'翕，受敷施'。每广坐中见有这边人即加敬与语，其他皆不顾。以至差遣之属亦有所偏重，此其所以收怨而召祸也。"曰："这事便是难说。今只是以成败论人，不知当日事势有难处者。若论大势，则九分九厘须还时节。或其人见识之深浅、力量之广狭，病却在此。以此而论却不是。前辈有云'牢笼之事，吾不为也'，若必欲人人面分上说一般话，或虑其人不好，他日或为吾患，遂委曲牢笼之，此却是憧憧往来之心。与人说话或偶然与这人话未终，因而不暇及其他，如何逐人面分问劳他得！<u>李文靖公</u>为相，严毅端重，每见人不交一谈。或有谏之者，公曰：'吾见豪俊跅弛之士，其议论尚不足以起发人意。今所谓通家子弟，每见我，语言进退之间尚周章失措。此等有何识见而足与语，徒乱人意耳！'<u>王文正公</u>、<u>李文穆公</u>皆如此，不害为贤相，岂必人人皆与之语耶？宰相只是一个进贤退不肖，若着一毫私心便不得。前辈尝言：'做宰相只要办一片心、办一双眼。心公则能进贤退不肖，眼明则能识得那个是贤、那个是不肖。'此两言说尽做宰相之道。只怕其所好者未必真贤，其所恶者未必真不肖耳。若真个知得，更何用牢笼！且天下之大、人才之众，可人人牢笼之耶？"或问："如一样小人，涉历既多又未有过失，自家明知其不肖，将安所措之？"曰："只恐居其位不久。若久，少间此等小人自然退听，不容他出来也。今之为相者，朝夕疲精神于应接书简之间，更何暇理会国事！世俗之论遂以此为相业。然只是牢笼人住在那里，今日一见，明日一请，或住半年、周岁，或住数月，必不得已而后与之。其人亦以为宰相之顾我厚，令我得好差遣而去。贤愚同滞，举世以为当然。有一人焉，略欲分别善恶，杜绝干请，分诸阙于部中，己得以免应接之烦，稍留心国事，则人争非之矣。且以当日所用之才观之，固未能皆贤，然比之今日为如何？今日之谤议者皆昔之遭摈弃之人也，其论固何足信！此下逸两句若牢笼得一人，则所谓小人者岂止此一人！与一人则千百皆怨矣。且吾欲牢笼之，能保其终不畔己否？已往之事可以鉴矣。如公之言，却是憧憧往来之心也。其人之失处却不在此，却是他未能真知贤、不肖之分耳。"或曰："如某人者，也有文采，也廉洁，岂可弃之耶？"曰："公欲取贤才耶？取文采耶？且其廉，一己之事耳，何足以救其利口覆邦家之祸哉？今世之人见识一例低矮，所论皆卑。某尝说，须是尽吐泻出那肚里许多尘糟恶浊底见识，方略有进处。譬如人病伤寒，在上则吐，在下则泻，如此方得病除。"或曰："近日诸公多有为持平之说者，如何？"曰："所谓近时恶浊之论，此是也，不成议论。某常说，此所谓平者乃大不平也，不知怎生平得。"僴问："胡文定说：'元祐某人建议欲为调亭之说者云："但能内君子而外小人，天下自治，何必深治之哉？"此能体天理人欲者也。'此语亦似持平之论，如何？"曰："文定未必有此论。然小人亦有数般样，若一样可用底也须用。或有事势危急，翻转后其祸不测。或只得隐忍，权以济一时之急耳，然终非常法也。明道当初之意便是如此，欲使诸公用熙丰执政之人与之共事，令变熙丰之法，或他日事翻，则其罪不独在我。他正是要用使术，然亦拙谋。谚所谓'掩目捕雀'，我却不见雀，不知雀却看见我。你欲以此术制他，不知他之术更高你在。所以后来温公留章子厚，欲与之共变新法，卒至帝前悖詈，得罪而去。章惇叫曰：'他日不能陪相公吃剑得！'便至如此，无可平之理，尽是拙谋。某尝说，今世之士，所谓巧者是大拙，无有能以巧而济者，都是枉了，空费心力。只有一个公平正大行将去，其济不济，天也。古人间有如此用术而成者都是偶然，不是他有意智。要之，都不消如此，决定无益。张子房号为有智者，以今观之，可谓甚疏。如劝帝与项羽和而反兵伐之，此成甚意智！只是他命好，使一番了，第二番又被他使得胜。"又曰："古人做得成者不是他有智，只是偶然。只有一个'正其谊不谋其利，明其道不计其功'。其他费心费力，用智用数，牢笼计较，都不济事，都是枉了。"又曰："本朝以前，宰相见百官，皆以班见。国忌拈香归来，回班以见。宰相见时有刻数，不知过几刻，便喝'相公尊重'，用屏风拦断。也是省事，拦截了几多干请私曲底事。某旧见陈魏公、汤进之为相时，那时犹无甚人相见，每见不过五六人、十数人，他也随官之崇卑做两番请。今则不胜其多，为宰相者每日只了得应接，更无心理会国事，如此者谓之有相业、有精神。秦会之也是会做，严毅尊重，不妄发一谈，其答人书只是数字。今宰相答人书，划地委曲详尽，人皆翕然称之。只是不曾见已前事，只见后来习俗，遂以为例，其有不然者，便群起非之矣。温公作相日，有一客位榜分作三项云：‘访及诸君，若睹朝政阙遗、庶民疾苦，欲进忠言，请以奏牍闻于朝廷，某得与同僚商议，择可行者取旨行之。若但以私书宠喻，终无所益。若光身有过失，欲赐规正，则可以通书简，分付吏人传入，光得内自省讼，佩服改行。至于理会官职差遣，理雪罪名，凡干身计，并请一面进状，光得与朝省众官公议施行。若在私第垂访，不（谓）〔请〕语及。’此皆前辈做处。”又曰：“伊川先生云‘徇俗雷同不唤做“随时”，惟严毅特立，乃“随时”也’，而今人见识低，只是徇流俗之论，流俗之论便以为是，是可叹也！公门只是见那向时不得差遣底人说他，自是怨他。若教公去做看，方见得难。且如有两人焉，自家平日以一人为贤，一人为不肖。若自家执政定不肯舍其贤而举其不肖，定是举其贤而舍其不肖。若举此一人，则彼一人怨必矣，如何尽要他说好得！只怕自家自认不破，贤者却以为不肖，不肖者却以为贤，如此则乖。若认得定，何害？又有一样人底，半间不界，可进可退，自家却以此为贤，以彼为不肖，此尤难认，便是难。”又曰：“‘舜有大功二十’，‘以其举十六相而去四凶也’。若如公言，却是舜有大罪二十矣。”僩。

恒

〇　正便能久。“天地之道，恒久而不已”，这个只是说久。淳。

〇　物各有个情。有个人在此，决定是有那羞恶、恻隐、是非、辞让之情。性只是个物事。情却多般，或起或灭，然而头面却只一般。长长恁地，这便是“观其所恒而天地万物之情可见”之义。“乃若其情”

只是去情上面看。渊。

○ 履之问："常非一定之谓，'一定则不能恒矣'。"童录此下有云："'切疑其有不一定而随时变易者，有一定而不可变易者。'曰：'他正是论。'"曰：童录无此"曰"字。"物理之始终变易，所以为恒而不穷。然所谓不易者，亦须有以变易乃能不穷。如君尊臣卑，分固不易，然上下不交也不得。父子固是亲亲，然所谓'命士以上，父子皆异宫'，则又有变焉。惟其如此，所以为恒。论其体则终是恒。然体之常所以为用之变，用之变乃所以为体之恒。"道夫。按，童伯羽录同。

○ 恒非一定之谓。故昼则必夜，夜而复昼；寒则必暑，暑而复寒。若一定则不常也。其在人，"冬日则饮汤，夏日则饮水"；"可以仕则仕，可以止则止"；今日道合便从，明日不合则去。又如孟子辞齐王之金而受薛宋之馈，皆随时变易，故可以为常也。道夫。

○ 能常而后能变，能常而不已所以能变。及其变也，常亦只在其中。伊川却说变而后能常，非是。僩。

○ 叔重说："恒卦初六'浚恒贞凶'，恐是不安其常而深以常理求人之象，程氏所谓'守常而不能度势'之意。"先生云："未见其有不安其常之象，只是欲深以常理求人耳。"时举。

遁

○ 问："遁卦，'遁'字虽是逃隐，大抵亦取远去之意。天上山下相去甚辽绝，象之以君子远小人，则君子如天，小人如山。相绝之义须如此方得。所以六爻在上，渐远者愈善也。"先生云："恁地推亦好。此六爻皆是君子之事也。"学蒙。

○ 问："'遁亨，遁而亨也'，分明是说能遁便亨。下更说'刚当位而应，与时行也'是何如？"曰："此其所以遁而亨也。阴（爻）〔方〕微，为他刚当位而应，所以能知时而遁，是能'与时行'。不然便是与时背。"砥。

○ 问："'小利贞，浸而长也'，是见其浸长，故设戒令其贞正，且以宽君子之患，然亦是他之福。"曰："是如此。与否初、二两爻义相似。"砥。

○ "伊川说'小利贞'，云'尚可以有为'。阴已浸长，如何可以有为？所说王允、谢安之于汉、晋恐也不然。王允是算杀了董卓，谢安是乘王敦之老病，皆是他衰微时节，不是浸长之时也。兼他是大臣，亦如何去！此为在下位有为之兆者则可以去。大臣任国安危，君在与在，君亡与亡，如何去！"又曰："王允不合要尽杀梁州兵，所以致败。"砥。

○ "□尾，厉"，到这时节去不迭了，所以危厉，不可有所往，只得看他如何。贤人君子有这般底多。渊。

○ 问："'畜臣妾吉'，伊川云'待臣妾之道'。君子之待小人亦不如是。如何？"曰："君子、小人更不可相对，更不可与相接。若臣妾，是终日在身自家脚手头，若无以系之，则望望然去矣。"又曰："易中详识物情，备极人事，都是实有此事。今学者平日只在灯窗下习读，不曾应接世变，一旦读此，皆看不得。某旧时也如此，即管读得不相入，所以常说易难读。"砥。

○ 问："九五'嘉遁',以阳刚中正,渐向遁极,故为嘉美。未是极处,故戒以贞正则吉。"曰:"是如此。便是'刚当位而应'处,是去得恰好时节。小人亦未嫌自家,只是自家合去。(暮)〔莫〕见小人不嫌,却与相接而不去,便是不好,所以戒约他贞正。"砥。

大壮

○ 问："大壮'大者正'与'正大'不同。上'大'字是指阳,下'正大'是说理。"先生云:"亦缘上面有'大者正'字,方说此。"学蒙。

○ 问："'雷在天上,大壮,君子以非礼弗履',伊川云云,其义是否?"曰:"固是。君子之自治须是如雷在天上,恁地威严猛烈方得。若半上落下,不如此猛烈果决,济得甚事?"僩。

○ 问大壮卦。先生曰:"此卦如'九二贞吉',只是自守而不进。九四'藩决不羸,壮于大舆之輹',却是有可进之象,此卦爻之好者。盖以阳居阴,不极其刚,而前遇二阴,有藩决之象,所以为进。非如九二前有三、四二阳隔之,不得进也。"又曰:"'丧羊于易'不若作'疆场'之'易'。汉食货志'疆场'之'场'正作'易'。盖后面有'丧羊于易',亦同此义。今本义所注只是从前所说如此,只且仍旧耳。上六取喻甚巧,盖壮终动极,无可去处,如羝羊之角挂于藩上,不能退、遂。然'艰则吉'者,毕竟有可进之理,但必艰始吉耳。"铢。

○ 此卦多说羊，羊是兑之属。季通说，这个是夹住底兑卦，一个两画当一画。渊。

晋

○ "康侯"似说"宁侯"相似。"用锡马"之"用"只是个虚字，说他得遮个物事。渊。

○ "昼日"是那上卦离也。昼日为之是此意。渊。

○ 问："晋卦六五，'悔亡。失得勿恤，往吉，无不利'。伊川以为：'六以柔居尊位，本当有悔。以大明而下皆顺附，故其悔亡。下既同德顺附，当推诚委任，尽众人之才，通天下之志，勿复自任其明，恤其失得。如此而往，则吉而无不利。'此说是否？"曰："便是伊川说得太深。据此爻，只是占者占得此爻则不必恤其失得，而自亦无所不利耳。如何说道人君既得同德之人而委任之，不复恤其失得？如此则荡然无复是非，而天下之事乱矣！假使其所任之人或有作乱者，亦将不恤之乎？虽以尧舜之圣、皋夔益稷之贤，犹云'屡省乃成'，如何说既得同心同德之人而任之，则在上者一切不管而任其所为！岂有此理！且彼所为既失矣，为上者如何不恤得？圣人无此等说话。圣人所说卦爻只是略略说过，以为人当着此爻则大势已好，虽有所失得，亦不必虑，而自无所不利也。圣人说得甚浅，伊川解得太深；圣人所说短，伊川解得长。"久之，又云："'失得勿恤'只是自家自作教是，莫管他得失。如士人发解做官，这个却必不得，只得尽其所当为者而已。如仁人'正其谊不谋其利，明其道不许其功'相似。"僴。

○ "失得勿恤"，此说失也不须问他，得也不须问他，自是好。犹言"胜负兵家之常"云尔。此卦六爻，无如此爻吉。渊。

○ 先生看伯丰与庐陵问答内晋卦伐邑、孟子助长之说，曰："晋上九'贞吝'，吝不在克治，正以其克治之难，而言其合下有此吝耳。'贞吝'之义，诸义（云只）〔只云〕贞固守此则吝，不应于此独云于正道为吝也。孟子'必有事'与'勿忘'是论集义工夫，〔'勿正'与〕'勿助长'是论气之本体上添一件物事不得。若是集义，便过用些气力亦不妨，却如何不着力？苗固不可揠，若灌溉耘治，岂可不尽力？今谓克治则用严，养气则不可助长，如此则二事相妨，如何用工？"銎。

明夷

○ 明夷未是说暗之主，只是说明而被伤者乃君子也。上六方是说暗。君子出门庭，言君子去暗尚远，可以得其本心而远去。文王、箕子大概皆是"晦其明"。然文王之"外柔顺"是本分自然做底。箕子"晦其明"又云"艰"，是他那佯狂底意思便是艰难底气象。爻说"贞"而不言"艰"者，盖言箕子则艰可见，不必更言之。渊。

○ 商之"三仁"，微子最易做，比干亦只一向谏以至于此死。箕子却为难处，被他监系在那里，只得阳狂。所以易中特说"箕子之明夷"，可见其难处。故曰"利艰贞，晦其明也。内难而能正其志"，他虽阳狂，其心本定也。学蒙。

○ 君子"用晦而明"。晦，地象；明，日象。晦则是不察察，若晦而不明，则晦得没理会了，故外晦而内必明乃好。学蒙。

家人

○ "风自火出"，家人是火中有风，如一堆火在此，气自薰蒸上出是也。学蒙。

○ 或问："'风自火出'，如灯焰上气出，如何?"答曰："固是。此卦之大象。"指炉中火，曰："亦如此火气上薰炙也。"大雅。

○ "王假有家"，言到这里方只且得许多物事。有妻有妾方成个家。渊。

睽

○ 问："睽'君子以同而异'作'理一分殊'看，如何?"先生云："'理一分殊'是理之自然如此，这处又就人事之异上说。盖君子有同处、有异处，如所谓'周而不比'、'群而不党'是也。大抵易中六十四象，下句皆是就人事之近处说，不必深去求他。此处伊川说得甚好。"学蒙。

○ 睽皆言始异终同之理。渊。

○ 马是行底物，初间行不得，后来却行得。大率睽之诸爻都如此，多说先异而后同。<u>渊</u>。

○ "天"合作"而"，剃须也。篆文"天"作"夵"，"而"作"𠕁"。<u>渊</u>。

○ "其人天且劓"，"天"当作"而"。_{羞学转讹误也。}篆文"天"作"夵"，"而"作"𠕁"。<u>方子</u>。

○ "宗"如"同人于宗"之"宗"。<u>渊</u>。

○ "载鬼一车"等语所以差异者，为他这般事是差异底事，所以却把世间差异底明之。世间自有这般差异底事。<u>渊</u>。

蹇

○ "蹇，利西南"是说坤卦分晓。但不知从何插入这坤卦来，此须是个变例。圣人到这里看见得有个做坤底道理。大率阳卦多自阴来，阴卦多自阳来。震是坤第一画变，坎是第二画变，艮是第三画变。易之取象不曾确定了他。<u>渊</u>。

○ 蹇无坤体，只取坎中爻变。如<u>沈存中</u>论五姓一般。"蹇利西南"谓地也。据卦体艮下坎上，无坤，而蘲辞言地者，往往只取坎中爻变，变则为坤矣。<u>沈存中</u>论五姓自古无之，后人既如此呼唤，即便有义可推。_{略记当时语意如此。}<u>方子</u>。_{<u>曼渊</u>录同。}

○ 又云："潘谦之书说：'蹇与困相似。"君子致命遂志"、"君子反身修德"亦一般。'殊不知不然。象曰'泽无水，困'是尽干燥，处困之极，事无可为者，故只得'致命遂志'。若'山上有水，蹇'，则犹可进步，如山下之泉曲折多艰阻，然犹可行，故教人以'反身修德'，岂可以困为比？只观'泽无水，困'与'山上有水，蹇'二句，便全不同。"学蒙。〔僩同。〕

○ 问："蹇九五，何故为'大蹇'？"曰："五是为蹇主。凡人臣之蹇只是一事。至大蹇，须人主当之。"砥。

○ 问蹇九五"大蹇朋来"之义。先生曰："处九五尊位而居蹇之中，所以为'大蹇'，所谓'遗大投艰于朕身'。人君当此，则须屈群策用群力，乃可济也。"学蒙。按，沈僩录同，而下文连上段潘谦之说。

解

○ "天地解而雷雨作"，阴阳之气闭结之极，忽然迸散出做这雷雨。只管闭结了，若不解散，如何会有雷雨作？小畜所以不能成雷雨者，畜不极也。雷便是如今一个爆仗。渊。

○ 六居三，大率少有好底。"负且乘"，圣人到这里又见得有个小人乘君子之器底象，故又于此发出这个道理来。渊。

○ "射隼于高墉。"圣人说易大概是如此，不似今人说底。向来钦夫书与林艾轩云："圣人说易，却则恁地。"此却似说得易了。渊。

损

○ "二簋"与"簋贰"字不同，可见其义亦不同。渊。

○ "惩忿"如救火，"窒欲"如防水。大雅。

○ "何以窒欲？伊川曰'思'，此莫是言欲心一萌，当思礼义以胜之否？"先生曰："然。"又问："思与敬如何？"曰："人于敬上未有用力处，且自思义，庶几有个巴揽处。'思'之一字于学者最有力。"谟。按，金去伪录同。

○ 问："'惩忿、窒欲'，忿怒易发难制，故曰'惩'，惩是戒于后。欲之起则甚微，渐渐到炽处，故曰'窒'，窒谓塞于初。古人说'情窦'，窦是罅隙，须是塞其罅隙。"曰："惩也不专是戒于后，若是怒时也须去惩治他（是）〔始〕得。所谓惩者，惩于今而戒于后耳。窒亦非是真有个孔穴去塞了，但遏绝之使不行耳。"又曰："'山下有泽，损，君子以惩忿、窒欲'，'风雷，益，君子以见善则迁、有过则改'。观山之象以惩忿，观泽之象以窒欲。欲如污泽然，其中秽浊解污染人，须当填塞了。如风之迅速以迁善，如雷之奋发以改过。"广云："观山之象以惩忿，是如何？"曰："人怒时，自是恁突兀起来。故孙权曰'令人气涌如山'。"广。

○ 问："'山下有泽，损，君子以惩忿、窒欲'，'风雷，益，君子以见善则迁、有过则改'。"曰："伊川将来相牵合说，某不晓。看来人自有迁善时节，自有改过时节，不必只是一件事。某看来只是惩忿如摧山，窒欲如填壑，迁善如风之迅，改过如雷之烈。"又曰："圣人取象亦只是个大约仿佛意思如此。若才着言语穷他，便有说不去时。如后面小象，若更教孔子添几句，也添不去。"僩。

○ "酌损之"，在损之初下，犹可以斟酌也。渊。

○ 问："损卦三阳皆能益阴，而二、上爻则'弗损，益之'，初则曰'酌损之'，何邪？"先生云："这一爻难解，只得用伊川说。"又云："易解得处少，难解处多，今且恁地说去。到那占时又自别消详有应处，难与为定说也。"学蒙。

○ "三人行，损一人"，三阳损一。"一人行，得其友"，一阳上去换得一阴来。"渊。

○ "三人行则损一人，一人行则失其友"，伊川就六爻上说得好。义刚。按，陈淳录同。

益

○ "或益之十朋之龟，弗克违。"从周。按，曼渊录同。

○ 问："损卦下三爻皆是损己益人，四五两爻是损己从人，上爻有为人上之象，不待损己而自有以益人。"曰："三爻无损己益人底意，只是盛到极处去不得，自是损了。四爻'损其疾'，只是损了那不好了，便自好。五爻是受益，也无损己从人底意。"砥。

○ 益损二卦说龟，一在二，一在五，是颠倒说去。未济与既济说"伐鬼方"，亦然。不知如何。未济，看来只阳爻便好，阴爻便不好。但六五、上九二爻不知是如何。盖六五以得中，故吉；上九有可济之才，又当未济之极，可以济矣，却云不吉。更不可晓。学蒙。

○ 大抵损益二卦，诸爻皆互换。损好，益却不好。如损六五却成益六二。损上九〔好〕，益上九却不好。渊。

○ "得臣无家"犹言化家为国李录止此。相似。得臣有家，其所得也小矣，无家则可见其大。渊。按，李方子录同而略。

○ 器之说损益。先生曰："势自是如此。有人主出来也只因这个势，自住不得，到这里方看做是如何。惟是圣人能顺得这势，尽得这道理，以下人不能识得损益之宜便错了，也自是立不得。因只是因这个，损益也是损益这个。"寓。

○ 益卦"木道乃行"。曰："不须改'木'字为'益'字，只'木'字亦得。见一朋友说，有八卦之金木水火土，有五行之金木水火土。如'乾为金'卦'金'作易卦之金也；兑之金，五行之金也。'巽为木'，卦中取象也；震为木，乃东方属木，五行之木也，五行取四维故也。"人杰。按，金去伪，周谟录并同。

○ 先生言："某昨日思'风雷，益，君子以迁善、改过'。迁善如风之速，改过如雷之猛。"祖道曰："莫是才迁善便是改过否？"曰："不然，'迁善'字轻，'改过'字重。迁善如惨淡之物，要使之白；改过如黑之物，要使之白。用力自是不同。迁善者，但见是人做得一事强似我，心有所未安，即便迁之。李录"心有"以下九字作"只消当下迁过就他底"。若改过，须是大段勇猛始得。"又曰："公所说蒙与蛊二象却有意思。如'山下有泽，损，君子以惩忿、窒欲'，必是降下山以塞其泽，便是此象。六十四卦象皆如此。"自"又曰"以下至此，李录并无。祖道。按，李儒用录同而略。

○　问益卦"迁善、改过"。先生曰："风是一个急底物，见人之善，己所不及，迁之如风之急；雷是一个勇决底物，已有过便断然改之，如雷之勇，决不容有些子迟缓。"又曰："'迁善'字轻，'改过'字重。"赐。

○　先生举易传语"惟其知不善，则速改以从善而已"，曰："这般说话好简当。"文蔚。

○　"元吉无咎"，吉凶是事，咎是道理。盖有事则吉而理则过差者，是之谓吉而有咎。渊。

○　"享于帝吉"是"祭则受福"底道理。渊。

○　"中行"与"依"，见不得是指谁。渊。

○　"益之，用凶事"，犹书言"用降我凶德，嘉绩于朕邦"。方子。按，曼子渊同。

○　"利用迁国。"程昌寓守寿春，虏人来，占得此爻，迁来鼎州。〔后平杨幺有功。〕渊。〔方子录云"守蔡州"。〕

夬

○　用之说夬卦云："圣人于君子道消之时，固欲人戒谨恐惧以复天理。然于阳长小人道消之时，亦必如此戒惧，其警戒之意深矣。"先生曰："自是无时不戒谨恐惧，不是到这时方戒惧，无时不然。不成说天下已平治可以安意肆志，只才有些放肆，便弄得靡所不至。"<u>偲</u>。

○　"扬于王庭，孚号有厉。"若合开口处，便虽有剑从自家头上落也须着说。但使功罪各当，是非显白，于吾何慊！<u>道夫</u>。

○　夬卦中"号"字皆当作"户羔反"。唯"孚号"古来作去声，看来亦只当作平声。<u>偲</u>。

○　"壮于前趾"与<u>大壮</u>初爻同。此卦大率似<u>大壮</u>，只争一画。〔儒〕<u>用</u>。

○　夬九三"壮于頄"，看来旧文本义自顺，不知<u>程氏</u>何故欲易之。"有愠"也是自不能堪。正如<u>颜杲卿</u>使<u>安禄山</u>，受其衣服，至道间与其徒曰："吾辈何为服此?"归而借兵伐之。正类此也。卦中与复卦六四有"独"字。此卦诸爻皆欲去阴，独此一爻与六为应，也是恶模样。<u>砥</u>。

○　<u>伊川</u>改九三爻次序，看来不必改。<u>渊</u>。

○　这几卦多说那臀，不可晓。<u>渊</u>。

○ "牵羊悔亡"，其说得于许慎之。渊。按，李方子录同。

○ "中行无咎，中未光也。"事虽正而意潜有所系吝，荀子所谓"偷则自行"，佛家所谓"流注不断"，皆意不诚之本也。方子。按，㬊渊录同。

○ 苋、陆是两物。苋者，马齿苋。陆者，章陆，一名商陆。皆感阴气多之物。药中用商陆治水肿，其子红。学蒙。

○ 苋是马齿苋。陆是章柳，今用治水气者，其物难干。渊。

○ "中行无咎"言人能刚决自胜其私、合乎中行则得无咎。无咎但"补过"而已，未是极至处。这是说那微茫间有些个意思断未得，释氏所谓"流注想"，荀子所谓"偷则自行"，便是这意思。照管不着便走将去那里去。爻虽无此意，孔子作象所以裨爻辞之不足。如"自我致寇"、"敬慎不败"之类甚多。"中行无咎"，易中却不恁地看，言人占得此爻者能中行则无咎，不然则有咎。渊。

○ 号平声取先象。渊。

姤

○ 不是说阴渐长为"女壮"，乃是一阴遇五阳。渊。

○ 大率姤是一个女遇五阳，是个不正当底，如"人尽夫也"之事。圣人去这里又看见得那天地相遇底道理出来。渊。

○ 问：“'姤之时义大矣哉'，<u>本义</u>云：'几微之际，圣人所谨。'与<u>伊川</u>之说不同，何也？"先生曰："上面说'天地相遇'至'天下大行也'，正是好时节，而不好之渐已生于微矣，故当谨于此。"<u>学蒙</u>。

○ “金柅"或以为止车物，或以为<u>丝枲</u>。不可晓。<u>广</u>。

○ 又不知此卦如何有鱼象。或说："离为鳖，为蟹，为蠃，为蚌，为龟，鱼便在里面了。"不知是不是。<u>渊</u>。

○ “包无鱼"，又去这里见得个君民底道理。阳在上为君，阴在下为民。<u>渊</u>。

○ “有陨自天"，言能回造化则阳气复自天而陨，复生上来，都换了这时节。<u>渊</u>。

萃

○ 问："萃言'王假有庙'，是卦中有萃聚之象，故可以为聚祖考之精神而享祭之吉占。<u>涣</u>卦既散而不聚，本象不知何处有可立庙之义？将是卦外之意，谓涣散之时当聚祖考之〔精神邪〕？为是下卦是坎，有幽隐之义，因此象而设立庙之义？"“(都)〔坎固〕是有鬼神之义。然此卦未必是因此为义，且作因涣散而立庙说。大抵这处都见不得。"<u>学蒙</u>。

○ 大率人之精神萃于己，祖考之精神萃于庙。<u>渊</u>。

○ "顺天命",说道理时,仿佛如伊川说也去得,只是文势不如此。他是说丰萃之时若不"用大牲",则便是那"以天下俭其亲"相似。也有此理,这时节比不得那"利用禴"之事。他这彖辞散漫说,说了"王假有庙",又说"利见大人",又说"用大牲,吉"。大率是圣人观象节节地看见许多道理,看到这里,见有这个象,便说出这一句来,又看见那个象,又说出那一个理来。然而观象,则今不可得见是如何地观矣。渊。

○ 问"泽上于地,萃,君子以除戎器,戒不虞"。曰:"大凡物聚众盛处必有争,故当预为之备。又泽本当在地中,今却上出于地上,则是水盛长,有溃决奔突之忧,故取象如此。"侗。

○ "一握",不知如何地说个"一握"底句出来。渊。

○ "孚乃利用禴"说,如伊川固好。但若如此却是圣人说个影子,却恐不恁地,想只是说祭。升卦同。渊。

○ 问:"萃九五一爻亦似甚好,而反云'有位,未光也',是如何?"先生云:"见不得。读易似这样,且恁地解去,若强说便至凿了。"学蒙。

升

○ 升"南征吉"。巽、坤二卦拱得个南,如看命人虚拱底说话。砥。

○ "地中生木，升。君子以顺德，积小以高大。"木之生也无日不长，一日不长，则木死矣。人之学也一日不可已，一日而已，则心必死矣！人杰。

○ "地中生木，升。君子以顺德，积小以高大"，汪丈尝云："曾考究得树木之生，日日滋长，若一日不长，便将枯瘁，便是生理不接。学者之于学，不可一日少懈。"大抵德须日日要进，若一日不进便退。近日学者才相疏便都休了。盥。

○ 问："升萃二卦多是言祭享。萃固取聚义，不知升何取义？"先生曰："人积其诚意以事鬼神，有升而上通之义。"又曰："六五'贞吉升阶'与萃九五'萃有位，匪孚，元永贞，悔亡'，皆谓有其位必当有其德，若无其德，则萃虽有位而人不信，虽有升阶之象而不足以升矣。"铢。

○ "亨于岐山"与"亨于西山"，只是说祭山川，想不到得如伊川说。渊。

朱子语类卷第七十三

易九

困

○ 用之说困卦，先生曰："此卦难理会，不可晓。易中有几卦如此。系辞云：'卦有小大，辞有险易。辞也者，各指其所之。'困是个极不好底卦，所以卦辞也做得如此难晓。如蹇卦、剥卦、否卦、睽卦皆是不好卦，只有剥卦分明是剥，所以分晓。困卦是个进退不得、穷极底卦，所以难晓。其大意亦可见。"又曰："看易不当更去卦爻中寻求道理当如何处置。这个只是与人卜筮以决疑惑，若道理当为，固是（使）〔便〕为之，若道理不当为，自是不可做，何用更占？却是有一样事或吉或凶，成两岐道理，处置不得，所以用占。若是放火杀人，此等事终不可为，不成也去占？又如做官赃污邪僻，由径求进，不成也去占？"按，林录惟自"如寐"止"亦可见矣"。僩。按，林学蒙同而略。

○ "不失其所亨"，这句自是说得好。渊。

○ 李敬子问"致命遂志"。先生曰："'致命'如论语中'见危授命'与'士见危致命'之义一般，是送这命与他。自家但遂志循义，都不管生死，不顾身命，犹言置死生于度外也。"僩。又一本详云："问：'泽无水，困，君子以致命遂志。'曰："'泽无水，困。'君子道穷之时，但当委致其命以遂吾之志而已。致命犹送这命与他，不复为我之有。虽委致其命，而志则自遂，无所回屈。伊川解作"推致其命"，虽说得通，然论语中"致命"字都是"委致"之"致"。"事君能致其身"与"士见危致命"、"见危授命"，皆是此意。"授"亦"致"字之意，言将这命授与之也。'"

○ "致命"犹言将这命送与他相似。渊。

○ 问："'臀困于株木'，如何？"先生曰："在困之下，至困者也。株木不可坐，臀在株木上，其不安可知。"又问："伊川将株木作初之正应，不能庇他，说如何？"先生曰："恐说'臀'字不去。"学蒙。

○ 问："'困于酒食'，本义作'餍饫于所欲'，是如何？"先生云："此是困于好底事。在困之时有困于好事者，有困于不好事者。此爻是好爻，当困时则为困于好事。如'感时花溅泪，恨别鸟惊心'，花鸟好娱戏底物，这时却发人不好底意思，是因好物困也。酒食餍饫亦如此。"又问云："象云'中有庆也'，是如何？"先生云："他下面有许多好事。"学蒙。

○ "朱绂，赤绂"，若如伊川说，使书传中说臣下皆是赤绂则可。诗中却有"朱芾斯皇"一句是说方叔，于理又似不通。某之精力只推得到这里。渊。

○ 问："困二、五皆'利用祭祀'，是如何？"先生云："他得中正，又似取无应而心专一底意思。"〔学履。〕

○ "祭祀"、"享祀"，想只说个祭祀，无那自家活人却享他人祭之说。<u>渊</u>。

○　六三阳之阴，上六阴之阴，故将六三言之，则上六为妻。<u>渊</u>。

井

○　井象只取巽入之义，不取木义。<u>渊</u>。

○　井是那掇不动底物事，所以"改邑不改井"。<u>渊</u>。

○　"汔至，亦未繘井羸其瓶，凶。""汔至"略作一句看。"亦未繘井羸其瓶"是一句，意几至而止，如未绠及井而瓶败，言功不成也。<u>学蒙</u>。

○　<u>用之</u>问"木上有水，<u>井</u>"。先生曰："巽在坎下，便是木在下面，涨得水上上来。如桶中盛得两斗水，若将大一斗之木沉在水底，则木上之水亦长一斗，便是此义。如草木之生，津润皆上行直至树末，便是'木上有水，<u>井</u>'之义。虽至小之物亦然。如菖蒲叶，每日早晨叶叶尾皆有水，〔池本作"皆潮水珠"。〕如珠颗，虽藏之密室中亦如此，非露水也。"〔池本云："或云：'尝见野老说，芋叶尾每早亦含水珠，须日出照干则无害。若太阳未照，为物所挨落，则芋实焦枯无味，或生虫。此亦菖蒲潮水之类尔。'曰：'然。'"〕又问："'木上有水，<u>井</u>。'如此，则'井'字之义与'木上有水'何〔异〕〔预〕？"先生曰："'木上有水'便如那井中之水。水本在井底，却能汲上来给人之食，故取象如井也。"<u>用之</u>又问："<u>程子</u>汲水桶之说，是否？"先生曰："不然。'木上有水'，是木穿水中，涨上那水。

若作汲井桶则解不通矣，且与后面'羸其瓶凶'之说不相合也。"僩。按
林学蒙同而略。又注云："后亲问先生。先生云：'不曾说木在下面涨得水来。这个
话是别人说，不是义理如此。'"

○ "'木上有水，井。'说者以为木是汲器，则后面却有瓶，瓶
自是瓦器，此不可晓。怕只是说水之津润上行至那木之杪，这便是井
水上行之象。"问："恐是桔槔之类?"答云："亦恐是如此。"又云：
"（木）〔禾〕上露珠便是下面水上去。大率里面水气上，则外面底也
上。"渊。

○ 鲋，程沙随以为蜗牛，如今废井中多有之。渊。

○ 九三"可用汲"以上三句是象，下两句是占。大概是说理，决
不是说汲井。渊。

○ 若非王明，则无以收拾人才。渊。

○ "收"虽作去声读，义只是收也。渊。

革

○ 郑少梅解革卦以为风炉，亦解得好。初爻为炉底，二爻为炉
眼，三、四、五爻是炉腰处，上爻是炉口。学蒙。

○ 因说革卦，曰："革是更革之谓。到这里须尽翻转更变一番，

所谓'上下与天地同流，岂曰小补之哉'。'小补之'者谓扶衰救弊，逐些补缉，如锢（鑴）〔鉴〕家事相似。若是更革，则须彻底重新铸造一番，非止补苴罅漏而已。汤武应天顺人便是如此。孟子所说王政，其效之速如此，想见做出来好看。只是太粗，反少些'如其礼乐以俟君子'底意思。"或曰："不知他如何做？"曰："须是从五亩之宅，百亩之田，鸡豚桑麻处做起。两三番如此说，想不过只是如此做。"

○ 问："革二女'志不相得'，与睽'不同行'有异否？"先生云："意则一，但变韵而叶之尔。"<u>学蒙</u>。

○ 问："革之象不曰'泽在火上'，而曰'泽中有火'。盖水在火上则水灭了火，不见得水决则火灭、火炎则水涸之义。曰'中有火'则二物并在，有相息之象否？"先生曰："亦是恁地。"<u>学蒙</u>。

○ "泽中有火。"水能灭火，此只是说阴盛阳衰。火盛则克水，水盛则克火。此是"泽中有火"之象，便有那四时改革底意思，君子观这象便去"治历明时"。<u>林艾轩</u>说因<u>革</u>卦得历法，云："历须年年改革，不改革便差了天度。"此说不然。天度之差，盖缘不曾推得那历元定，却不因不改革而然。历岂是那年年改革底？"治历明时"非谓历当改革，盖四时变革中便有个"治历明时"底道理。<u>渊</u>。

○ "'泽中有火，革'，盖言阴阳相胜复，故圣人'治历明时'。向<u>林艾轩</u>尝言圣人于革著治历者，盖历必有差，须时改革方得。某谓此不然。天度固必有差，须在吾术中始得。如度几年当差一分，便就此添一分去乃是。"又云："历数微眇，如今下漏一般。漏管稍涩则必后天，稍阔则必先天。未子而子，未午而午。"<u>渊</u>。按，<u>李方子</u>录同。

○ "革言三就"，言三番结裹成就。如第一番商量这个是当革不当革，说成一番，又更如此商量一番，至于三番然后说成了。却不是三人来说。渊。

○ 问："革下三爻有谨重难改之意，上三爻则革而善。盖事有新故，革者，变故而为新也。下三爻则故事也，未变之时必当谨审于其先，上三爻则变而为新事矣，故渐渐好。"先生云："然。"又云："乾卦到九四爻谓'乾道乃革'，也是到这处方变了。"学蒙。

○ "未占有孚"，伊川于爻中"占"字皆不把做"卜筮尚其占"说。渊。

○ "泽中有火"自与"治历明时"不甚相干。圣人取象处只是依稀地说，不曾确定指杀，只是见得这些意思便说。渊。

鼎

○ "正位凝命"，恐伊川说得未然。此言人君临朝也须端庄安重，一似那鼎相似，安在这里不动，然后可以凝住那天之命，如所谓"协于上下，以承天休"。渊。

○ 〔用之解〕"鼎颠趾，利出否，无咎"。或曰："据此爻，是凡事须用与翻转了，却能致福。"曰："不然。只是偶然如此。本是不好底爻，却因祸致福，所谓不幸中之幸。盖'鼎颠趾'本是不好，却因颠仆而倾出鼎中恶秽之物，所以反得利而无咎，非是故意欲翻转鼎趾而求利也。"（盛）〔或〕言："<u>浙</u>中诸公议论多是如此。云凡事须是与他转一转了，却因转处与他做教好。"曰："便是<u>浙</u>中近来有一般议论如此。若只管如此存心，未必真有益，先和自家心坏了。圣贤做事只说个'正其义不谋其利，明其道不计其功'，凡事只如此做，何尝先要安排纽捏，须要着些权变机械，方唤做做事？又况自家一布衣，天下事那里便教自家做？知他临事做出时如何？却无故平日将此心去纽捏揣摩，先弄坏了。圣人所说底话〔光明正大，须是先理会个〕光明正大底纲领条目，且令自家心先正了，然后于天下之事先后缓急自有个次第，逐旋理会，道理自分明。今于'在明明德'未曾理会得，便先要理会'新民'工夫。及至'新民'，又无那'亲其亲、长其长'底事，却便先萌个计功计获底心，要如何济他！如何有益！少间尽落入功利窠窟里去。固是此理无外，然亦自有个先后缓急之序。今未曾理会得正心、修身，便先要〔治国、平天下；未曾理会自己上事业，便先要〕'开物成务'，都倒了。<u>孔子</u>曰'可与权'，亦是不得已说此话。然须是圣人方可与权，若以<u>颜子</u>之贤，恐也不敢议此'磨而不磷，涅而不缁'。而今人才磨便磷，涅便是缁，如何更说权变功利？所谓'未学行，先学走'也。而今诸公只管讲财货源流是如何，兵又如何，民又如何，陈（说）〔法〕又如何。此等事固当理会，只是须识个先后缓急之序，先其大者急者，而后其小者缓者，今都倒了这工夫。'<u>子路</u>问君子。子曰："修己以敬。"曰："如斯而已乎？"曰："修己以安人。"''<u>颜渊</u>问仁。子曰："克己复礼。"''<u>仲弓</u>问仁。子曰："出门如见大宾，使民如承大祭。己所不欲，勿施于人。"'<u>曾子</u>将死，宜有要切之言。及<u>孟敬子</u>问之，惟在于辞气容貌之间。此数子者皆圣门之高第，及夫子告之与其所以告人者，乃皆在于此。是岂遗其远者大者而徒告以近者小者耶？是必有在矣。某今病得十生九死，已前数年见<u>浙</u>中一般议论如此，亦尝竭其区区之力欲障其（求）〔末〕流，而徒勤无益。不知瞑目以后，又作么生。可畏！可叹！"僴。

○ "得妾以其子。"得妾是无紧要，其重却在以其子处。"颠趾利出否"，伊川说是。"得妾以其子，无咎。"彼谓子为王公在丧之称者，恐不然。渊。

○ "刑剧"，班固使来。若作"形渥"，却只是浇湿浑身。渊。

○ 问："鼎九三'鼎耳革'是如何?"先生云："他与五不相应。五是鼎耳，鼎无耳，移动不得。革是换变之义。他在上下之间，与五不相当，是鼎耳变革了，不可举移，虽有雉膏而不食。此是阳爻，阴阳终必和，故有'方雨'之吉。"学蒙。

○ 六五"金铉"，只为上已当玉铉了，却下取九三之应来当金铉。盖推排到这里，无去处了。渊。

震

○ 震卦"震亨"止"不丧匕鬯"作一项看，后面"出可以为宗庙社稷"又做一项看。震便自是亨。"震来虩虩"是恐惧顾虑，而后便"笑言哑哑"，"震惊百里"便也"不丧匕鬯"。文王语（以）〔已〕是解"震亨"了，孔子又自说长子事。文王之语简重精切，孔子之言方始条畅。须拆开看方得。砥。

○ 震，未便说到诚敬处，只是说临大震惧而不失其常。主器之事，未必彖辞便有此意，看来只是传中方说。渊。

○ "震来虩虩",是震之初震得来如此。渊。

○ "亿丧贝",有以"亿"作"噫"字解底。渊。

○ 言人常似那震来时虩虩地,便能"笑言哑哑",到得"震惊百里"时也"不丧匕鬯"。这个相连做一串下来。渊。

○ 震六二不甚可晓。大概是丧了货贝又被人赶上高处去,只当固守便好。六五是"生于忧患而死于安乐"。上六不全好,但能恐惧于未及身之时,可得无咎,然亦不免他人语言。砥。

艮

○ "'艮其背','背'字是'止'字。彖中分明言'艮其止,止其所也'。"又言:"'艮其背'一句是脑,故彖中言'是以不获其身,行其庭,不见其人',四句只略对。"方子。

○ "艮其背",背只是言止也。人之四体皆能动,惟背不动,取止之义。各止其所则廓然而大公。德明。

○ "艮其背"便"不获其身","不获其身"便"不见其人"。"行其庭"对"艮其背",只是对得轻。身是动物,不道动都是妄,然而动斯安矣,不动自无妄。渊。

○ 因说"不获其身",曰:"如君止于仁,臣止于忠,但见得事之当止，不见得此身之为利为害。才将此身预其间，则道理便坏了。古人所以杀身成仁、舍生取义者，只为不见身方能如此。"或问心性之别。先生曰："这个极难说，且难为譬论。如伊川以水喻性，其说本好，却（便唤）〔使晓〕不得者生病。心大概似个宫人，天命便是君之命，性便如职事一般。此亦大概如此，要自理会得。如邵子云'性者道之形体'，盖道只是合当如此，此〔性〕则有一个根苗，生出君臣之义、父子之仁。性虽虚无，都是实理。心虽是一（理）物，却虚，故能包含万理。要人自体察始得。"学蒙。〔方子录云："性本是无形，却是实理。心似乎有影像，然其体却虚。"〕

○　"艮其背"，浑只见得道理合当如此，入自家一分不得，着一些私意不得。"不获其身"，不干自家事。这四句须是说，艮其背了，静时不获其身，动时不见其人。所以彖辞传中说"是以不获其身"至"无咎也"。周先生所以说"定之以仁义中正而主静"，这依旧只是就"艮其背"边说下来，不是内不见己，外不见人。这两卦各自是一个物，不相秋采。渊。

○　"时止则止，时行则行。"止固是止，〔池本"行固非止"。〕然行而不失其正，〔池本作"理"。〕乃所谓止也。偘。

○　问："艮之象，何以为光明？"先生云："定则明。凡人胸次烦扰则愈见昏昧，中有定止则自然光明。庄子所谓'泰宇定而天光发焉'是也。"学蒙。

○　艮卦是个最好底卦。"动静不失其时，其道光明"，又"刚健笃实辉光，日新其德"，皆艮之象也。艮居外卦者八而皆吉，惟蒙卦半吉半凶。如贲之上九"白贲无咎，上得志也"，大畜上九"何天之衢，道大行

也",（虫）〔蛊〕上九"不事王侯，志可则也"，颐上九"由颐厉吉，大有
庆也"，损上九"弗损益之，大得志也"，艮卦"敦艮之吉，以厚终也"。
蒙卦上九"击蒙，不利为寇，利御寇"，虽小不利，然卦爻亦自好。盖上
九以刚阳居上，击去蒙蔽，只要恰好，不要太过。太过则于彼有伤，而
我亦失其所以击蒙之道。如人合吃十五棒，若只决他十五棒，则彼亦无
辞，而足以御寇。若再加五棒，则太过而反害人矣。为寇者，为人之害
也；御寇者，止人之害也。如人有疾病，医者用药对病，则彼足以祛病
而我亦得为医之道。若药不对病，则反害他人而我亦失为医之道矣。所
以象曰"利用御寇，上下顺也"，惟如此则上下两顺而无害也。個。

○　艮卦是个好卦，居八卦之上，凡上九爻皆好。砥。

○　八纯卦都不相与，只是艮卦是止，尤不相与。内不见己是内
卦，外不见人是外卦，两卦各自去。渊。

○　守约问伊川易传"艮其背"之义。曰："此说似差了，不可晓。
若据夫子说'止其所也'，只是物各有所止之意。伊川又却于解'艮其
止，止其所也'，又自说得分明。恐上面是失点检。"木之。

○　"易传艮卦云：'能使天下顺治，非能为物作则也，惟止之各
于其所而已。'此说甚当。至谓'艮其背'为'止于所不见'，窃恐未
然。据象辞，自解得分晓。"曰："'艮其止，止其所也'，上句'止'字
便是'背'字，故下文便继之云'是以不获其身'，更不再言'艮其背'
也，'止'是当止之处。下句'止'字是解'艮'字，'所'字是解
'背'字，盖云止于所当止也。'所'即至善之地，如君之仁、臣之敬之
类。'不获其身'是无与于己，'不见其人'是亦不见人。无己无人，但
见得此道理，各止其所也。'艮其背'是止于止，'行其庭，不见其人'

是止于动，故曰'时止则止，时行则行'。"伯丰问："如舜禹不与如何？"先生曰："亦（道）〔近〕之。"继曰："未似。若遗书中所谓'百官万务，金革百万之众，饮水曲肱，乐在其中。万变皆在人，其实无一事'，是此气象。大概看易须谨守彖象之言，圣人自解得精密平易。后人看得不子细，好自用己意解得，不是虚心去熟看，安得自见？如乾九五文言'同声相应，同气相求，水流湿，火就燥，云从龙，风从虎，圣人作而万物睹'。夫子因何于此说此数句？只是解'飞龙在天，利见大人'。'睹'字分明解出'见'字。'圣人作'便是'飞龙在天'，'万物睹'便是人见之，如占得此爻，则利于见大人也。九二'见龙在田'，亦是在下贤德已著之人，虽未为世间用，然天下已知其文明。亦是他人利见之，非是此两爻自利相见。凡易中'利'者，多为占得者设。盖活人方有利不利，若是卦画，何利之有？屯卦言'利建侯'，屯只是卦，如何去'利建侯'？盖是占得此卦者之利耳。晋文公占得屯豫，皆得此辞，后果能得国。若常人占得，亦随高下自有个主宰道理。但古者占卜立君、大迁，是事体重者，故爻辞以其重者言之。"又问："屯卦何以'利建侯'？"曰："屯之初爻，以贵下贱，有得民之象，故其爻辞复云'利建侯'。"又问："如何便得爻辞与所占之事相应？"曰："自有此道理。如世之抽签者，尚多有与所占之事相契。"又曰："何以见得易专占签者用？""如'王用亨于岐山'、'于西山'，皆是'亨'字，多通用。若卜人君欲祭山川，占得此即吉。'公用亨于天子'，若诸侯占得此卦，则利于近天子耳。凡占，若爻辞与所占之事相应，即用爻辞断之。万一占病，却得'利建侯'，又须别于卦象上讨义。"正淳谓："三、五相应，二、五不相应，如何？"曰："若得应爻，则所祈望之人、所指望之事皆相应，如官即有得君之义。不相应则亦然。昔敬夫为魏公占得睽之蹇，六爻俱变。此二卦名义自是不好。李寿翁断其占云：'用兵之人亦不得用兵，讲和之人亦不成讲和。睽上卦是离，"离为甲胄，为戈兵"，有用兵之象，却变为坎，坎有险阻在前，是兵不得用也。"兑为口舌"又

"悦也"，是讲和之象，却变为艮，艮，止也，是议和者亦无所成。'未几<u>魏公</u>既败，<u>汤思退</u>亦败，皆如所占。"<u>盖</u>。

○　<u>伯丰</u>问："<u>兼山</u>所得<u>程</u>门者云：'艮内外皆止，是内止天理，外止人欲。又如门限然，在外者不得入，在内者不得出。'此意如何？"先生云："何故恁地说？"因论："'艮其背'，彖云'止其所'便解'艮其背'。盖人之四肢皆能运转，惟背不动，'止其所'之义也。<u>程传</u>解作'止于所不见'，恐未安。若是天下之事皆止其所，己何与焉？人亦何与焉？此所谓'不获其身，行其庭，不见其人也'。"又问："莫是<u>舜</u>'有天下而不与'之意否？"曰："不相似。如所谓'百官万务，金革百万之众，饮水曲肱，乐在其中。万变皆在人，其实无一事'，是也。"又云："'艮其背'，静而止也；'行其庭'，动而止也。万物皆止其所，只有理而已。'不获其身'，'不见其人'也。"因论易云："彖、象、文言解得<u>易</u>直是分晓精密，但学者虚心读之便自可见。如'利见大人'，<u>文言</u>分明解'圣人作而万物睹'之类是也。爻辞只定占得此卦爻之辞看作何用。谓如<u>屯卦</u>之'利建侯'，<u>屯</u>自是卦画，何尝有建侯意思？如<u>晋文公</u>占之便有用也。又如'王用亨于<u>岐山</u>'，'亨'字合作'享'字，是王者有事于山川之卦。以此推之皆见矣。"<u>按，此段即上段，而记有详略，故今并存之。</u><u>人杰</u>。

○　又曰："<u>濂溪</u><u>通书</u>云'背非见也'，亦似伊川说。"问曰："<u>濂溪</u>说'止非为也'，亦不是<u>易</u>本意？"先生曰："语录中有云：'<u>周茂叔</u>谓"看一部<u>华严经</u>，不如看一<u>艮卦</u>"，下面注云"言各止其所"。他这里又看得"止"字好。'癸丑，<u>张元德</u>问此一段。先生曰："'艮其背，不获其身'只是见道理，不见自家；'行其庭，不见其人'只是见道理，不见那人。'艮其背'，'背'字恐是'止'字。彖中分明'艮其止'，止其所也。极解得好。"<u>从周</u>。

○ "'不获其身',不得其身也,犹言讨自家身己不得。"又曰:"欲出于身。人才要一件物事,便须以身己去对副他。若无所欲,则只恁底平平过,便似无此身一般。"又曰:"伊川解'艮其背'一段,若别做一段看却好,只是移于易上说便难通。须费心力口舌方始为说得出。"又曰:"'上下敌应不相与'犹言各不相管,只是各止其所。"又曰:"明道曰'与其非外而是内,不若内外之两忘也',说得最好。便是'不获其身,行其庭,不见其人',不见有物,不见有我,只见其所当止也。如'为人君止于仁'〔,不知下面道如何,只是我当止于仁;〕'为人臣止于敬',不知上面道如何,只是我当止于敬,只认我所当止也。以至父子、兄弟、夫妇、朋友,大事小事,莫不皆然。从伊川之说,到'不获其身'处便说不来,至'行其庭,不见其人'越难说。只做止其所止更不费力。"贺孙。

○ "'艮其背,不获其身',只是道理所当止处不见自家自己。不见利,不见害,不见痛痒,只见道。如古人杀身成仁、舍生取义,皆是见道所当止处,故不见其身。'行其庭,不见其人',墨本自"皆是"以下无。只是见得道理合当恁地处置,皆不见是张三与是李四。"至问:墨本无此一字。"伊川先生易传说'艮其背'是'止于所不见'。"先生曰:"伊川之意,自"伊川说"至此,墨本无。如说'闲邪存诚',如所谓'制之于外,以安其内',如所谓'奸声乱色,不留聪明;淫乐慝礼,不接心术'。此意亦自好,但易之本意未必是如此。吕东莱又错会伊川之意,谓'止于所不见'者,眼虽见而心不见。恐无此理,伊川之意却不如此。"自"吕东莱"以下,墨本无。刘公度问:"老子所谓'不见可欲,其心不乱',与易传同否?"先生曰:"老子之意是要得使人不见,故温公解此一段认得老子本意。'圣人之治虚其心'是要得人无思无欲,'实其腹'是要得人充饱,'弱其志'是要得人不争,'强其骨'是要得人作劳。后人解得皆过高了。"按墨本此下却有一段云:"通书云'背非见也',亦似伊川说，'止非为也'亦不是本意。语录中有云：'周茂叔谓"看一部华岩经，不如看一艮卦"，下面注云"各止其所"。他这里却看得"止"字好。'从周。按，蕈渊录同而略。

○ "'艮其背，不（复）〔获〕其身'，伊川易传盖是'闭邪存诚，制之于外以安其内；奸声乱色，不留聪明，淫乐慝礼，不接心术'之意，若能如此做工夫亦按，袭录无"之意"以下十字，有"凡可欲者皆置在背后"九字。自好。'外物不接，内欲不萌之际'，'之际'二字，钦夫以为当去。按，蕈录此句作一条，但"去"上有"除"字。伯恭却说'止于所不见，是眼虽见而心不见'，恐无此理。按程传今已无"之际"二字。但易本义意却是说，只见义理不见本身也。不知是疼，也不知是痛；不知是利，也不知是害。如舍生取义、杀身成仁一般。'行其庭不见其人'，只见道理，不见那人，也不知是张三，也不知是李四。"按，袭录"此理"以下云"'行其庭，不见其人'，但见义理之当止，不见吾之身；但见义理之当为，不知为张三李四"。以下并无。刘公度问："'老子不见可欲'是程子之意否？"曰："不然。温公解云'不见可欲'是防闲，'民使之不见'与上文'不贵难得之货'相似，'虚其心'是使之无思算、无计较，'实其腹'是使之充饱无馁，'弱其志'是使之不争，'强其骨'是使之作劳。温公之说止于如此。后人推得太高。此皆是言圣人治天下事，与易传之言不同。"方子。按，袭盖卿录同而略。此条当与窦从周、蕈渊一时同闻而录，有先后详略，故并列不注。

○ "伊川易传'艮其背'一段，只是非礼勿视听言动则止于所不见，无欲以乱其心。'不获其身'者，盖外既无非礼之视听言动，则内自不见有私己之欲矣。'外物不接'便是'奸声乱色，不留聪明；淫乐慝礼，不接心术；惰慢邪僻之气，不设于身体'之意。"又曰："'艮其背，不获其身；行其庭，不见其人'，易中只是说'艮其止，止其所'。

人之四肢百骸皆能动作，惟背不能动，止于背是止得其当止之所。明道答横渠定性书举其语，是此意。伊川说却不同，又自是一说。不知伊川解'艮其止，止其所也'又说得分晓，却解'艮其背'又自有异，想是照顾不到。周先生通书之说却与伊川同也。"或问："'不见可欲，此心不乱'与'艮其背'之说，何如？"曰："老氏之说非为自家不见可欲，看他上文皆是使民人如此。如'虚其心'亦是使他□□，'实其腹'亦是使他饱满。"温公注云云，蔡文说不然。又曰："'艮其背'，看伊川说只是非礼勿视听言动。今人又说得深，少间恐便走作，如释、老氏之说屏去外物也。"又因说"止于所不见"，曰："非礼之事物须是常去防闲他。不成道我恁地了，便一向去事物里面衮！"按，李方子以下录亦皆与窦从周同，恐一时所共闻。贺孙。

○　问："'艮其背，不获其身'是静中之止，'行其庭，不见其人'是动中之止。伊川云：'内欲不萌，外物不接，如是而止乃得其正。'似只说得静中之止否？"先生云："然。此段分作两截，却是'艮其背，不获其身'为静之止，'行其庭，不见其人'为动之止。总说则'艮其背'是止之时当其所止了，所以止时自不获其身，行时自不见其人。此三句乃'艮其背'之效验，所以象辞先说'止其所也，上下敌应，不相与也'，却云'是以不获其身，行其庭，不见其人也'。"又问云："'止'有两义，'得所止'之'止'是指义理之极，'行所止'之'止'则就人事所为而言。"先生曰："然。'时止'之'止'，'止'字小；'得其所止'之'止'，'止'字大。此段工夫全在'艮其背'上。多是人将'行其庭'对此句说，便不是了。'行其庭'则是轻说过，缘'艮其背'既尽得了，则'不获其身，行其庭，不见其人'矣。"学蒙。

○　问："伊川解曰'外物不接，内欲不萌'，此说如何？"先生曰：

"只'外物不接'意思亦难理会。寻常如何说这句？某详伊川之意，当与人交之时只见道理合当止处，外物之私意不接于我。"先生曰："某尝问伯恭来，伯恭之意亦如此。然据某之所见，伊川之说只是非礼勿视听言动底意思。"某问先生："不知如何解'行其庭，不见其人'？"先生曰："如此在坐只见道理，不见许多人是也。"某曰："如此，则与非礼勿视听言动之意不协。"先生曰："固是不协。伊川此处说恐有可疑处。看彖辞'艮其止，止其所也'，此便是释'艮其背'之文。伊川于此下解云：'圣人所以能使天下顺治，非能为物作则也，惟止之（为得）〔各于〕其所而已。'此意却最解得分明。'艮其背'恐当只如此说。'艮其止'便是'艮其背'。经文或'背'字误作'止'字，或'止'字误作'背'字，或以'止'字解'背'字。不可知。万物各有所止，着自家私意不得。'艮其背，不获其身'，只见道理，不见自家；自家'行其庭，不见其人'，只见道理，不见他人也。"洽。

○ "艮其腓"、"咸其腓"，二卦皆就人身上取义而皆主静。如"艮其趾"，能止其动便无咎。"艮其腓"，腓亦是动物，故止之。"不拯其随"是不能拯止其随限而动也，所以"其心不快"。限（虽）〔即〕腰所在。初六"咸其拇"自是不合动，六二"咸其腓"亦是欲随股而动。动则凶，若不动则吉。銤。

○ "艮其限"是截做两段去。渊。

渐

○ "山上有木"，木渐长则山渐高，所以为渐。学蒙。

○ 渐九三爻虽不好，"夫征不复，妇孕不育"，却"利御寇"。今术家择日，利婚姻底日不宜用兵，利相战底日不宜婚嫁，正是此意。盖用兵则要相杀相胜，婚姻则要和合，故用不同也。学蒙。

○ 渐之九三，"夫征不复，妇孕不育，利御寇"。今术家言，婚姻日不利出师征伐，宜征伐日不利婚姻。盖其日有宜和合、争斗之不同，兵家多遵用之。僩。

○ 卦中有两个"孕妇"字，不知如何取象，不可晓。渊。

归妹

○ 归妹未有不好，只是说以动带累他。渊。

○ 两"终"字，伊川说未安。渊。

○ "月几望"是说阴盛。渊。

丰

○ "丰，亨，王假之"，须是王假之了，方且"勿忧，宜日中"。若未到这个田地，更忧甚底？王亦未有可忧。"宜照天下"是贴底闲句。渊。

○ 或问："丰卦'宜日中'、'宜照天下'，人君之德如日之中，乃能尽照天下否？"曰："易如此看不得。只是如日之中，则自然照天下，不可将作道理解他。'日中则昃，月盈则食，天地盈虚，与时消息。而况于人乎？况于鬼神乎'，自是如此。物事到盛时必衰，虽鬼神有所不能违也。"问："此卦后面诸爻不甚好。"曰："是他忒丰大了。这物事盛极，去不得了，必衰也。人君于此之时当如奉盘水，战兢自持，方无倾侧满溢之患。若才有纤毫骄矜自满之心，即败矣。所以此处极难。（绍圣）〔崇宁〕中群臣创为'丰亨豫大'之说。当时某论某人曰：'当丰亨豫大之时，而为因陋就简之说。君臣上下动以此借口，于是安意肆志，无所不为，而大祸起矣。'"侗。

○ 仲思问"动非明则无所之，明非动则无所用"。曰："徒明不行，则明无所用，空明而已；徒行不明，则行无所向，冥行而已。"伯羽。

○ 问："丰〔九四〕近幽暗之君，所以有'丰其蔀，日中见斗'之象。亦是他本身不中正所致，故象云'位不当也'。"先生曰："也是如此。"学蒙。

○ "丰其屋，天际翔也"，似是说"如翚斯飞"样。言其屋之大〔到于天际〕，〔却只是自〕蔽障阔。〔或作自是自障碍。〕渊。〔学蒙。〕

旅

○ 不知圣人特地做一个卦说这旅则甚。渊。

○ "明慎用刑而不留狱",却只是火在山上之象,又不干旅事。渊。

○ "资斧"有做"赍斧"说底。这资斧在巽上说也自分晓,然而旅中亦岂可无备御底物事?次第这便是。渊。

○ 旅(九)〔六〕五"上逮也",不得如伊川说。"一矢亡"之"亡"字,如"秦无亡矢遗镞"之"亡",不是如伊川之说。易中凡言"终吉"者皆是初不好也。〔又曰:而今只如这小小文义,亦无人去解析得。〕学蒙。

巽

○ 巽卦是于"重巽"上取义。"重巽"所以为"申命"。渊。

○ 巽卦"申命","申"字是叮咛反复之意。"风无所不入",如命令人,〔丁咛〕告戒无所不至也。故象以之。学蒙。

○ 问:"'重巽以申命','重'字之义如何?"曰:"只是重卦,巽是重卦。故曰'重巽'。八卦之象皆是如此。"问:"'申'字是两番降命令否?"曰:"非也。只是丁宁反复说便是'申命'。巽,风也。风之吹物,无处不入,无物不鼓动。诏令之入人,沦肌浃髓,亦如风之动物也。"僩。

○ "无初有终",也仿佛是伊川说。始未善是"无初",更之而善是"有终"。自"贞吉悔亡"以下都是这一个意思。一如坤卦"先迷后得"以下都只是一个意思。渊。

○ "先庚"、"后庚"是说那后面变了底一截。渊。

兑

○ "兑说"，若不是"刚中"，便成邪媚。下面许多道理都从这个"刚中柔外"来。"说以先民"如"利之而不庸"。"顺天应人"，革卦就革命上说，兑卦就说上说，后人都做"应天顺人"说了。到了"顺天应人"是言顺天理、应人心。胡致堂管见中辩这个也好。渊。

○ 说若不"刚中"，便是违道干誉。渊。

涣

○ 涣是散底意思。物事有当散底：号令当散，积聚当散，群队当散。渊。

○ "涣奔其机"，以卦变言之，〔九二〕自三来居二，得中而不穷，所以为安，如机之安也。〔六三是自二往居三，未为得位，以其上同于四，所以为得位。象辞如此说，未密。若云六三上应上九为上同，恐如此跳过了不得。〕也即是依文解义说。终是不（若三居二之为得位）〔见得三来居二之为安、二之于三为得位〕，是如何。<u>学蒙</u>。

○ 问："<u>涣</u>卦'刚来而不穷'，穷是穷极，来处乎中，不至穷极否？"先生云："是居二为中，若在下则是穷矣。"<u>学蒙</u>。

○ 散居积，须是在他正位方可。<u>渊</u>。

○ "刚来不穷"是九三来做二，"柔得位而上同"是六二上做三。此说有些不稳，却为是六（五）〔三〕不唤做得位。然而某这个例，只是一爻互换转移，无那隔蓦两爻底。<u>渊</u>。

○ 此卦只是卜祭吉，又更宜涉川。"王乃在中"是指庙中，言宜在庙祭祀，<u>伊川先生</u>说得那道理多了。他见得许多道理了，不肯自做他说，须要寄搭放在经上。<u>渊</u>。

○ "奔其机"也只是九来做二。人事上说时，是来就那安处。<u>渊</u>。

○ <u>老苏</u>云："涣之（九）〔六〕四曰'涣其群，元吉'。夫群者，圣人之所欲涣以混一天下者也。"此说虽<u>程</u>传有所不及。如<u>程</u>传之说则是群其涣，非"涣其群"也。盖当人心涣散之时，各相朋党，不能混一。惟（九）〔六〕四能涣小人之私群，成天下之公道，此所以元吉也。<u>老苏</u>天资高，又善为文章，故此等话皆达其意。大抵<u>涣</u>卦上三爻是以涣济涣也。<u>道夫</u>。

○ "涣其群"言散小群做大群，如将小物事几把解来合做一大把。<u>东坡</u>说这一爻最好，缘他会做文字，理会得文势，故说得合。<u>渊</u>。

○ "涣汗其大号"，圣人当初就人身上说一"汗"字为象，不为无意。盖人君之号令当出乎人君之中心，由中而外，由近而远，虽至幽至远之处，无不被而及之。亦犹人身之汗，出于中而浃于四体也。<u>道夫</u>。

○ "涣汗其大号。"号令当散，如汗之出，千毛百窍中迸散出来。这个物出不会反，却不是说那号令不当反，只是取其如汗之散出，自有不反底意思。<u>渊</u>。

节

○ "天地节而四时成。"天地转来，到这里相节了，更没去处。今年冬尽了，明年又是春夏秋冬，到这里厮匝了，更去不得。这个折做两截，两截又截做四截，便是春夏秋冬。他是自然之节，初无人使他。圣人则因其自然之节而节之，如"修道之谓教"、"天秩有礼"之类皆是。天地则和这个都无，只是自然如此，圣人法天做这许多节揩出来。<u>渊</u>。

○ "户庭"是初爻之象，"门庭"是第二爻之象。户庭未出去，在门庭则已稍去矣。就爻位上推，户庭主心，门庭主事。<u>渊</u>。

○ "安节"是安稳自在，"甘节"是不辛苦吃力底意思。甘便对那苦。"甘节"与"礼之用，和为贵"相似。不成人臣得"甘节吉"时也要节天下！大率人一身上各自有个当节底。<u>渊</u>。

○ "节大体以当而通为善。观九五'中正而通'，<u>本义</u>云'坎为通’，岂水在中间必流而不止耶？”先生曰：“然。”又云：“观这六爻，上三〔爻〕在险中，是处节者也。故四在险初而节则亨，五在险中而节则甘，上在险终，虽苦而无悔，盖节之时当然也。下三爻在险外，未至于节而预知所节之义。初知通塞故无咎，二可行而反节，三见险在前当节，而又以阴居刚，不中正而不能节，所以（二）〔三〕爻凶而有咎。不知是如此否？”先生曰：“恁地说也说得。然九二一爻看来甚好，而反云凶，终是解不稳。”学蒙。按，林夔同。

中孚

○　中孚、小过两卦，鹘突不可晓。小过尤甚。如云“弗过防之”，则是不能过防之也，四字只是一句。至“弗过，遇之”与“弗遇，过之”，皆是两字为绝句，意义更不可晓。学蒙。

○　中孚与小过都是有飞鸟之象。中孚是个卵象，是鸟之未出壳底。孚亦是那孚膜意思。所以卦中都说“鸣鹤”、“翰音”之类。“翰音登天”言不知变者，盖说一向恁么去，不知道去不得。这两卦十分解不得，且只依希地说。“〔豚〕鱼〔吉〕”，这卦中他须见得有个豚鱼之象，今不可考。占法则莫须是见豚鱼则吉，如鸟占之意象。若十分理会着，便须穿凿。渊。

○　问：“‘孚’字与‘信’字恐亦有别否？”先生曰：“伊川云‘存于中为孚，见于事为信’，说得极好。”因举字说：“‘孚’字从‘爪’从‘子’，如鸟抱子之象。今之‘乳’字也，一边从‘孚’，盖中所抱者实有物也。中间实有物，所以人自信之。”学履。

○ "柔在内，刚得中"，这个是就全体看则中虚，就二体看则中实。他都见得有孚信之意，故唤作"中孚"。伊川这二句说得好。他只遇着这般齐整底便恁地说去。若遇那不齐整底便说不去。渊。

○ "议狱缓死"只是以诚意求之。"泽上有风"，感得水动。"议狱缓死"则能感人心。渊。

○ "鹤鸣子和"亦不可晓，"好爵尔縻"亦不知是说甚底。系辞中又说从别处去。渊。

○ 问："中孚六三，大义是如何？""某所以说中孚、小过皆不可晓，便是如此。依文解字看来只是不中不正，所以歌泣喜乐都无常也。"学履。

○ "中孚九二爻自不可晓。看来'我有好爵，吾与尔縻之'是两个都要这物事，所以'鹤鸣子和'是两个中心都爱，〔所〕以相应如此。"因云："'洁净精微'之谓易，自是悬空说个物在这里，初不惹着那实事。某尝谓，说易如水上打球，这头打来，那头又打去，都不惹着水方得。（□□□□）〔今人说都打〕入水里去了。"〔胡泳录云："读易如水面打球，不沾着水方得，若着水便不活了。今人都要按从泥里去，如何看得！"〕学履。

小过

○ 小过大率是过得不多。如大过便说"独立不惧"，小过只说这

"行"、"丧"、"用",都只是这般小事。伊川说那禅让征伐,也未说得到这个,大概都是那过低过小底。"飞鸟"虽不见得遗音是如何,大概且恁地说。渊。

○ 小过是过于慈惠之类,大过则是刚严果毅底气象。渊。

○ "小过,小者过而亨",不知"小者"是指甚物事?学蒙。

○ "'飞鸟遗之音',本义谓'致飞鸟遗音之应',如何?"先生云:"看这象似有羽虫之孽之意,如'鵩鸟'贾谊之类是也。"学蒙。

○ "山上有雷,小过",是声在高处下来。"飞鸟遗之音",也是高处声下来,为小过。学蒙。

○ "行过恭,用过俭"皆是宜下之意。学履。

○ 初六"飞鸟以凶",只是取其飞过高了,不是取"遗音"之义。中孚有卵之象。小过中间二画是鸟腹,上下四画阴,为鸟翼之象。鸟出乎卵,此小过所以次中孚也。学履。

○ 三父,四祖,五便当妣。过祖而遇妣是过阳而遇阴,然而阳不可过,则不能及六五,却反回来六二上面。渊。

○ 九四"弗过遇之",过遇犹言加意待之也。上六"弗遇过之"(□)〔疑〕亦当作"弗过遇之",与九三"弗过防之"文体正同。渊。□录同而略,今附。云:"'弗遇过之',疑下言当作'弗过遇之',犹言加意待之也。"

○ <u>小过</u>"终不可长也"，爻义未明，此亦当阙。<u>僩</u>。

○ "密云不雨"，大概是做不得事底意思。<u>渊</u>。

○ "弋"是俊壮底意，却只弋得这般物事。<u>渊</u>。

既济

○ "亨小"（常）〔当〕作"小亨"。大率到那<u>既济</u>了时便有不好去，所以说"小亨"。如<u>唐</u>时<u>贞观</u>之盛，便向那不好去。<u>渊</u>。

○ <u>既济</u>是已济了，大事都亨，只小小底正在亨通，若能戒惧〔得〕常似今便好，不然便一向不好去。<u>伊川</u>意亦是如〔此〕，但要说做"亨小"，所以不分晓。〔又曰：若将济，便是好。今已济，便只是不好去了。〕<u>学蒙</u>。

○ "初吉终乱"便有不好在末后底意思。<u>渊</u>。

○ "'<u>高宗</u>伐<u>鬼方</u>'，疑是高宗旧日占得此爻，故圣人引之，以证此爻之吉凶。〔如'<u>箕子</u>之明夷利贞'，'<u>帝乙</u>归妹'，皆恐是如此。〕"又曰："<u>汉</u>去古未远，想见卜筮之书皆存。如<u>汉文帝</u>之占'大横庚庚'，都似<u>左传</u>时人说话。"又曰："'<u>夏启</u>以光'，想是<u>夏启</u>曾占得此卦。"<u>学蒙</u>。

○ 问："'三年克之，惫也'言用兵是不得已。以<u>高宗</u>之贤，三年而克<u>鬼方</u>，亦不胜其惫矣！"先生曰："言兵不可轻用也。"<u>学履</u>。

○〔问："<u>既济</u>上三爻〕皆渐渐不好去，盖出明而入险，四有衣〔袽〕之象。"曰："'有所疑也'便是不美之端倪自此已露。""五〔'杀牛'则已〕自过盛，上'濡首'则极而乱矣。不知如何？"先〔生曰："然。时运〕到那里都过了，<u>康节</u>所谓'饮酒酩酊，开花离披'时节，所以有这样不好底意思出来。"<u>学履</u>。

○六四以柔居柔，能虑患豫防，盖是心低小底人便能虑事。柔善底人心不粗，虑事细密。刚果之人心粗，不解如此。<u>渊</u>。

未济

○取狐〔为〕象，上象头，下象尾。<u>渊</u>。

○问："未〔济所〕以亨者，〔谓之未济，〕便是有济之理。〔但尚迟迟，故谓之未济。〕而'柔得中'又自有亨之〔道〕。"曰："然。'小狐汔济'，'汔'字训'几'，与井〔卦同〕。既曰'几'，便是未〔济〕。未出中，不独是说九二爻，通一卦之体，皆是未出〔乎〕坎险，所以未济。"<u>学履</u>。〔本注云："<u>士毅</u>本记此段尤详，但今未见<u>黄</u>本。"〕

○未济〔象〕辞"不（相接）续，终也"，是首济而尾濡，不能济，不相接续去，故曰"不续，终也"。狐尾大，"濡其尾"则济不得矣。<u>学蒙</u>。

○ 易不是说杀底物事，只可轻轻地说。若是确定一爻吉、一爻凶，便是扬子云太玄了，易不恁地。两卦各自说"濡尾"、"濡首"，不必拘说在此言首，在彼言尾。大概既济〔是那日中衙〕（府）〔晡〕时候，盛了只是向衰去。未济是五更〔初〕时，只是向明去。圣人当初见这个爻里有这个〔意思〕，〔便说〕出这一爻来，或是从阴阳上说，或是从卦位〔上说〕。〔他这个〕说得散漫，不恁地逼拶他，他这个说得疏。到他密时盛水不漏，到他疏时疏得无理会。若只要就名义上求他，便是今人说易了，大失他易底本意。他周公做这爻辞，只依稀地见这个意，便说这个事出来，大段散漫。赵子钦尚自嫌某说得那疏，不知如今煞有要退削了处。譬如个灯笼安四个柱，这柱已是碍了明，若更剔去得，岂不更是明亮！所以说"不可〔为〕典要"，可见得他散漫。渊。

○ 既济〔未〕济所谓"濡尾"、"濡其首"，分明是〔说〕野狐过水。今〔孔子解云〕"饮酒濡首"，亦不知是如何。只是孔子说，人便不〔敢〕议，他人便恁地不得。砥。

○ 未济〔与〕既济诸爻头尾相似。中间三四两爻，如损益模样，颠倒了他。"曳轮濡尾"，在既济为无咎，在此卦则或吝、或贞吉，这便是不同了。渊。

○ "曳轮濡尾"是只争些子时候，是欲到与未到之间。不是不欲济，是要济而未敢轻济。如曹操临敌，意思安闲，如不欲战。老子所谓"犹若冬涉川"之象。涉则必竟涉，只〔是畏那寒了〕，未敢便涉。渊。

○ 〔"濡其尾，亦不〕知极也"，"极"字未详，考上下韵亦不叶，或恐是〔"敬"字〕，〔今且〕阙之。僩。

○〔问："居未济之时〕未可动作，初柔不能固守，故有'濡尾'之吝。二阳中正，故有曳轮之吉。"曰："也是如此，大概难晓。某解也且备礼，依众人说。"又曰："坎有轮象，所以说轮。大概未济之下卦皆未可进。〔'濡尾''曳轮'皆是此意。〕六三未离坎体，也不好。到四、五已出乎险，方好。六又不好。"又曰："'濡首'分明是狐过水而濡其首。今象却云'饮酒濡首'，皆不可晓。尝有〔人〕著书以彖辞、文言为非圣人之书。只是似这处颇〔费〕分疏，所以有是说。"

○ 问："〔未济〕上九，以阳居未济之极，宜可以济而〔反不善者〕，〔窃谓〕未济则当宽静以待。九二、〔九〕四以阳〔居〕阴，〔皆当〕静〔守〕。上九则极阳不中，所以如此。"先生曰："也未见得如〔此〕。大抵时运既当未济，虽有阳刚之才亦无所用。况又不得位，所以如此。"学蒙。

朱子语类卷第七十四

易十

上系上

○ 上、下系辞说那许多爻，直如此分明。他人说得分明，便浅近。圣人说来却不浅近，有含蓄。所以分在上、下系也无甚意义。圣人偶然去这处说，又去那处说。尝说道看易底不去理会道理，却只去理会这般底，譬如读诗者不去理会那四字句押韵底，却去理会那十〔五国〕风次序相似。渊。

○ "天尊地卑"，上一截皆说面前道理，〔下〕一截是说易书。圣〔人做〕这个易，与天地准处如此。〔如〕今看面〔前〕，天地〔便〕是〔他〕那乾坤，卑高便是贵贱。圣人只是见成说这个，见得易是准这个。若把下面一句说做未画之易也不妨，然圣人是从那有易后说来。渊。

○ 系辞"天尊地卑"至"变化见矣"，是举天地事理以明易。自"是故"以下却举易以明天地间事。人杰。

○ "天尊地卑，乾坤定矣"，上句是说天地造化实体，以明下句是说易中之义。"天尊地卑"，故易中之乾坤定矣。杨〔氏说〕得深

〔了〕。易中固有屈伸往来之乾坤处，然只〔是说〕乾坤之卦。在易则有乾坤，非是因有天地而始〔定乾坤〕。〔銛。〕

○ "天尊地卑"〔至〕"变化见矣"，上一句皆说天地，下一句皆说易。如贵贱是易之位，刚柔是易之变化，类皆是易，不必专主乾、坤二卦而言。"方以类聚，物以群分"，方只是事，训"术"，训"道"。善有善之类，恶有恶之类，各以其类而聚也。谟。

○ "天尊地卑，乾坤定矣"，观天地则见易也。僩。

○ 乾坤阴阳以位相对言，固只一般。然以分而言，乾尊坤卑，阳尊而阴卑，不可并也。以一家言之，父母固皆尊，然〔母〕终不可以并乎父，所谓"尊无二上"也。僩。

○ "卑高以陈，贵贱位矣"，此只是一句。说天地间有卑有高，故〔易〕之六爻有贵贱之位也，故曰"列贵贱者存乎位"。銛。

○ 问"方以类聚，物以群分"。曰："物各有类，善有善类，恶有恶类，吉凶于是乎出。"又曰："方以事言，物以物言。"砥。

○ "方以类聚，物以群分"，杨氏之说为字所拘，此只是"物有本末，事有终始"之意。随其善恶而类聚群分，善者吉，恶者凶，而吉凶亦由是而生耳。伊川说是。亦是言天下事物各以类分，故存乎易者，吉有吉类，凶有凶类。銛。

○ 〔"在天成象，在地〕成形，变化见矣。"上是天地之变化，下是〔易之变〕化。盖变化，易中阴阳二爻变化，故"变化者，进〔退之象〕也"。变化只进退便是，如自〔坤而〕乾则为进，自乾而坤则为退。进退在已变、未定之间，若已定则便是刚柔也。盥。

○ 问："不知'变化'二字以成象、成形者分言之，不知是衮同说?"〔学履录云："问：'不知是变以成象、化以成形，为将是"变化"二字同在象、形之间?'曰：'不必如此分。'"〕曰："莫分不得。'变化'二字，下章说得最分晓。"文蔚曰："下章云'变化者，进退之象'，如此则变是自微而著，化是自盛而衰。"曰："固是。变是自阴而阳，化是自阳而阴，易〔中〕说变化惟此处最亲切。如言'刚柔者，立本者也；〔变通〕者，趋时者也'，刚柔是体，变通不过是二者盈虚消息而已，此所谓'变化'。故此章亦云'刚柔者昼夜之〔象也〕，变化者进退之象也'。'刚柔者昼夜之象'，所谓'立本'；'〔变〕化者进退之象'，所谓'趋时'。又如言'吉凶者失得之象，悔吝者忧虞之象'，悔吝便是吉凶底交互处，悔是吉之渐，吝是凶之端。"文蔚。林录止"最亲切"。侗录皆同，而以"变自微而著，化自盛而衰"皆作先生说。

○ 问："变化是分于天地上说否?"曰："难为分说。变是自阴而阳，自静而动；化是自阳而阴，自动而静。渐渐化将去，不见其迹。"又曰："横渠云'变是倏忽之变，化是逐旋不觉化将去'，恐易之意不如此说。"既而曰："适间说'类聚'〔、'群分'〕，也未见说到物处。易只是说一个阴阳变化，阴〔阳变化〕便自有吉凶。下篇说得变化极分晓。'刚柔者〔昼夜之〕象〔也〕'，刚柔便是个骨子，只管恁地变化。"此条与上□□，疑一〔时〕所同录，□少异。砥。

○ "摩"是那两个物事相摩戛，"荡"则是圜转推荡将出来。"摩"是八卦以前事，"荡"是八卦以后为六十四卦底事。"荡"是有那八卦了，团旋推荡那六十四卦出来。汉书所谓"荡军"，是团转去杀他、磨转他底意思。渊。节录同。

○ "刚柔相摩，八卦相荡"，方是说做这卦。做这卦了，那"鼓之以雷霆"与风雨、日月、寒暑之变化皆在这卦中，那成男〔成〕女之变化也在这卦中。见造化关捩子才动，那许多物事都出来。易只是模写他这个。渊。

○ "鼓之以雷霆，润之以风雨"，此已上是将造化之实体对易中之理，此下便是说易〔中〕却有许多物事。銖。

○ "乾道成男，坤道成女"，通人物言之，如牝牡之类。在〔植〕物亦有男女，如竹有雌雄之类，皆离阴阳刚柔不得。銖。

○ "乾知太始"，知犹当也，如知县、知州之类。泳。

○ "乾知太始，坤作成物。"知者，管也。乾管却太始，太始即物生之始。乾始物而坤成之也。夔。

○ 或问："'乾知太始，坤作成物，乾以易知，坤以简能'，如何是〔知〕?"曰："此'知'字训'管'字，不当解作知见之'知'。太始是'万〔物资〕始'，乾以易，故管之；成物是'万物资生'，坤以简，故〔能〕之。大抵谈经只要自在，不必泥于一字之间。"盖卿。

○ "〔乾知〕太始"，知，(才)〔主〕之意也，如知县、知州。乾为其初，为其萌芽。"坤作成物"，坤管下面一截，有所作为。"乾以易知"，"乾，阳物也"，阳刚健故作为易成。"坤以简能"，坤因其乾先发得有头脑，特因而为之，故简。节。

○ 乾德刚健，他做时便通透彻达，栏截障蔽他不得。人刚健者亦如此。"乾以易知"，只是说他恁地做时不费力。渊。

○ "坤以简能"，坤最省事，更无劳攘，他即承受那乾底生将出〔来〕。他生将物出来便见得是能。阴则是一个顺，若不顺如何配阳而生物！渊。

○ 问"乾坤易简"之理。曰："'易简'只以'健顺'可见义。"曰："且以人论之。有人甚健则遇事时自然觉易，易只是不难。又如人禀得性顺，及其作事便自然简，简只是不繁。然乾之易只管得上一截事，到下一截却属坤，故易。坤只是承乾，故不着做上一截事，只做下面一截，故简。如'乾以易知，坤以简能'，知便是做起头，能便是做了。只观'隤然'、'确然'亦可见得易简之理。"銖。

○ "易简"，一画是易，两画是简。泳。

○ 方（□谈）〔士繇〕问"乾坤简易"。曰："易只是一个要做便做，简是一恁地都不入自家思惟意思，惟顺他乾道做将去。"〔又〕问："乾健，'德行常易以知险'；坤顺，'德行常简以知阻'。"曰："自上临下为险，自下升上为阻。故乾无自下升上之义，坤无自上降下之理。"贺孙。

○ 吴必大伯丰问"简易"。曰："只是'健顺'。如人之健者做事自易，顺承者自简静而不繁。只看下系'确然'、'隤然'自分晓。易者只做得一半，简者承之。又如乾'恒易以知险'，坤'恒简以知阻'，因登山而知之。高者视下可见其险，有阻在前，简静者不以为难。"人杰。

○ 问"'乾知'是知，'坤作'是行否?"曰："是。"又问："通乾坤言之，有此理否?"曰："有。"又问："如何是'易简'?"曰："他行健，所以易，易是知阻难之谓，人有私意便难。简只是顺从而已，若外更生出一番，如何得简? 今人多是私意，所以不能简易。易，故知之者易;简，故从之者易。'有亲'者，惟知之者易，故人得而亲之。此一段通天人而言。"祖道。

○ 乾惟行健，其所施为自是容易，观造化生长则可见，只是这气一过时万物皆生了，可见其易。要生便生，更无凝滞;要做便做，更无等待，非健不能也。渊。

○ 问"乾易坤简"。曰："'简'字易晓，'易'字难晓。他是健了，〔饶本云："逐日被他健了。"〕自然恁地不劳气力。才从这里过，要生便生，所谓'因行不妨掉臂'，〔是〕这样说话。系辞有数处说'易简'，皆是这意。〔子细看便见。〕"又问："健〔不〕是〔他〕要恁地，是实理自然如此。在人则顺理而行便自容易，不须安排。"曰："顺理自是简底事。所谓易便只是健，健自是易。"学蒙。

○ 问"易则易知，简则易从"。答曰："乾坤只是健顺之理，非可指乾坤为天地，亦不可指乾坤为二卦，在天地与卦中皆是此理。'易知'、'易从'不必皆指圣人，但易时自然易知，简时自然易从。"谟。去伪、人杰皆录同。

○ 问："如何是'易知'?"曰："且从上一个'易'字看，看得'易'字分晓，自然易知。"久之，又曰："简则有个睹当底意思。看这事可行不可行，可行则行，不可行则止，所以谓之顺。易则都无睹当，无如何、若何，只是容易行将去。如口之欲语，如足之欲行，更无因依。口须是说话，足须是行履。如虎啸风冽、龙兴致云，自然如此，更无所等待，非至健何以如此？这个只就'健'字上看。惟其健所以易。虽天下之至险，亦安然行之，如履平地，此所以为至健。坤则行到前面，遇着有阻处便不行了，此其所以为至顺。"<u>侗</u>。

○ "'乾以易知，坤以简能。'他自是从上面'乾知太始，坤作成物'处说来。"<u>文蔚</u>曰："<u>本义</u>以'知'字作'当'字解，其义如何？""此一如说'乐著太始'，太始就当体而言，言乾当此太始，然亦自有知觉之义。"<u>文蔚</u>曰："此是那性分一边事。"曰："便是他属阳。'坤作成物'，却是作那成物，乃是顺<u>乾</u>。'乾以易知，坤以简能'，易简在<u>乾坤</u>。'易则易知，简则易从'却是以人事言之。两个'易'字又自不同，一个是简易之'易'，一个是难易之'易'。要之只是一个字，但微有毫厘之间。"因极论："天地间只有一个阴阳，故<u>程先生</u>云'只有一个感与应'。所谓阴与阳无处不是。且如前后，前便是阳，后便是阴；又如左右，左便是阳，右便是阴；又如上下，上面一截便是阳，下面一截便是阴。"<u>文蔚</u>曰："先生<u>易说</u>中谓'<u>伏羲</u>作易，验阴阳消息两端而已'。此语最尽。"曰："'阴阳'虽是两个字，然却只是一气之消息，一进一退，一消一长。进处便是阳，退处便是阴；长处便是阳，消处便是阴。只是这一气之消长做出古今天地间无限事来，所以阴阳做一个说亦得，做两个说亦得。"<u>文蔚</u>。

○ "易知则有亲，易从则有功。"惟易则人自亲之，简则人自从之。盖难阻则自是人不亲，繁碎则自是人不从。人既亲附则自然可以久长，人既顺从则所为之事自然广大。若其中险深不可测，则谁亲之？做事不繁碎，人所易从，有人从之，功便可成。若是头项多，做得事来艰难底，必无人从之。<u>营</u>。

○ "易系解'易知'、'易从',云'知则同心,从则协力,一于内故可久,兼于外故可大',如何?"曰:"既易知则人皆可以同心,既易从则人皆可以叶力。'一于内故可久'者,谓可久是贤人之德,德则得于己者。'兼于外故可大'者,谓可大是贤人之业,事业则见于外者故尔。"谟。

○ "乾以易知,坤以简能"以下,只为易知、易从,故可亲、可久。如人不可测度者自是难亲,亦岂能久?烦碎者自是难从,何缘得有功也?谟。

○ 德是得之于心,业是事之有头绪次第者。方子。

○ 萧兄问"德"、"业"。先生云:"德者,得也,得之于心谓之德。如得这个孝,则为孝之德业是做得成头绪、有次第了。不然,泛泛做,只是俗事,更无可守。"盖卿。

○ 黄子功问:"系辞乾坤易简之理,继之以久、大、贤人之德业。何以不言圣人之德业,而言贤人之德业?"曰:"未消理会这个得。若恁地理会,亦只是理会得一段文字。"良久,乃曰:"乾坤只是一个健顺之理,人之性无不具此。'虽千万人,吾往矣'便是健,'虽褐宽博,吾不惴焉'便是顺。如刚果奋发、谦逊退让亦是。所以君子'富贵不能淫,贫贱不能移,威武不能屈',非是刚强,健之理如此。至于'出门如见大宾,使民如承大祭',非是巽懦,顺之理如此。但要施之得其当,施之不当便不是乾、坤之理。且如孝子事亲须是下气怡色,起敬起孝。若用健,便是悖逆不孝之子。事君须是立朝正色,犯颜敢谏。若用顺,便是阿谀顺旨。中庸说'君子而时中',时中之道,施之得其宜便是。"文蔚曰:"通书云'性者,刚柔善恶中而已',此一句说得亦好。"先生点头曰："古人自是说得好了，后人说出来又好。"徐子融曰："上蔡尝云'一部论语只如此看'，今听先生所论，一部周易亦只消如此看。"先生默然。文蔚。

○ "'可久则贤人之德，可大则贤人之业'，杨氏'可而已'之说亦善。"又问："不言圣人，是未及圣人事否？"曰："'成位乎其中'便是说（底）〔抵〕着圣人。张子所谓'尽人道，并立乎天地以成三才'，则尽人道非圣人不能。程子之说不可晓。"〔按，杨氏曰："可而已，非其至也，故为贤人之德、业。"本义谓："法乾坤之事，贤于人之'贤'。"〕銵。

○ 伯丰问："'成位乎其中'，程子、张子二说孰是？"曰："此只是说圣人。程子说不可晓。"銵。

右第一章

○ "圣人设卦观象"至"生变化"三句是题目，下面是解说这个。吉凶悔吝自大说去小处，变化刚柔自小说去大处。吉凶悔吝说人事变化，刚柔说卦画。从刚柔而为变化，又自变化而为刚柔。所以下个"变化之极"者，未到极处时未成这个物事。变似那一物变时从萌芽变来成枝成叶。化成时是那消化了底意思。渊。

○ 问："本义云：'刚柔相推而生变化，变化之极复为刚柔，流行于一卦六爻之中，而占者因得其所值以断吉凶也。'窃意在天地之中，阴阳变化无穷而万物得因之以生生；在卦爻之中，〔九六〕变化无穷而人始得因其变以占吉凶。"先生云："易自是占其变。若都变了，只一爻不变，则又以不变者为主。或都全不变，则不变者又反是变也。"学蒙。

○ "刚柔相推"是说阴阳二气相推,"八卦相荡"是说奇偶杂而为八卦。在天则"刚柔相推",在易则"八卦相荡",然皆自易言。一说则"刚柔相推"而成八卦,"八卦相荡"而成六十四卦。营。

○ "吉凶者,失得之象也;悔吝者,忧虞之象也;变化者,进退之象也;刚柔者,昼夜之象也。"四句皆互换往来,乍读似不贯穿,细看来不胜其密。吉凶与悔吝相贯,悔自凶而趋吉,吝自吉而趋凶。进退与昼夜相贯,进自阴而趋乎阳,退自阳而趋乎阴也。谟。

○ 系辞一字不胡乱下,只人不仔细看。如"吉凶者,失得之象也;悔吝者,忧虞之象也;变化者,进退之象也;刚柔者,昼夜之象也",中间两句,悔是自凶而向乎吉,吝是自吉而趋乎凶;进是自柔而向乎刚,退是自刚而趋乎柔。又如"乾知险,坤知阻",何故乾言险、坤言阻?旧因登山晓得,自上而下来方见险处,故以乾言;自下而上去方见阻处,故以坤言。淳。

○ 吉凶悔吝四者,正如刚柔变化相似。四者循环,周而复始,悔了便吉,吉了便吝,吝了便凶,凶了便悔。正如"生于忧患,死于安乐"相似。盖忧苦患难中必悔,悔便是吉之渐;及至吉了,少间便安意肆志,必至做出不好、可羞吝底事出来,这便是吝,吝便是凶之渐矣;及至凶矣,又却悔。只管循环不已。正如刚柔变化,刚了化,化了柔,柔了变,变便是刚,亦循环不已。吉似夏,吝似秋,凶似冬,悔似春。僴录同而略。

○ 〔问:"本义说'悔吝者忧虞之象',以为'悔自凶而趋吉,吝自吉而向凶'。窃意人心本善,物各有理。若心之所发鄙吝而不知悔,这便是自吉而向凶。"曰:"不然。"〕"吉凶悔吝是对那刚柔变化说。刚极便柔，柔极便刚。四个循环如春夏秋冬，凶是冬，悔是春，吉是夏，吝是秋，秋又是冬去。"或问曰："此配阴阳当如此。于人事上如何说？"曰："事未尝不'生于忧患，死于安乐'。若吉而不知戒惧，自是生出吝来，虽未至于凶，是有凶之道也。"〔又曰："日中则昃，月盈则食。自古极乱未尝不生于极治。"〕学蒙。

○ 刚过当为悔，柔过当为吝。节。

○ 过便悔，不及便吝。銖。

○ "悔吝二义，悔者，将趋于吉而未至于吉；吝者，将趋于凶而未至于凶。"又问："所谓小疵者，只是以其未便至于吉凶否？"曰："悔是渐好，知道是错了便有进善之理，悔便到无咎。吝者，暗鸣说不出，心下不定，没分晓，然未至大过，故曰小疵。然小疵毕竟是小过。"銖。

○ 问："'所居而安者，易之序也'，与'居则观其象'之'居'不同。上'居'字是总就身之所处而言，下'居'字是静对动而言。"曰："然。"学蒙。

○ 问"所居而安者，易之序也"。曰："序是次序，谓卦及爻之初终，如潜、见、飞、跃，循其序则安。"又问"所乐而玩者，爻之辞"。曰："横渠谓'每读每有益，所以可乐'，盖有契于心则自然乐。"銖。

○ "'居则观其象而玩其辞；动则观其变而玩其占'，如何？"曰："若是理会不得，却如何理会得占？闲时理会得，到（闲）〔用〕时便占。"銖。

○　居则玩其占，有不待占而自显者。<u>可学</u>。

右第二章

○　"忧悔吝者存乎介，震无咎者存乎悔。"悔固是吉凶之小者，介又是几微之间，虑悔吝之来当察于几微之际。无咎者本是有咎，善补过则无为咎。震，动也，欲动而无咎当存乎悔尔。悔吝在吉凶之间，悔是自凶而趋吉，吝是自吉而之凶。悔吝，小于吉凶而将至于吉凶者也。<u>谟</u>。

○　"齐小大者存乎卦"，齐犹分辨之意，一云犹断也。小谓<u>否</u><u>暌</u>之类，大谓泰谦之类。如泰谦之辞便平易，暌困之辞便艰险，故曰"卦有小大，辞有险易"。此说与<u>本义</u>异。<u>人杰</u>。

○　"齐小大者存乎卦。"曰："'齐'字又不是整齐，自有个如准如协字，是分辨字。泰为大，否为小。'辞有险易'直是吉卦易、凶卦险。泰谦之类说得平易，暌蹇之类说得艰险。"<u>砺</u>。

○　问："'忧悔吝者存乎介。'悔吝未至于吉凶，是那初萌动、可向吉凶之微处。介又是悔吝之微处。'介'字如界至、界限之'界'，是善恶初分界处。（以）〔于〕此忧之则不至悔吝矣。"曰："然。"<u>学蒙</u>。

○　问："'卦有小大，辞有险易。'阳卦为大，阴卦为小。爻辞如'休复吉'底自是平易，'困于葛藟'底自是险。"曰："大约也是如此。〔自是不曾见得他底透，只得随众说。如所谓'吉凶者失得之象'一段，却是彻底见得圣人当初作易时意，似这处更移易一字不得。其他处不能尽见得如此，所以不能尽见得圣人之心。〕"<u>学蒙</u>。

○ 问："'卦有小大'，旧说谓<u>大畜</u>、<u>小畜</u>、<u>大过</u>、<u>小过</u>，如此则只说得四卦，也不知如何。"曰："看来只是好底卦便是大，不好底卦便是小。如<u>复</u>、如<u>泰</u>、如<u>大有</u>、如<u>夬</u>之类尽好底卦，如<u>睽</u>、如<u>困</u>、如<u>小过</u>底尽不好底。譬如人，光明磊落底便是好人，昏昧迷暗底便是不好人。所以谓'卦有小大，辞有险易'。大卦辞易，小卦辞险，即此可见矣。"<u>学蒙</u>。

○ 问"<u>易</u>与天地准，故能弥纶天地之道"。曰："<u>易</u>道本与天地齐准，所以能弥纶之。凡天地间之物，无非<u>易</u>之道，故<u>易</u>能'弥纶天地之道'，而圣人用之也。'弥'如封弥之'弥'，糊合便无缝罅；'纶'如络丝之'纶'，自有条理。言虽是弥得外面无缝罅，而中则事事物物各有条理。弥，如'大德敦化'；纶，如'小德川流'。弥而非纶，则空疏无物；纶而非弥，则判然不相干。此二字，见得圣人下字甚密也。"<u>学蒙</u>。

○ "弥纶天地之道"，"弥"字如封弥之义。惟其封弥得无缝罅，所以能遍满也。<u>本义解作遍满之意</u>。<u>僩</u>。

○ "'仰以观天文，俯以察地理，是故知幽明之故。'注云：'天文则有昼夜上下，地理则有南北高深。'不知如何?"曰："昼明夜幽，上明下幽。观昼夜之运，日月星辰之上下，可见此天文幽明所以然。南明北幽，高明深幽。观之南北高深，可见此地理幽明之所以然。"又云："始终死生是以循环言，精气鬼神是以聚散言，其实不过阴阳两端而已。"<u>学蒙</u>。

○ 天是阳，地是阴，然各有阴阳。天之昼是阳，夜是阴；日是阳，月是阴。地如高属阳，下属阴；平坦属阳，险阻属阴；东南属阳，西北属阴。幽明便是阴阳。僴。

○ 观文、察变以至"知鬼神之情状"，皆是言穷理之事。直是要知得许多，然后谓之穷理。谟。

○ 正卿问"原始反终，故知死生之说"。曰："人未死，如何知得死之说？只是原其始之理，将后面折转来看便见得，以此之有，知彼之无。"

○ "原始反终"，推原其始，却回头转来看其终。人杰。

○ 问："'反'字如何？"曰："推原其始而反其终。谓如人心方推原其始初，却折转一折来，如回头之义，反观其终。"僴。

右第三章〔分章今依本义。〕

○ "精气为物"是合精与气而成物，精魂而气魄也。变则是魂魄相离。虽独说"游魂"而不言魄，而离魄之意自可见矣。学蒙。

○ 林安卿问"精气为物，游魂为变"。曰："此是两个合，一个离。精气，合则魂魄凝结而为物，离则阳已散而阴无所归，故为变。'精气为物'，精，阴也；气，阳也。'仁者见之谓之仁，智者见之谓之智'，仁，阳也；智，阴也。"人杰。〔义刚同。〕

○ 问："尹子解'游魂'一句为鬼神，如何？"曰："此只是聚散。

聚而为物者神也，散而为变者鬼也。鬼神便有阴阳之分，只于屈伸往来观之。<u>横渠</u>说'精气自无而有，游魂自有而无'，其说亦分晓。然精属阴，气属阳，然又自有错综底道理。然就一人之身将来横看，生便带着个死底道理。人身虽是属阳而体魄便属阴，及其死而属阴又却是此气，便亦属阳。盖死则魂气上升，而魄（气）〔形〕下降。若古人说'徂落'二字，极有义理，便是谓魂魄。徂者，魂升于天；落者，魄降于地。只就人身便亦是鬼神。如祭祀'求诸阳'便是求其魂，'求诸阴'便是求其魄。<u>祭义</u>中<u>宰我</u>问鬼神一段说得好，注解得亦好。"<u>萱</u>。

○ "与天地相似故不违。"上言易"与天地准"，此言圣人"与天地相似"也。此下数句是与天地相似之事。<u>僩</u>。

○ "与天地相似故不违。"上文言易之道"与天地相似"，此言圣人之道"与天地准"也。惟其人不违，所以"与天地相似"。若此心有外，则与天地不相似矣。此下数句皆是"与天地相似"之事也。上文"易与天地准"下数句，皆"易与天地准"之事也。"旁行而不流"，言其道旁行而不流于偏也。"范围天地之化而不过"，自有大底范围，又自有小底范围。而今且就身上看，一事有一个范围。"通乎昼夜之道而知"，"通"训兼，言兼昼与夜皆知也。<u>僩</u>。

○ "与天地相似"是说圣人。第一句泛说。如"周乎万物"至"道济"，是细密底工夫。知便是要周乎万物，无一物之遗；道直要济天下。<u>萱</u>。

○ 问："'与天地相似故不违，知周乎万物而道济天下故不（违）〔过〕'，<u>注</u>云：'"知周万物"者天也，"道济天下"者地也。'是如何？"曰："此与后段'仁者见之谓之仁，知者见之谓之知'又自不同。此以清浊言，彼以动静言。智是先知得较虚，故属之天。'道济天下'则普济万物，惠实及民，故属之地。"又言："'旁行不流，乐天知命故不忧'，此两句本皆是知之事，盖不流便是贞也。不流是本，旁行是应。变处无本则不能应变，能应变而无其本则流而入变诈矣。细分之，则旁行是知，不流属仁。其实皆是知之事，对下文'安土敦乎仁故能爱'一句，专说仁也。"学蒙。

○ "知周万物"是体；"旁行"是"可与权"，乃推行处；"乐天知命"是自处。三节各说一理。渊。

○ "旁行而不流。"曰："此'小变而不失其大常'。然前后却有'故'字，又相对。此一句突然，易中自时有恁地处，颇有难晓。"僩。

○ 问："'乐天知命'，云'通上下言之'，又曰'圣人之知天命则异于此'。某窃谓'乐天知命'便是说圣人。"曰："此一段亦未安。'乐天知命'便是圣人之异者，与'不知命无以为君子'自别。"可学。

○ "安土敦乎仁"对"乐天知命"言之。所寓而安，笃厚于仁，更无夹杂，纯是天理。自"易与天地准"而下，皆发明阴阳之理。人杰。

○ 问"安土敦乎仁，故能爱"。曰："此是与上文'乐天知命'对说。'乐天知命'是'知崇'，'安土敦仁'是'礼卑'。安是随所居而安，在在处处皆安。若自家不安，何以能爱？敦只是笃厚。去尽己私，全是天理，更无夹杂，充足盈满，方有个敦厚之意。只是仁而又仁，敦厚于仁，故能爱。惟'安土敦仁'则其爱自广。"僩。

○ "安土"者随所寓而安，若自择安处，便只知有己，不知有物也。此厚于仁者之事，故能爱也。<u>人杰</u>。<u>谟</u>、<u>去伪</u>录同。

○ "安土敦乎仁，故能爱"，圣人说仁是恁地说，不似<u>江西</u>人说知觉相似。此句说仁最密。<u>渊</u>。<u>方子</u>录无"江西"一句。

○ "范围天地"之道。范是铸金作范，围是围裹。如天地之道都没个遮栏，圣人便将天地之道一如用范来范成个物，包裹了。试举一端，如在天便做成四时节候，以此做个涂辙，更无过差。此特其一尔。<u>銧</u>。

○ 问："'范围天地之化而不过'，如天之生物至秋而成，圣人则为之敛藏。人之生也，欲动情胜，圣人则为之教化防范。此皆是范围而使之不过之事否？"曰："范围之事阔大，此亦其一事也。今且就身上看如何。"或曰："如视听言动，皆当存养使不过差，此便是否？"曰："事事物物无非天地之化，皆当有以范围之。就喜怒哀乐而言，喜所当喜、怒所当怒之类，皆范围也。能范围之不过，曲成之不遗，方始见得这'神无方，易无体'。若范围有不尽，曲成有所遗，神便有方，易便有体矣。"<u>学蒙</u>。

○ 问"范围天地之化而不过"。曰："天地之化，滔滔无穷，如一炉金汁熔化不息。圣人则为之铸泻成器，使入模范匡郭，不使过于中道也。'曲成万物而不遗'，此又是就事物之分量形质，随其大小阔狭、长短方圆，无不各成就此物之理，无有遗阙。'范围天地'是极其大而言，'曲成万物'是极其小而言。'范围'如'大德敦化'，'曲成'如'小德川流'。"<u>学蒙</u>。

○ "通乎昼夜之道而知。"既曰"通"又曰"知"，似不可晓。然通是兼通，若通昼不通夜，通生不通死，便是不知，便是神有方，〔易〕有体了。学蒙。

○ "'通乎昼夜之道而知'，'通'字只是兼乎昼夜之道而知其所以然。大抵此一章自'易与天地准'以下，只是言（人）〔个〕阴阳。至'仁者见之谓之仁，知者见之谓之知'，谓随人气偏处见，仁亦属阳，知亦属阴，此又是分着阴阳。如'继之者善，成之者性'，便于造化流行处分阴阳，此是指人气禀有偏处，分属阴阳耳。"因问："尹子'"鬼神情状"只是解"游魂为变"一句'，即是将'神'字作'鬼'字看了。程、张说得甚明白，尹子亲见伊川，何以不知此义？"曰："尹子见伊川晚，又性质朴钝，想伊川亦不曾与他说。"砺。

○ "易无体"，这个物事逐日各自是个头面，日异而时不同。渊。

○ "神无方而易无体"，神便是在阴底又忽然在阳底。易便是或为阴或为阳，如为春又为夏，为秋又为冬，交错代换而不可以形体拘也。学蒙。

○ "神无方，易无体。"神自是无方，易自是无体。方是四方上下，神却或在此或在彼，故云"无方"。"易无体"者，或自阴而阳，或自阳而阴，无确定底，故云"无体"。自与那"其体则谓之易"不同，各自是说一个道理。若恁地衮将来说，少间都说不去。他那个是说"上天之载，无声无臭"，"其体则谓之易"。这只是说个阴阳、动静、辟阖、刚柔、消长，不着这七八个字说不了。若唤做"易"，只一字便了。易是变易，阴阳无一日不变，无一时不变。庄子分明说"易以道阴阳"。要看易须当恁地看，事物都是那阴阳做出来。"其体则谓之易"，此"体"是个骨子。渊。节录同。

○ "一阴一阳之谓道"则阴阳是气，不是道，所以为阴阳者乃道也。若只言"阴阳之谓道"则阴阳是道，今曰"一阴一阳"则是所以循环者乃道也。"一阖一辟谓之变"亦然。<u>道夫</u>。

○ 或问"一阴一阳之谓道"。曰："以一日言之则昼阳而夜阴；以一月言之则望前为阳，望后为阴；以一岁言之则春夏为阳，秋冬为阴。从古至今恁地衮将去，只（这）是个阴阳，是孰使之然也？乃道也。从此句下又分两脚。此气之动为人物，浑是一个道理。故人未生以前此理（不）〔本〕善，所以谓之'继之者善'，此则属阳；气质既定，为人为物，所以谓'成之者性'，此则属阴。"<u>正卿</u>。

○ 问"一阴一阳之谓道"。曰："一阴一阳，此是天地之理。如'大哉乾元，万物资始'，乃'继之者善也'；'乾道变化，各正性命'，此'成之者性也'。这一段是说天地生成万物之意，不是说人性上事。"〔谟。〕<u>去伪</u>录同。

○ "一阴一阳之谓道"，太极也。"继之者善"，生生不已之意，属阳；"成之者性"，"各正性命"之意，属阴。<u>通</u>书第一章可见。如说"纯粹至善"，却是统言道理。<u>人杰</u>。

○ "一阴一阳之谓道。"就人身言之，道是吾心。"继之者善"是吾心发见恻隐、羞恶之类。"成之者性"是吾心之理，所以为仁义礼智是也。<u>人杰</u>。

○ 问："孟子只言'性善'，<u>易</u>系辞却云'一阴一阳之谓道，继之者善也，成之者性也'。如此则性与善却是二事？"曰："一阴一阳是总名。'继之者善'是二气五行之事，'成之者性'是气化已后事。"<u>去伪</u>。

○ 问：“‘一阴一阳之谓道’便是太极否？”曰：“阴阳只是阴阳，道便是太极。程子说‘所以一阴一阳者，道也’。”问：“知言云‘有一则有三，自三而无穷矣’，又云‘“一阴一阳之谓道”谓太极也。阴阳刚柔，显极之几，至善以微，孟子所谓“可欲”者也’，此意如何？”曰：“知言只是说得一段文字皆好，不可晓。”问：“‘纯粹至善者也’与‘继之者善’同否？”曰：“是缴上二句，却与‘继之者善’不同。‘继之者善’属阳，‘成之者性’属阴。”问：“阳实阴虚。‘继之者善’是天命流行，‘成之者性’是在人物。疑人物是实。”曰：“阳实阴虚又不可执。只是阳便实、阴便虚，各随地步上说。如扬子说‘于仁也柔，于义也刚’，今周子却以仁为阳、义为阴。要知二者说得都是。且如造化周流，未著形质，便属形而上者；才丽于形质为人物、为金木水火土，便转动不得，便是形而下者，属阴。若是阳时自有多少流行变动在，及至成物，一成而不返。谓如人之初生属阳，只管有长，及至长成，便只有衰，此气逐旋衰减，至于衰尽则死矣。周子所谓‘原始反终’，只于衰尽处可见反终之理。”又曰：“尝见张乖崖云‘未押字时属阳，已押字时属阴’，此语疑有得于希夷，未可知。”蓥。

○ “继之者善”如水之流行，“成之者性”如水之止而成潭也。椿。

○ 流行造化处是善，凝成于我者即是性。继是接续绵绵不息之意，成是凝成有主之意。大雅。

○ “继之者善也”，元亨，是气之方行而未著于物也，是上一截事。“成之者性也”，利贞，是气之结成一物也，是下一截事。苢。

○ “继之者善，成之者性。”曰：“造化所以发育万物者为‘继之者善'，'各正其性命'者为'成之者性'。"<u>铢</u>。

○ 〔"继之者善，成之者性。"〕性便是善。<u>可学</u>。

○ 问："'继之'、'成之'，是道，是器?"曰："继之成之是器，善与性是道。"<u>人杰</u>。

○ "成性"只是本来性。<u>芝</u>。

○ 或问"成之者性也"。曰："性如宝珠，气质如水。水有清有污，故珠或全见、或半见、或不见。"又问："先生尝说性是理，本无是物。若譬之宝珠，则却有是物。"曰："譬喻无十分亲切底。"<u>盖卿</u>。

○ "仁者"、"知者"至"鲜矣"。"此言万物各具是性，但气禀不同，各以其性之所近者窥之。故仁者只见得他发生流动处而以为仁，知者只见得他贞静处而便以为知。下此一等，百姓日用之间'习矣而不察'，所以'君子之道鲜矣'。"<u>学蒙</u>。

右第四章

○ "'显诸仁，藏诸用'，二句只是一事。'显诸仁'是可见底，便是'继之〔者〕善也'；'藏诸用'是不可见底，便是'成之者性也'。'藏诸用'是'显诸仁'底骨子，正如说'一而二，二而一'者也。<u>张文定〔公〕</u>说'（公）事未判属阳，已判属阴'，亦是此意。'显诸仁，藏诸用'，亦如元亨利贞，元亨是发用流行处，利贞便是流行底骨子。"又曰："'显诸仁'，德之所以盛；'藏诸用'，业之所以成。譬如一树，一根生许多枝叶花实，此是'显诸仁'处。及至结实，一核成一个种子，此是'藏诸用'处。生生不已，所谓'日新'也；万物无不具此理，所谓'富有'也。"僩。

○ "显诸仁，藏诸用"是"元亨诚之通，利贞诚之复"。銖。

○ "鼓万物而不与圣人同忧"，此言造化之理。如圣人则只是人，安得而无忧！谟。

○ 天地造化是自然，圣人虽生知安行，然毕竟是有心去做，所以说"不与圣人同忧"。渊。

○ 问"鼓万物而不与圣人同忧"。答曰："明道两句最好：'天地无心而成化，圣人有心而无为。'无心便是不忧，成化便是鼓万物。天地鼓万物，亦何尝有心来！"谟。去伪录同。

○ "盛德大业"以下都是说易之理，不是指圣人。銖。

○ "盛德大业至矣哉"，是赞叹上面"显诸仁，藏诸用"。（曼）〔昻〕录。

○ "盛德大业"一章。曰："既说'盛德大业'，又说他只管恁地生去，所以接之以'生生之谓易'，是渐说入易上去。乾只略成一个形象，坤便都呈见出许多法来。到坤处都细了，万法一齐出见。'效'字如效顺、效忠、效力之'效'。'极数知来之谓占，变通之谓事'，占出这事变，人便依他这个做，便是'通变之谓事'。看来圣人到这处便说在占上去，则此书分明是要占矣。'阴阳不测之谓神'是总结这一段。

不测者是在这里又在那里，便只是这一个物事走来走去，无处不在。六十四卦都说了，这又说三百八十四爻。许多变化只是这一个物事周流其间。"<u>学蒙</u>。

○ 先说个"富有"，方始说"日新"，此与说宇宙相似。先是有这物事了，方始相连相续去。自"富有"至"效法"是说其理如此，用处却在那"极数知来"与"通变"上面。盖说上面许多道理要做这般用。<u>渊</u>。

○ "效法之谓坤"，到这个坤时都子细详密了，一个是一个模样。效犹呈，一似说"效犬"、"效羊"、"效牛"、"效马"，言呈出许多物。大概乾底只是做得个形象，到得坤底则渐次详密。"资始"、"资生"，于此可见。<u>渊</u>。

○ "成象之谓乾，效法之谓坤"，依旧只是阴阳。凡属阳底便是〔只有个象而已，象是〕方做未成形之意〔，已成便属阴〕。"成象"谓如日月星辰在天，亦无个〔实形，只是个〕悬象如此。乾便略，坤便详。效如陈效之"效"，若今人言效力之类。法是有一成已定之物，可以形状见者。如条法，亦是实有已成之法。<u>銖</u>。

○ "成象之谓乾"，此造化方有些显露处。"效法之谓坤"，以"法"言之则大段详密矣。"效"字难看，如效力、效成之"效"，有陈献底意思。乾坤只是理，理本无心。自人而观，犹必待乾之成象而后坤能效法。然理自如此，本无相待。且如四时亦只是自然迭运，春夏生物，初不道要秋冬之所成；秋冬成物，又不道成就春夏之所生，皆是理之所必然者尔。<u>谟</u>。

○ "成象之谓乾"，谓风霆雨露日星，只是个象。效者，效力之"效"。效法，则效其形法而可见也。<u>人杰</u>。

右第五章

○ "夫易，广矣，大矣。以言乎远则不御，以言乎迩则静而正，以言乎天地之间则备矣。""静而正"谓触处皆见有此道，不待安排，不待措置，虽至小、至近、至鄙、至陋之事，无不见有。随处皆见足，无所欠缺，只观之人身便见。"见有"、"见足"之"见"，<u>贤遍反</u>。<u>倜</u>。

○ "夫易，广矣，大矣"〔止〕"静而正"，是无大无小，无物不包，然当体便各具此道理。<u>銐</u>。

○ "'静而正'，须着工夫看。"徐曰："未动时便都有此道理，都是真实，所以下个'正'字。"<u>銐</u>。

○ "其动也辟。"大抵阴是两件，如阴爻两画。辟是两开去，翕是两合。如地皮上生出物来，地皮须开。今论天道包着地在，然天之气却贯在地中，地却虚，有以受天之气。其下所谓有"大生"、"广生"之字，大是一个大底物事，广便是容得许多物事。"大"字实，"广"字虚。<u>銐</u>。

○ "'夫坤，其静也翕，其动也辟。'地到冬间，气都翕聚不开；至春则天气下入地，地气开以迎之。"又曰："阴阳与天地自是两件物事。阴阳是二气，天地是两个有形质底物事，如何做一物说得！不成说动为天而静为地，无此理，正如鬼神之说。"<u>倜</u>。

○ 乾静专动直而大生，坤静翕动辟而广生。这说阴阳体性如此，卦画也仿佛似恁地。渊。

○ 天体大，"是以大生焉"；地体虚，"是以广生焉"。"广"有虚之义，如"河广"、"汉广"之"广"。敬仲。

○ 本义云："乾一而实，故以质言而曰大；坤二而虚，故以量言而曰广。"学者不晓，请问。曰："此两句解得极分晓。盖曰以形言之则天包地外，地在天中，所以说天之质大。以理与气言之则地却包着天，天之气却尽在地之中，地尽承受得那天之气，所以说地之量广。天只是一个物事，一本故实，从里面便实出来，流行发生只是一个物事，所以说'乾一而实'。地虽是坚实，然却虚，所以天之气流行乎地之中，皆从地里发出来，所以说'坤二而虚'。"用之云："坤形如肺，形质虽硬而中本虚，故阳气升降乎其中无所障碍，虽金石也透过去。地便承受得这气，发育万物。"曰："然。要之天形如一个鼓鞴，天便是那鼓鞴外面皮壳子，中间包得许多气开阖消长，所以说'乾一而实'。地只是一个物事，中间尽是这气升降来往，缘中间虚故容得这气升降来往。以其包得地，所以说其质之大；以其容得天之气，所以说其量之广。非是说地之形有尽故以量言也，只是说地尽容得天之气，所以说其量之广耳。今治历家用律吕候气，其法最精。气之至也分寸不差，便是这气都在地中透上来。如十一月冬至，黄钟管距地九寸，以葭灰实其中，至之日，气至灰去，晷刻不差。"又云："看来天地中间，此气升降上下当分为六层。十一月冬至自下面第一层生起，直到第六层上，极至天，是为四月。阳气既生足便消，下面阴气便生。只是这一气升降循环不已，往来乎六层之中也。"问："月令中'天气下降，地气上腾'，此又似是天地各有气相交合？"曰："只是这一气，只是阳极则消而阴生，阴极则消而阳生。'天气下降'便只是冬至。复卦之时阳气在下面生起，故云'天

气下降'。"或曰："据此则却是阴消于上（面）〔而〕阳生于下，却（是）
〔见〕不得'天气下降'。"曰："也须是天运一转则阳气在下，故从下生
也。今以天运言之则一日自转一匝。然又有那大转底时候，须是大着心
肠看始得，不可拘一不通也。盖天本是个大底物事，以偏滞求他不
得。"㑑。

○ 问："阴偶阳奇，就天地之实形上看，如何见得？"曰："天是
一个浑沦底物，虽包乎地之外，而气则迸出乎地之中。地虽一块物在天
之中，其中实虚，容得天之气迸上来。系辞云：'乾，静也专，动也直，
是以大生焉；坤，静也翕，动也辟，是以广生焉。''大生'是浑沦无所
不包，'广生'是广阔，能容受得那天之气。'专'、'直'则只是一物直
去。'翕'、'辟'则是二个，翕则阖，辟则开。此奇偶之形也。"又曰：
"阴阳只得一半，两个方做得一个。"学蒙。

○ 易不是象乾、坤，乾、坤乃是易之子目。下面一壁子是乾，一
壁子是坤。盖说易之广大，是这个乾便做他那大，坤便做他那广。乾所
以说大时，塞了他中心，所以大；坤所以说广时，中间虚，容得物，所
以广。广是说他广阔，着得物。常说道地对他天不得，天便包得地在中
心。然而地却是中虚，容得气过，容得物，便是他广。天是那一直大底
物事。地是那广阔底物，有坳处，有陷处，所以说广。这个只是说理，
然而也是说书。有这理便有这书，书是载那道理底，（若）〔苦〕死分不
得。大概上面几句是虚说底，这个配天地、四时、日月、至德是说他实
处。渊。

○ 阴阳虽便是天地，然毕竟天地自是天地。"广大配天地"时，
这个理与他一般广大。渊。

○ "广大配天地，变通配四时，阴阳之义配日月"，以易配天。"易简之善配至德"，以易配人之至德。人杰。

○ 问"易简之善配至德"。曰："此是以易中之理取外面一事来对。谓易之广大，故可配天地；易之变通，如老阳变阴、老阴变阳，往来变化，故可配四时；'阴阳之义'便是日月〔相似〕；'易简之善配至德'便是在人之至德。"銎。

○ 问："'广大配天地'至'变通配四时'，这'配'字是配合义底意思否？"曰："只是相似之意。"又问"易简之善"。曰："也是易上有这道理，似人心之至德也。"学蒙。

○ 林安卿问："'广大配天地'，莫是配合否？"曰："配只是似。(直)〔且〕如下句云'变通配四时'，四时如何配合？四时自是流行不息，所谓'变通'者如此。'易简之善配至德'，'至德'亦如何配合？'易简'是(当)〔常〕行之理，'至德'是自家所(传)〔得〕者。"又问："伊川解'知微知彰，知柔知刚'，云：'知微则知彰，知柔则知刚。'如何？"曰："只作四截看，较阔，言君子无所不知。"良久，笑云："向时有个人出此语令杨大年对，杨应声云'小人不耻不仁，不畏不义'，无如此恰好！"义刚。

○ 学只是知与礼，他这意思却好。礼便细密。中庸"致广大，尽精微"等语，皆只是说知、礼。渊。

○ "'礼卑'是卑顺之意。卑便广，地卑便广，高则狭了。人若则拣取高底做便狭，两脚踏地做方得。若是着件物事，填教一二尺高，便不稳了，如何会广！地卑便会广。世上更无卑似地底。"又曰："地卑是从贴底谨细处做去，所以能广。"渊。

○　知要崇，礼要卑。节。

○　"知崇、礼卑。"知是知处，礼是行处，知尽要高，行却自近起。可学。

○　"知崇、礼卑"，这是两截。"知崇"是智识超迈，"礼卑"是须就切实处行。若知不高则识见浅陋，若履不切则所行不实。知识高便是象天，所行实便是法地。识见高于上，所行实于下，中间便生生而不穷，故说"易行乎其中。成性存存，道义之门"。大学所说格物、致知，是"知崇"之事；所说诚意、正心、修身、齐家、治国、平天下，是"礼卑"之事。贺孙。

○　"知崇、礼卑"一段。云："地至卑，无物不载在地上。纵开井百尺，依旧在地上，是无物更卑得似地。所谓'德言盛，礼言恭'，礼是要极卑，故无物事无个礼。至于至微至细底事，皆当畏谨，惟恐失之，这便是礼之卑处。曲礼曰'毋不敬'，自'上东阶先（左）〔右〕足，上西阶先（右）〔左〕足'，'羹之有菜者用梜，无菜者不用梜'，正谓此也。"又曰："似这处不是他特地要恁地，是他天理合如此。知识日多则知日高，积累多则业益广。"学蒙。

○　"知崇、礼卑。"礼极是个卑底事，如地相似，看甚底载在地上。知却要极其高明。"礼仪三百，威仪三千"，无非卑底事，然又不是强安排，皆是天理自然如此。如"羹之有菜者用梜，其无菜者不用梜"，主人升自东阶、客自西阶之类，"上东阶则先左足，上西阶则先右足"，若上东阶则先右足则背了主人，上西阶先左足则背了客，自是理合如此，不可乱。又曰："'知崇'者，德之所以崇；'礼卑'者，业之所以广。理才有些子不到处，这业便是有欠缺，便不广了。地虽极卑，无所欠阙，故广。"個。

○ "知崇"，天也，是致知事要得高明。"礼卑"，是事事都要践履过，卑便业广。蕣。

○ 知识贵乎高明，践履贵乎着实。知既高明，须是放低着实做去。铢。

○ 问"天地设位而易行乎其中矣。成性存存，道义之门"。曰："上文言'知崇、礼卑，崇效天，卑法地'。人崇其智须是如天之高，卑其礼须如地之下矣。'天地设位'一句只是引起，要说'智崇、礼卑'。人之智、礼能如天地，便能成其性、存其存，道义便自此出。所谓道义便是易也。'成性存存'，不必专主圣人言。"谟。去伪录同。

○ 盖卿问："'天地设位而易行乎其中'，'乾坤成列而易立乎其中'。如'易行乎其中'，此固易晓。至如'易立乎其中'，岂非乾坤既成列之后道体始有所寓而形见？其立也有似'如有所立卓尔'之'立'乎？"曰："大抵易之言乾坤者多以卦言。'易立乎其中'只是乾坤之卦既成而易立矣。况所谓'如有所立卓尔'，亦只是不可及之意。后世之论多是说得太高，不必如此说。"盖卿。

○ 问："'天地设位'一段，明道云（云）见刘质夫录论人神处。'天地设位'合道'易'字，道他字不得。不知此说如何？"曰："明道说话自有不论文义处。"可学。

○　"成性"与"成之者性也"，止争些子不同。"成之者性"便从上说来，言成这个物。"成性"是说已成底性，如"成德"、"成说"之"成"。然亦只争些子也，如"正心、心正"，"诚意、意诚"相似。贺孙。

○　"成性"如名，"明德"如表德相似。"天命"都一般。泳。

○　"成性"犹言见成底性。这性元自好了，但"知崇、礼卑"，则成性便存存。学蒙。

○　"成性存存"，"成性"不曾作（环）〔坏〕底。"存"谓常在这里，存之又存。泳。

○　"成性存存"不是专主圣人，道义便是易也。人杰。

○　或问："'成性存存'是不忘其所存。"曰："众人多是说到圣人处方是性之成，看来不如此。'成性'，只是一个浑沦之性存而不失，便是'道义之门'，便是生生不已处。"卓。

○　"成性存存"，横渠谓"成其性，存其存"。伊川易传中亦是"存其存"，却遗书中作"生生之谓易"，意思好。〔必大录云："'成性'如言成就，'存存'是生生不已之意。"〕銮。

○　"横渠言'成性'与古人不同。他所说性虽是那个性，然曰'成性'则犹言'践形'也。"又曰："他只是说去气禀物欲之私以成其性。"道夫。

○　"'知崇礼卑'则性自存，横渠之说非是。如云'性未成则善恶混，当亹亹而继之以善’云云，又云‘纤恶必除，善斯成性矣’，皆是此病。”“知礼成性则道义出”，先生<u>本义</u>中引此而改“成”为“存”。又曰：“<u>横渠</u>言‘“成性”犹<u>孟子</u>云“践形”’，此说不是。夫性是本然已成之性，岂待习而后成邪！他从上文‘继之者善也，成之者性也’，便是如此说来，与<u>孔子</u>之意不相似。”<u>侗</u>。

右第六章

朱子语类卷第七十五
易十一

上系下

○ 先生命二三子说书，毕，召<u>蔡仲默</u>及<u>义刚</u>语，小子侍立。先生顾<u>义刚</u>曰："劳公教之，不废公读书否？"对曰："不废。"因借先生所点六经。先生曰："被人将去，都无本了。看公于句读音训也大段子细。那'言天下之至赜而不可恶也'，是音作去声字？是公以意读作去声？"对曰："只据<u>东莱</u>音训辞。此字有三音，或音作入声。"〔池录云："或音亚，或如字，或乌路反。"〕先生笑曰："便是他门好恁地强说。"<u>仲默</u>曰："作去声也似是。"先生曰："据某看只作入声亦是。〔池录云："乌路切于义为近。"〕说虽是如此劳攘事多，然也不可以为恶。〔池录云："也不可厌恶。"〕而今音训有全不可晓底。若有两三音底，便着去里面拣一个较近底来解。"<u>义刚</u>。〔池录略而异。〕

○ "圣人有以见天下之赜"，"赜"字在说文曰："杂乱也。"〔古〕无此字，只是"啧"字。今从"赜"，亦是口之义。"言天下之赜而不可恶"，虽是杂乱，圣人却于杂乱中见其不杂乱之理，便与下句"天下之（物）〔至动〕而不可乱"相对。鐢。

　　○　"天下之至赜"与左传"啧有烦言"之"啧"同。那个从"口"，这个从"臣"，是个口里说话多、杂乱底意思，所以下面说"不可恶"。若唤做好字，不应说个"可恶"字也。"探赜索隐"，若与人说话时，也须听他杂乱说将出来底，方可索他那隐底。渊。

　　○　"圣人有以见天下之赜"，正是说画卦之初，圣人见阴阳变化，便画出一画，有一个象，只管生去，自不同。六十四卦各是一样，更生到千以上卦，亦自各一样。学蒙。

　　○　"拟诸其形容"，未便是说那水火雷风之形容。方拟这卦，看是甚形容，始去象那物之宜而名之。一阳在二阴之下则象以雷，一阴在二阳之下则象以风。"拟"是比度之意。学蒙。

　　○　问"圣人有以见天下之赜，而拟诸其形容，象其物宜，是故谓之'象'；圣人有以见天下之动，而观其会通以行其典礼，系辞焉以断其吉凶，是故谓之'爻'"。曰："象言卦也，下截言爻也。'会通'者，观众理之会而择其通者而行。且如有一事关着许多道理，也有父子之伦，也有君臣之伦，也有夫妇之伦。若是父子重，则就父子行将去，而他有不暇计；若君臣重，则行君臣之义，而他不暇计。若父子之恩重，则便得'身体发肤，受之父母，不敢毁伤'之义，而'委致其身'之说不可行。若君臣之义重，则当委致其身，而'不敢毁伤'之说不暇顾。此之谓'观会通'。"佪。

　　○　问："'圣人有以见天下之动'，是说文王、周公否？"曰："不知伏羲画卦之初与连山、归藏有系辞否？为复一卦只已有六画？"学蒙。

　　○　问："'观会通，行其典礼'，是就会聚处寻一个通路行否？"

曰："此是两件。会是观众理之会聚处。如这一项君臣之道也有，父子兄弟之道也有，须是看得周遍始得通，便是一个通行底路，都无窒碍。典礼犹言常理常法。"又曰："礼便是节文也，升降揖逊是礼之节文。但这个'礼'字又说得阔，凡事物之常理皆是。"<u>学蒙</u>。

○ "一卦之中自有会通，六爻又自各有会通。且如屯卦，初九在卦之下，未可以进，为屯之义；乾坤始交而遇险陷，亦屯之义；似草穿地而未申，亦屯之义，凡此数义，皆是屯之会聚处。若'盘桓利居贞'，便是一个合行底，却是通处也。"<u>学蒙</u>。

○ "'观会通以行其典礼。'会是众义理聚处，虽觉得有许多难易窒碍，必于其中却得个通底道理。谓如庖丁解牛，于蔪处却'批大郤，导大窾'，此是于其筋骨丛聚之所得其可通之理，故十九（牛）〔年〕而刃若新发于硎。且如事理间，若不于会处理会，却只见得一偏，便如何行得通？须是于会处都理会，其间却自有个通处，便如脉理相似。到得多处自然贯通得，所以可'行其典礼'。盖会而不通便窒塞而不可行，通而不会便不知许多曲直错杂处。"<u>銓</u>。

○ 问"'言天下之至赜而不可恶'，此是说天下之事物如此，不是说卦上否？"曰："卦亦如此，三百八十四爻是多少杂乱。"<u>学蒙</u>。

○ "言天下之至赜而不可恶也"，盖杂乱处，人易得厌恶。然而这都是道理中合有底事，自合理会，故不可恶。"言天下之至动而不可乱也"，盖动亦是合有底，然上面各自有道理，故自不可乱。<u>学蒙</u>。

○ "天下之至动"，事若未动时，不见得他那道理是如何。人平不语，水平不流，须是动方见得。"会通"是会聚处，"典礼"是借这般字来说，只是说道观他那会通处后却求个道理来区处他。所谓卦之动便是法象这个，故曰"爻也者，效天下之动者也"。动亦未说事之动，只是事到面前，自家一念之动要求处置他，便是动也。渊。

○ 问："'拟之而后言，议之而后动'，凡一言一动皆于易而拟议之否？"曰："然。"蓥。

○ "拟之而后言，议之而后动，拟议以成其变化"，此变化只就人事说。拟议只是裁度自家言动使合此理，"变易以从道"之意。如拟议得是便吉，拟议未善则为凶矣。谟。

○ 问"拟议以成其变化"。曰："这变化就人动作处说，如下所举七爻，皆变化也。"学蒙。

○ "鸣鹤在阴，其子和之。我有好爵，吾与尔縻之。"此本是说诚信感通之理，夫子却专以言行论之，盖诚信感通，莫大于言行。上文"言天下之赜而不敢恶也，言天下之动而不敢乱也"，先儒多以"赜"字为至妙之意。若如此说，则何以谓之"不敢恶"？赜只是一个杂乱冗闹底意思。言之而不恶者，精粗本末无不尽也。"赜"字与"颐"字相似，此有互体之意。〔此间连说互体，失记。〕谟。

○ "鹤鸣"、"好爵"皆卦中有此象。诸爻立象，圣人必有所据，非是（白）〔自〕撰，但今不可考耳。到孔子方不说象。如"见豕负涂，载鬼一车"之类，孔子只说"群疑亡也"，便见得上面许多皆是狐惑可疑之事而已。到后人解说便多牵强。如十三卦中"重门击柝，以待暴客"只是豫备之意，却须待用互体推艮为门阙、雷震乎外之意。"剡木为矢，弦木为弧"，只为睽乖，故有威天下之象，亦必待穿凿附会，就卦中推出制器之义。殊不知卦中但有此理而已，故孔子各以"盖取诸某卦"言之，亦曰其大意云尔。汉书所谓"获一角兽，盖麟云"，皆疑辞也。僩。

○ 问："'言行，君子之枢机'，是言所发者至近，而所应者甚远否?"曰："枢机便是'鸣鹤在阴'。下面大概只说这意，都不解着'我有好爵'二句。"学蒙。

○ "其利断金"，断是断做两（断）〔段〕去。〔又曰："同人先号咷而后笑"，圣人却恁地解。〕学蒙。

右第七章

右第八章无

○ 揲蓍法，不得见古人全文。如今底一半是解，一半是说。如"分而为二"是说，"以象两"便是解。想得古人无这许多解，须别有个全文说。渊。

○ "揲蓍虽是一小事，自孔子来千五百年，人都理会不得。唐时人说得虽有病痛，大体理会得是。近来说得太乖，自郭子和始。奇者，揲之余为奇；扐者，归其余扐于二指之中。今子和反以挂一为奇而以揲之余为扐，又不用老少，只用三十六、三十二、二十八、二十四，不知为策数，以为圣贤从来只说阴阳，不曾说老少。不知他既无老少则七八九六皆无用，又何以为卦?"又曰："龟为卜，策为筮。策是余数〔砺录

云："筴是条数。"〕谓之策。他只胡乱说'策'字。〔砺录云："只鹘突说
了。"〕"或问："他既如此说，则'再扐而后挂'之说何如？"曰："他
以第一揲（扐）〔挂〕为扐，第二、第三揲不挂为扐，第四揲又挂。然
如此则无五年再闰。〔砺录云："则是六年再闰也。"〕如某已前排，真个是
五年再闰。圣人下字皆有义。挂者，挂音卦。也；扐者，勒于二指之中
也。"贺孙。〔砺录小异。〕

○　"蓍卦，当初圣人用之亦须有个见成图算。后自失其传，所仅
存者只有这几句：'大衍之数五十，其用四十有九。分而为二。挂一，
揲之以四，归奇于扐。'只有这几句。如'以象两'、'以象三'、'以象
四时'、'以象闰'，已自是添入许多字去说他了。"又曰："元亨利贞，
仁义礼智，金木水火，春夏秋冬，将这四个只管涵泳玩味，尽好。"
贺孙。

○　系辞言蓍法大抵只是解其大略，想别有文字，今不可见。但如
"天数五，地数五"，此是旧文；"五位相得而各有合"是孔子解文。"天
数二十有五，地数三十，凡天地之数五十有五"，此是旧文；"此所以成
变化而行鬼神"，此是孔子解文。"分而为二"是本文，"以象两"是解。
"挂一"、"揲之以四"、"归奇于扐"，皆是本文；"以象三"、"以象四
时"、"以象闰"之类，皆解文也。"乾之策二百一十有六，坤之策百四
十有四"，孔子则断之以"当期之日"；"二篇之策万有一千五百二十"，
孔子则断之以"当万物之数"。于此可见。僙。

○　"大衍之数五十"，以"天地之数五十有五"，除出金木水火土
五数并天一，便用四十九，此一说也。数家之说虽不同，某自谓此说却
分晓。三天两地则是已虚了天一之数，便只用三对地之二。又，五是生
数之极，十是成数之极，以五乘十亦是五十，以十乘五亦是五十，此一

说也。又，数始于一成于五，小衍之而成十，大衍之而成五十，此又是一说。<u>骘</u>。

○ 挂，一岁；右揲，二岁；扐，三岁一闰也。左揲，四岁；扐，五岁再闰也。<u>人杰</u>。

○ "<u>沙随</u>云：'<u>易</u>三百八十四爻，惟闰岁恰三百八十四日，正应爻数。'余曰：'圣人作<u>易</u>如此，则惟三年方一度可用，余年皆用不得矣。且闰月必小尽，审如公言，则闰年止有三百八十三日，更剩一爻无用处矣。'"或问："<u>沙随</u>何以答?"曰："他执拗不回，岂肯服也!"<u>侗</u>。

○ 二篇之策当万物之数。不是万物尽于此数，只是取象自一而万，以万数来当万物之数耳。<u>骘</u>。

○ "策数"云者，凡手中之数皆是。如"（倒）〔散〕策于君前有诛"、"龟策弊则埋之"，不可以既揲余数不为策数也。<u>骘</u>。

○ "大衍之数五十"，蓍之数五十。蓍之筹乃其策也，策中乘除之数则直谓之数耳。<u>骘</u>。

○ 卦虽八而数须十。八是阴阳数，十是五行数。一阴一阳便是二，以二乘二便是四，以四乘四便是八。五行本只是五而有是十者，盖一个便包两个：如木便包甲乙，火便包丙丁，土便包戊己，金便包庚辛，水便包壬癸，所以为十。<u>学蒙</u>。

○ "五位相得而各有合"是两个意：一与二，三与四，五与六，七与八，九与十，是奇偶以类"相得"；一与六合，二与七合，三与八合，四与九合，五与十合，是"各有合"。在十干：甲乙木，丙丁火，戊己土，庚辛金，壬癸水，便是"相得"；甲与己合，乙与庚合，丙与辛合，丁与壬合，戊与癸合，是"各有合"。学蒙。

○　"所以成变化而行鬼神也。"先生举程子云："变化言功，鬼神言用。"张子曰："成行，鬼神之气而已。""数只是气，变化鬼神亦只是气。'天地之数五十有五'，变化鬼神皆不越于其间。"銵。

○　"四营而成易"，"易"字只是个"变"字。四度经营方成一变，若说易之一变却不可。这处未下得"卦"字，亦未下得"爻"字，只下得"易"字。渊。

○　"引而伸之，触类而长之"，是占得这一卦则就上面推看。如乾，则推其为圜、为君、为父之类是也。学蒙。

○　"神德行"是说人事。那粗做底只是人为。若决之于鬼神，德行便神。渊。

○　问"显道，神德行"。曰："道较微妙，无形影，因卦词说出来，道这是吉、这是凶，这可为、这不可为。德行是人做底事，因数推出来，方知得这不是人硬恁地做，都是神之所为也。"又曰："须知得是天理合如此。"学蒙。

○　易，惟其"显道，神德行"，故能与人酬酢而佑助夫神化之功也。学蒙。

○　"显道，神德行，是故可与酬酢，可与佑神矣"，此是说蓍卦之用，道理因此显著。德行是人事，却由取决于蓍。既知吉凶便可以酬酢事变，神又岂能自说吉凶与人！因有易后方著见，便是易来佑助神。銐。

右第九章

○ "易有圣人之道四。""至精"、"至变"则合做两个，是他里面各有那个。渊。下二字池本作"这个"。

○ 问："'以言者尚其辞'，以言是取其言以明理断事，如论语上举'不恒其德，或承之羞'否？"曰："是。"学蒙。

○ 问："'以言者尚其辞'及云'以动'、'以制器'、'以卜筮'，这'以'字是指以易而言否？"曰："然。"又问："辞、占是一类，动、制器是一类。所以下文'至精'合辞、占说，'至变'合变、象说？"曰："然。占与辞是一类者，晓得辞方能知得占。若与人说话，晓得他言语，方见得他胸中底蕴。变是事之始，象是事之已形者，故亦是一类也。"学蒙。

○ 用之问"以制器者尚其象"。曰："这都难说。'盖取诸离'，'盖'字便是一个半间半界底字。如'取诸离'、'取诸益'，不是先有见乎离而后为网罟，先有见乎益而后为耒耜之属。圣人亦只是见鱼鳖之属，欲有以取之，遂做一个物事去栏截他；欲得耕种，见地土硬，遂做一个物事去剔起他，却合于离之象、合于益之意。"又曰："有取其象者，有取其意者。"贺孙。

○ 问："'以卜筮者尚其占'，卜用龟，亦使易占否？"曰："不用。则是文势如此。"学蒙。

○ 问"君子将有为也，将有行也，问焉而以言，其受命也如响"。曰："此是说君子作事问于蓍龟也。'问焉以言'，人以蓍问易，求其卦爻之辞而以之发言处事。'受命如响'则易受人之命，如响之应声，以决未来吉凶也。"去伪。

○ 问"君子将有为也，将有行也，问焉而以言，其受命也如响"。曰："此是说君子作事问于蓍龟。言是命龟，受命如响，龟受命也。"是抱龟南面，易只是卜筮之官。谟。人杰同而无注。

○ "参伍"是相牵连之意。如参要做五须用添二，五要做六须着添一、做三须着减二。错综是两样：错是往来交错之义；综如织底综，一个上去，一个下来。阳上去做阴，阴下来做阳，如综相似。渊。

○ "参伍以变，错综其数"，参谓（互）〔三〕数之。〔伍谓伍数之。〕揲蓍本无三数、五数之法，只言交互参考皆有自然之数。如三三为九、〔五〕六三十之类，虽不用以揲蓍，而推算变通未尝不用。错者有迭相为用之意，综又有总而挈之之意，如织者之综丝也。谟。

○ 问"参伍以变，错综其数"。曰："荀子说'参伍'处，杨倞解之为详。汉书所谓'欲问马先问牛，参伍之以得其实'。综如织丝之综。大抵阴阳奇耦，变化无穷，天下之事不出诸此。'成天地之文'者，若卦爻之陈列变态者是也。'定天下之象'者，物象皆有定理，只以经纶天下之事也。"人杰。

○ 问"参伍以变"。曰："既三以数之，又五以数之。譬之三十钱，以三数之看得几个三了，又以五数之看得几个五。两数相合，方可看得个成数是如此。"又问："不独是以数算，大概只是参合底意思。如赵广汉'欲问马，先问牛'，便只是以彼数来参此数否？"曰："是。却是恁地数了又恁地数，也是将这个去比那个。"又曰："若是他数犹可凑。参与五两数自是参差不齐，所以举以为言。如这个是三个，将五来比又多两个；这是五个，将三来比又少两个。兵家谓'窥敌制变，欲伍以参'。今欲觇敌人之事，教一人探来恁地说，又差一个探来。若说得不同，便将这两说相参，看如何以求其实，所以谓之'欲伍以参'。"学蒙。

○ "'错综其数'，本义云：'错者，交而互之，一左一右之谓也。'莫是揲著以左揲右、右揲左否？"曰："不特如此。乾对坤，坎对离，自是交错。"又问："'综者，总而挈之'，莫合挂扐之数否？"曰："且以七八九六明之：六七八九便是次序，然而七是阳，六压他不得，便当挨上。七去八、八去九，九又须挨上，便是一低一昂。"学蒙。

○ 手指画

六	五指
七	四指
八	三指
九	二指

○ "寂然不动，感而遂通天下之故"与"穷理尽性以至于命"，本是说易，不是说人。诸家皆是借来就人上说，亦通。闳祖。

○ "感而遂通"，感着他卦，卦便应他。如人来问底善，便与说善；来问底恶，便与说恶。所以先儒说道"洁净精微"，这般句说得有些意思。<u>渊</u>。

○ <u>陈厚之</u>问"寂然不动，感而遂通"。曰："寂然是体，感是用。当其寂然时理固在此，必感而后发。如仁感为恻隐，未感时只是仁；义感为羞恶，未感时只是义。"某问："<u>胡氏</u>说此，多指心作已发。"曰："便是错了。纵使已发，感之体固在，所谓'动中未尝不静'，如此则流行发见而常卓然不可移。今只指作已发，一齐无本了，终日只得奔波急迫，大错了！"<u>可学</u>。

○ "深"就心上说，"几"就事上说。几便是有那事了，虽是微，毕竟有件事。"深"在心，甚玄奥；"几"在事，半微半显。"通天下之志"犹言"开物"，<small>开通其闭塞</small>。故其下对"成务"。<u>渊</u>。

○ 问："'惟深也'、'惟几也'、'惟神也'，此是说圣人如此否？"曰："是说圣人，亦是<u>易</u>如此。若不深，如何能通得天下之志！"又曰："虽深，疑若不可测，然却事事有一个端绪可寻。所以又曰'惟几也，故能成天下之务'，研是研穷他，几便是<u>周子</u>所谓'动而未形，有无之间'。"<u>学蒙</u>。

○ <u>易</u>便有那"深"有那"几"，圣人用这底来极出那"深"、研出那"几"。研是研摩到底之意。<u>诗书礼乐</u>皆是说那已有底事，惟是<u>易</u>说那未有底事。"研几"是不待他显著，只在那茫昧时都处置了。深是幽深，通是开通。所以闭塞只为他浅，若是深后便能开通人志，道理若浅如何开通得人？所谓"通天下之志"亦只似说"开物"相似，所以下一句也说个"成务"。<u>易</u>是说那未有底。六十四卦皆是如此。<u>渊</u>。

○　极出那深，故能"通天下之志"；研出那几，故能"成天下之务"。<u>渊</u>。

右第十章

○　问："'易，开物成务，冒天下之道'，是易之理能恁地，而人以之卜筮又能'开物成务'否？"先生曰："然。"<u>学蒙</u>。

○　"开物成务，冒天下之道。"读系辞须见得如何是"开物"，如何是"成务"，又如何是"冒天下之道"。须要就卦中一一见得许多道理，然后可读系辞也。盖易之为书，大抵皆是因卜筮以设教，逐爻开示吉凶，包括无遗，如将天下许多道理包藏在其中，故曰"冒天下之道"。如"利用为（依迁国）〔大作〕"一爻，象只曰"下不厚事也"，自此推之，则凡居下者不当厚事。如子之于父、臣之于君、僚属之于官长，皆不可以逾分越职。纵可为，亦须是尽善方能无过，所以有"元吉无咎"之戒。系辞自大衍数以下皆是说卜筮事，若不晓他尽是说爻变中道理，则如所谓"动静不居，周流六虚"之类有何凭着？今人说易所以不将卜筮为主者，只是慊怕小却这个道理，故凭虚失实，茫昧臆度而已。殊不知由卜筮而推，而上通鬼神，下通事物，精及于无形，粗及于有象，如包罩在此，随取随得。"居则观其象而玩其辞，动则观其变而玩其占"者，又不待卜而后见，只是体察便自见吉凶之理。圣人作易无不示戒，乾卦才说"元亨"，便说"利贞"，坤卦才说"元亨"，便说"利牝马之贞"。大畜乾阳在下，为艮所蓄，三得上应，又畜极必通，故曰"良马逐"，可谓通快矣。然必艰难贞正，又且曰"闲舆卫"，然后"利有攸往"。设若恃良马之壮而忘"艰贞"之戒，则必不利矣。乾之九三"君子终日乾乾"，固是好事，然必曰"夕惕若厉"，然后"无咎"也。凡读易而能句句体验，每存兢栗戒谨之意，则于己为有益，不然亦空言尔。谟。

○ "是故圣人以通天下之志，以定天下之业，以断天下之疑"，此只是说蓍龟。若不是蓍龟，如何通之、定之、断之？到"蓍之德圆而神"以下，知是从源头说，而未是说卜筮。盖圣人之心具此易三德，故浑然是此道理，不劳作用一毫之私，便是"洗心"，即"退藏于密"。所谓密者，只是他人自无可捉摸他处，便是"寂然不动"。"吉凶与民同患，神以知来，知以藏往"，皆具此道理，却未用之蓍龟，故曰"古之聪明睿智，神武而不杀者夫"。此言只是譬喻，如圣人已具此理却不犯手耳。"明于天之道"以下方说蓍龟，乃是发用处。"是兴神物，以前民用"，圣人既具此理，又将此理复就蓍龟上发明出来，使民亦得前知而用之也。"圣人以此斋戒，以神明其德"，德即圣人之德，又即卜筮斋戒以神明之。圣人自有此理，亦用蓍龟之理以神明之。銤。

○ "蓍之德圆而神，卦之德方以知，六爻之义易以贡。"蓍与卦以德言，爻以义言，但只是具这个道理在此而已，故"圣人以此洗心，退藏于密"。"以此洗心"者，心中浑然此理，别无他物。"退藏于密"，只是未见于用，所谓"寂然不动"也。下文说"神以知来"便是以蓍之德知来，"智以藏往"便是以卦之德藏往。"洗心退藏"言体，"知来藏往"言用，然亦只言体用相具矣，而未及使出来处。到下文"是兴神物以前民用"，方发挥许多道理以尽见于用也。然前段必结之以"聪明睿智神武而不杀者"，只是譬喻蓍龟虽未用而神灵之理具在，犹武是杀人底事，圣人却存此神武而不杀也。谟。

○ "蓍之德圆而神，卦之德方以知，六爻之义易以贡。"今解"贡"字，只得以告人说。但"神"、"知"字重，"贡"字轻，却晓不得。学蒙。

○ "易以贡"是变易以告人。"圣人以此洗心，退藏于密"，是以那易来洗濯自家心了，更没些私意小智在里许，圣人便似那易了。不假著龟而知卜筮，所以说"神武而不杀"。这是他有那"神以知来，知以藏往"，又说个"斋戒以神明其德"，皆是得其理不假其物。前面一截说易之理，未是说到著卦卜筮处，后面方说卜筮，便是说他物事。圣人虽无私意知这个，只是说圣人之心浑只是圆神、方知、易贡三个物事，更无别物，一似洗得来净洁了。前面"此"字指易之理言。武是杀底物事，神武却不杀。便如易是卜筮底物事，这个却方是说他理，未到那尔他物处。到下面"是以明于天之道"，方是说卜筮。渊。

○ "圣人以此洗心"，注云："洗万物之心。"若圣人之意果如此，何不直言以此洗万物之心乎？大抵观圣贤之言，只作自己作文看。如本说洗万物之心，却止云"洗心"，于心安乎？人杰。

○ "以此洗心"都只是道理。圣人此心虚明，自然具众理。"洁静精微"只是不犯（乎）〔手〕，卦爻许多不是安排对副与人，看是甚人来，自然撞着。易如此，圣人也如此，所以说个"著之德"、"卦之德"、"神明其德"。渊。

○ "退藏于密"时固是不用这物事，"吉凶与民同患"也不用这物事。用神而不用著，用知而不用卦，全不犯（乎）〔手〕。"退藏于密"是不用事时，到他用事也不犯（乎）〔手〕。事未到时先安排在这里了，事到时恁地来恁地应。渊。

○ "神以知来，知以藏往。"一卦之中，凡爻卦所载、圣人之所已言者，皆具已见底道理，便是"藏往"。却占得此卦，因此道理以推未来之事，便是"知来"。鳌。

○ "圣人以此洗心"一段。圣人心中都无纤毫私意，不假卜筮，只是以易之理洗心。其未感物也湛然纯一，无累无迹，所谓"退藏于密"也。及其"吉凶与民同患"，却"神以知来，知以藏往"。"知来"是如明镜然，物来都见；"知以藏往"，只是见在有底事都识得，藏在里面。是谁会恁地？非古之"聪明睿智，神武不杀者"不能如此。〔"神武不杀"者，圣人于天下自是所当者摧、所向者伏，然而他都不费手脚。又曰：他都不犯手，这便是"神武不杀"。〕

○ "古之聪明睿智，神武而不杀者夫"，如譬喻说相似。人杰。

○ "圣人明于天之道而察于民之故。是兴神物，以前民用。"盖圣人见得天道、人事都是这道理，著龟之灵都包得尽，于是作为卜筮，使人因卜筮知得道理都在这里面。学蒙。

○ "'是兴神物，以前民用'，此言有以开民，使民皆知。前时民皆昏塞，吉凶利害是非都不知，因这个开了便能如神明然，此便是'神明其德'。"又云："民用之则神明民德，圣人用之则自神明其德。'著之德'以下三句是未涉于用，'圣人以此洗心'是得此三者之理而不假其物。这个是有那'神以知来，知以藏往'。"渊。

○ 〔又曰："如揲著然。当其未揲，也都不知揲下来底是阴是阳、是老是少，便是'知来'底意思。及其成卦了，则事都絣定在上面了，便是'藏往'。下文所以云'是以明于天之道，察于民之故'。设为卜筮，以为民之乡导。'故'只是事。圣人于此，又以卜筮而'斋戒以神明其德'。"〕问"圣人以此斋戒以神明其德夫"。曰："'显道，神德行'便是这'神'字，犹言吉凶若有神阴相之相似。这都不是自家做得，却若神之所为。"又曰："这都只退听于鬼神。圣人之于卜筮，其斋戒之心虚静纯一、戒谨恐惧，只退听于鬼神。"学蒙。

○ 阖辟乾坤，理与事皆如此，书亦如此。这个则说理底意思多。"知礼成性"，横渠说得别。他道是圣人成得个性，众人性而未成。渊。

○ 问："'阖户之谓坤'一段，只是这一个物，以其阖谓之坤，以其辟谓之乾，以其阖辟谓之变，以其不穷谓之通，发见而未形谓之象，成形谓之器，圣人修礼立教谓之法，百姓日用则谓之神。"曰："是如此。"又曰："'利用出入'者，便是人生日用都离他不得。"又曰："民之于易，随取而各足；易之于民，周遍而不穷，所以谓之神。所谓'活泼泼地'便是这处。"学蒙。

右第十一章

○ 太极中全是具一个善。若三百八十四爻中有善有恶，皆阴阳变化以后方有。贺孙。

○ 问"易有太极，是生两仪"。曰："自今观之，阴阳函太极也。推本而言，则太极生阴阳也。"

○ 周子、康节说太极，和阴阳衮说。易中便抬起说。周子言"太极动而生阳，静而生阴"。如言太极动是阳，动极而静，静便是阴。动时便是阳之太极，静时便是阴之太极，盖太极即在阴阳里。如"易有太极，是生两仪"，则先从实理处说，若论其生则俱生，太极依旧在阴阳里。但言其次序，须有这实理方始有阴阳也，其理则一。虽然，自见在事物而观之则阴阳函太极，推其本则太极生阴阳。<u>学蒙</u>。

○　问："自一阴一阳，见一阴一阳又各生一阴一阳之象。以图言之，'两仪生四象，四象生八卦'，节节推去固容易见。就天地间着实处如何验得？"曰："一物上自各有阴阳，如人之男女，阴阳也。逐人身上又各有这血气，血是阴而气则是阳。如昼夜之间，昼阳也，夜阴也，而昼阳自午后又属阴，夜阴自子后又是阳，此便是阴阳各生阴阳之象。"<u>学蒙</u>。

○　太极如一木生上，分而为枝干，又分而生花生叶，生生不穷。到得成果子，里面又有生生不穷之理，生将出去又是无限个太极，更无停息。只是到成果实时又却略少歇，也不是止，到这里自合少止，正所谓"终〔始〕万物莫盛乎艮"。艮止是生息之意。<u>贺孙</u>。

○　问"易有太极，是生两仪，两仪生四象，四象生八卦"。曰："此太极却是为画卦说。当未画卦前，太极只是一个浑沦底道理，里面包含阴阳、刚柔、奇耦，无所不有。及各画一奇一耦，便是生两仪。再于一奇画上加一耦，此是阳中之阴；又于一奇画上加一奇，此是阳中之阳；又于一耦画上加一奇，此是阴中之阳；又于一耦画上加一耦，此是阴中之阴，是谓四象。所谓八卦者，一象上有两卦，每象各添一奇或一耦便是八卦。尝闻一朋友说，一为仪，二为象，三为卦，四为象，如春夏秋冬，金木水火，东西南北，无不可推矣。"<u>谟</u>。去伪录同。

○　"易有太极"，便是下面两仪、四象、八卦。自三百（六十）〔八十四〕爻总为六十四，自六十四总为八卦，自八卦总为四象，自四象总为两仪，自两仪总为太极。以物论之，易之有太极如木之有根、浮屠之有顶，但木之根、浮图之顶是有形之极，太极却不是一物，无方所顿放，是无形之极。故周子曰"无极而太极"，是他说得有功处。夫太极之所以为太极，却不离乎两仪、四象、八卦，如"一阴一阳之谓道"，指一阴一阳为道则不可，而道则不离乎阴阳也。<u>僩</u>。

○ "探赜"，"赜"是杂乱，不是好字。本从"口"，是喧闹意，从"（赜）〔臣〕"旁亦然。<u>淳</u>。

○ "以定天下之吉凶，成天下之亹亹，莫大乎蓍龟。"人到疑而不能自明，往往便放倒，不复能向前，动有疑阻。既有卜筮，知是吉是凶，便自勉勉住不得。其所以勉勉者，是卜筮成之也。<u>僩</u>。

○ <u>廖氏</u>论<u>洪范</u>篇大段辟<u>河图</u>、<u>洛书</u>事，以此见知于<u>欧阳公</u>。盖<u>欧阳公</u>有无祥瑞之论。<u>欧公</u>只见<u>五代</u>有伪作祥瑞，故并与古而不信。如<u>河图</u>、<u>洛书</u>之事，<u>论语</u>自有此说，而<u>欧公</u>不信祥瑞，并不信此，而云<u>系辞</u>亦不足信。且如世间有一等石头上出日月者，人取为石屏。又有一等石上面分明有如枯树者，亦不足怪也。<u>河图</u>、<u>洛书</u>亦何足怪。〔<u>义刚</u>。〕

右第十二章

○ 问"书不尽言，言不尽意"一章。"'立象尽意'，是观奇偶两画包含变化，无有穷尽。'设卦以尽情伪'，谓有一奇一偶，设之于卦，自是尽得天下情伪。'系辞'便断其吉凶。'变而通之以尽利'，此言占得此卦，阴阳老少变爻，因其变便有通之之理。'鼓之舞之以尽神'，未占得则有所疑，既占则无所疑，自然使得人脚轻手快，行得顺便。如

'大衍'之后，言'显道，神德行，是故可与酬酢，可与佑神'，'定天下之吉凶，成天下之亹亹'，皆是'鼓之舞之'之意。'乾坤其易之缊邪！乾坤成列而易立乎其中'，这又只是言'立象以尽意，设卦以尽情伪'。易不过只是一个阴阳奇偶，千变万变，则易之体立。若奇偶不交变，奇纯是奇，偶纯是偶，去那里见易？易不可见，则阴阳奇偶之用亦何自而辨？"问："在天地上如何？"曰："关天地什么事？此皆是说易不外奇偶两物而已。'化而裁之谓之变，推而行之谓之通'，这是两截，不相干。'化而裁之'属前项事，谓渐渐化去，裁制成变，则谓之变；'推而行之'属后项事，谓推而为别一卦了，则通行无碍，故为通。'举而措之天下谓之事业'，便则是'定天下吉凶，成天下亹亹'。'极天下之赜者存乎卦'，谓卦体之中备阴阳变易之形容。'鼓天下之动者存乎辞'，是说出这天下之动如'鼓之舞之'相似。卦即辞也，辞即爻也。大抵易只是一个阴阳奇偶而已，此外更有何物？'神而明之'一段，却是与形而上之道相对说。自'形而上谓之道'说至于变、通、事业，却是自至约处说入至粗处去。自'极天下之赜者存乎卦'说至于'神而明之'，则又是由至粗上说入至约处。'默而成之，不言而信'则说得又微矣。"学蒙。

○　问："'书不尽言，言不尽意'，是圣人设问之辞？"曰："也是如此。亦言是不足以尽意，故立象以尽意；书是不足以尽言，故系辞以尽言。"〔又曰："'书不尽言，言不尽意'，是元旧有此语。"〕又曰："'立象以尽意'，不独见圣人有这意思写出来，自是他象上有这意。'设卦以尽情伪'，不成圣人有情又有伪？自是卦上有这情伪，但今不知那处是伪。如下云'中心疑者其辞支，诬善之人其辞游'，也不知如何是支〔是游〕，不知那卦上见得。"沉思久之，曰："看来'情伪'只是个好不好。如剥五阴只是要害一个阳，这是不好底情，便是伪。如复、如临便是好底卦，便是真情。"学蒙。

○ 问："立象、设卦、系辞，是圣人发其精意见于书？变通、鼓舞，是圣人推而见于事否？"曰："是。"学蒙。

○ "变而通之以尽利，鼓之舞之以尽神"，立象、设卦、系辞皆（谓）〔为〕卜筮之用，而天下之人方知所以避凶趋吉，奋然有所兴作，不知手之舞之、足之蹈之之意。故曰"定天下之吉凶、成天下之亹亹者，盖莫大乎蓍龟"，犹催迫天下之人，勉之为善相似。谟。

○ "鼓之舞之以尽神"，鼓舞有发动之意，亦只如"成天下之亹亹"之义。"鼓天下之动者存乎辞"，是因易之辞而知吉凶后如此。"乾坤成列，易立乎其中矣"，乾坤只是说卦，此易只是说（象）〔易之书〕，与"天地定位，易行乎其中矣"之"易"不同。"行乎其中"者却是道理。僴。

○ "乾坤其易之缊。"问论语"衣敝缊袍"。"是绵絮胎，今看此"缊"字正是如此取义。易是包着此理，乾坤即是易之体骨耳。"僴。

○ 问"乾坤其易之缊邪"。曰："缊是袍中之胎骨子。'乾坤成列'，便是乾一、兑二、离三、震四，卦都成了，其变易方立其中。若只是一阴一阳，则未有变易在。"又曰："有这卦则有变易，无这卦便无这易了。"又曰："'易有太极'则以易为主，此一段文意则以乾坤为主。"学蒙。

○ 问："'乾坤成列，而易立乎其中'，是谓两画之列，是谓八卦之列？"曰："两画也是列，八卦也是列，六十四卦也是列。"学蒙。

○ "乾坤毁则无以见易。"易只是阴阳卦画，没这几个卦画，凭个甚写出那阴阳造化？何处更得易来？这则是反覆说。"易不可见，则乾坤或几乎息"，只是说揲蓍求卦更推不去。说做造化之理息也得，不若前说较平。渊。㬊录同而详。

○ 形是这形质，以上便为道，以下便为器，这个分别得最亲切，故明道云"惟此语截得上下最分明"。渊。方子录同。

○ 形而上者，形而下者。形以上底虚，浑是道理；形以下底实，便是器。这个分别得精切。明道说："只是这个截得上下最分明。"渊。方子录同而详。

○ 问："'形而上下'，如何以形言？"曰："此言最的当。设若以'有形'、'无形'言之，便是物与理相间断了。所以谓'栏截得分明'者，只是上下之间分别得一个界止分明。器亦道，道亦器，有分别而不相离也。"谟。

○ "形而上者谓之道，形而下者谓之器"，这个在人看始得。指器为道固不得，离器于道亦不得。且如此火是器，自有道在里。夔孙。

○ "形而上者谓之道，形而下者谓之器。"道是道理，事事物物皆有个道理；器是形迹，事事物物亦皆有个形迹。有道须有器，有器须有道。物必有则。贺孙。

○ 伊川云"'形而上者谓之道，形而下者谓之器'，须着如此说"。曰："这是伊川见得分明，故云'须着如此说'。'形而上者'是理，'形而下者'是物。如此开说方见分明。如此了，方说得道不离乎器、器不违乎道处。如为君须止于仁，这是道理合如此。'为人臣止于敬，为人

子止于孝，为人父止于慈'，这是道理合如此。今人不解恁地说，便不索性。两边说，怎生说得通？"〔贺孙。〕

○ "形而上者"指理而言，"形而下者"指事物而言。事事物物皆有其理，事物可见而其理难知，即事即物便要见得此理，只是如此看。但要真实于事物上见得这个道理，然后于己有益。〔为人君止于仁，为人子止于孝，〕必须就君臣、父子上见得此理。大学之道不曰"穷理"，而谓之"格物"，只是使人就实处穷竟。事事物物上有许多道理，穷之不可不尽也。谟。

○ 问："如何分形、器？"曰："形而上者是理，才有作用便是形而下者。"问："阴阳如何是形而下者？"曰："一物便有阴阳。寒暖、生杀皆见得，是形而下者。事物虽大，皆形而下者，尧舜之事业是也。理虽小，皆形而上者。"祖道。

○ 天地，形而下者。天地，乾坤之形壳。乾坤而天地之性情。方子。

○ "化而裁之"方是分下头项，"推而行之"便是见于事。如尧典分命羲、和许多事，便是"化而裁之"；到"敬授人时"，便是"推而行之"。学蒙。

○ "化而裁之。"化是因其自然而化，裁是人为，变是变了他。且如一年三百六十日，须待一日日渐次进去到那满时，这便是化。自春而夏，夏而秋，秋而冬，圣人去这里截做四时，这便是变。化不是一日内便顿然恁地底事。人之进德亦如此。"三十而立"不是到那三十时便立，须从十五志学渐渐化去方到。横渠去这里说做"化而裁之"，便是这意。

柔变而趋于刚，刚变而趋于柔，与这个意思也只一般。自阴来做阳，其势浸长，便觉突兀有头面。自阳去做阴，这只是渐渐消化去。这变化之义亦与鬼神屈伸意相似。_渊。

○ "化而裁之存乎变"，只在那化中裁截取便是变，如子丑寅卯十二时皆以渐而化，不见其化之之迹。及亥〔后〕子时便截取是属明日，所谓变也。_侗。

○ 问："'化而裁之谓之变'，又云'存乎变'，是如何？"曰："上文'化而裁之'便唤做变，下文是说这变处见得'化而裁之'。如自初一至三十日便是化，到这三十日裁断做一月，明日便属后月，便是变。此便是'化而裁之'，到这里方见得。"_{可学}。

○ 变、化二者不同，化是渐化，如自子至亥渐渐消化，以至于无。如自今日至来日则谓之变，变是顿断有可见处。横渠说"化而裁之"一段好。_銖。

○ "化而裁之存乎变，推而行之存乎通。"裁是裁截之义。谓如一岁裁为四时，一时裁为三月，一月裁为三十日，一日裁为十二时，此是变也。又如阴阳两爻，自此之彼，自彼之此，若不裁断，则岂有定体？通是通其变，将已裁定者而推行之即是通。谓如占得乾之履，便是九三，如乾之不息，则是我所行者，以此而措之于民，则谓之事业也。_銖。

右第十二章

系辞下

○ 问："'八卦成列'，只是说乾、兑、离、震、巽、坎、艮、坤。先生解云'之类'，如何？"曰："所谓'成列'者，不止只论此横图，若乾南坤北又是一列，所以云'之类'。"<u>学蒙</u>。

○ 问："'八卦成列，象在其中矣'，象只是乾、兑、离、震之象，未说到天地雷风处否？"曰："是。然八卦是做一项看，'象在其中'又是逐个看。"又问："成列是自一奇一偶，画到三画处，其中逐一分，便有乾、兑、离、震之象否？"曰："是。"<u>学蒙</u>。

○ 问："'刚柔相推，变在其中矣。系辞焉而命之，动在其中矣。''变'字是总卦爻之有往来相错者言，'动'字是专指占者所值当动底爻象为言否？"曰："变是就刚柔交错而成卦爻上言，动是专主当占之爻言。如二爻变，则占者以上爻为主，这上爻便是动处。如五爻变，一爻不变，则占者以不变之爻为主，则这不变底便是动处也。"<u>学蒙</u>。

○ "刚柔者立本者也，变通者趋时者也"，此两句亦相对说。刚柔者阴阳之质，是移易不得之定体，故谓之本。若刚变为柔，柔变为刚，便是变通之用。<u>璘</u>。

○ "刚柔者立本者也，变通者趋时者也"，便与"变化者进退之象也，刚柔者昼夜之象也"是一样。刚柔两个是本，变通只是其往来者。<u>学蒙</u>。

○ "'吉凶者，贞胜者也。'贞字。"〔贞是常恁地。〕便是他本相如此。犹言附子者，贞热者也；龙脑者，贞寒者也。"<u>学蒙</u>。

○ "吉凶者，贞胜者也。"这两个物事常相胜，一个吉，便有一个凶在后面。天地间一阴一阳，如环无端，便是相胜底道理。<u>阴符经注</u>："天地万物之道浸，故阴阳胜，阴阳相推而变化顺矣。"

○ "吉凶者，贞胜者也"，这一句最好看。这个物事常在这里相胜。一个吉，便有一个凶在后面来。这两个物事不是一定住在这里底。"物各以其所正为常"，"正"是说他当然之理，盖言其本相如此也，与"利贞"之"贞"一般，所以说"利贞者，性情也"。<u>横渠</u>说得这个别，他说道，贞便能胜得他。如此则下文三个"贞"字说不通。这个只是说吉凶相胜。天地间一阴一阳，如环无端，便是相胜底道理。<u>阴符经</u>说"天地之道浸，故阴阳胜"，"浸"字最下得妙，天地间不陡顿恁地阴阳胜。又说那五个物事在这里相生相克，曰"五贼在心，施行于天"。用不好心去看他便都是贼了。"五贼"乃言五性之德，"施行于天"言五行之气。<u>陈子昂</u>感（兴）〔寓〕诗亦略见得这般意思。大概说相胜是说他常底，他以本相为常。<u>渊</u>。

○ "贞，常也。阴阳常即是个相胜。如子以前便是夜胜昼，子以后便是昼胜夜。观，是示人不穷。'贞夫一者也'，天下常只是有一个道理。"又曰："须是看字义分明方看得下落，说也只说得到偏旁近处。贞便是他体处，常常如此，所以说'利贞者，性情也'。"砥。

○ 贞只是常。"吉凶者，贞胜者也"，吉凶常相胜，不是吉胜凶，便是凶胜吉。二者常相胜，故曰"贞胜"。天地之道则常示，日月之道则常明。"天下之动，贞夫一者也"，天下之动虽不齐，常有一个是底，故曰"贞夫一"。阴符经云"自然之道静故天地万物生，天地之道浸故刚柔胜"，若不是极静则天地万物不生。浸者，渐也。天地之道渐渐消长，故刚柔胜，此便是"吉凶贞胜"之理。这必是一个识道理人说，其他多不可晓，似此等处特然好。文蔚。

○ "'吉凶者，贞胜者也。''贞'犹'常'也。吉则胜凶，凶则胜吉，理自如此。"因说"贞"字兼"正"、"固"二义，惟程子发明之，因云："凡属北者兼二义，如冬至前一半属今年，后一半属明年。又如夜半子时，前一半属今日，后一半属明日。"甚有笑北方玄武龟蛇之象。人杰。

○ 问："'吉凶贞胜'一段，横渠说如何？"曰："说贞胜处巧矣，却恐不如此。只伊川说'常'字，甚佳。易〔传〕解此字多云'正'、'固'，固乃常也，但不曾发出贞胜之理。盖吉凶二义无两立之理，迭相为胜，非吉之胜凶则凶胜吉矣，故吉凶常相胜。所以训'贞'字作'常'者，贞（相）是正固。谓'正'字尽'贞'字义不得，故又云'固'字。谓此虽是正，又须常固守之，然后为贞。其在五常之中属智，孟子所谓'智之实，知斯二者，弗去是也'。正是知之，固是守之，徒知之而不能守之则不可，须是知之又固守之。盖贞属冬，大抵北方必有两件事，皆如此，莫非自然，言之可笑。如〔朱雀、青龙、白虎只一物，至〕玄武便龟、蛇二物。谓如冬至前四十五日属今年，后四十五日便属明年。夜分子夜前四刻属今日，后四刻即属来日耳。"<u>菱</u>。

○ 又问<u>张子</u>"贞胜"之说。曰："此虽非经意，然其说自好。便只行得他底，此说有甚不可？大凡（人看）〔看人〕解经，虽一时有与经意稍远，然其说底自是一说，自有用处，不可废也。不特后人，虽古来已自如此。如'元亨利贞'，<u>文王</u>重卦只是大亨利于守正而已，到夫子却自解分作四德看。<u>文王</u>卦辞当看<u>文王</u>意思，到<u>孔子</u><u>文言</u>当看<u>孔子</u>意思。岂可以一说为是，一说为非？"<u>菱</u>。

○ 问："'爻也者，效此者也'，是效乾坤之变化而分六爻。'象也者，像此者也'，是象乾坤之虚实而为奇偶。"曰："'象此'、'效此'，'此'便是乾坤，象只是象其奇偶。"<u>学蒙</u>。

○ 先生问曰："如何是'爻象动乎内，吉凶见乎外'？"或曰："阴阳老少在分蓍揲卦之时，而吉凶乃见于成卦之后。"曰："也是如此。然'内'、'外'字犹言先后微显。"<u>学蒙</u>。

○ "功业见乎变"是就那动底爻见得，这"功业"字似"吉凶生大业"之"业"，犹言事变、庶事相似。<u>学蒙</u>。

○ "圣人之情见乎辞"，下连接说"天地大德曰生"，此不是相连，乃各自说去。"圣人之大宝曰位"，后世只为这两个不相对，有位底无德，有德底无位，有位则事事做得。〔<u>渊</u>。〕

○ "守位曰仁"，<u>释文</u>"仁"作"人"。<u>伯恭</u>尚欲担当此，以为当从<u>释文</u>。<u>渊</u>。

○ 问:"人君临天下,大小大事只言'理财正辞',如何?"曰:"是因上文而言。聚得许多人,无财何以养之? 有财不能理又不得。'正辞'便只是分别是非。"又曰:"教化便在'正辞'里面。"学蒙。

○ 理财、正辞、禁民为非是三事。大概是辨别是非。理财,言你底还你,我底还我。正辞,言是底说是,不是底说不是,犹所谓"正名"。渊。

右第一章

○ "仰则观象于天"一段,只是阴阳奇耦。闳祖。

○ "观鸟兽之文与地之宜","近取身,远取物","仰观天,俯察地",只是一个"阴阳"两字。圣人看这许多般事物,都不出这"阴阳"两字。便是河图、洛书也则是阴阳,粗说时即是奇耦。圣人却看见这个上面都有那阴阳底道理,故说道读易不可恁逼拶他。欧公只是执定那"仰观俯察"之说,便与河图相碍,遂至不信他。渊。节录同而略。

○ "古者伏羲'观鸟兽之文与地之宜'。那时未有文字,只是仰观俯察而已。想圣人心细,虽以鸟兽羽毛之微,也尽察得有阴阳。今人心粗,如何察得?"或曰:"伊川见兔曰:'察此亦可以画卦。'便是此义。"曰:"就这一端上亦可以见。凡草木禽兽无不有阴阳。鲤鱼脊上有三十六鳞,阴数。龙脊上有八十一鳞。阳数。龙不曾见,鲤鱼必有之。又龟背上文,中间一簇成五段,又两边各插四段,共成八段子,八段之外,两边周围共有二十四段。中间五段者,五行也;两边插八段者,八卦也;周围二十四段者,二十四气也。个个如此。又如草木之有雌雄,银杏、桐、楮、牝牡麻、竹之类皆然。又树木向阳处则坚实，其背阴处必虚软。男生必伏，女生必偃，其死于水也亦然。盖男阳气在背，女阳气在腹也。"<u>扬子</u>云<u>太玄</u>云"观龙虎之文与龟（马）〔鸟〕之象"，谓二十八（篇）〔宿〕也。〔僩。〕

○ "以通神明之德，以类万物之情"，尽于八卦，而<u>震</u>、<u>巽</u>、<u>坎</u>、<u>离</u>、<u>艮</u>、<u>兑</u>又总于<u>乾坤</u>。曰"动"、曰"陷"、曰"止"，皆健底意思；曰"丽"、曰"悦"、曰"入"，皆顺底意。圣人下此等八字，极状得八卦性情尽。<u>銍</u>。

○ "盖取诸<u>益</u>"等，"盖"字乃模样是恁地。<u>淳</u>。

○ "<u>黄帝尧舜</u>氏作"，到这时候合当如此变。"<u>易</u>穷则变"，道理亦如此。"垂衣裳而天下治"，是大变他以前底事了。十三卦是大概说，则这几卦也自难晓。<u>渊</u>。

○ "通其变，使民不倦"，须是得一个人"通其变"。若听其自变，如何得？<u>贺孙</u>。

○ "盖取诸<u>涣</u>"之类，"盖"字有义。<u>可学</u>。

○ "上古结绳而治，后世圣人易之以书契。"天下事有古未之为而后人为之，因不可无者，此类是也。如年号一事，古所未有，后来既置便不可废。<u>胡文定</u>却以后世建年号为非，以为年号之美有时而穷，不若只作元年、二年、三年也。此殊不然。三代已前事迹多有不可考者，正缘无年号所以事无统纪，难记。如云某年，王某月，个个相似，虚无理会处。及<u>汉</u>既建年号，于是事乃各有纪属而可记。而今有年号犹自奸伪百出，若只写一年、二年、三年，则官司词诉簿历凭何而决？少间都无讨更理会处。尝见前辈说，有两家争田地。甲家买在<u>元祐</u>几年，乙家买在前。甲家遂将"元"字改擦作"嘉"字，乙家则将出文字又在<u>嘉祐</u>之先，甲家遂又将<u>嘉祐</u>字涂擦作<u>皇祐</u>。有年号了犹自被人如此，无复如何！<u>僴</u>。

○　结绳，今溪洞诸蛮犹有此俗。又有刻板者，凡年月日时以至人马粮草之数，皆刻板为记，都不相乱。<u>僴</u>。

右第二章

○　<u>林安卿</u>问："'易者，象也；象也者，像也'，四句莫只是解个'象'字否？"曰："'象'是解'易'字，'像'又是解'象'字，'材'又是解'彖'字。末句亦然。"<u>义刚</u>。

○　"易也者，象也；象也者，像也"，只是仿佛说，不可求得太深。<u>程先生</u>只是见得道理多后，却须将来寄搭在上面说。<u>渊</u>。<u>方子</u>录同。

○　"易者，象也；象也者，像也。象者，材也；爻也者，效天下之动也。""易者，象也"是总说起，言易不过则是阴阳之象。下云"像也"、"材也"、"天下之动也"，则皆是说那上面"象"字。<u>学蒙</u>。

○　"二君一民"，试教一个民有两个君，看是甚模样！<u>渊</u>。

○　"天下何思何虑"一句，便是先打破那个"思"字，却说个"同归殊涂，一致百虑"，又再说"天下何思何虑"。谓何用如此"憧憧往来"而为此朋从之思也。日月寒暑之往来，尺蠖龙蛇之屈伸，皆是自然底道理。不往则不来，不屈则亦不能伸也。今之为学亦只是如此。"精义入神"，用力于内乃所以"致用"乎外；"利用安身"，求利于外乃所以"崇德"乎内。只是如此做将去。虽至于"穷神知化"地位，亦只是德盛仁熟之所致，何思何虑之有！谟。

○ "天下何思何虑"一段，此是言自然而然。如"精义入神"自然致用，"利用安身"自然崇德。芝。

○ 问："'天下同归殊涂，一致百虑'，何不先云'殊涂'、'百虑'，而后及'一致'、'同归'？"曰："也只一般。但他是从上说下，自合如此。"学蒙。

○ 尺蠖屈便要求伸，龙蛇蛰便要存身。精研义理无毫厘丝忽之差，入那神妙处，这便是要出来致用；外面用得利而身安，乃所以入来自崇己德。"致用"之"用"，即是"利用"之"用"。所以横渠云："'精义入神'，事豫吾内，求利吾外；'利用安身'，素利吾外，致养吾内。""事豫吾内"言曾到这里面来。渊。从周录同。

○ "入神"是到那微妙、人不知得处。一事一理上。渊。

○ 且如"精义入神"，如何不思？那致用底却不必思。致用底是事功，是效验。渊。

○ "利用安身。"今人循理则自然安利，不循理则自然不安利。升卿。

○ "穷神知化，德之盛也"，这"德"字只是上面"崇德"之"德"。德盛后便能"穷神知化"，便如"聪明睿智皆由此出"、"自诚而明"相似。渊。方子录同。

○ "未之或知"是到这里不可奈何。"穷神知化"，虽不从这里面出来，然也有这个意思。渊。

○ 或问："横渠说'精义入神，求利吾外'，'求'字恐有病，似有个先获底心。'精义入神'，自利吾外，何用求？"曰："然。合当云'所以利吾外也'。'事豫吾内'，事未至而先知其理之谓'豫'。"学蒙。

○ "神化"二字，前人都说不到，惟是横渠分说得出来分晓。虽伊川也说得鹘突。渊。

○ "'神化'二字，虽程子说得亦不甚分明，惟是横渠推出来。推行有渐为化，合一不测为神。"又曰："'一故神，两在，故不测。两故化'，言'两在'者，或在阴，或在阳，在阴时全体都是阴，在阳时全体都是阳。化是逐一挨将去底，一日复一日，一月复一月，节节挨将去便成一年，这是化。"直卿云："'一故神'犹'一动一静互为其根'，'两故化'犹'动极而静，静极复动'。"方子。

○ "穷神知化"，"化"是逐些子挨将去底。一日复一日，一月复一月，节节挨将去便成一年，这是化。"神"是一个物事，或在彼或在此，当其在阴时全体在阴，在阳时全体在阳，都只是这一物，两处都在，不可测，故谓之神。横渠言"一故神，两故化"，又注云："两在，故不测。"这说得甚分晓。渊。

○ 阳化而为阴，只恁地消缩去，无痕迹，故谓之化。阴变而为阳，其势浸长，便觉突兀有头面，故谓之变云。<u>方子</u>。

右第三章

○ 问："'非所困而困焉，名必辱'，大意谓石不能动底物，〔<u>学蒙</u>录作"挨动不得底物事"。〕自是不须去动他。若只管去用力，徒自困耳。〔<u>学蒙</u>录云："'且以事言，有着力不得处。若只管着力去做，少间做不成，他人却道自家无能，便是辱了。'或曰：'若在其位，则只得做。'曰：'自是如此。'"〕"曰："爻意（义）谓不可做底，便不可入头去做。"<u>学蒙</u>。

○ "公用射隼"，<u>孔子</u>是发出言外意。<u>学蒙</u>。

○ <u>易</u>曰"知几其神乎"，便是这事难。如"邦有道，危言危行；邦无道，危行言逊"。今有一样人，其不畏者又言过于直，其畏谨者又缩做一团，更不敢说一句话，此便是不晓得那几。若知几则自裁节，无此病矣。"君子上交不谄，下交不渎"，盖上交贵于恭，恭则便近于谄；下交贵和易，和则便近于渎。盖恭与谄相近，和与渎相近，只争些子便至于流也。<u>偶</u>。

○ 问"君子上交不谄，下交不渎"。曰："凡人上交必有些小取奉底心，下交必有些小简傲底心，所争只是些小。于此察之，非知几者莫能。"<u>偶</u>。

○ "'君子上交不谄，下交不渎'，他这下面说'几'。最要看个'几'字，只争些子。凡事未至而空说，道理易见；事已至而显然，道理也易见。惟事之方萌而动之微处，此最难见。"或问："'几者动之微'，何以独于上交、下交言之?"曰："上交要恭逊，才恭逊便不知不觉有个谄底意思在里头。'下交不渎'亦是如此。所谓'几'者，只才觉得近谄、近渎便勿令如此，此便是'知几'。'几者，动之微，吉之先见者也'，汉书引此句，'吉'下有'凶'字。当有'凶'字。"僩。

○ "几者动之微"，是欲动未动之间便有善恶，便须就这处理会。若到发出处，更怎生奈何得！所以圣贤说谨独，便都是要就几微处理会。贺孙。

○ 魏问"几者，动之微，吉之先见者也"。"似是漏字。汉书说'几者，动之微，吉凶之先见者也'，似说得是。几自是有善有恶。君子见几，亦是见得方舍恶从善。不能无恶。"又曰："汉书上添字，如'岂若匹夫匹妇之为谅，自经于沟渎而人莫之知也'，添个'人'字，似是。"贺孙。

○ 知微、知彰、知柔、知刚，是四件事。学蒙。

○ 问："伊川作'见微则知彰矣，见柔则知刚矣'，其说如何?"曰："也好。看来只作四件事亦自好。既知微又知彰，既知柔又知刚，言其无所不知，所以为万民之望也。"学蒙。

○ "有不善未尝不知，知之未尝复行。"直是颜子天资好，如至清之水，纤芥必见。盖卿。

○ "天地细缊，万物化醇。""致一"，专一也。惟专一所以能细缊，若不专一则各自相离矣。"化醇"是已化后。"化生"指气化而言，草木是也。_僩。

○ "致一"是专一之义，<u>程先生</u>言之详矣。天地、男女都是两个方得专一，若三个便乱了。〔三人行，减了一个，则是两个，便专一。一人行，得其友，成两个，便专一。〕<u>程先生</u>说初与二、三与上、四与五皆两个相与，自说得好。"初、二二阳，四、五二阴，同德相比；三与上应，皆两相与。"<u>学蒙</u>。

右第四章

○ "乾坤，易之门"，不是乾坤外别有易，只易便是乾坤，乾坤便是易。似那两扇门相似，一扇开便一扇闭，只是一个阴阳做底，如"阖户谓之坤，辟户谓之乾"。<u>渊</u>。<u>公晦</u>录同。

○ 问："'乾坤，易之门。'门者是六十四卦皆由是出，如'两仪生四象'，只管生出耶？为是取阖辟之义耶？"曰："只是取阖辟之义。六十四卦只是这一个阴阳阖辟而成。但看他下文云'乾，阳物也；坤，阴物也。阴阳合德而刚柔有体'，便见得只是这两个。"<u>学蒙</u>。

○ "乾，阳物；坤，阴物。"阴阳，形而下者；乾坤，形而上者。<u>道夫</u>。

○ "天地之撰"，撰即是说他做处。<u>渊</u>。

○ "以体天地之撰"．撰是所为。<u>僩</u>。

○ 问"'其称名也杂而不越',是指系辞而言,是指卦名而言?"曰:"他后两三番说名后,又举九卦说,看来只是谓卦名。"又曰:"系辞自此以后皆难晓。"学蒙。

○ "'于稽其类',一本作'于稽音启。其颣',又一本'于'作'乌',不知如何。"曰:"但不过是说稽考其事类。"渊。

○ "其衰世之意耶。"伏羲画卦时这般事都已有了,只是未曾经历。到文王时世变不好,古来未曾有底事都有了,他一一经历这崎岖万变过来,所以说出那卦辞。如"箕子之明夷",如"入于左腹,获明夷之心于出门庭"。此若不是经历,如何说得!渊。

○ 问:"'彰往察来',如'神以知来,知以藏往'相似。'往'是已定底,如天地阴阳之变,皆已见在这卦上了;'来'谓方来之变,亦皆在这上。"曰:"是。"〔学蒙。〕

○ "彰往察来。"往者如阴阳消长,来者事之未来吉凶。学蒙。

○ "'微显阐幽。'幽者不可见,便就这显处说出来。显者便就上面寻其不可见底,教人知得。"又曰:"如'显道,神德行'相似。"学蒙。

○ "微显阐幽"便是"显道,神德行"。德行显然可见者,道不可见者。"微显阐幽"是将道来事上看,言那个虽是粗底,然皆出于道义之蕴。"潜龙勿用",显也。"阳在下也",只是就两头说。微显所以阐幽,阐幽所以微显,只是一个物事。㑦。

○ 将那道理来事物上与人看，就那事物上推出那里面有这道理：
"微显阐幽。"〔佃。〕

右第五章

○ 问论易九卦，云："圣人道理只在口边，不是安排来。如九卦，
只是偶然说到此，而今人便要说如何不说十卦，又如何不说八卦，便从
九卦上起义。皆是胡说。且如'履，德之基'，只是要以践履为本。
'谦，德之柄'，只是要谦退，若处患难而矫亢自高，取祸必矣。'复，
德之本'，如孟子所谓'自反'。'困，德之辨'，困而通则可辨其是，困
而不通则可辨其非。损是惩忿窒欲。益是修德，益令广大。'巽，德之
制'，'巽以行权'，巽只是低心下意。要制事须是将心入那事里面去，
顺他道理，方能制事，方能行权。若心粗，只从事皮肤上绰过。如此行
权便不错了。巽，伏也，入也。"正卿。

○ 三陈九卦初无他意。观上面"其有忧患"一句，便见得是圣人
说处忧患之道。圣人去这里偶然看见这几卦有这个道理，所以就这个说
去。若论到底，睽蹇皆是忧祸患底事，何故却不说？以此知只是圣人偶
然去这里见得有此理，便就这里说出。圣人视易如云行水流，初无定相，
不可确定他。在易之序，履卦当在第十，上面又自不说乾、坤。渊。

○ 三说九卦，是圣人因上面说忧患故发明此一项道理，不必深
泥。如"困，德之辨"，若说蹇屯亦可，盖偶然如此说。大抵易之书如
云行水流，本无定相，确定说不得。扬子云太玄一爻吉，一爻凶，相间
排将去，七百三十赞乃三百六十五日之昼夜，昼爻吉，夜爻凶，又以五
行参之，故吉凶有深浅，毫发不可移，此可为典要之书也。圣人之易则

有变通。如此卦以阳居阳则吉，他卦以阳居阳或不为吉；此卦以阴居阴则凶，他卦以阴居阴或不为凶。此不可为典要之书也。〔方子。〕

○ 初七日至信州，有周伯寿、蒋良弼、李思永、黎季成诸友皆来追送，会聚者二十余人。先生问："诸公远来，有可见教可商量处，不惜言之。"郑仲履问："易系云'作易者其有忧患乎'，如何止取九卦？"先生云："圣人论处忧患，偶然说此九卦尔。天下道理只在圣人口头，开口便是道理，偶说此九卦，意思自足。若更添一卦也不妨，更不说一卦也不妨，只就此九卦中亦自尽有道理。且易中尽有处忧患底卦，非谓九卦之外皆非所以处忧患也。若以困为处忧患底卦，则屯蹇非处忧患而何？观圣人之经正不当如此。后世拘于象数之学者乃以为九阳数，圣人之举九卦盖合此数也，尤泥而不通矣。"盖卿。

○ 既论九卦之后，因言："今之谈经者往往有四者之病：本卑也，而抗之使高；本浅也，而凿之使深；本近也，而推之使远；本明也，而必使至于晦。此今日谈经之大患也。"盖卿。

○ 问："巽何以为'德之制'？"曰："巽为资斧，多作断制之象。盖'巽'字非顺之义所以能尽，〔乃〕顺而能入之义。谓巽一阴入在二阳之下，是入细直彻到底，不只是到皮子上者，如此方能断得杀。若不见得尽，如何可以'行权'？"銛。

○ "谦尊而光，卑而不可逾"，以尊而行谦则其道光，以卑而行谦则其德不可逾。尊对卑言，伊川以谦对卑说，非是。但圣人九卦文引此一句，看来大纲说。僩。

○ 问"损先难而后易"。"如子产为政，郑人歌之曰'孰杀子产，吾其与之'，及三年后人复歌而诵之。盖事之初，在我亦有所勉强，在人亦有所难堪；久之当事理，顺人心，这里方易。便如'利者，义之和'一般，义是一个断制物事，恰似不和；久之，事得其宜，乃所以为和。如万物到秋，许多严凝肃杀之气，似可畏；然万物到这里，若不得此气收敛凝结许多生意，又无所成就。其难者乃所以为易也。'益，长裕而不设'，长裕只是一事，但充长自家物事教宽裕而已。'困穷而通'，此因困卦说'泽无水，困，君子以致命遂志'，盖此是'致命遂志'之时，所以困。彖曰'险以说，困而不失其所亨，其惟君子乎'，盖处困而能说也。困而寡怨，是得其处困之道，故无所怨于天，无所尤于人；若不得其道，则有所怨尤矣。'井居其所而迁'，井是不动之物，然其水却流行出去利物。'井以辨义'，辨义谓安而能虑，盖守得自家先定，方能辨事之是非。若自家心不定，事到面前安能辨其义也？'巽称而隐'，巽是个卑巽底物事，如'兑见而巽伏也'，自是个隐伏底物事。盖巽一阴在下、二阳在上，阴初生时已自称量得个道理了，不待显而后见。如事到面前，自家便有一个道理处置他，不待发露出来。如云'尊者于己逾等，不敢问其年'，盖才见个尊长底人便自不用问其年，不待更计其年然后方称量合问与不合问也。'称而隐'是巽顺恰好底道理。有隐而不能称量者，有能称量而不能隐伏不露形迹者，皆非巽之道也。'巽，德之制也'、'巽以行权'，都是此意。"<u>学蒙</u>录同。<u>僩</u>。

○ 问"巽称而隐"。曰："以'巽以行权'观之，则'称'字宜音去声，为称物之义。"又问："巽有优游巽入之义；权是仁精义熟，于事能优游以入之意。"曰："是。巽是入细底意，说在九卦之后，是八卦事了方可以行权。某前时以称为扬之说，错了。"<u>学蒙</u>。

○ 问："'巽称而隐'，'称'，称扬也。'隐'字何训？"曰："隐，不见也。如风之动物，无物不入，但见其动而不见其形。权之用亦犹是也。昨得潘恭叔书，说滕文公问‘间于齐楚’与‘竭力以事大国’两段，注云‘盖迁国以图存者，权也；效死勿去者，义也’，‘义’字当改作‘经’。思之诚是。盖义便近权，如或可如此或可如彼，皆义也。经则一定而不易。既对‘权’字，须着用‘经’字。”僩。

○ 问“井，德之地”。曰：“井有本，故泽及于物而井未尝动，故曰‘居其所而迁’。如人有德而后能施以及人，然其德性未尝动也。‘井以辨义’，如人有德而其施见于物，自有斟酌裁度。”砥。

○ 问“井以辨义”。曰：“只是‘井居其所而迁’，大小多寡，施之各当。”銇。

○ 问井义而辨。曰：“井有定体不动，‘居其所而不迁’，然水却流行出去而不穷。犹人心有持守不动，而应变于外则不（动）〔穷〕也。‘井，德之地’亦是指那不动之处。”僩。

○ 陈才卿问“巽以行权”。曰：“‘权’之用便是如此，见得道理精熟后，于物之精微委曲处，无处不入，所以说‘巽以行权’。‘巽’，风也。犹风之动物，无处不入，但见其动而不见其形。权之用亦犹是也。”僩。

○ 郑仲履问：“‘巽以行权’，恐是神道？”曰：“不须如此说。巽只是柔顺、低心下意底气象。人至行权处，不少巽顺如何行得？此外八卦各有所主，皆是处忧患之道。”盖卿。

○ 问：“‘巽以行权’，权是逶迤曲折以顺理否？”曰：“然。巽有入之义。‘巽为风’，如风之入物。只为巽便能入义理之中，无细不入。”

又问："'巽称而隐'，'称'如风之鼓舞，有称扬之义。隐亦是入物否?"
曰："隐便是不见处。"<u>文蔚</u>。

○　"巽以行权"，"兑见而巽伏"。权是隐然做底物事，若显然地
做，却不成行权。<u>渊</u>。

右第六章

○　问："易之所言，无非天地自然之理、人生日用之所不能须臾
离者，故曰'不可远'。"曰："是。"<u>学蒙</u>。

○　"既有典常"，是一定了。占得他这爻了，吉凶自定，这便是
"有典常"。<u>渊</u>。

○　易"不可为典要"。易不是确定硬本子。扬雄太玄却是可为典
要。他排定三百（五）〔六〕十四赞当昼，三百（五）〔六〕十四赞当夜，
昼底吉，夜底凶，吉之中又自分轻重，凶之中又自分轻重。易却不然。
有阳居阳爻而吉底，又有凶底；有阴居阴爻而吉底，又有凶底。有有应
而吉底，有有应而凶底。是不可为典要之书。他这个是有那许多变，所
以如此。<u>渊</u>。

○　问："〔据文势则〕'内外使知惧'合作'使内外知惧'始得。"
曰："是如此。不知这两句是如何。上下文意都不相属，硬解也解得，
但不晓意是训甚底。后面说二与四同功、三与五同功却好，但'不利远
者'也难晓。"<u>学蒙</u>。

○ 使"知惧",便是使人有戒惧之意。易中说如此则吉、如此则凶是也。既知惧,则虽无师保,一似临父母相似,常怃地戒惧。渊。

○ 问"杂物撰德,辨是与非,则非其中爻不备"。先生云:"这样处晓不得,某常疑有阙文。先儒解此多以为互体,如屯卦震下坎上,就中间四爻观之,自二至四则为坤,自三至五则为艮,故曰'非其中爻不备'。互体说,汉儒多用之。左传中一处说占得观卦处亦举得分明。看来此说亦不可废。"学蒙。

右第七章

○ 问"道有变动故曰爻,爻有等故曰物,物相杂故曰文"。曰:"'道有变动',不是指那阴阳老少之变,是说卦中变动。如乾卦中六画,初潜,二见,三惕,四跃,这个便是有变动,所以谓之爻。爻中自有等差,或高或低,或贵或贱,皆谓之等,易中便可见。如说'远近相取而悔吝生'、'近而不相得则凶'、'二与四同功而异位'、'三多凶,五多功,贵贱之等也',又曰'列贵贱者存乎位',皆是等也。物者,想见古人占卦必有个物事名为'物',而今亡矣。这个物是那别贵贱、辨尊卑底。'物相杂故曰文',如有君又有臣便为君臣之文,是两物相对待在这里故有文,若相离去、不相干,便不成文矣。卦中有阴爻又有阳爻,相间错则为文。若有阴无阳,有阳无阴,如何得有文?"学蒙。

○ 长孺问:"'乾健坤顺',如何得有过不及?"曰:"乾坤者,一气运于无心,不能无过不及之差。圣人有心以为之主,故无过不及之失。所以圣人能赞天地之化育,天地之功有待于圣人。"贺孙。

○ "天行健"，故易；地承乎天，柔顺，故简。简易，故无艰难。<u>敬仲</u>。

○ <u>乾</u>健，而以易临下，故知下之险。险底意思在下。<u>坤</u>顺，而以简承上，故知上之阻。阻是自家低、他却高底意思。自上面下来，到那去不得处，便是险；自下而上，上到那去不得处，便是阻。易只是这两个物事。自东而西也是这个，自西而东也是这个。左而右、右而左皆然。<u>渊</u>。

○ 因言<u>乾坤</u>简易，知险知阻，而曰："知险阻便不去了。惟其简易，所以知险阻而不去。"<u>敬子</u>云："今行险徼幸之人，虽知险阻而犹冒昧以进。惟<u>乾坤</u>德行本自简易，所以知险阻。"<u>僩</u>。

○ 问"夫<u>乾</u>，天下之至健也，德行"止"知阻"。曰："不消先说健顺。好底物事自是知险阻。恰如良马，他才遇险阻处便自不去了。如人临悬崖之上，若说不怕险了，要跳下来，必跌杀却。"良久，又曰："此段专是以忧患之际而言。且如健，当忧患之际则知险之不可乘；顺，当忧患之际便知阻之不可越。这都是当忧患之际、处忧患之道当如此，因忧患方生那知险知阻。若只就健、顺上看，便不相似。如下文说'危者使平，易者使倾'、'能说诸心，能研诸虑'，皆因忧患说。大要<u>乾坤</u>只是循理而已。他若知得前有险之不可乘而不去，则不陷于险；知得前有阻之不可冒而不去，则不困于阻。若人不循理，以私意行乎其间，其过乎刚者，虽知险之不可乘却硬要乘，则陷于险矣；虽知阻之不可越却硬要越，则困于阻矣。只是顺理便无事。"又问："在人固是如此，以天地言之则如何？"曰："在天地自是无险阻，这只是大纲说个<u>乾坤</u>底意思是如此。"又曰："顺自是畏谨，宜其不越夫阻。如健，却宜其不畏险，然却知险而不去，盖他当忧患之际故也。"又问"简易"。曰："若长是易时更有甚么险？他便不知险矣。若长是简时更有甚么阻？他便不知阻矣。只是当忧患之际方见得。"僩。

○ 因说:"乾坤知险阻,非是说那定位底险阻。乾是个至健底物,自是见那物事皆低;坤是至顺底物,自是见那物事都大。"学者曰:"如云'能胜物之谓刚,故常信于万物之上'相似。"曰:"然。如云'胆欲大而心欲小'。至健'恒易以知险',如'胆欲大';至顺'恒简以知阻',如'心欲小'。又如云'大心则敬天而道,小心则畏义而节'相似。"学者曰:"如人欲渡,若风涛汹涌,未有要紧,不渡也不妨。万一有君父之急,也只得渡。"曰:"固是如此,只是未说到这里在。这个又是说处那险阻,圣人固自有道以处之。这里方说知险阻,知得了方去处他。"问:"如此,则乾之所见无非险,坤之所见无非阻矣。"曰:"不然。他是至健底物,自是见那物事低。如人下山坂,自上而下,但见其险,而其行也易。坤是至顺底物,则自下而上但见其阻。只是一个物事,一是自上而视下,一是自下而视上。若见些小险便止了,不敢去,安足为健?若不顾万仞之险,只认从上面擂将下,此又非所以为乾。若见些小阻便止了,不敢上去,固不是坤。若不顾万仞之阻必欲上去,又非所以为坤。"所说险阻与本义异。僩。

○ 或问:"见得乾是至健不息之物,经历艰险处多。虽有险处,皆不足为其病,自然足以进之而无难否?"曰:"不然。旧亦尝如此说,觉得终是硬说。易之书本意不如此,正要人知险而不进,不说是恃我至健顺了,凡有险阻只认冒进而无难。如此,大非圣人作易之意。观上文云:'易之兴也,其当殷之末世,周之盛德邪!当文王与纣之事邪!是故,其辞危。危者使平,易者使倾,其道甚大,百物不废,惧以终始,其要无咎。此之谓易之道也。'看他此语,但是恐惧危险便不敢轻进之意。乾之道便是如此。卦中皆然,所以多说'见险而能止',如需卦之类可见。易之道正是要人知进退存亡之道。若是冒险前进必陷于险,是

'知进而不知退，知存而不知亡'，岂乾之道邪！惟其至健而知险，故止于险而不陷于险也。此是就人事上说。险与阻不同，险是自上视下，见下之险故不敢行；阻是自下观上，为上所阻故不敢进。"僴。恪录同。

○ 问"夫乾，天下之至健也，德行常易以知险；夫坤，天下之至顺也，德行常简以知阻"。曰："乾健，则看什么物都刺音辣。将过去。坤则有阻处便不能进，故只是顺。如上壁相似，上不得，自是住了。"后复云："前说差了。乾虽至健，知得险了却不下去；坤虽至顺，知得阻了更不上去。以人事言之，若健了一向进去，做甚收杀！"后又一段甚详。〔或录云："乾到险处便止不行，所以为常易。"〕学蒙。

○ 又说"知险知阻"之义，曰："旧因登山而知之。自上而下则所向为险，自下而上则所向为阻。盖乾则自上而下，坤则自下而上。健则遇险亦易，顺则遇阻亦简。然易则可以济险，而简亦有可涉阻之理。"銧。

○ 因登山而得乾坤险阻之说。寻常从看便将险阻作一个意思。其实自高而下，愈觉其险，乾以险言者如此；自下而升，自是阻碍在前，坤以阻言者如此。谟。

○ 自山下上山为阻，故指坤而言；自山上观山下为险，故指乾而言。因登山而明险阻之义。敬仲。

○ "易以知险，简以知阻。"以登山而得之。自下望着上面，是在前隔着，是阻。泳。

○ 自上视下曰险，自下升上曰阻。因登山悟此。公谨。

○ 大率易只是一阴一阳，做出许多般样事。"夫乾"、"夫坤"一段，也似上面"知大始"、"作成物"意思。"说诸心"只是见过了便说，这个属阳；"研诸虑"是研穷到底，似那"安而能虑"，直是子细了，这个属阴。"定吉凶"是阳，"成亹亹"是阴，便是上面"作成物"。且以做事言之，吉凶未定时，人自意思懒散不肯做去。吉凶定了，他自勉勉做将去，所以属阴。大率阳是轻清底，物事之轻清底属阳；阴是重浊底，物事之重浊者属阴。"成亹亹"是做将去。渊。

○ "能说诸心"，乾也；"能研诸虑"，坤也。"说诸心"有自然底意思，故属阳；"研诸虑"有作为意思，故属阴。"定吉凶"，乾也；"成亹亹"，坤也。事之未定者属乎阳，"定吉凶"所以为乾；事之已为者属阴，"成亹亹"所以为坤。大抵言语两端处皆有阴阳。如"开物成务"，"开物"是阳，"成务"是阴。如"致知力行"，"致知"是阳，"力行"是阴。周子之书屡发此意，推之可见。谟。

○ "能说诸心"是凡事见得通透了，自然欢说。既说诸心，是理会得了，于事上更审一审便是研诸虑。研是去研磨他。学蒙。

○ "定天下之吉凶"是割判得这事，"成天下之亹亹"是做得事业。学蒙。

○ "变化云为"是明，"吉事有祥"是幽。"象事知器"是人事，"占事知来"是筮。"象事知器"是人做这事去；"占事知来"是他方有个祯祥，这便（是）〔占〕得他。如中庸言"必有祯祥"、"见乎蓍龟"之类。吉事有祥，凶事亦有。渊。

○ 问"变化云为，吉事有祥。象事知器，占事知来"。曰："上两句只说理如此，下两句是人就理上知得。在阴阳则为变化，在人事则为云为。吉事自有祥兆。惟其理如此，故于'变化云为'则象之而知已有之器，于'吉事有祥'则占之而知未然之事也。"又问："'器'字则是凡见于有形之实事者皆为器否？"曰："易中'器'字是恁地说。"学蒙。

○ "天地设位"四句说天人合处。"天地设位"便圣人成其功能，"人谋鬼谋"则虽百姓亦可以与其能。"成能"、"与能"，虽大小不同，然亦是小小地造化之功用。然"百姓与能"，却须因蓍龟而方知得。"人谋鬼谋"如"谋及乃心、庶人、卜筮"相似。渊。

○ "百姓与能"，〔"与"字去声。〕他无知，因卜筮便会做得事，便是"与能"。"人谋鬼谋"犹洪范之谋及庶人相似。学蒙。

○ "八卦以象告"以后，说得丛杂。不知如何。学蒙。

○ 问："'八卦以象告'至'失其守者其辞屈'，切疑自'吉凶可见矣'而上，只是总说易书所载如此。自'变动以利言'而下，则专就人占时上说。不知如何？"曰："然。"又问："'易之情，近而不相得则凶，或害之，悔且吝'，是如何？"曰："此疑是指占法而言。想古人占法更多，今不见得。盖远而不相得则安能为害？惟切近不相得则凶害便能相及。如一个凶人在五湖四海之外，安能害自家？若与之为邻，近则有害矣。"又问云："此如今人占火珠林课底，若是凶神，动与世不相干则不能为害，惟是克世应世则能为害否？"曰："恐是这样意思。"学蒙。

右第九章

朱子语类卷第七十七

易十三

说卦

○ "幽赞于神明"，"于"字犹"治于人"之"于"，犹言见助于神明。渊。

○ "生蓍"便是"大衍之数五十"，如何恰限生出百茎物事教人做筮用？到那"（三）〔参〕天两地"方是取数处。看得来"阴阳刚柔"四字，"阴阳"指二老，"刚柔"指二少。渊。

○ "赞于神明"犹言"治于人"相似，谓为人所治也。"赞于神明"，神明所赞也。圣人用"于"字怎地用，不然只当说"幽赞神明"。此说却是说见助于神明。渊。

○ "赞"只是"赞化育"之"赞"，不解便说那赞命于神明。这只说道他为神明所赞，所以生出这般物事来与人做卦。渊。

○ "倚数"，倚是靠在那里。且如先得个三，又得个三只成六，更得个三方成九。若得个二却成八。怎地倚得数出来。有人说"参"作

1738

"三"，谓一、三、五；"两"谓二、四。一、三、五固是天数，二、四固是地数。然而这却是积数，不是倚数之数。渊。

○　一个天，参之则三；一个地，两之则二。数便从此起。此与"大衍之数五十"，各自说一个道理，不须合来看。然要合也合得。一个三，一个五，恐是"二"字。衍之则成十，便是五十。渊。

○　"参天两地而倚数"，此在揲蓍上说。参者，元是个三数底物事，自家从而三之；两者，元是个两数底物事，自家从而两之。虽然，却只是说得个三在，未见得成何数。"倚数"云者，似把几件物事挨放这里。如已有三数，更把个三数倚在这里成六，又把个三数物事倚在此成九。两亦如之。渊。

○　"参天两地而倚数。"一个天参之为三，一个地两之为二。三三为九，三二为六，两其三、一其二为八，两其二、一其三为七。二老为阴阳，二少为刚柔。方子。"参"不是"三"之数，是"无往参焉"之"参"。〔"兼三才而两之。"初刚而二柔，按，下二爻于三极为地。三仁而四义，按，中二爻于三极为人。五阳而上阴。按，上二爻于三极为天。阳化为阴，只恁地消缩去，无痕迹，故谓之化。阴变为阳，其势浸长，便较突兀，有头面，故谓之变。阴少于阳，气理数皆如此，用全用半，所以不同。〕

○　问"参天两地而倚数"。曰："天圆，得数之三；地方，得数之四。一画中有三画，〔三画〕中参之则为九，此天数也。阳道常饶，阴道常乏。地之数不能为三，止于两而已。两之为六，故六为坤。"㝵。侗同。

○　问："'观变于阴阳而立卦'，观变是就著数上观否？"曰："恐只是就阴阳上观，未用说到蓍数处。"学蒙。

○ "观变于阴阳"，且统说道有几画阴，几画阳，成个甚卦？"发挥刚柔"却是就七八九六上说，初间做这个卦时未晓得是变与不变，及至发挥出刚柔了，方知这是老阴、少阴，那是老阳、少阳。渊。

○ 圣人作易时，其中固是具得许多道理，人能体之而尽则便似那易。他说那吉凶悔吝处，莫非"和顺道德，理于义，穷理尽性"之事。这一句本是说易之书如此，后人说去学问上，却是借他底。然这上也有意思，皆是自浅至深。渊。

○ 问："'和顺道德而理于义'，是就圣人上说，是就易上说？"曰："是说易。"又问："'和顺'是圣人和顺否？"曰："是易去和顺道德而理于义。如吉凶消长之道顺而无逆，是'和顺道德'也。'理于义'则又极其细而言，随事各得其宜之谓〔也〕。'和顺道德'如'极高明'，'理于义'如'道中庸'。"学蒙。

○ "和顺道德而理于义"是统说底，"穷理"、"尽性"、"至命"是分说底。上一句是离合言之，下一句以浅深言之。凡卦中所说，莫非和顺那道德，不悖了他。"理于义"是细分他，逐事上各有个义理。"和顺"字、"理"字最好看。圣人下这般字改移不得。不似今时，抹了却添几字都不妨。渊。

○ 道理须是与自家心相契方是得他，所以要穷理。忠信进德之类皆穷理之事。易中自具得许多道理，便是教人穷理、循理。渊。

○ "穷理"是理会得道理穷尽，"尽性"〔是〕（故）〔做〕到尽处。

如能事父，然后尽仁之性；能事君，然后尽义之性。<u>闳祖</u>。

○ "穷理"是穷得物尽得人性到得那天命，所以说道"性命之源"。<u>渊</u>。

○ "穷理"是"知"字上说，"尽性"是因"仁知"字上说，言能造其极也。〔至〕于"范围天地"，是"至命"，言与造化一般。<u>渊</u>。

○ 蜚卿问"穷理尽性至于命"。曰："此为<u>易</u>书而言。"<u>可学</u>。

○ 问"穷理尽性以至于命"。曰："此言作<u>易</u>者如此，从来不合将做学者事看。如<u>孟子</u>尽心、知性、知天之说，岂与此是一串？却是学者事，只于穷理上着工夫，穷得理时，性与命在其中矣。<u>横渠</u>之说未当。"<u>人杰</u>。<u>谟</u>、<u>去伪</u>同。

○ "穷理尽性至于命"，本是就<u>易</u>上说。<u>易</u>上皆说物理便是"穷理尽性"，即此便是"至命"。诸先生把来就人上说，能"穷理〔尽性〕"了方"至于命"。<u>淳</u>。

○ 伯丰问："'穷理尽性以至于命'，<u>程</u>、<u>张</u>之说孰是？"曰："各是一说。<u>程子</u>皆以见言，不如<u>张子</u>有作用。穷理是见，尽性是行。觉<u>程子</u>是说得快了。如为子知所以孝，为臣知所以忠，此穷理也；为子能孝，为臣能忠，此尽性也。能〔穷〕此〔理〕，充其性之所有，方谓之'尽'。'以至于命'是拖脚，却说得于天者。〔尽性〕是〔我〕之所至也，至命是却说天之所以予我者〔耳〕。昔尝与人〔论舜事〕，'〔舜〕尽事亲之道而<u>瞽瞍</u>厎豫，<u>瞽瞍</u>厎豫而天下〔化〕，<u>瞽瞍</u>厎豫而天下之为人父子者定'，知此者是穷理者也，能此者尽性者也。"<u>銤</u>。

〇 “昔者圣人之作易，将以顺性命之理。”圣人作易，只是要发挥性命之理模写那个物事。下文所说“阴阳”、“刚柔”、“仁义”，便是性中〔有〕这个物事。“顺性命之理”只是要发挥性命之理。渊。方子录止注两句。

〇 “性命之理”，便知是下文“阴阳”、“柔刚”、“仁义”也。学蒙。

〇 问：“‘立天之道曰阴与阳。’道，理也；阴阳，气也。何故以阴阳为道？”曰：“‘形而上者谓之道，形而下者谓之器’，明道以为须着如此说。然器亦道，道亦器也。道未尝离乎器，道只是器之理。如这交椅是器，可坐便是交椅之理；如这人身是器，语言动作便是人之理。理只在器上，理与器未尝相离，所以‘一阴一阳之谓道’。”曰：“何谓‘一’？”曰：“道，如一阖一辟谓之变。只是一阴了又一阳，此便是道。寒了又暑，暑了又寒，这道理只循环不已。‘维天之命，於穆不已’，万古只如此。”曰：“‘太极动而生阳’，是有这动之理便能动而生阳否？”曰：“有这动之理便是动而生阳，有这静之理便是静而生阴。既动则理又在动之中，既静则理又在静之中。”曰：“动静是气也，有这〔理〕为气之主，气便能如此否？”曰：“是也。既有理便有气，〔既有〕气则理〔又〕在乎气之中。周〔子谓〕‘〔五殊〕二实，二本则〔一〕，一〔实〕万分，〔万一〕各正，小大〔有〕定’，〔自下〕推上去，五行〔只是二〕气，〔二〕气又只〔是一〕理。〔自〕上〔推〕下来，只是这一个〔理〕，万物分之以为体，万物之中〔又〕各具一理。所谓‘乾道变化，各正性〔命〕’。然总又只是一个理。此理处处皆浑沦，如一粒粟生为苗，苗便生花，花便结实又成粟，还复本形。一穗有百粒，每粒个个完全，又将这百粒去种，每粒又各成百粒。生生只管不已，初间只是这一粒分去。物物各有理，总只是一理。”曰：“鸢飞鱼跃，皆〔理〕之流行发见处否？”曰：“固是。然此段更须与后文通〔看〕。”〔或〕问：“太极解‘万物各具一太极’，此是以理〔言〕？以气言？”先生曰：“以理言。”淳。

　　○　"阴阳"、"〔刚〕柔"、"仁义"，看来当曰"义与仁"，当以仁对阳。仁若不是阳刚，如何做得许多造化？义虽刚却主于收敛，仁却主发舒。这也是阳中之阴、阴中之阳，互藏其根之意。且如今人用赏罚：到赐与人，自是无疑便做将去；若〔是〕刑杀时，便迟疑不肯（畏）〔果〕〔决〕做。〔这〕见得阳纾阴敛，〔仁属阳、〕义〔属阴处〕。渊。

　　○　阴〔阳是〕阳中之阴阳，刚柔是阴〔中之阴〕阳。刚柔以质言，〔是有〕个物〔了〕，〔见〕（待）〔得〕是刚底、柔〔底〕。〔阴阳以〕气言。芟。

　　○　"〔兼三才〕而两之"，初刚而〔二〕柔，三〔仁而四义〕，五阳而上阴。〔"两之"〕，〔如〕言加一〔倍〕。本是一个，〔又〕各〔加一个〕为两。方子。芟录同。

　　○　问："〔圣人〕'〔兼〕三〔才〕而〔两〕之'。"曰："前日为学者说，佛经云'如来为〔一大〕事因缘出现于世'，圣人亦是为一大事出现于世。上至天，下至地，中间是人。塞于两间者无非此理。圣人出来左提右挈，原始要终，无非欲人有以全此理而不失其本然之性。故曰'天佑下民，作之君，作之〔师〕'，〔只〕是为此道理。所以作个君师相裁成以左右民，使各全其秉彝之善而已。如老佛也窥见这个道〔理〕。庄子所谓'神鬼神帝，生天生地'，释氏所谓'能为万〔象〕主，不逐四时雕'，只是他说得惊天动地。圣人作用处则与他全不同，圣人之学至虚而实实，至无而实有，〔有〕此物则有此理，须一一与他尽得。佛氏则见得〔如〕此便休了，所以不同。"僩。

　　○　问："'山泽通气'，只为两卦相对，所以气通。"曰："泽气通升于山，为云为雨，是山通泽之气；山之泉脉流于泽，为泉为〔水〕，是泽通山之气。是两个之气相通。"学蒙。

○ "〔山泽通〕气,〔水火不相〕射",〔山〕泽一〔高〕一〔下〕而水脉相为灌〔输也〕,〔水〕火下然上沸而不相〔灭息也〕。〔或〕曰:"'射'音'亦',与〔'致'同〕,言相为〔用〕而不相厌也。"〔偭。〕

○ "〔雷风相〕薄,水火〔不相〕射",〔射〕犹犯也。〔人杰。〕

○ "射",〔一音"亦",〕是不相〔厌之意〕;〔一音〕"食",是不相害。〔水火本相杀灭,〕〔用一物〕隔着,〔却相为〕用。此二义皆通。学蒙。

○ "数往〔者顺〕",这一段是从卦气〔上看〕来,也是从卦画生处看来。恁地方交〔错〕成六十四。渊。

○ "易逆数也",以康节说方可通。但方图则一向皆逆,若以圆图看又只一半,不知如何。学蒙。

○ "'雷以〔动之〕'以下四句取象义多,故以象言。'艮以止之'以下四句取卦义多,故以卦言。"又曰:"唤'山以止之'〔又〕不得,〔只得〕云'艮以止之'。"学蒙。

○ 〔后四〕卦不言象也只是偶然。到后两句说"乾以君之,坤以藏之",却恁地说得好。渊。

○ "帝出〔乎震〕"与"万物出乎震",只这两段说文王卦。〔渊。〕

○ "帝〔出〕乎震"，万物发生，便是他主宰，从这里出。"齐乎巽"，晓不得。〔离中虚明，可以为南方之卦。坤安在西南，不成西北方无地！西方肃杀之地如何云"万物之所说"？乾西北，也不可晓，如何阴阳只来这里相薄？"劳乎坎"，"劳"字去声，似乎慰劳之意。言万物皆归藏于此，去安存慰劳他。〕学蒙。

○ "劳乎坎"是说万物〔休息〕底意。"成言乎艮"，艮在东北，是说万〔物〕终始处。渊。

○ 〔艮也者，〕〔万物之所以成终〕而成〔始也〕。〔犹春〕冬之交，故其〔位在〕东北。方〔子〕。

○ 〔文王八〕卦：坎〔艮震在东北〕，离坤〔兑在西南〕，所以分阴方〔、阳方〕。渊。

○ 八〔卦次序〕是伏羲底，此是时〔未有文王次〕序。三索而为〔六子〕，〔这〕自是文〔王〕底。〔各〕自有个道理。渊。

○ 文王〔八卦〕不可晓处多。如离南坎北，离、坎却不应在南北，且做水火居南北。兑也不属金。如今只是见他底惯了，一似合当恁地相似。渊。

○ 文王八卦有些似京房卦气，不取卦画，只取卦名。京房卦气〔以〕复中孚屯为次。复，阳气之始也；中孚，阳实在内而未发也；屯，始发而艰难也。只取名义。文王八卦〔配〕四方四时，离南坎北，震东兑西。若卦画则不可移〔换〕。方子。

○ "水火相逮"一段，又似与上面"水火不相射"同，又自〔是〕伏羲卦。渊。

○ 健顺，〔刚柔〕之精者；刚柔，健顺之粗者。方子。

○ "八卦之性情。"谓之"性"者，言其性如此；又谓之"情"者，言其发用处亦如此。如乾之健，本性如此，用时亦如此。渊。

○ 乾坤三索，则七八固有六子之象，然不可谓之六子之策。〔若〕谓少阴、阳为六子之〔策〕，则乾坤为无少阴、阳乎？渊。

○ "〔震一索〕而得〔男〕"〔云云〕一〔段〕，看来〔不当专〕作揲蓍看。揲蓍〔有不〕依这〔次〕序时便说不〔通〕。〔大概只是〕乾求于坤而〔得震、〕坎〔、艮〕，坤〔求〕于乾而得巽〔、离、兑〕。〔一二〕三者，以其画〔之次〕序言也。渊。

○ 问："〔遗书〕有'古〔言乾〕坤不用六〔子〕'〔一段〕〔，如何？〕"曰："此一段却〔主张〕是自然之〔理〕。〔又〕有一段〔却〕不〔取〕。"可学。

○ "'震一〔索〕而得男'，'索'〔字〕训'求'字〔否〕？"曰："是。"又曰："非'震一索而得男'，乃是一索得阳爻而后成震。"又曰："一说是就变体上说，谓就坤上求得一阳爻而成震卦。一说乃是〔揲〕蓍求卦，求得一阳，后面二阴便是震；求得一阴，后面〔二阳〕便是巽。"学蒙。

○ 横渠云："'艮三索得男'，乾道之所成；'兑三索得女'，坤道之〔所〕成。所以有天地绷缊、男女构精之义。"亦有此理。<u>学蒙</u>。

○ 〔卦象〕指<u>文王</u>卦言，所以乾言"为寒，为冰"。<u>渊</u>。

○ 为<u>乾</u>卦。"其究为躁卦"，此卦是巽下一爻变则为乾，便是纯〔阳而〕躁动。此盖言巽反为震，震为决躁，故为躁卦。〔此〕亦不系大纲领处，无得工夫去点检他这般处，若恁地逐段理会得来也无意思。<u>渊</u>。"乾"卦音"乾"。

○ <u>杨至</u>之问曰："艮何以为手？"曰："手去捉定那物，便是艮。"又问："〔捉〕物乃手之用，不见取〔象〕正意。"先生曰："也只是大〔概略〕恁〔地〕。"〔<u>陈安卿</u>说：〕"〔麻〕衣以〔艮为鼻〕。"先生曰："鼻者，面〔之山〕（者），〔晋〕<u>管辂</u>（已）如此说，亦〔各有取象〕。"又问："麻衣以巽〔为手〕，取〔义〕于〔风〕之舞，非是为〔股〕。"〔先生蹙〕眉曰："乱道如〔此〕之甚！"<u>义刚</u>。<u>陈淳录〔同〕</u>。

序卦

○ 〔序卦首〕言天地万物〔男女〕夫妇，是〔因咸〕恒为夫妇之道说〔起〕，非如旧人分天道人事之说。大率上经用乾、坤、坎、离为始终，下经便当用艮、兑、巽、震为始终。<u>渊</u>。

○ 问："'礼义有所错'，'错'字，<u>陆氏</u>两音，如何？"曰："只是作'措'字，谓礼义有所施设耳。"<u>鲎</u>。

杂卦

○ 序卦、杂卦，圣人（云）〔去〕这里见有那无紧要底道理，也说则〔个〕了过去。然杂卦中亦有说得极精处。渊。

○ "〔谦轻〕而豫怠。"轻是卑小之义。豫是悦之极便放倒了，如上六"冥豫"是也。人杰。去〔伪〕并同。

○ 伊川〔说〕"〔未〕济，男之穷"为"三阳失位"，以为斯义得之。成都隐者见张钦夫说："伊川〔之在涪也，方读易〕，有箍〔桶〕人以此问伊川，伊川不能答。"其人云："三阳失位。"（故）〔火〕珠林上已有，伊川不曾看杂书，所以被他说动了。

朱子语类卷第七十八

尚书一

纲领

○ 至之问："书断自<u>唐虞</u>以下，须是<u>孔子</u>意?"曰："也不可知。且如三皇之书言大道，言大道有何不可! 便删去。五帝之书言常道<u>少昊</u>、<u>颛帝</u>、<u>高辛</u>，有何不可! 便删去。此皆未可晓也。"<u>道夫</u>。

○ <u>陈仲蔚</u>问："'三皇'，所说甚多，当以何者为是?"曰："无处理会，当且依<u>孔安国</u>之说。<u>五峰</u>以为天皇、地皇、人皇，而<u>伏羲</u>、<u>神农</u>、<u>黄帝</u>、<u>尧</u>、<u>舜</u>为五帝，却无<u>高辛</u>、<u>颛顼</u>之数。要之，也不可便如此说。且如<u>欧阳公</u>说<u>泰誓</u>篇<u>文王</u>未尝称王。不知'九年大统未集'是自甚年数起。且如<u>武王</u>初伐<u>纣</u>之时曰'惟有道曾孙<u>周王</u>发'，又未知如何便称'王'? 假谓史笔之记，何为未即位之前便书为'王'耶? 且如<u>太祖</u>未即位之前，史官只书'殿前都点检'，安得便称'帝'〔耶〕! (那) 是皆不可晓。"〔又问："<u>欧公</u>所作<u>帝王世次序</u>辟<u>史记</u>之误，果是否?"曰："是皆不可晓。〕昨日得<u>巩仲至</u>书，<u>潘叔昌</u>托讨<u>世本</u>。向时大人亦有此书，后因兵火失了，今亦少有人收得。<u>史记</u>又皆本此为之。且如<u>孟子</u>有<u>滕定公</u>，及<u>世本</u>所载则有<u>滕成公</u>、<u>滕考公</u>，又与<u>孟子</u>异，皆不可得而考。前人之误既不可考，则后人之论之又以 (为何)〔何为〕据耶! 此事已厘革了，亦无理会处。"义刚。又一本云："义刚问：'三皇当从何说？'先生曰：'只依孔安国之说。然五峰又将天、地、人作三皇，羲、农、黄、唐、虞作五帝，云是据易系说当如此。要之，不必如此。且如欧公作泰誓论，言文王不称王，历破史迁之说。此亦未见得史迁全不是，欧公全是。盖泰誓有"惟九年大统未集"之说，若以文王在位五十年之说推之，不知九年当从何处数起。又有"曾孙周王发"之说。到这里便是难理会，不若只两存之。又如世本所载帝王世系，但有滕考公、成公，而无文公、定公，此自与孟子不合。理会到此，便是难晓，亦不须枉费精神。'"

○ 孔壁所出尚书，如大禹谟、五子之歌、胤征、泰誓、武成、囧命、微子之命、蔡仲之命、君牙等篇皆平易，伏生所传皆难读。如何伏生偏记得难底，至于易底全记不得？此不可晓。如当时诰命出于史官，属辞须说得平易。若盘庚之类再三告戒者，或是方言，或是当时曲折说话，所以难晓。人杰。

· ○ 因论"伏生书多艰涩难晓，孔安国壁中书却平易易晓。或者以谓伏生口授女子，故多错误，此不然。今古书传中所引书语已皆如此，不可晓"。僩问："如史记引周书'将欲取之，必固与之'之类，此必非圣贤语。"曰："此出于老子。疑当时自有一般书如此，故老子五千言〔皆缉〕缀其言，取其与己意合者则入之耳。"僩。

○ 问："林少颖说盘诰之类皆〔出〕伏生，如何？"答曰："此亦可疑。盖书有古文有今文。今文乃伏生口传，古文乃壁中之书。大禹谟、说命、高宗肜日、西伯戡黎、泰誓等篇，凡易读者皆古文。况又是科斗书，以伏生书字文考之方读得。岂有数百年壁中之物安得不讹损一字？又却是伏生记得者难读？此尤可疑。今人作全书解，必不是。"大雅。

○ 书有两体：有极分晓者，有极难晓者。某恐如盘庚、周诰、多方、多士之类，是当时召之来而面命之，（面）〔而〕教告之，自是当时一类说话。至于旅獒、毕命、微子之命、君陈、君牙、冏命之属，则是当时修其词命。所以当时百姓都晓得者，有今时老师宿儒之所不晓。今人之所不晓者，未必〔不〕当时之人〔却〕识其词义也。道夫。

○ 书有易晓者，恐是当时做底文字或是曾经修饰润色来。其难晓者恐只是当时说话。盖当时人说话自是如此，当时人自晓得，后人乃以为难晓尔。若使古人见今之俗语，却理会不得也。以其间头绪多，若去做文字时说不尽，故只直记其言语而已。广。

○ 尚书诸命皆分晓，盖如今制诰，是朝廷做底文字；诸诰皆难晓，盖是时与民下说话，后来追录而成之。方子。

○ 典谟之书恐是曾经史官润色来。如周诰等篇，恐只似如今榜文晓谕俗人者，方言（便）〔俚〕语随地随时各自不同。林少颖尝曰："如今人'即日伏惟尊候万福'，使古人闻之，亦不知是何等说话。"人杰。

○ 或问："诸家书解谁者最好？莫是东坡书为上否？"曰："然。"又问："但若失之简。"曰："亦有只消如此解者。"广。

○ 东坡书解却好，他看得文势好。学蒙。

○ 荆公不解洛诰，但云："其间煞有不可强通处，今姑择其可晓者释之。"今人多说荆公穿凿，他却有如此处。若后来人解书，则又却须要尽解。广。

○ 林书尽有好处，但自洛诰已后，非他所解。祖道。

○ 吕伯恭解书自洛诰始。某问之曰："有解不去处否？"曰："也无。"及数日后，谓某曰："书也是难说处，今只是强解将去尔。"要之，伯恭却是伤于巧。道夫。

○ 问："书当如何看？"曰："且看晓处。其他不可晓者不要强说，纵说得出，恐未必是当时本意。近世解书者甚众，往往皆是穿凿。如吕伯恭亦未免此也。"时举。

○ 先生曰："曾见史丞相书否？"刘兄云："见了。看（了）他说'昔在'二字，其说甚乖。"先生云："亦有好处。"刘问："好在甚处？"曰："如'命公后'，众说亦皆云命伯禽为周公之后。史云成王既归，命周公在后。看'公定，予往矣'一言，便见得是周公（旦）〔且〕在后之意。"卓。

○ 陈安卿问："书何缘无宣王书？"曰："是当时偶然不曾载得。"又问："康王何缘无诗？"曰："某窃以'昊天有成命'之类便是康王诗。而今人只是要解那成王做王业后，便不可晓。且如左传不明说作成王诗，故韦昭又且费尽气力要解从那王业上去，不知怎生地。"义刚。

○ 道夫请先生点尚书以幸后学。曰："某今无工夫。"道夫曰："先生于书既无解，若更不点，则句读不分，后人承舛听讹，卒不足以见帝王之渊懿。"曰："公岂可如此说，焉知后来无人？"道夫再三请之。曰："书亦难点。如大诰语句甚长，今人却都碎读了，所以晓不得。某尝欲作书说，竟不曾成。如制度之属只以疏文为本，若其他未稳处，更与挑剔令分明便得。"又曰："书疏载'在璇玑玉衡'处先说个天，今人读着亦无甚紧要。以某观之，若看得此，则亦可以粗想象天之与日月星辰之运，进退疾迟之度皆有分数，而历数大概亦可知矣。"道夫。

○ 或问读尚书。曰："不如且读大学。若尚书，却只说治国平天下许多事较详。如尧典'克明俊德，亲九族'至'黎民于变'，这展开是多少。舜典又详。"贺孙。

○ 问："'尚书难读，盖无许大心胸。'他书亦须大心胸方读得，如何程子只说尚书？"曰："他书却有次第。且如大学自'格物'、'致知'以至'平天下'，有多少节次，尚书只合下便大。如尧典自'克明俊德，以亲九族'至'黎民于变时雍'，展开是大小大！分命四时成岁，便是心中包一个三百六十五度四分度之一底天方见得恁地。若不得一个大底心胸，如何了得？"贺孙。

○ 某尝患尚书难读，后来先将文义分晓者读之，聱讹者且未读。如二典、三谟等篇，义理明白，句句是实理。尧之所以为君，舜之所以为臣，皋陶、稷、契、伊、傅辈所言所行，最好䌷绎玩味，体贴向自家身上来，其味自别。谟。

○ 读尚书只拣其中易晓底读。如"期三百有六旬有六日，以闰月定四时成岁"，此样虽未晓亦不紧要。㽦。

○ "二典三谟，其言奥雅，学者未遽晓会，后面盘诰等篇又难看。且如商书中伊尹告太甲五篇，说得极切。伊训、太甲三篇、咸有一德。其所以治心修身处，虽为人主言，然初无贵贱之别，宜取细读，极好。今人不于此等处理会，却只理会小序。某看得书小序不是汉人作，只是周秦间低手人作。然后人亦自理会他本义未得。且如'皋陶矢厥谟，禹成厥功，帝舜申之'，申，重也。序者本意先说皋陶，后说禹，谓舜欲令禹重说，故将'申'字系'禹'字。盖伏生书以益稷合于皋陶谟，而'思曰赞赞襄哉'与'帝曰："来，禹，汝亦昌言！"禹拜曰："（俞）〔都〕！帝，予何言？予思日孜孜"'相连，'申之'二字便见是舜令禹重言之意。此是序者本意。今人都不如此说，说得虽多，皆非其本意也。"又曰："'以义制事，以礼制心'，此是自内外交相养之法。事在外，义由内制；心在内，礼由外作。"铢问："礼莫是摄心之规矩否？"曰："礼只是这个礼，如颜子非礼勿视听言动之类皆是也。"又曰："今学者别无事，只要以心观众理。理是心中所有，常存此心、观众理，只是此两事耳。"铢。

○ 先生问可学："近读何书？"曰："读尚书。"先生曰："尚书如何看？"曰："须要考历代之变。"先生曰："世变难看。唐、虞、三代事浩大阔远，何处测度？不若求圣人之心。如尧则考其所以治民，舜则考其所以事君。且如汤誓，汤曰'予畏上帝，不敢不正'，熟读岂不见汤之心？大抵尚书有不必解者，有须着意解者，有略须解者。不必解者，如仲虺之诰、太甲诸篇，只是熟读，义理自分明，何俟于解？如洪范则须着意解。如典谟诸篇，辞稍雅奥，亦须略解。若如盘庚诸篇已难解，而康诰之属则已不可解矣。昔日吕伯恭相见，语之以此。渠云：'亦无可阙处。'因语之云：'若如此，则是读之未熟。'后二年相见，云：'诚如所说。'"可学。

○ 语德粹云："尚书亦有难看者。"昨日尝语子上，滕请问先生，复言："大略如昨日之说。"又云："如微子、洛诰等篇，读至此且认微子与父师、少师哀商之沦丧，已将如何。其他皆然。若其文义，知他当时言语如何，自有不能晓矣。"可学。

○ 书序恐不是孔安国做。汉文粗枝大叶，今书序细腻，只似六朝时文字。小序断不是孔（民）〔氏〕做。义刚。

○ 汉人文字也不唤做好，却是粗枝大叶。书序细弱，只是魏晋人文字。陈同父亦如此说。庚。

○ "尚书注并序，某疑非孔安国所作。盖文字善困，不类西汉人文章，亦非后汉之文。"或言："赵岐孟子序却自好。"曰："文字絮气闷人。东汉文章皆然。"偶。

○ 尚书孔安国注，某疑决非孔安国所注，盖文字困善，不是西汉人文章。安国，汉武帝时，文章岂如此？但有太粗处，决不如此困善也。亦非后汉文。如书序做得善弱，亦非西汉人文章也。卓。

○ 尚书孔安国传，此恐是魏晋间人所作，托安国为名，与毛公诗传大段不同。今观序文亦不类汉文章。如孔丛子亦然，皆是那一时人所为。广。

○ "传之子孙，以贻后代"，汉时无这般文章。义刚。

○ 孔安国解经，最乱道。看得只是孔丛子等做出来。泳。

○ 因说书云："某尝疑孔安国书是假书。比毛公诗如此高简，大段争事。汉儒训释文字多是如此，有疑则阙。今此却尽释之。岂有千百年前人说底话，收拾于灰烬屋壁中与口传之余，更无一字讹舛！理会不得如此，可疑也。兼小序皆可疑。尧典一篇自说尧一代为治之次序，至让于舜方止。今却说是让于舜后方作。舜典亦是见一代政事之终始，却说'历试诸难'，是为要受让时作也。至后诸篇皆然。况他先汉文章重厚有力量，他今大序格致极轻，却疑是晋宋间文章。况孔书至东晋方出，前此诸儒皆不曾见，可疑之甚。"大雅。

○ 尚书小序不知何人作。大序亦不是孔安国作，怕只是撰孔丛子底人作。文字软善，西汉文字却粗大。夔孙。

○ 书小序亦非孔子作，与诗小序同。广。

○ 徐彦章问："先生所以除却书序不以冠于篇首者，岂非有所疑于其间耶？"曰："诚有可疑。且如康诰第述文王，不曾说及武王，只有'乃寡兄'是说武王，又是自称之词，然则康诰是武王诰康叔明矣。但缘其中有错说'周公初基'处，遂使序者以为成王时事，此岂可信？"徐曰："然则殷地，武王既以封武庚，而使〔王叔〕〔三叔〕监之矣，又以何处封康叔？"曰："既言'以殷余民封康叔'，岂非封武庚之外，将以封之乎？又曾见吴才老辨梓材一篇，云后半截不是梓材，缘其中多是勉君，乃臣告君之训，未尝如前一截称'王曰'，又称'汝'，为上告下之词。亦自有理。"处谦。

尧典

○ 问："尧典小序云'聪明文思'，经作'钦明文思'，如何？"曰："小序不可信。"问曰："恐是作序者见经中有'钦明文思'，遂改换'钦'字作'聪'字否？"曰："然。"〔人杰。〕

○ 林少颖解"放勋"之"放",作"推而放之四海"之"放",比之程氏说为优。广。

○ "安安"只是个重叠字,言尧之"聪明文思"皆本于自然,不出于勉强也。"允"则是信实,"克"则是能。广。

○ "格",至也。"格于上下",上至天、下至地也。广。

○ "克明俊德"是"明明德"之意。德明。

○ "克明俊德"只是说尧之德,与文王"克明德"同。广。

○ 显道问:"尧典自'钦明文思'以下皆说尧之德。则所谓'克明俊德'者,古注作'能明俊德之人',似有理。"曰:"且看文势,不见有用人意。"又问:"'纳于大麓,烈风雷雨弗迷',说者或谓大录万机之政,或谓登封太山,二说〔如何〕?"曰:"史记载'使舜入山林,烈风雷雨,弗迷其道'。当从史记。"人杰。

○ 任道问:"尧典'以亲九族',说者谓上至高祖下至玄孙。林少颖谓,若如此只是一族,所谓'九族'者,父族四、母族三、妻族二。是否?"曰:"父族谓本族、姑之夫、姊妹之夫、女子之夫家,母族谓母之本族、母族与姨母之家,妻族则妻之本族与其母族是也。上杀、下杀、旁杀,只看所画宗族图可见。"人杰。

○ "九族"且从古注。"克明德"是再提起尧德来说。"百姓"或以为民,或以为百官族姓,亦不可考,姑存二说可也。"厘"则训治,"厘降"只是他经理二女下降时事尔。广。

○ "平章百姓"只是近处百姓,"黎民"则合天下之民言之矣。典谟中"百姓"只是说民,如"罔咈百姓"之类。若是国语中说"百姓",则多是指百官族姓。广。

○ "平章百姓。""百姓",畿内之民,非百官族姓也。此"家齐而后国治"之意。"百姓昭明",乃三纲五常皆分晓不鹘突也。人杰。

○ 尧舜之道,如"平章百姓"、"黎民于变时雍"之类皆是。几时只是安坐而无所作为!履孙。

○ 羲、和主历(家)〔象〕,授时而已,非是各行其方之事。德明。

○ 羲、和即是那四子。或云有羲、和伯,共六人,未必是。"卒乃复"是事毕而归,非是以贽为复也。义刚。

○ 历是古时一件大事,故炎帝以鸟名官,首曰"凤鸟氏,历正也"。岁月日时既定,则百工之事可考其成。程氏、王氏两说相兼,其义始备。广。

○ 历是书,象是器。无历则无以知三辰之所在,无玑衡则无以见三辰之所在。广。

○ 古字"宅"、"度"通用。"宅嵎夷"之类恐只是四方度其日景以作历耳,如唐时尚使人去四方观望。广。

○ 问:"'寅宾出日','寅饯纳日',如何?"曰:"恐当从林少颖解:'寅宾出日'是推测日出时候,'寅饯纳日'是推测日入时候,如土圭之法是也。旸谷、南交、昧谷、幽都是测日景之处。宅，度也。古书'度'字有作'宅'字者。'东作、南讹、西成、朔易'皆节候也。'东作'如立春至雨水节之类，'寅宾'则求之于日，'星鸟'则求之于夜。'厥民析、因、夷、隩'，非是使民如此，民自是如此。因者，因其析后之事；夷者，万物收成，民皆优逸之意。'孳尾'至'氄毛'亦是鸟兽自然如此，如今历书记鸣鸠拂羽等事。程泰之解旸谷、南交、昧谷、幽都，以为筑一台而分为四处，非也。〔古注以为羲仲居治东方之官，非也。〕若如此，只是东方之民得东作，他处更不耕种矣；西方之民（亨）〔享〕西成，他方皆不敛获矣。大抵羲、和四子皆是掌历之官，观于'咨汝羲暨和'之辞可见。'敬致'乃'冬夏致日，春秋致月'是也。春、秋分无日景，夏至景短，冬至景长。"人杰。

○　"平秩东作"之类，只是如今谷雨、芒种之节候尔。林少颖作"万物作"之"作"说，即是此意。广。

○　"敬致"只是"冬夏致日"之"致"。"寅宾"是宾其出，"寅饯"是饯其入，"敬致"是致其中。北方不说者，北方无日故也。广。

○　"朔易"亦是时候。岁一改易于此，有终而复始之意。在，祭也。广。

○　尧典云"期三百六旬有六日"，而今一岁三百五十四日者，积朔空余分以为闰。朔空者，六小月也；余分者，五日四分度之一也。大雅。

○　自"畴咨若时登庸"到篇末只是一事，皆是为禅位设也。一举而放齐举胤子，再举而驩兜举共工，三举而四岳举鲧，皆不得其人，故卒以天下授舜。广。

○ "胤子朱"，古注与程氏说当两存之。"启明"之说亦然。广。

○ "百姓"、"胤子朱"，两存其说。德明。

○ 包显道问："朱先称'启明'，后又说他'嚚讼'，恐不相协？"曰："便是〔驩兜〕〔放齐〕以白为黑，〔夔孙录云："问：'"启明"与"嚚讼"相反。"静言庸违"则不能成功，却曰"方鸠孱功"。'曰：'便是驩兜以白为黑'云云。"〕以非为是，所以舜治他。但那人也是峣崎。且说而今暗昧底人解与人健讼不解？惟其是启明后，方解嚚讼。"又问："尧既知鲧，如何尚用之？"曰："鲧也是有才智，想见只是很拗自是，所以弄得恁地狼当。所以楚辞说'鲧幸直以亡身'，必是他去治水有不依道理坏了处，弄了八九年无收杀了，故舜殛之。"义刚。夔孙录同。

○ 共工、驩兜，看得来其过恶甚于放齐、胤子朱。广。

○ "象恭滔天"，"滔天"二字羡，因下文而误。广。

○ 四岳只是一人。四岳是总十二牧者，百揆是总九官者。义刚。

○ 问："四岳是十二牧之长否？"曰："周官言'内有百揆、四岳'，则百揆是朝廷官之长，四岳乃管领十二牧者。四岳通九官、十二牧为二十有二人，则四岳为一人矣。又，尧咨四岳以'汝能庸命巽朕位'，不成尧欲以天下与四人也？又，周官一篇说三公、六卿甚分晓。汉儒如扬雄、郑康成之徒，以至晋杜元凯，皆不曾见。直至东晋，此书

方出。<u>伏生</u>书多说司徒、司马、司空，乃是诸侯三卿之制，故其诰诸侯
多引此。<u>顾命</u>排列六卿甚整齐，<u>太保奭</u>、冢宰。<u>芮伯</u>、（家）〔宗〕伯。<u>彤
伯</u>、司马。<u>毕公</u>、司徒。<u>卫侯</u>、司寇。<u>毛公</u>，司空。<u>疏</u>中言之甚详。<u>康诰</u>
多言刑罚事，为其为司寇也。太保、毕公、毛公乃以三公下行六卿之
职，三公本无职事，亦无官属，但以道义辅导天子而已。<u>汉</u>却以司徒、
司马、司空为三公，失其制矣。"<u>人杰</u>。

○ "异哉"是不用亦可。"试可乃已"，言试而可则用之，亦可已
而已之也。<u>广</u>。

○ "庸命"、"方命"之"命"，皆谓命令也。庸命者言能用我之命
以异朕位也。方命者言止其命令而不行也。<u>王氏</u>曰："圆则行，方则止，
犹今言废阁诏令也。"盖<u>鲧</u>之为人愊戾自用，不听人言语，不受人教令
也。<u>广</u>。

○ 先儒多疑<u>舜</u>乃前世帝王之后，在<u>尧</u>时不应在侧陋。此恐不然。
若<u>汉光武</u>只是<u>景帝</u>七世孙，已在民间耕稼了。况上古人寿长，传数世
后，经历之远，自然有微而在下者。<u>广</u>。

○ "烝烝"，东莱说亦好。<u>曾氏</u>是<u>曾彦和</u>。自有一本<u>孙曾书解</u>。<u>孙</u>
是<u>孙愖</u>。<u>广</u>。

○ "女于时观厥刑于二女"皆<u>尧</u>之言。"厘降二女于<u>沩</u><u>汭</u>，嫔于
<u>虞</u>"乃史官之词，言<u>尧</u>以女下降于<u>舜</u>尔。"帝曰钦哉"是<u>尧</u>戒其二女之
词，如所谓"往之女家，必敬必戒"也。若如此说，不解亦自分明。但
今解者便添入许多字了说。<u>广</u>。

舜典

○ 东莱谓舜典止载舜元年事，则是。若说此是作史之妙，则不然。焉知当时别无文字在？广。

○ "濬哲文明，温恭允塞"，细分是八字，合而言之却只是四事。濬是明之发处，哲则见于事也。文是文章，明是明著。易中多言"文明"。(此)〔允〕是就事上说，塞是其中实处。广。

○ "舜典自'虞舜侧微'至'乃命以位'，一本无云。直自尧典'帝曰钦哉'而下，接起'慎徽五典'，所谓'伏生以舜典合于尧典'也。'玄德'难晓，书传中亦无言玄者。今人避讳，多以'玄'为'元'，甚非也。如'玄黄'之'玄'本黑色，若云'元黄'，是'子畏于正'之类。旧来颁降避讳，多以'玄'为'真'字，如'玄冥'作'真冥'，'玄武'作'真武'。"伯丰问："既讳黄帝名，又讳圣祖名，如何？"曰："旧以圣祖为人皇中之一，黄帝自是天降而生，〔非〕少典之子。其说虚诞，盖难凭信也。"人杰。

○ "'濬哲文明，温恭允塞'是八德。"人杰问："'徽五典'是使之掌教，'纳于百揆'是使之宅百揆，'宾于四门'是使之为行人之官，'纳大麓'恐是为山虞之官。"先生曰："若为山虞则其职益卑。且合从史记说，使之入山，虽遇风雨弗迷其道也。"人杰。

○ "纳于大麓"，当以史记为据，谓如治水之类。"弗迷"谓舜不迷于风雨也。若主祭之说，某不敢信。且雷雨在天，如何解迷？仍是舜在主祭而乃有风雷之变，岂得为好！义刚。

○ "烈风雷雨弗迷"，只当如太史公说。若从主祭说，则"弗迷"二字说不得。"弗迷"乃指人而言也。广。

○ 尧命舜曰"三载汝陟帝位"。"舜让于德，弗嗣"则是不居其位也。其曰"受终于文祖"则是摄行其事也。故舜之摄不居其位，不称其号，只是摄行其职事尔。到得后来舜逊于禹，不复言位，止曰"总朕师"尔。其曰"汝终陟元后"则今不陟也。"率百官若帝之初"者，但率百官如舜之初尔。广。

○ 尧舜之庙虽不可考，然以义理推之，尧之庙当立于丹朱之国，所谓"修其礼物，作宾于王家"。盖"神不歆非类，民不祀非族"，故礼记"有虞氏禘黄帝而郊喾，祖颛顼而宗尧"，伊川以为可疑。方子。

○ 书正义"璇玑玉衡"处说天体极好。闳祖。

○ 在"璇玑玉衡，以齐七政"，注谓"察天文，审己当天心否"，未必然。只是从新整理起，此是最当先理会者，故从此理会去。广。

○ "类"只是祭天之名，其义则不可晓。与所谓"旅上帝"同，皆不可晓。然决非是常祭。广。

○ 雉问"六宗"。先生曰："古注说得自好。郑氏'宗'读为'（荣）〔禜〕'，即祭法中所谓'祭时、祭寒暑、祭日、祭月、祭星、祭水旱'者。如此说，则先祭上帝，次禋六宗，次望山川，然后遍及群神，次序则皆顺。"又问："五峰取张耒昭穆之说，如何？"先生曰："非唯用改易经文，兼之古者昭穆不尽称宗，唯祖有功、宗有德，故云'祖文王而宗武王'。且如西汉之庙唯文帝称太宗、武帝称世宗，至唐庙乃尽称宗。此不可以为据。"骧。

○ "六宗"，只当用祭法中所谓四时、日、月、星、水旱之说。广。

○ 汪季良问"望"、"禋"之说。曰："注家以'至于岱宗柴'为句。某谓当以'柴望秩于山川'为一句。"道夫。

○ 问："'辑五瑞，既月，乃日觐四岳群牧，班瑞于群后'，恐只是王畿之诸侯，辑敛瑞玉是命圭合信，如点检牌印之属。如何？"先生云："不当指杀王畿。如顾命，太保率东方诸侯，毕公率西方诸侯，不数日间诸侯皆至，如此之速。"人杰。

○ "协时月，正日"，只是去合同其时日月尔，非谓作历也。每遇巡狩，凡事理会一遍，如文字之类。广。

○ "'五玉、三帛、二生、一死贽'乃倒文。当云：'肆觐东后。〔五玉、〕三帛、二生、一死贽。协时月，正日，同律度量衡。修五礼，如五器，卒乃复。'五器，谓五礼之器也。如周礼大行人十一年'同数器'之谓。'如'即'同'也。'卒乃复'言事毕则回之南岳去也。"又曰："既见东后，必先有贽见了，然后与他整齐这许多事遍。"广。

○ 问："贽用生物，恐有飞走。"曰："以物束缚之，故不至飞走。"义刚。

○ "'五载一巡狩'，此是立法如此。若一岁间行一遍，则去一方近处会一方之诸侯。如周礼所谓'十有二岁，巡狩殷国'，殷国，即是会一方之诸侯使来朝也。"又云："巡狩亦非是舜时创立，此制盖亦循袭将来，故黄帝纪亦云'披山通道，未尝宁居'。"广。

○ 汪季良问："'五载一巡狩'，还是一年遍历四方，还是止于一方?"曰："恐亦不能遍。"问"卒乃复"。曰："说者多以为'如五器'、'辑五瑞'而卒复以还之，某恐不然。只是事卒则还复尔。"鲁可几问："古之巡狩，不至如后世之千骑万乘否?"曰："今以左氏观之，如所谓'国君以乘，卿以旅'，国君则以千五百人卫，正卿则以五百人从，则天子亦可见矣。"可几曰："春秋之世与茅茨土阶之时莫不同否?"曰："也不然。如黄帝以师为卫，则天子卫从亦不应大段寡弱也。"道夫。

○ 或问："舜之巡狩是一年中遍四岳否?"曰："观其末后载'归格于艺祖，用特'一句，则是一年遍巡四岳矣。"问："四岳惟衡山最远。先儒以为非今之衡山，别自有衡山，不知在甚处?"曰："恐在嵩山之南。若如此，则四岳相去甚近矣。然古之天子一岁不能遍及四岳，则到一方境上会诸侯亦可。周礼有此礼。"广。人杰录同。〔铢录云："唐虞时以潜山为南岳。五岳亦近，非是一年只往一处。"〕 巡狩只是去回礼一番。义刚。

○ "明庶以功"，恐"庶"字误，只是"试"字。广。

○ "肇十有二州。"冀州，尧所都。北去地已狭，若又分而为幽、并二州，则三州疆界极不多了。青州分为营州亦然。叶氏曰："分冀州西为并州、北为幽州。青州又在帝都之东，分其东北为营州。"广。

○ 蔡仲默集注尚书，至"肇十有二州"，因云："禹即位后又并作九州。"先生曰:"也见不得。但后面皆只说'帝命式于九围','奄有九有之师',不知是甚时又复并作九州。"义刚。

○ "'象以典刑,流宥五刑,鞭作官刑,扑作教刑,金作赎刑。'象者,象其人所犯之罪而加之以所犯之刑。典,常也,即墨、劓、剕、宫、大辟之常刑也。'象以典刑',此一句乃五句之纲领,诸刑之总括,犹今之刑皆结于笞、杖、徒、流、绞、斩也。凡人〔所犯罪各不同,而为刑固亦不一,然皆不出此五者之刑。但象其罪而以此刑加之,〕所犯合墨则加以墨刑,所犯合劓则加以劓刑,剕、宫、大辟皆然。犹夷虏之法,伤人者偿创,折人手者亦折其手,伤人目者亦伤其目之类。'流宥五刑'者,其人所犯合此五刑,而情轻可恕,或因过误,则全其肌体,不加刀锯,但流以宥之,屏之远方,不与民齿,如'五流有宅,五宅三居'之类是也。'鞭作官刑'者,此官府之刑,犹今之鞭挞吏人,盖自有一项刑专以治官府之胥吏,如周礼治胥吏鞭五百、鞭三百之类。'扑作教刑',此一项学官之刑,犹今之学舍榎楚,如习射、习艺,'春秋教以礼乐,冬夏教以诗书'。凡教人之事有不率者,则用此刑扑之,如侯明、挞记之类是也。'金作赎刑',谓鞭、扑二刑之可恕者,则许用金以赎其罪。如此解释,则五句之义岂不粲然明白?'象以典刑'之轻者有流以宥之,鞭扑之刑之轻者有金以赎之。流宥所以宽五刑,赎刑所以宽鞭扑。圣人斟酌损益,低昂轻重,莫不合天理人心之自然而无毫厘秒忽之差,所谓'既竭心思焉,继之以不忍人之政'者。如何说圣人专意只在教化,刑非所急?圣人固以教化为急。若有犯者,须以此刑治之,岂得置而不用!"问:"赎刑非古法。"曰:"然。赎刑起周穆王。古之所谓赎刑者,赎鞭、扑耳。夫既已杀人伤人矣,又使之得以金赎,则有财者皆可以杀人伤人,而无辜被害者何其大不幸也!且杀之者安然居乎乡里,彼孝子顺孙之欲报其亲者岂肯安于此乎!所以屏之四裔,流之远方,彼此两全之也。"僩。

○ "'流宥五刑'谓刑之重者,'金作赎刑'谓刑之轻者。"又曰:"重刑不可赎,金赎者,鞭、扑二轻刑耳。"德明。

○ 五宥所以宽五刑,赎刑又所以宽鞭、扑之刑。石林说亦曾入思量。郑氏说则据他意胡说将去尔。广。

○ 古人赎金只是用于鞭、扑之小刑而已,重刑无赎。到穆王,好巡幸,无钱使,遂造赎法,五刑皆有赎,墨百锾,劓惟倍,剕倍差,宫六百锾,大辟千锾。圣人(有)〔存〕此篇,所以记法之变。然其间亦多好语,有不轻于用刑底意。淳。

○ 或问"钦哉钦哉,惟刑之恤哉"。先生曰:"多有人解书做宽恤之'恤',某之意不然。若做宽恤,如被杀者不令偿命,死者何辜!大率是说刑者民之司命,不可不谨,如断者不可续,乃矜恤之'恤'耳。"友仁。

○ "放驩兜于崇山",或云在今澧州慈利县。义刚。

○ "殛鲧于羽山",想是偶然在彼而殛之,程子谓"时适在彼"是也。若曰罪之彰著,或害功败事于彼,则未可知也。大抵此等隔涉遥远,又无证据,只说得个大纲如此便了,不必说杀了,便受折难。广。

○ 四凶只缘尧举舜而逊之位,故不服而抵于罪。在尧时则其罪未彰,又他毕竟是个世家大族,又未有过恶,故动他未得。广。

○ 问:"舜不惟德盛,又且才高。嗣位未几,如'齐七政,觐四岳,协时月,正日,同律度量衡,肇十二州,封十二山,及四罪而天下服’，一齐做了，其功用神速如此！”曰：“圣人作处自别，故书称‘三载底可绩’。”德明。

○ “尧崩，‘百姓如丧考妣，三载，四海遏密八音’。‘百姓如丧考妣’，此是本分。‘四海遏密八音’，以礼论之则为过。为天子服三年之丧只是畿内，诸侯之国则不然。为君为父皆服斩衰。君谓天子、诸侯及大夫之有地者。大夫之邑以大夫为君，大夫以诸侯为君，诸侯以天子为君，各为其君服斩衰。诸侯之大夫却为天子服齐衰三月，礼无二斩故也。‘公之丧，诸达官之长，杖’，达官谓通于君得奏事者，各有其长，杖，其下者不杖可知。”文蔚问：“后世不封建诸侯，天下一统，百姓当为天子何服？”曰：“三月。天下服地虽有远近，闻丧虽有先后，然亦不过三月。”文蔚。

○ 问：“‘明四目，达四聪’，是达天下之聪明否？”曰：“固是。”曰：“孔安国言‘广视听于四方’，如何？”曰：“亦是以天下之目为目、以天下之耳为耳之意。”人杰。

○ “柔远能迩。”柔远却说得轻，能迩是奈何得他，使之帖服之意。“三就”只当从古注。“五宅三居”，“宅”只训居。人杰。

○ “惇德允元”只是说自己德，使之厚其德、信其人。“难”字只作平声，“任”如字，“难任人”言不可轻易任用人也。广。

○ 问“亮采惠畴”。曰：“畴，类也，与俦同。惠畴，顺众也。‘畴咨若予采’，举其类而咨询也。”人杰。

○ 禹以司空行宰相事。“汝平水土”则是司空之职，“惟时懋哉”

则又勉以行百揆之事。广。

○ 问："禹自司空宅百揆。"曰："以司空兼百揆，如周公以六卿兼三公也。"夔孙。

○ 禹以司空宅百揆，犹周以六卿兼三公，今以户部侍郎兼平章事模样。义刚。

○ 义刚问："尧德化如此久，何故至舜犹曰'百姓不亲，五品不逊'?"曰："也只是怕恁地。"又问："'蛮夷猾夏'是有苗否?"曰："也不专指此。但官为此而设。"义刚。夔孙录同。

○ "敬敷五教在宽。"圣贤于事无不敬，而此又其大者，故特以敬言之。"在宽"是欲其优游浸渍以渐而入也。夔孙。

○ "五服三就。"若大辟则就市，宫刑则如汉时就蚕室，其墨、劓、剕三刑，度亦必有一所在刑之。既非死刑，则伤人之肌体不可不择一深密之所，但不至如蚕室尔。广。

○ "五刑三就"，用（三）〔五〕刑就三处。故大辟弃于市，宫刑下蚕室，其他底刑也是就个隐风处。不然，牵去当风处割了耳鼻，岂不割杀了他！夔孙。义刚录同，惟末句作"便不害伤（人）〔风〕，胡乱死了人"。

○ 孟子说"益烈山泽而焚之"是使之除去障翳，驱逐禽兽耳，未必使之为虞官也。至舜命之作虞，然后使之养育其草木鸟兽耳。广。

○ 惟寅故直，惟直故清。义刚。

○ 问"夙夜惟寅，直哉惟清"。曰："人能敬则内自直，内直则看得那礼文分明，不糊涂也。"<u>广</u>。

○ 问："命<u>伯夷</u>典礼而曰'夙夜惟寅，直哉惟清'，何也?"曰："礼是见成制度。'夙夜惟寅，直哉惟清'，乃所以行其礼也。今太常有<u>直清堂</u>。"<u>人杰</u>。

○ "直而温"，只是说所教胄子要得如此。若说做教者事，则于教胄子上都无益了。<u>广</u>。

○ 古人以乐教胄子，缘平和中正。"诗言志，歌永言；声依永，律和声。八音克谐，无相夺伦。"古人诗只一两句，歌便衍得来长。声是宫商角徵羽，是声依所歌而发，却用律以和之。如黄钟为宫则太簇为羽之类，不可乱其伦序也。<u>泳</u>。

○ 或问"诗言志，声依永，律和声"之说。曰："古人作诗只是说他心下所存事。说出来，人便将他诗来歌。其声之清浊长短各依他作（诸）〔诗〕之语言，却将律来调和其声。今人却又先安排下腔调了，然后做言语去合腔子，岂不是倒了？却是永依声也。古人是以乐去就他诗，后世是以诗去就他乐，如何解兴起得人！"<u>祖道</u>。

○ "声依永，律和声。"以五声依永，以律和声之高下。<u>芝</u>。

○ "声依永，律和声"，此皆有自然之调。<u>沈存中</u>以为"臣与民不要大，事与物大不妨"。若合得自然，二者亦自大不得。<u>可学</u>。

○ "夔曰於予击石"，只是重出。<u>广</u>。

○ "聖"只训疾，较好。<u>广</u>。

○ "殄行"是伤人之行。<u>书</u>曰"亦敢殄戮用乂民"、"殄奸乃雠"，皆伤残之义。<u>广</u>。

○ "纳言"似今中书门下省。<u>义刚</u>。

○ 问"夙夜出纳，朕命惟允"。曰："纳言之官如今之门下审覆。自外而进入者既审之，自内而宣出者亦审之，恐'谗说殄行'之'震惊朕师'也。"<u>人杰</u>。

○ "舜生三十征庸"数语，只依古注点似好。<u>广</u>。

○ 道夫问："张子以别生分类为'明庶物，察人伦'，恐未安。"曰："<u>书序</u>本是无证据，今引来解说，更无理会了。"又问："如以'明庶物，察人伦'为穷理，不知于圣人分上着得'穷理'字否?"曰："这也是穷理之事，但圣人于理自然穷尔。"<u>道夫</u>。

○ "方设居方"，逐方各设其居方之道。九共九篇，<u>刘侍读</u>以"共"为"丘"，言<u>九丘</u>也。<u>人杰</u>。

大禹谟

○ <u>大禹谟序</u>"帝<u>舜</u>申之"，序者之意见<u>书</u>中<u>皋陶</u>陈谟了。帝曰"来，<u>禹</u>，汝亦昌言"，故先说"<u>皋陶</u>矢厥谟，<u>禹</u>成厥功"，帝又使<u>禹</u>亦

陈昌言耳。今书序固不能得书意，后来说书者又不晓序者之意，只管穿凿求巧妙尔。〔广。〕

○ 自"后克艰厥后"至"四夷来王"只是一时说话。后面则不可知。〔广。〕

○ 当无虞时须是儆戒。所儆戒者何也？"罔失法度，罔游于逸，罔淫于乐。"人当无虞时易至于失法度，游逸，淫乐，故当戒其如此。既知戒此，则当"任贤勿贰，去邪勿疑，疑谋勿成"，如此方能"罔违道以干百姓之誉，罔咈百姓以从己之欲"。义刚。

○ "儆戒无虞，罔失法度，罔游于逸，罔淫于乐。任贤勿贰，去邪勿疑，疑谋勿成，百志惟熙。罔违道以干百姓之誉。"圣贤言语自有个血脉贯在里。如此一段，他先便说"儆戒无虞"，盖"制治未乱，保邦未危"，自其未有可虞之时必儆必戒，能如此则不至失法度、淫于逸、游于乐矣。若无个儆戒底心，欲不至于失法度、不淫逸、不游乐，不可得也。既能如此，然后可以知得贤者、邪者、正者、谋可疑者、无可疑者。若是自家身心颠倒，便会以不贤为贤，以邪为正，所当疑者亦不知矣，何以任之、去之、勿成之哉？盖此三句，便是从上面有三句了方会恁地。又如此然后能"罔违道以干百姓之誉，罔咈百姓以从己之欲"，盖于贤否、邪正、疑审有所未明，则何者为道，何者为非道，何者是百姓所欲，何者非百姓之所欲哉？夔孙。

○ 问："'水、火、金、木、土、谷惟修，正德、利用、厚生惟和'，正德是正民之德否？"曰："固是。水如隄防灌溉，金如五兵田器，火如出火、内火、禁焚莱之类，木如斧斤以时之类。"良久，云："古人设官掌此六府，盖为民惜此物，不使之妄用。非如今世之民，用财无节也。'戒之用休'，言戒谕以休美之事。'劝之以九歌'，感动之意。但不知所谓'九歌'者如何。周官有九德之歌。大抵禹只说纲目，其详不可考矣。"人杰。

○ "地平天成"是包得下面六府、三事在。义刚。

○ 刘潜夫问："书中'六府三事'，林少颖云'六府本乎天，三事行乎人'，吴才老说'上是施，下是功'。未知孰是?"先生曰："林说是。"又问"戒之用休，董之用威"并九歌。先生曰："正是'匡之，直之，辅之，翼之'之意。九歌只是九功之叙可歌，想那时田野自有此歌，今不可得见。"贺孙。

○ "念兹在兹，释兹在兹"，用舍皆在此人。"名言兹在兹，允出兹在兹"，语默皆在此人。"名言"则名言之，"允出"则诚实之所发见者也。人杰。

○ 法家者流往往常患其过于惨刻。今之士大夫耻为法官，更相循袭，以宽大为事，于法之当死者反求以生之。殊不知"明于五刑以弼五教"，虽舜亦不免。教之不从，刑以督之，惩一人而天下人知所劝戒。所谓"辟以止辟"，虽曰杀之而仁爱之实已行乎中。今非法以求其生则人无所惩惧，陷于法者愈众。虽曰仁之，适以害之。道夫。

○ 圣人亦不曾徒用政刑。到德礼既行，天下既治，亦不曾不用政刑。故书说"刑期于无刑"，只是存心期于无，而刑初非可废。又曰"钦哉，惟刑之恤哉"，只是说恤刑。贺孙。

○ "罪疑惟轻"，岂有不疑而强欲轻之之理乎? 王季海当国，好出人死罪以积阴德，至于奴与佃客杀主，亦不至死。〔广录云："岂有此理！某尝谓，虽尧舜之仁，亦只是'罪疑惟轻'而已。"〕人杰。

○ 舜、禹相传，只是说"人心惟危，道心惟微；惟精惟一，允执厥中"。只就这心上理会，也只在日用动静之间求之，不是去虚中讨一个物事来。"惟皇上帝降衷于下民"，"天叙有典"，"天秩有礼"，天便是这个道理，这个道理便在日用间。存养是要养这许多道理在中间，这里正好着力。寓。

○ 人心者，气质之心也，可为善，可为不善。道心者，兼得理在里面。"惟精"是无杂，"惟一"是终始不变，乃能"允执厥中"。舜、禹之传只是此说。芝。

○ 士毅问："先生说，人心是'形气之私'，形气则是口耳鼻目四肢之属。"曰："固是。"士毅问："如此则未可便谓之私欲？"曰："但此数件事，属自家体段上，便是私有底物，不比道便公共，故上面便有个私底根本。且如危，亦未便是不好，只是有个不好底根本。"士毅。

○ "人心惟危"，是知觉口之于味、目之于色、耳之于声底未是不好，只是危。若便说做人欲，已属恶了，何用说危？道心是知觉义理底。"惟微"是微妙，亦是微隐。"惟精"是要别得不杂，"惟一"是要守得不离。"惟精惟一"所以能"允执厥中"。从周。

○ 问："微是微妙难体，危是危动难安否？"曰："〔不止〕是危动难安。大凡徇人欲自是危险，其心忽然在此忽然在彼，又忽然在四方万里之外，庄子所谓'其热焦火，其寒凝冰'。凡苟免者皆幸也，动不动便是堕坑落堑，危孰甚焉！"文蔚曰："徐子融尝有一诗，末句云'精一危微共一心'。文蔚答之曰：'固知妙旨存精一，须别人心与道心。'"
先生曰："他底未是，但只是答他底亦慢，下一句救得少紧。当云'须
知妙旨存精一，正为人心与道心'。"又问"精一"。曰："精是精别此二
者，一是守之固。如颜子择中庸处便是精，得一善拳拳服膺弗失处便是
一。伊川云'惟精惟一，所以至之；允执厥中，所以行之'，此语甚
好。"文蔚。

○　节问："'人心惟危'，则当去了人心否？"答曰："从道心而不
从人心。"节。

○　"道心惟微"者难明。有时发见些子使自家见得，有时又不见
了。惟圣人便辨之精，守得彻头彻尾，学者则须是"择善而固执之"。
方子。

○　道心，人心之理。节。

○　问"道心惟微"。曰："义理精微难见。且如利害最易见，是粗
底，然鸟兽已有不知之者。"又曰："人心、道心只是争些子，孟子曰
'人之所以异于禽兽者几希'。"夔孙。

○　林武子问："道心是先得，人心是形气所有，但地步较阔。道
心却在形气中，所以人心易得陷了道心也。是如此否？"曰："天下之
物，精细底便难见。那人心便是粗底，且如饥渴寒暖便是至粗底，这虽
至愚之人亦知得。若以较细者言之，如利害，则禽兽已有不能知者了。
若是义理则愈是难知。这只有些子，不多。所以说'人之所以异于禽兽
者几希'，言所争也不多。"〔义刚。〕

○ 或问人心、道心之别。曰："只是这一个心，知觉从耳目之欲上去便是人心，知觉从义理上去便是道心。人心则危而易陷，道心则微而难著。微亦微妙之义。"学蒙。

○ 问"人心道心，惟精惟一"。曰："人心、道心元来只是一个。精是辨之明，一是守之专。"卓。

○ "人心惟危，道心惟微。"心只是一个心，只是分（说）〔别〕两边说，人心便成一边，道心便成一边。"惟精惟一，允执厥中。"精是辨之明，一是守之固。既能辨之明，又能守之固，斯得其"中"矣。这"中"是无过不及之"中"。贺孙。

○ 舜功问："人多要去人欲，亦太畏之，如木上水，先作下般计较。不若于天理上理会。理会得天理，人欲自退。"先生云："尧舜不如此。天理、人欲是交界处，不是两个。人心不成都流，只是占得多；道心不成十全，亦是占得多。须是在天理则明天理，在人欲则去人欲。尝爱五峰云'天理人欲，同行而异情'，此语甚好。"舜功云："陆子静说人心混混未别。"先生曰："此说亦不妨。大抵人心、道心只是交界，不是两个物，观下文'惟精惟一'可见。"德粹问："既曰'精一'，何必云'执中'?"先生曰："'允'字有道理。惟精一则信乎其能执中也。"因举："陆子静说话多反伊川。如'君子喻于义，小人喻于利'，解云'惟其深喻，是以笃好'。渠却云'好而后喻'，此语亦无害，终不如伊川。"通老云："伊川云'敬则无己可克'。"先生曰："孔门只有一个颜子，孔子且使之克己，如何便会不克? 此语意味长。"可学。

○ 自人心而收之则是道心，自道心而放之便是人心。"惟圣罔念作狂，惟狂克念作圣。"近之。〔骧。〕

○ 人心如卒徒，道心如将。伯羽。

○ 蒋兄问人心、道心。曰："道心是义理上发出来底，人心是人身上发出来底。虽圣人不能无人心，如饥食渴饮之类；虽小人不能无道心，如恻隐之心是。但圣人于此择之也精，守得彻头彻尾。"问："如何是'惟微'？"曰："道心若略瞥见些子便失了底意思。'惟危'是人心既从形骸上发出来，易得流于恶。"又问"惟精惟一"。曰："是择善而固执之。"盖卿。

○ 问人心、道心之别。曰："如喜怒，人心也。然无故而喜焉，喜至于过而不能禁；无故而怒焉，怒至于甚而不能遏，是皆为人心所使也。须是喜其所当喜，怒其所当怒，乃是道心。"问："饥食渴饮，此人心否？"曰："然。须是食其所当食，饮其所当饮，乃不失所谓道心。若饮盗泉之水，食嗟来之食，则人心胜而道心亡矣。"问："人心可以无否？"曰："如何无得！但以道心为主，而人心每听命焉耳。"僩。

○ 又曰："饥欲食、渴欲饮者，人心也；得饮食之正者，道心也。须是一心只在道上，少间那人心自降伏得不见了。人心与道心为一，恰似无了那人心相似。只是要得道心纯一，道心都发见在那人心上。"僩。

○ 问人心、道心。曰："饥食渴饮，人心也；如是而饮食，如是而不饮食，道心也。唤做人便有形气，人心较切近于人。道心虽先得之，然被人心隔了一重，故难见。道心也，如清水之在浊水，惟见其浊，不见其清，故微而难见。人心如孟子言'耳目之官不思'，道心如言'心之官则思'，故贵'先立乎其大者'。人心只见那边利害情欲之私，道心只见这边道理之公。有道心则人心为人节制，人心皆道心也。"伯羽。

○　问："曾看无垢文字否？"某说："亦曾看。"问："如何？"某说："如他说'动心忍性，学者当惊惕其心，抑遏其性'，如说'惟精惟一，精者深入而不已，一者专致而不惑'。"先生曰："'深入'者却未是，深入从何去？公且说人心、道心如何？"某说："道心者，喜怒哀乐未发之时，所谓'寂然不动'者也；人心者，喜怒哀乐已发时，所谓'感而遂通'者也。人当精审专一，无过不及，则中矣。"先生曰："恁地，则人心、道心不明白。人心者，人欲也；危者，危殆也。道心者，天理也；微者，精微也。物物上有个天理人欲。"指书几："如墨上亦有个天理人欲，砚上也有个天理人欲。分明擗做两片，自然分晓。尧、舜、禹所传心法只此四句。"〔从周〕。

○　窦初见先生，先生问前此所见如何，对以"欲察见私心"云云。因举张无垢"人心道心"解云："'精者，深入而不已；一者，专志而无二'，亦自有力。"先生曰："人心、道心且要分别得界限分明。彼所谓'深入'者，若不察见，将入从何处去？"窦曰："人心者，喜怒哀乐之已发。未发者，道心也。"先生曰："然则已发者不得谓之道心乎？"窦曰："了翁言'人心即道心，道心即人心'。"先生曰："然则人心何以谓之'危'？道心何以谓之'微'？"窦曰："未发隐于内故微也，发不中节故危。是以圣人欲其精一，求合夫中，故曰'允执厥中'。"先生曰："不然。程子曰'人心，人欲也；道心，天理也'。此处举语录前段。所谓人心者是气血和合做成，先生以手指身。嗜欲之类皆从此出，故危。道心则是本来禀受得仁义礼智之心。圣人以此二者对待而言，正欲其察之精而守之一也。察之精则两个界限分明，专一守着一个道心，不令人欲得以干犯。譬如一物判作两片，便知得一个好一个恶。尧、舜所以授受之妙，不过如此。"〔德明。〕

○　"人心惟危，道心惟微；惟精惟一，允执厥中。"程子曰："人心人欲，故危殆；道心天理，故精微。惟精以致之，惟一以守之，如此方能执中。"此言尽之矣。惟精者，精审之而勿杂也；惟一者，有首有尾，专一也。此自尧、舜以来所传，未有他议论时尧有此言，圣人心法无以易此。经中此意极多。所谓"择善而固执之"，择善即惟精也，固执即惟一也。又如"博学之，审问之，谨思之，明辨之"皆惟精也，且如"笃行"又是惟一也。至如中庸，"明善"是惟精也，"诚之"便是惟一也。大学致知、格物非惟精不可能，诚意则惟一矣。学只是学此道理。孟子以后失其传，亦只是失此。㳌。

○ 问"精一执中"之说。曰："惟精是精察分明，惟一是行处不杂，执中是执守不失。"大雅。

○ 问："动于人心之微，则天理固已发见而人欲亦已萌。天理便是道心，人欲便是人心。"曰："然。"可学。

○ 因论"惟精惟一"曰："虚明安静乃能精粹而不杂，诚笃确固乃能纯一而无间。"僩。

○ "精"是识别得人心、道心，"一"是常守得定，"允执"只是个真知。道夫。

○ 问"惟精惟一"。曰："人心直是危，道心直是微。〔且〕说道心微妙有甚准则？直是要择之精，直是要守之一。"赐。

○ 问："尧舜禹，大圣人也。'允执厥中'，'执'字似亦大段吃力，如何？"答曰："圣人固不思不勉。然使圣人自有不思不勉之意，则罔念而作狂矣。经言此类非一，更细思之。"人杰。

○ "人心惟危，道心惟微；惟精惟一，允执厥中"，克己复礼。<u>闳祖</u>。

○ 既"惟精惟一，允执厥中"，又曰"无稽之言勿听，弗询之谋勿庸"。<u>芦</u>。

○ 问"允执厥中"。曰："书传所载多是说无过、不及之'中'。只如<u>中庸</u>之'中'，亦只说无过、不及，但'喜怒哀乐之未发谓之中'一处却说得重也。"<u>人杰</u>。

○ 舞干羽之事，想只是置<u>三苗</u>于度外，而示以闲暇之意。<u>广</u>。

皋陶谟

○ "庶明励翼"，庶明是众贤样，言赖众明者勉励辅翼。<u>义刚</u>。

○ 九德分得细密。<u>闳祖</u>。

○ <u>皋陶</u>九德凡十八种，是好底气质。每两件□家斗合将来。<u>人杰</u>。

○ 问"亦行有九德，亦言其人有德"。曰："此亦难晓。若且据文势解之，当云'亦言其人有德，乃言曰"载采采"'，言其人之有德当以事实言之，古注谓'必言其所行某事某事以为验'是也。"<u>人杰</u>。

○ 因其生而第之以其所当处者谓之叙，因其叙而与之以其所当得者谓之秩。天叙便是自然底〔次序〕，故君便教他居君之位，臣便教他居臣之位，父便教他居父之位，子便教他居子之位。天秩便是那天叙里面物事，如天子祭天地、诸侯祭山川、大夫祭五祀、士庶人祭其先；天子八，诸侯六，大夫四。皆是有这个叙，便是他这个自然之秩。义刚。

○　要"五礼有庸"、"五典五惇"，须是"同寅协恭和衷"。要"五服五章"、"五刑五用"，须是"政事懋哉"。义刚。

○　皋陶云："天命有德，五服五章哉！天讨有罪，五刑五用哉！"若德之大者则赏以服之大者，德之小者则赏以服之小者，罪之大者则罪以大底刑，罪之小者则罪以小底刑，尽是"天命"、"天讨"，圣人未尝加一毫私意于其间，只是奉行天法而已。"天叙有典，敕我五典五惇哉！天秩有礼，自我五礼有庸哉"，许多典礼都是天叙、天秩下了，圣人只是因而敕正之、因而用出去而已。凡其所谓冠、昏、丧、祭之礼与夫典章制度、文物礼乐、车舆衣服，无一件是圣人自做底，都是天做下了，圣人只是依傍他天理行将去。如推个车子，本自转将去，我这里只是略扶助之而已。僴。

益稷

○　义刚问："益稷篇，禹与皋陶只管自叙其功，是如何?"曰："不知是怎生地。那〔夔〕前面且做是脱简，后面却又有一段。那禹前面时只是说他无可言，但'予思日孜孜'。皋陶问他如何，他便说他要恁地孜孜，却不知后面一段是怎生地。"良久，云："他上面也是说那丹朱后故恁地说。丹朱缘如此故不得为天子，我如此勤苦故有功。以此相戒，教莫如丹朱而如我。便是古人直，不似今人便要瞻前顾后。"义刚。

○ "止"，守也。"惟几"，当审万事之几；"惟康"，求个安稳处。"弼直"，以直道辅之应之。非惟人应之，天亦应之。节。

○ 张元德问："'惟几惟康，其弼直'，吕东莱解'几'作'动'、'康'作'静'，如何？"先生云："理会不得。伯恭说经多巧。"良久，云："恐难如此说。"复问元德曰："寻常看'予克厥宅心'作存其心否？"曰："然。"先生曰："若说'三有俊心，三有宅心'，曰'三有宅，三有俊'则又当如何？此等处（所）皆理会不得。解得这一处碍了那一处。若逐处自立说解之，何书不可通！"良久，云："宅者恐是所居之位，是已用之贤；俊者是未用之贤也。"元德又问"予欲闻六律五声八音，在治忽，以出纳五言，汝听"。曰："亦不可晓。汉书'在治忽'作'七始咏'，七始如七均之类。又如'工以纳言，时而扬之，格则〔承之〕庸之，否则威之'一段，上文说：'钦四邻，庶顽谗说，若不在时，侯以明之，挞以记之，书用识哉！欲并生哉！'皆不可晓。如命龙之辞亦曰：'朕堲谗说殄行，震惊朕师。命汝作纳言，夙夜出纳朕命惟允。'皆言谗说。此须是当时有此制度，今不能知，又不当杜撰胡说，只得置之。"元德谓："'侯以明之，挞以记之'乃是赏罚。"先生云："既是赏罚，当别有施设，如何只靠射？岂有无状之人，才得中便为好人乎？"元德又问："'五言'，东莱释作君、臣、民、事、物之言。"先生云："君、臣、民、事、物是五声所属，如'宫乱则荒，其君骄'。宫属君，最大；羽属物，最小，此是论声。若商放缓便似宫声。寻常琴家最取广陵操，以某观之，其声最不和平，有臣陵其君之意。'出纳五言'却恐是审乐知政之类。如此，作五言说亦颇通。"又云："纳言之官如汉侍中、今给事中。朝廷诰令先过后省，可以封驳。"元德又问："孔壁所传本科斗书，孔安国以伏生所传为隶古定，如何？"先生云："孔壁所传平易，<u>伏生</u>所书多难晓。如<u>尧典</u>、<u>舜典</u>、<u>皋陶谟</u>、<u>益稷</u>是<u>伏生</u>所传，有'方鸠僝功'、'载采采'等语，不可晓。<u>大禹谟</u>一篇却平易。又<u>书</u>中点句，如'天降割于我家不少延'、'用宁王遗我大宝龟'、'圻父薄违农父，若保宏父定辟'，与古注点句不同。又旧读'罔或耇寿俊在厥服'作一句。今观古记款识中多云'俊在位'，则当于'寿'字绝句矣。"又问："<u>盘庚</u>如何?"曰："不可晓。如'古我先王将多于前功，适于山，用降我凶德，嘉绩于朕邦'，全无意义。又当时迁都，更不明说迁之为利、不迁之为害。如中篇又说神说鬼。若使如今诰令如此，好一场大鹘突! 寻常读<u>尚书</u>，读了<u>太甲</u>、<u>伊训</u>、<u>咸有一德</u>，便着鞔过<u>盘庚</u>，却看<u>说命</u>。然<u>高宗肜日</u>亦自难看。要之，读<u>尚书</u>可通则通，不可通姑置之。"<u>人杰</u>。

○　"'苗顽弗即工'，此是<u>禹</u>治水时调役他国人夫不动也。后方征之，既格而服则治其前日之罪而窜之，窜之而后分北之。今说者谓<u>苗</u>既格而又叛，恐无此事。"又曰："<u>三苗</u>，想只是如今之溪洞相似。溪洞有数种，一种谓之𤞞，未必非<u>三苗</u>之后也。<u>史</u>中说<u>三苗</u>之国，左<u>洞庭</u>，右<u>彭蠡</u>，在今<u>湖北</u>、<u>江西</u>之界，其地亦甚阔矣。"<u>广</u>。

朱子语类卷第七十九

尚书二

夏书

禹贡

○ 李得之问薛常州九域图。先生曰："其书细碎，不是著书手段。'予决九川距四海，濬畎浍距川'，圣人做事便有大纲领，先决九川距四海了，却逐旋爬疏小水令至川。学者亦先识个大形势，如江、河、淮先合识得。渭水入河，上面漆、沮、泾等又入渭，皆是第二重事。桑钦、郦道元水经亦细碎。"因言："天下惟三水最大：江、河与混同江。混同江不知其所出。虏旧巢正临此江，邪迤东南流入海。其下为辽海，辽东、辽西指此水而分也。"又言："河东奥区，尧、禹所居，后世德薄不能有。混同江犹自是来裹河东。"又言："长安山生过鄜延，然长安却低，鄜延是山尾，却高。"又言："收复燕云时不曾得居庸关，门却开在，所以不能守。然正使得之，亦必不能有也。"方子。学蒙录同而略，今附，云："因说薛氏九域志，曰：'也不成文字，细碎了。禹"予决九川距四海，濬畎浍距川"，这便是圣人做事纲领处。先决九川以距海，然后理会畎浍。论形势须先识大纲。如水，则中国莫大于河，南方莫大于江，泾、渭则入河者也。先定个大者，则小者便易考。'又曰：'天下有三大水，江、河、混同江是也。混同江在虏中，虏人之都见滨此江。'"

○ 禹贡集义今当分解。如"冀州既载壶口，治梁及岐"当分作三段，逐段下注地名，汉为某郡县，唐为某郡县，今为某郡县。下文"既修太原，至于岳阳，覃怀底绩，至于衡漳"当为一段，"厥土白壤"云云又为一段，"碣石"云云又为一段，方得子细。且先分细段解了，有解得成片者方成片写于后。黑水、弱水诸处皆须细分，不可作大段写。庚。

○ 禹之治水，乃是自下而上了，又自上而下。后人以为自上而下，此大不然。不先从下泄水却先从上理会，下水泄未得，下当愈甚。是甚治水如此！庚。

○ "禹当时治水也只理会河患，余处亦不大段用工夫。河水之行不得其所，故泛滥浸及他处。观禹用功，初只在冀以及兖、青、徐、雍，却不甚来东南。积石、龙门，所谓'作十三载乃同'者，正在此处。龙门至今横石断流，水自上而下，其势极可畏。向未经凿治时，龙门正道不甚泄，故一派西衮入关陕，一派东衮往河东，故此为患最甚。禹自积石至龙门着工夫最多。又其上散从西域去，往往亦不甚为患。行河东者多流黄泥地中，故只管推洗，泥汁只管凝滞淤塞，故道渐狭。值上流下来才急，故道不泄，便致横溠他处。先朝亦多造铁为治河器，竟亦何济！"或问："齐（威）〔桓〕塞九河以富国，事果然否？"曰："当时葵丘之会，申五禁，且曰'无曲防'，是令人不得私自防遏水流，他终不成自去塞了最利害处！便是这般说话亦难凭。"问："河患何为至汉方甚？"曰："史记表中亦自有河决之文。禹只是理河水，余处亦因河溢有些患。看治江不见甚用力。书载'岷山导江，东别为沱，东至于澧，过九江，至于东陵，东迤北会于汇，东为中江，入于海'，若中间便用工夫，如何载得恁略？”又云：“禹治水先就土低处用工。”_{贺孙}。

○ 禹贡西方、南方殊不见禹施工处。缘是山高，少水患。当时只分遣官属，而不了事底记述得文字不整齐耳。某作九江彭蠡辩，禹贡大概可见于此。禹贡只载九江，无洞庭；今以其地验之，有洞庭，无九江，则洞庭之为九江无疑矣。洞庭、彭蠡冬月亦涸，只有数条江水在其中。_{义刚。陈淳录同。}

○ “江陵之下、岳州之上是云梦。”又曰：“江陵之下，连岳州是云梦。”_节。

○ 问：“岷山之分支何以见？”曰：“只是以水验之。大凡两山夹行，中间必有水；两水夹行，中间必有山。江出于岷山。岷山夹江两岸而行，那边一支去为陇，〔他本云：“那边一支去为江北许多去处。”〕这边一支为湖南，又一支为建康，又一支为两浙，而余气为福建、二广。”_{淳。义刚录同。}

○ 因说禹贡，曰：“此最难说，盖他本文自有缪处。且如汉水自是从今汉阳军入江，下至江州，然后江西一带江水流出，合为大江。两江下水相淤，故江西水出不得，溢为彭蠡。上取汉水入江处有多少路，今言汉水‘过三澨，至于大别，南入于江，东汇泽为彭蠡’，全然不合，又如何去强解释得？盖禹当时只治得雍、冀数州为详，南方诸水皆不亲见，恐只是得之传闻，故多遗阙，又差误如此。今又不成说他圣人之经不是，所以难说。然自古解释者纷纷，终是与他地上水不合。”又言：“孟子说‘瀹济漯而注诸海，决汝汉，排淮泗而注诸江’。据今水路及禹贡所载，惟汉入江，汝、泗自入淮，而淮自入海。分明是误，盖一时牵于文势而不暇考其实耳。今人从而强为之解释，终是可笑。”_雉。

○ "东汇泽为<u>彭蠡</u>"，多此一句。_{芝。}

○ 问："前日见先生说郑渔仲以'东为<u>北江</u>入于海'为羡文，是否？"曰："然。今考之，不见<u>北江</u>所在。"问："郑说见之何书？"曰："家中旧有之，是<u>川</u>本，今不知所在矣。"又云："洪水之患，意者只是如今<u>河</u>决之类，故<u>禹</u>之用功处多在<u>河</u>，所以于<u>兖州</u>下记'作十有三载乃同'，此言专为治<u>河</u>也。<u>兖州</u>是<u>河</u>患甚处，正今之<u>澶</u>、<u>卫州</u>也。若其他江水，两岸多是山石，想亦无泛溢之患，<u>禹</u>自不须大段去理会。"又云："<u>禹</u>治水时，想亦不曾遍历天下。如<u>荆州</u>乃<u>三苗</u>之国，不成<u>禹</u>一一皆到！往往是使官属去彼相视其山川，具其图说以归，然后作此一书尔。故今<u>禹贡</u>所载南方山川多与今地面上所有不同。"_{广。}

胤征

○ 问："<u>东坡</u>疑<u>胤征</u>。"答曰："<u>袁道洁</u>考得是。<u>太康</u>失<u>河北</u>，至<u>相</u>方失<u>河南</u>。然亦疑<u>羲</u>、<u>和</u>是个历官。旷职，废之诛之可也，何至誓师如此？大抵古书之不可考，皆此类也。"_{大雅。}

商书

汤誓

○ 问："<u>汤誓</u>'升自<u>陑</u>'，先儒以为出其不意，如何？"先生曰："此乃<u>序</u>说，经无明文。要之今不的见<u>陑</u>是何地，何以辨其正道、奇道？

汤、武之兴，决不为后世之谲诈。若陋是取道近，亦何必迂路？大抵读书须求其要处，如人食肉，毕竟肉中有滋味，有人却要于骨头上咀嚼，纵得些肉，亦能得多少？古人所谓'味道之腴'最有理。"可学因问："凡书传中如此者皆可且置之？"曰："固当然。"可学。

仲虺之诰

○ 问："仲虺之诰似未见其释汤惭德处。"曰："正是解他。云'若苗之有莠，若粟之有秕'，他缘何道这几句？盖谓汤若不除桀，则桀必杀汤。如说'推亡固存处'自是说伐桀，至'德日新'以下，乃是勉汤。又如'天乃锡王勇智'，他特地说'勇智'两字便可见。尚书多不可晓，固难理会。然这般处，古人如何说得恁地好！如今人做时文相似。"夔孙。

○ 问："礼义本诸人心。惟中人以下为气禀物欲所拘蔽，所以反着求礼义自治。若成汤，尚何须'以义制事，以礼制心'？"曰："'汤武反之也'，便也是有些子不那底了。但他能恁地，所以为汤。若不恁地便是'惟圣罔念作狂'。圣人虽则说是'生知安行'，便只是常常恁地不已，所以不可及。若有一息不恁地，便也是凡人了。"问："若舜'由仁义行'便是不操而自存否？"曰："这都难说。舜只是不得似众人恁地着心，自是操。"贺孙。

汤诰

○ 蔡行父愿问书所谓"降衷"。曰："古之圣贤才说出便是这般话。成汤当放桀之初，便说：'惟皇上帝降衷于下民，若有常性，克绥厥猷惟后。'武王伐纣时便说：'惟天地万物父母，惟人万物之灵。亶聪明，作元后。元后作民父母。'傅说告高宗便说：'明王奉若天道，建邦设都，树后王君公，承以大夫师长，不惟逸豫，惟以乱民。惟天聪明，惟圣时宪。'见古圣贤朝夕只见那天在眼前。"贺孙。

○ "惟皇上帝降衷于下民"，孔安国以（为衷）〔衷为〕善便是无意思。"衷"不是"善"，便与"民受天地之中"一般。泳。

总说伊训太甲说命

○ 商书几篇最分晓可玩。太甲、伊训等篇又好看似说命。盖高宗资质高，傅说所说底细了，难看。若是伊尹与太甲说，虽是粗，却切于学者之身。太甲也不是个昏愚底人，但"欲败度，纵败礼"尔。广。

○ 伊尹书及说命三篇，大抵分明易晓。今人观书且看他那分明底，其难晓者且置之，政使晓得亦不济事。广。

伊训

○ "伊尹祠于先生"，若有服，不可入庙。必有"外丙二年，仲壬四年"。苪。

○ 问："伊训'伊尹祠于先王，奉嗣王祗见厥祖'。是时汤方在殡宫，太甲于朝夕莫常在，如何伊尹因祠而见之?"曰:"此与顾命康王之诰所载冕服事同。意者，古人自有一件人君居丧之礼，但今不存，无以考据。盖天子诸侯既有天下国家事体，恐难与常人一般行丧礼。"广。

○ "与人不求备，检身若不及"，大概是汤急己缓人，所以引为"日新"之实。泳。

○ "其训于蒙士"，吴斗南谓古者墨刑人以蒙蒙其首，恐不然。广。

太甲上

○ 近日蔡行之送得郑景望文集来，略看数篇，见得学者读书不去子细看正意，却便从外面说是与非。如郑文亦平和纯正，气象虽好，然所说文字处，却是先立个己见，便都说从那上去，所以昏了正意。如说伊尹放太甲，三五版只说个"放"字，谓小序所谓"放"者正伊尹之罪，"思庸"二字所以雪伊尹之过，此皆是闲说。正是伊尹至诚恳恻告戒太甲处却都不说，此不可谓善读书，学者不可不知也。铢。时举录同。

太甲中

○ "并其有邦，厥邻乃曰'徯我后，后来无罚'"，言汤与彼皆有土诸侯，而邻国之人乃曰云云。此可见汤得民心处。〔闳祖。〕

○　视不为恶色所蔽为明，听不为奸人所欺为聪。〔芝。〕

咸有一德

○　"'爰革夏正'只是'正朔'之'正'。"贺孙因问："伊尹说话
自分明，间有数语难晓，如'为上为德，为下为民'之类。"曰："伯恭
四个'为'字都从去声，觉不顺。"贺孙因说："如'（逆）〔逢〕君之
恶'也是为上，而非是为德；'为宫室妻妾之奉'也是为下，而非为
民。"曰："然。伊尹告太甲却是与寻常人说话，便恁地分晓、恁地切
身。至今看时，通上下皆使得。至傅说告高宗，语意却深。缘高宗贤
明，可以说这般话，故傅说辅之，说得较精微。伊尹告太甲，前一篇许
多说话，都从天理窟中抉出许多话分明说与他，今看来句句是天理。"
又云："非独此，看得道理透，见得圣贤许多说话都是天理。"又云：
"伊尹说得极恳切，许多说话重重叠叠，说了又说。"贺孙。

○　论"其难其慎"，曰："君臣上下相与甚难。"芝。

○　"'德无常师，主善为师；善无常主，协于克一。'上两句是教
人以其所〔从〕师，下两句是教人以其所择善而为之师。"道夫问：
"'协于克一'莫是能主一则自默契于善否?"曰："'协'字难说，只是
个比对裁断之义。盖如何知得这善不善，须是自心主宰得定始得。盖有
主宰则是非善恶了然于心目间，合乎此者便是，不合者便不是。横渠云
'德主天下之善，善原天下之一'，这见得他说极好处，盖从一中流出者
无有不善。所以他伊尹从前面说来便有此意，曰'常厥德'，曰'庸
德'，曰'一德'，常、庸、一只是一个。"董卿谓："'一'恐只是专一
之'一'?"曰："如此则绝说不来。"道夫曰："上文自谓'德惟一，动

罔不吉；德二三，动罔不凶'。""才尺度不定，今日长些子，明日短些
子，便二三。"道夫曰："到底说得来只是个定则明，明则事理见；不定
则扰，扰则事理昏杂而不识矣。"曰："只是如此。"曰："看得道理多
后，于这般所在都宽平开出，都无碍塞。如董卿恁地理会数日却是恁
地，这便是看得不多，多少被他这个十六字碍。"又曰："今若理会不
得，且只看自家每日一与不一时便见。要之，今却正要人恁地理会，不
得，又思量，但只当如横渠所谓'濯去旧见，以来新意'。且放下着许
多说话，只将这四句来平看便自见。"又曰："这四句极好看。南轩云：
'自"人心惟危，道心惟微"数语外，惟此四句好。但舜大圣人言语浑
沦，伊尹之言较露锋铓得些。'这说得也好。"顷之，又曰："舜之语如
春生，伊尹之言如秋杀。"道夫。

○　"协于克一"，"协"犹齐也。升卿。

○　问："'德无常师，主善为师；善无常主，协于克一。'或言主
善人而为师，若仲尼无常师之意，如何？"答曰："非也。横渠说'德主
天下之善，善原天下之一'，最好。此四句三段，一段紧似一段。德且
是大体说，有吉德，有凶德，然必主于善始为吉尔。善亦且是大体说，
或在此为善，在彼为不善；或在彼为善，在此为不善；或在前日则为
善，而今日则为不善；或在前日则不善，而今日则为善。惟须'协于克
一'是乃为善，谓以此心揆度彼善尔。故横渠言'原'，则若善定于一
耳，盖善因一而后定也。德以事言，善以理言，一以心言。大抵此篇只
是几个'一'字上有精神，须与细看。此心才一便终始不变而有常也。
'协'字虽训'合'（事）〔字〕，却是如'以此合彼'之'合'，非'已相
合'之'合'，与礼记'协于分艺'、书'协时月正日'之'协'同义，
盖若揆度参验之意耳。张敬夫谓虞书'精一'四句与此为尚书语之最精
密者，而虞书为尤精。"大雅。

说命中

○ "惟口起羞"以下四句皆是审。^节。

○ 口非欲起羞，而出言不当则反足以起羞。甲胄本所以御戎，而出谋不当则反足以起戎。衣裳在笥，易以与人，则不可不谨。干戈讨有罪，则因以省身。

○ "惟甲胄起戎"，盖不可有关防底意。<u>方子</u>。节录同。

○ "惟甲胄起戎"，如"归与石郎谋反"是也。^节。

○ "惟厥攸居"，所居，所在也。〔节。〕

○ <u>南轩</u>云："'非知之艰，行之艰'，此特<u>傅说</u>告<u>高宗</u>尔。盖<u>高宗</u>旧学<u>甘盘</u>，于义理知之亦多，故说得这话。若常人，则须以致知为先也。"此等议论尽好。<u>道夫</u>。

说命下

○ "逊志"则无所坠落，志不低则必有漏落在下面。^节。

○ 问"为学逊志"、"以意逆志"之分。曰："'逊志'是小着这心去顺那事理，自然见得出。'逆志'是将自家底意去推迎候他志，不似今人硬将此意去捉那志。"^僩。

○ 言"教学半",曰是教人□□是学。芝。

○ 因说"教学半",曰:"近见〔喻〕子才跋说命写本,云:'教只教得一半,学只学得一半,那一半教人自理会。'吕伯恭亦如此说。某旧在同安时见士人作书义如此说,〔夔孙录云:"某看见古人说话不如此险。"〕先说'王,人求多闻,时惟建事',此是人君且学且教,一面理会教人,又一面穷理义。后面说得'监于先王成宪,其永无愆'数语,是平正实语,不应中间翻空一句,如此深险。如教得一半,不成那一半掉放冷处教他自得!此语全似禅语,只当依古注。〔夔孙录云:"此却似禅语。五通仙人问:'佛六通,如何是那一通?'那一通便是妙处。且如学记引此,亦只是依古注说。"〕"璘。

西伯戡黎

○ "西伯戡黎",便是这个事难判断。观戡黎,大故逼近纣都了,岂有诸侯、臣子而敢称兵于天子之都乎?看来文王只是不伐纣耳,其他事亦都做了,如伐崇、戡黎之类。韩退之拘幽操云"臣罪当诛兮,天王圣明",伊川以为此说出文王意中事。尝疑这个说得来太过,据当日事势观之恐不如此。若文王终守臣节,何故伐崇侯虎?只是后人因孔子"以服事殷"一句,遂委曲回护个文王,说教好看,殊不知孔子只是说文王不伐纣耳。尝见杂记云:"纣杀九侯,鄂侯争之强,辩之疾,并醢鄂侯。西伯闻之窃叹,崇侯虎谮之曰:'西伯欲叛。'纣怒,囚之羑里。西伯叹曰:'父有不慈,子不可以不孝;君有不明,臣不可以不忠。岂有君而可叛者乎?'于是诸侯闻之,以西伯能敬上而恤下也,遂相率而归之。"看来只这段说得平。〔佃。〕

周书

泰誓

○　石洪庆问："尚父年八十方遇西伯，及武王伐商乃即位之十三年，又其后就国，高年如此！"先生曰："此不可考。"因云："泰誓序'十有一年，武王伐殷'，经云'十有三年春，大会于孟津'，〔序〕必差误。说者乃以十一年为观兵，尤无义理。旧有人引洪范'十有三祀，王访于箕子'，则十一年之误可知矣。"人杰。

○　"亶聪明作元后，元后作民父母。"须是刚健中正出人意表之君，方能立天下之事。如创业之君能定祸乱者，皆是智勇过人。人杰。

○　或问："'天视自我民视，天听自我民听'，天便是理否？"曰："若全做理，又如何说'自我民视、听'？这里有些主宰底意思。"庚。

○　庄仲问："'天视自我民视，天听自我民听'，谓天即理也。"曰："天固是理，然苍苍者亦是天，在上而有主宰者亦是天，各随他所说。今既曰视、听，理又如何是会视、听？虽说不同又却只是一个，知其同不妨其为异，知其异不害其为同。尝有一人题分水岭，谓水不曾分。某和其诗曰：'水流无彼此，地势有西东。若识分时异，方知合处同。'"文蔚。〔疑与上条同闻。〕

武成

○ 问:"武成一篇编简错乱。"曰:"新有定本,以程先生、王介甫、刘贡父、李〔叔易〕诸本推究甚详。"偘。

○ 包显道问:"纣若改过迁善,则武王当何以处之?"曰:"他别自从那一边去做。他既称王,无倒杀,只着自去做。"〔义刚。〕

洪范

○ 江彝叟 畴问:"洪范武王胜殷杀纣,不知有这事否?"曰:"据史记所载,虽不是武王自〔杀〕,然说斩其头悬之,亦是有这事。"又问"血流漂杵"。曰:"孟子所引虽如此,然以书考之,'前徒倒戈,攻于后以北',是殷人自相攻以致血流如此之盛。观武王整兵,初无意于杀人,所谓'今日之事不愆于六伐、七伐,乃止齐焉'是也。武王之言非好杀也。"卓。

○ 问:"'胜殷杀受'之文是如何?"曰:"看史记载纣赴火死,武王斩其首以悬于旌,恐未必如此。书序,某看来煞有疑,相传都说道孔子作,未知如何。"〔贺孙。〕

○ 柯国材言:"称武王'十有一年'、'十有三年',书序虽不足凭,至洪范谓'惟十有三祀',则是十三年明矣。使武王十一年伐殷,到十三年方访箕子,不应如是之缓。"此说有理。伯羽。〔高录云:"见得释箕子囚了,问他。若十一年释了,十三年方问他,恐不应如此迟。"〕

○ 问："'鲧则殛死，禹乃嗣兴。'禹为鲧之子，当舜用禹时何不逃去，以全父子之义？"曰："伊川说'殛死'只是贬死之类。"德明。

○ 问："鲧既被诛，禹又出而委质，不知如何？"曰："盖前人之愆。"又问："禹以鲧为有罪而欲盖其愆，非显父之恶否？"曰："且如而今人，其父打碎个人一件家事，其子买来填还，此岂是显父之恶！"自修。

○ 禹所以用于舜者，乃所以求盖父之愆也。佃。

○ 说洪范："看来古人文字也不被人牵强说得出。只自恁地熟读，少间字字都自会着实。"又云："今人只管要说治道，这是治道最切紧处。这个若理会不通，又去理会甚么零零碎碎！"贺孙。

○ 问洪范诸事。曰："此是个大纲目，天下之事，其大者大概备于此矣。"又问"皇极"。曰："此是人君为治之心法。如周礼一书，只是个八政而已。"佃。

○ "凡数自一至五，五在中；自九至五，五亦在中。戴九履〔一〕，左三右七，五亦在中。"又曰："若有前四者则方可以建极，四者乃一五行、二五事、三八政、四五纪是也。后四者却自皇极中出。三德是皇极之权，人君所向用五福，所威用六极，此曾南丰所说。诸儒所说，惟此说好。"又曰："皇，君也；极，标准也。皇极之君常滴水滴冻无一些不善，人却不齐，故曰'不协于极，不罹于咎'之类。'天子作民父母，以为天下王'，此便是'皇建其有极'。"又曰："尚书前五篇大概易晓。后如甘誓、胤征、伊训、太甲、咸有一德、说命，此皆易晓，亦好。此是孔氏壁中所藏之书。"又曰："看尚书，渐渐觉得晓不得，便

是有长进。若从头至尾解得，则是乱道。<u>高宗肜日</u>是最不可晓者，<u>西伯</u>
<u>戡黎</u>是稍稍不可晓者。<u>太甲</u>大故乱道，故<u>伊尹</u>之言紧切；<u>高宗</u>稍稍聪
明，故<u>说命</u>之言细腻。"又曰："读<u>尚书</u>有一个法。半截晓得，半截晓不
得。晓得底看，晓不得底且阙之，不可强通，强通则穿凿。"又曰：
"'敬敷五教在宽'，只是不急迫，慢慢地养他。"<u>节</u>。

○　因论<u>洪范</u>云："<u>洛书</u>本文只有四十五点。<u>班固</u>云六十五字皆<u>洛</u>
<u>书</u>本文。古字画〔少〕，恐或有模样，但今无所考。<u>汉</u>儒说此未是，恐
只是以义起之，不是数如此。盖皆以天道人事参互言之。五行最急，故
第一；五事又参之于身，故第二；身既修，可推之于政，故八政次之；
政既成，又验之于天道，故五纪次之；又继之皇极，居五，盖能推五
行、正五事、用八政、修五纪，乃可以建极也；六、三德，乃是权衡此
皇极者也；德既修矣，稽疑、庶（政）〔征〕继之者，著其验也；又继
之以福、极，则善恶之效至是不可加矣。皇极非大中，皇乃天子，极乃
极至，言皇建此极也。东西南北到此恰好。"又云："极非中也。但<u>汉</u>儒
虽说作'中'字亦与今不同，如云'五事之中'是也。今人说'中'只
是含胡依违，善不必尽赏，恶不必尽罚。如此，岂得谓之中！"<u>可学</u>。

○　<u>箕子</u>为<u>武王</u>陈<u>洪范</u>，首言五行，次便及五事。盖在天则是五
行，在人则是五事。<u>儒用</u>。

○　自"水曰润下"至"稼穑作甘"皆是二意：水能润、能下，火
能炎、能上，金曰"从"曰"革"，从而又能革也。<u>德明</u>。

○　忽问："如何是'金曰从革'？"对曰："是从人之革。"答曰：
"不然，是或从或革耳。从者，从所锻制；革者，又可革而之他，而其
坚刚之质依旧自存，故与'曲直'、'稼穑'皆成双字。'炎上'者，上

字当作上声；'润下'者，下字当作去声。亦此意。"大雅。

○ "金曰从革"，一从一革，互相变而体不变。且如银，打一只盏便是从，更要别打作一件家事便是革。依旧只是这物事，所以云体不变。〔偭。〕

○ 问："形质属土否？"曰："从前如此说。"问："吴斗南说如何？"曰："旧来谓雨属木，旸属金，及与五事相配，皆错乱了。吴说谓雨属水，旸属火，燠属木，寒属金，风属土。雨看来只属得水，自分晓，怎生属得木？"问："寒如何属金？""他引证甚佳。左传'庞凉冬杀，金寒玦离'是也。又曰'貌言视听思'，皆只以次第相属。"问："貌如何属水？"曰："容貌光泽，故属水；言发于气，故属火。"

○ 伯模云："老苏著洪范论不取五行传，而东坡以为汉儒五行传不可废。此亦自是，既废则后世有忽天之心。"先生曰："汉儒也穿凿。如五事，一事错则皆错，如何却云听之不聪则某事应，貌之不恭则某事应。"道夫。

○ "'五皇极'，只是说人君之身端本示仪于上，使天下之人则而效之。圣人固不可及，然约天下而使之归于正者，如'皇则受之'，'则锡之福'也。所谓'遵王之义'、'遵王之道'者，天下之所取法也。人君端本，岂有他哉？修于己而已。一五行是发原处，二五事是总持处，八政则治民事，五纪则协天运也，六三德则施为之搏节处，七稽疑则人事已至而神明其德处，庶征则天时之征验也，五福、六极则人事之征验也。其本皆在人君之心，其责亦甚重矣。'皇极'非说大中之道，若说大中则皇极都了，五行、五事等皆无归着处。"又云："便是'笃恭而天下平'之道。天下只是一理，圣贤语言虽多，皆是此理。如尚书中洛诰之类有不可晓处多，然间有说道理分晓处，不消训释自然分明。如云'王敬作所不可不敬德'、'肆惟王其疾敬德'、'不敢替厥义德'等语是也。"人杰。

○ "极，尽也。"先生指前面香卓："四边尽处是极，所以谓之四极。四边视中央，中央是极也。尧都平阳，舜都蒲坂，四边望之，一齐看着平阳、蒲坂。如屋之极，极高之处，四边到此尽了，去不得，故谓之'极'。宸极亦然。至善亦如此，应乎事到至善，是极尽了，更无去处，'故君子无所不用其极'。书之'皇极'亦是四方所瞻仰者。'皇'有训大处，惟'皇极'之'皇'不可训大。'皇'只当作君，所以说'遵王之义，遵王之路'，直说到后面'以为天下王'，其意可见。盖'皇'字下从'王'。泳。

○ "皇极"如"以为民极"，标准立于此，四方皆面内而取法。皇谓君。(太) 极如屋极，阴阳造化之总会枢纽。极之为义，穷极、极至，以上更无去处。闳祖。

○ 问："先生言'皇极'之'极'不训中，只是标准之义。然'无偏无党'、'无反无侧'亦有中意。"曰："只是个无私意。"问："标准之义如何？"曰："此是圣人正身以作民之准则。"问："何以能敛五福？"曰："当就五行、五事上推究。人君修身，使貌恭、言从、视明、听聪、思睿，即身自正。五者得其正则五行得其序，以之稽疑则'龟从，筮从，卿士从，庶民从'，在庶证则有休证无咎证。和气致祥，有仁寿而无鄙夭便是五福，反是则福转为极。陆子静荆门军晓谕乃是敛六极也。"德明。

○ "中"不可解做"极"。"极"无"中"意，只是在中，乃至极之所，为四向所标准，故因以为中。如屋极亦只是在中，为四向所准。如建邦设都以为民极，亦只是中天下而立，为四方所标准。如"粒我烝民，莫匪尔极"，来牟岂有"中"意，亦只是使人皆以此为准。如北极，如宸极、皇极，皆然。若只说"中"，则殊不见"极"之义矣。淳。

○ 先生问曹："寻常说'皇极'如何？"曹云："只说作'大中'。"先生曰："某谓不是'大中'。皇者王也，极者如屋之极，言王者之身可以为下民之标准也。貌之恭，言之从，谋之聪，则民观而化之，故能使天下之民'无有作好而遵王之道，无有作恶而遵王之路'。王者又从而敛五者之福，而锡之于庶民。敛者，非有取之于外，亦自吾身先得其正，然后可以率天下之民以归于正，此锡福之道也。"卓。

○ 问："比看箕子为武王陈洪范，言'彝伦攸叙'，见事事物物中得其伦理，则无非此道。非道便无伦理。"答曰："固是。曰'王道荡荡'，又曰'王道平平'；曰'无党无偏'，又曰'无偏无党'，只是一个道，如何如此反覆说？只是〔要〕得人反覆思量入心来，则自有所见矣。"大雅。

○ 民之有福，君所当向；民之有极，君所当畏。道夫。

○ 符叙舜功云："象山在荆门，彼中上元，太守须作醮于道观以祈福，象山至，罢之。劝谕邦人以'福不在外，但当求之内心'。于是日〔入道观〕，设讲座，说'皇极'，令邦人聚听之。次日，又画为一图以示之。"先生曰："人君建极如个标准。如东方望也如此，西方望也如此，南方望也如此，北方望也如此，莫不取则于此。如周礼'以为民极'，诗'维民之极'、'四方之极'，都是此意。中固在其间，而'极'不可以训'中'。汉儒注说'中'字只说'五事之中'，犹未为害。最是近世说'中'字不是。近日之说只要含胡苟且，不分是非，不辨黑白，遇当做底事只略略做些，不要做尽。此岂圣人之意！"又云："洪范一篇首尾都是归从'皇极'上去，盖人君以一身为至极之标准，最是不易。又须'敛是五福'，所以敛聚五福以为建极之本。又须是敬五事、顺五行、厚八政、协五纪，以结裹个'皇极'。又须义三德，使事物之接、刚柔之辨须区处教合宜。稽疑便是考之于神，庶征是验之于天，五福是体之于人。这下许多是维持这'皇极'。'正人'犹言中人，是平平底人，是有常产方有常心底人。"又云："今人读书粗心大胆，如何看得古人意思！如说'八庶征'，这若不细心体识，如何会见得！'肃，时雨若'，肃是恭肃，便自有滋润底意思，所以便说时雨顺应之。'乂，时旸若'，乂是整治，便自有开明底意思，所以便说时旸顺应之。'晢，时燠若'，晢是普照，便自有和暖底意思。'谋，时寒若'，谋是藏密，便自有寒结底意思。'圣，时风若'，圣是通明，便自有爽快底意思。"符云："谋自有显然著见之谋，圣是不可知之妙，不知于寒、于风果相关否？"曰："凡看文字，且就地头看，不可将大底便来压了。箕子所指'谋'字只是且说密谋意思，'圣'只是说通明意思，如何将大底来压了便休！如说吃枣，固是有大如瓜者，且就眼下说只是常常底枣。如煎药合用枣子几个，自家须要说枣如瓜大，如何用得许多！人若心下不细，如何读古人书！（汤）〔洪〕范庶征固不是必定如汉儒之说，必以为有是应必有是事。多雨之征，必推说道是某时做某事不肃所以致此。为此必然之说，所以教人难尽信。但古人意精密，只于五事上体察是有此理。如王荆公又却要一齐都不消说感应，但把'若'字做'如似'字义说了，做譬喻说了，这也不得。荆公固是也说道此事不足验，然而人主自当谨戒。如汉儒必然之说固不可，如荆公全不相关之说亦不可。古人意思精密，恐后世见未到耳。"因云："古人意思精密，如易中八字'刚柔'、'终始'、'动静'、'往来'，只这七八字移换上下，添助语，是多少精微，有意味！见得彖、象极分明。"_{贺孙。}

○ 谓林正卿曰："理会这个且理会这个，莫引证见，相将都理会不得。理会'刚而塞'且理会这一个'刚'字，莫要理会'沈潜刚克'。各自不同。"_节。

○ "沈潜刚克，高明柔克。"克，治也。言人资质沈潜者当以刚治之，资质高明者当以柔治之。此说为胜。_偶。

○ "衍忒。"衍，疑是过多剩底意思。忒是差错了。_偶。

○ "一极备凶，一极无凶。"多些子不得，无些子不得。_泳。

○ "王省惟岁"，言王之所当省者，一岁；卿士所省者，一月之事。以下皆然。_偶。

○ 问"王省惟岁，卿士惟月，师尹惟日"。曰："此但言职任之大小如此。"又问："'庶民惟星'一句解不通，并下文'星有好风，星有好雨'意亦不贯。"曰："'家用不宁'以上自结上文了，下文却又说起星之意，似是两段云云。"又问"箕星好风，毕星好雨"。曰："箕只是簸箕。以其簸扬而鼓风，故月宿之则风。古语云'月宿箕，风扬沙'。毕是叉网，漉鱼底叉子，〔又，鼎中漉肉叉子〕亦谓之毕。凡以毕漉鱼肉，其汁水淋漓而下若雨然，毕星名义盖取此。今毕上有一柄，下开两叉，形状亦类毕，故月宿之则雨。汉书谓月行东北入轸，若东南入箕则风。所以风者，盖箕是东南方，属巽，巽为风，所以好风。恐未必然。"_偶。

○ "五福六极"，曾子固说得极好。洪范，大概曾子固说得胜如诸人。_偶。

旅獒

○ "人不易物，惟德其物。""易"，改易也。言人不足以易物，惟德足以易物，德重而人轻也。"人"犹言位也，谓居其位者。如宝玉虽贵，若有人君之德，则所锡赍之物斯足贵；若无其德，则虽有至宝以锡诸侯，亦不足贵也。侗。

金縢

○ 林闻一问："周公代武王之死，不知亦有此理否？"曰："圣人为之，亦须有此理。"木之。

○ "若尔三王，是有丕子之责于天，以旦代某之身。""责"如"责侍子"之"责"。周公之意云，设若三王欲得其子服事于彼，则我多才多艺可以备使令，且留武王以镇天下也。人杰。

○ 成王方疑周公，二年之间二公何不为周公辨明？若天不雷电以风，二公终不追说矣。当是时，成王欲诮周公而未敢。盖周公东征，其势亦难诮他，此成王虽深疑之而未敢诮之也。若成王终不悟，周公须有所处矣。人杰。

○ 书中可疑诸篇，若一齐不信，恐倒了六经。如金縢亦有非人情者，"雨，反风，禾尽起"，也是差异。成王如何又恰限去启金縢之书？然当周公纳策于匮中，岂但二公知之？盘庚更没理会。从古相传来，如经传所引用皆此书之文，但不知是何故说得都无头。且如今要告谕民间一二事，做得几句如此，他晓得晓不得？只为说道要迁，更不说道自家如何要迁，如何不可以不迁，万民是因甚不要迁。要得人迁也须说出利害，今更不说。吕刑一篇，如何穆王说得散漫，直从苗民蚩尤为始作乱道起？若说道都是古人元文，如何出于孔氏者多分明易晓，出于伏生者都难理会？贺孙。

大诰

○　大诰一篇不可晓。据周公在当时外则有武庚、管蔡之叛，内则有成王之疑，周室方且岌岌然。他作此书决不是备礼苟且为之，必欲以此耸动天下也。而今大诰大意不过说周家辛苦做得这基业在此，我后人不可不有以成就之而已。其后又却专归在卜上。其意思缓而不切，殊不可晓。广。

○　因言武王既克纣，武庚、三监及商民畔，曰："当初纣之暴虐，天下之人胥怨，无不欲诛之。及武王既顺天下之心以诛纣，于是天下之怨皆解而归德于周矣。然商之遗民及与纣同事之臣，一旦见故主遭人戮，宗社为墟，宁不动心！兹固畔心之所由生也。盖始于纣，苦之暴而欲其亡，（故）〔固〕人之心；及纣既死，则怨已解而人心复有所不忍，亦事势人情之必然者。又况商之流风善政，毕竟尚有在人心者，及其顽民感纣恩意之深，此其所以畔也云云。后来乐毅伐齐亦是如此。"僴。

○　"王若曰"、"周公若曰"，"若"字只是一似如此说底意思，如汉书中"帝意若曰"之类。盖或宣道德意者敷演其语，或记录者失其语而追记其意如此也。僴。

○ 书中"弗吊"字只如字读。解者欲训"吊"为至，故音"的"声，非也。其义止如诗中所谓"不吊昊天"耳，言不见悯吊于上帝也。僴。

○ 尚书"棐"字与"匪"同。据汉书。敬仲。

○ "忱"、"谌"字只训"信"，"天棐忱"如云天不可信。僴。

总论康诰梓材

○ 康诰、梓材、洛诰诸篇煞有不可晓处，今人都自强解说去。伯恭亦自如此看。伯恭说，书自首至尾皆无一字理会不得。且如书中注家所说，错处极多，如"棐"字并作"辅"字训，更晓不得。后读汉书颜师古注，云"匪"、"棐"通用。如书中有"棐"字，止合作"匪"字义，如"率乂于民棐彝"乃是率治于民非常之事。贺孙。

○ "康诰三篇，此是武王书无疑。其中分明说：'王若曰："孟侯，朕其弟，小子封。"'岂有周公方以成王之命命康叔，而遽述己意以告之乎？决不解如此。五峰、吴才老皆说是武王书。只缘误以洛诰书首一段置在康诰之前，故叙其书于大诰、微子之命之后。"问："如此，则封康叔在武庚未叛之前矣。"曰："想是同时。商畿千里，纣之地亦甚大，所封必不止三两国也。周公使三叔监殷，他却与武庚叛，此是一段大疏脱事。若当时不便平息得，模样做出西晋初年时事。想见武庚日夜去说诱三叔，以为周公，弟也，却在周作宰相；管叔，兄也，却去监商，故管叔生起不肖之心如此。"广。

○ 康诰、酒诰是武王命康叔之词，非成王也。如"朕其弟，小子封"。又曰"乃寡兄勖"，犹今人言"劣兄"也。故五峰编此书于皇王大纪，不属成王而载于武王纪也。至若所谓"惟三月哉生魄，周公初基，作新大邑于东国洛"至"乃洪大诰"，自东坡看出，以为非康诰之词。而梓材一篇则又有可疑者。如"稽田垣墉"之喻，却与"无胥戕，无胥虐"之类不相似。以至于"欲至于万年，惟王子子孙孙永保民"却又似洛诰之文，乃臣戒君之词，非酒诰语也。〔道夫。〕

康诰

○ "'惟三月哉生魄'一段自是脱落不晓。且如'朕弟'、'寡兄'，是武王自告周公、康叔之辞无疑。盖武王，周公、康叔同叫作兄。岂应周公对康叔一家人说话，安得叫武王作'寡兄'以告其弟乎？盖'寡'者，是向人称我家、我国长上之辞也。只被其中有'作新大邑于周'数句，遂牵引得序来作成王时书。不知此是脱简。且如梓材是君戒臣之辞，而后截又皆是臣戒君之辞。要之，此三篇断然是武王时书。若是成王，不应所引多文王而不及武王。且如今人才说太祖便须及太宗也。"又曰："某尝疑书注非孔安国作。盖此传不应是东晋方出，其文又皆不甚好，不似西汉时文。"义刚。

○ 义刚问："'生明'、'生魄'如何？"曰："日为魂，月为魄。魄是黯处。魄死则明生，书所谓'哉生（魄）〔明〕'是也。老子所谓'载营魄'，载如人载车、车载人之载。月受日之光，魂加于魄，魄载魂也。明之生时，大尽则初二，小尽则初三。月受日之光常全，人望在下却在侧边了，故见其盈亏不同。或云月形如饼，非也。笔谈云，月形如弹丸，其受光如粉涂一半。月去日近则光露一（屑）〔眉〕，渐远则光渐大。且如日在午，月在酉，则是近一远三，谓之弦。至日月相望则去日十矣，故谓之'既望'。日在西而月在东，人在下面得以望见其光之全。月之中有影者，盖天包地外，地形小，日在地下，则月在天中，日甚大，从地四面光起，〔池本作"冲上"。〕其影则地影也。地碍日之光，世所谓'山河地影'是也。如星亦受日光，凡天地之光皆日光也。自十六日生魄之后，其光之远近如前之弦，谓之下弦。至晦则月与日相叠，月在日后，光尽体伏矣。魄加日之上则日食，在日之后无食，谓之晦。朔则日月相并。"又问："步里客谈所载如何？"曰："非。"又问："月蚀如何？"曰："至明中有暗处，〔池本作"暗虚"，下同。〕其暗至微。望之时，月与之正对，无分毫相差。月为暗处所射，故蚀。虽是阳胜阴，毕竟不好。若阴有退避之意则不相敌，则不成蚀矣。"<u>义刚</u>。

○ "非汝封刑人杀人，无或刑人杀人。非汝封又曰劓刵人，无或劓刵人。"<u>康叔</u>为<u>周</u>司寇，故一篇多说用刑。此但言"非汝封刑人杀人"，则无或敢有刑人杀人者。盖言用刑之权<u>止</u>在<u>康叔</u>，不可不谨之意耳。<u>广</u>。

酒诰

○ <u>徐孟宝</u>问<u>扬子云</u>言"酒诰之籍俄空焉"。答曰："<u>孔</u>书以巫蛊事不曾传，<u>汉</u>儒不曾见者多，如<u>郑康成</u>、<u>晋</u> <u>杜预</u>皆然。想<u>扬子云</u>亦不曾见。"<u>大雅</u>。

○ 因论点书，曰："人说<u>荆公</u>穿凿，只是好处亦用还他。且如'矧惟若畴圻父薄违，农父若保，宏父定辟'，古注从'父'字绝句，<u>荆公</u>则就'违'、'保'、'辟'绝句，复出诸儒之表。"<u>道夫</u>曰："更如先儒点'天降割于我家不少延'、'用宁王遗我大宝龟',皆非注家所及。"
曰:"然。"<u>道夫</u>。

召诰

○ "王敬作所不可不敬德"只是一句。<u>道夫</u>。

洛诰

○ 因读<u>尚书</u>,先生曰:"其间错误解不得处煞多。昔<u>吕伯恭</u>解书,
因问之云:'<u>尚书</u>还有解不通处否?'答曰:'无有。'因举<u>洛诰</u>问之云:
'据<u>成王</u>只使<u>周公</u>往营<u>洛</u>,故伻来献图及卜。<u>成王</u>未尝一日居<u>洛</u>,后面
如何却与<u>周公</u>有许多答对? 又云"王在新邑",此如何解?'<u>伯恭</u>遂无以
答。后得书云:'诚有解不得处。'"<u>雄</u>问先生近定<u>武成</u>新本。先生曰:
"前辈定本更差一节。'王若曰'一段,或接于'征伐<u>商</u>'之下,以为誓
师之辞;或连'受命于<u>周</u>'之下,以为命诸侯之辞。以为誓师之辞者固
是错连下说了。以为命诸侯之辞者,此去祭日只争一两日,无缘有先诰
命诸侯之理。某看,却诸侯来,便教他助祭,此是祭毕临遣之辞,当在
'大诰(成武)〔武成〕'之下,比前辈只差此一节。"<u>雄</u>。

○ <u>尚书</u>中<u>盘庚</u>、五诰之类实是难晓。若要添减字硬说将去尽得,
然只是穿凿,终恐无益耳。<u>时举</u>。

○ <u>淳</u>问:"<u>周</u>诰辞语艰涩,如何看?"曰:"此等是不可晓。"<u>林丈</u>
说:"<u>艾轩</u>以为方言。"曰:"只是古语如此。切意当时风俗恁地说话,

人便都晓得。如这物事唤做这物事，今风俗不唤做这物事便晓他不得。如蔡仲之命君牙等篇乃当时与士大夫语，似今翰林所作制诰之文，故甚易晓。如诰，是与民语，乃今官司行移晓谕文字，有带时语在其中。今但晓其可晓者，不可晓处则阙之可也。如诗'景员维河'，上下文皆易晓，却此一句不可晓。又云'三寿作朋'，三寿是何物？欧阳公记古语亦有'三寿'之说，想当时自有此般说话，人都晓得，只是今不可晓。"问："东莱书说如何？"曰："说得巧了。向尝问他有疑处否？曰：'都解得通。'到两三年后再相见，曰：'尽有可疑处。'"淳。义刚录云："问：'造辞语恁地短促，如何？'先生曰：'这般底不可晓。'林择之云：'艾轩以为方言。'曰：'亦不是方言，只是古语如此。'云云。"并同。

无逸

○ 萍乡柳兄言："吕东莱解无逸一篇极好。"先生扣之曰："伯恭如何解'君子所其无逸'？"柳兄曰："吕东莱解'所'字为'居'字。"先生曰："若某则不敢如此说。"诸友问先生如何说。先生曰："恐有脱字，则不可知。若说不行而必强立一说，虽若可观，只恐道理不如此。"盖卿。

○ 舜功问："'徽柔懿恭'是一字，是二字？"曰："二字，上轻下重。柔者须徽，恭者须懿。柔而不徽则姑息，恭而不懿则非由中出。"可学。〔璘录云："柔易于暗弱，徽有发扬之意；恭形于外，懿则有蕴藏之意。"〕

君奭

○ "召公不悦"，这意思晓不得。若论事了，尽未在。看来是见成王已临政，便也小定了许多事，周公自可留得，所以求去。庚。

○ 包显道问"召公不悦"之意。曰："召公不悦只是小序恁地说，里面却无此意。这只是召公要去后，周公去留他，说道朝廷不可无老臣。"又问："先'又曰'等语不可晓。"曰："这个只是大纲绰得个意脉了，便恁地说了。不要逐个字去讨，便无理会处。这个物事难理会。"又曰："'不吊'只当作去声读。"义刚。

多方

○ 艾轩云："文字只看易晓处，如尚书'惟圣罔念作狂，惟狂克念作圣'。下面便不可晓，只看这两句。"卨。

○ "惟圣罔念作狂，惟狂克念作圣"，此两句大段分晓，不与上下文相似。言上下文多不可晓也。

立政

○ "文王惟克厥宅心"，人皆以"宅心"为处心，非也，即前面所说"三有宅心"尔。若处心，则云"克宅厥心"。方子。

周官

○ 汉人亦不见今文尚书，如以太尉、司徒、司空为三公。当时只见牧誓有所谓司马、司空、司徒、亚旅，遂以为古之三公，不知此乃为诸侯时制。古者诸侯只建三卿，如（周公）〔周官〕所谓三太、三少、六卿。及周礼书，乃天子之制，汉皆不及见。又如中庸"一戎衣"解作"殪戎殷"，亦是不见今武成"一戎衣"之文。义刚。陈淳录〔同〕。

○ 问司马、司徒、司空、三公、三少之官。曰："汉自古文尚书出，方有周官篇。伏生口授二十五篇无周官，故汉只置太尉、司徒、司空为三公，而无周三公、三少，盖未见古文尚书，但见伏生书牧誓、立政篇中所说司徒、司马、司空而置也。古者诸侯之国只置得司徒、司马、司空三卿，惟天子方得置三公、三少、六卿。牧誓立政所说，周家是时方为诸侯，故不及三公、三少。及周官篇所说，则周是时已得天下矣。三公、三少本以师道傅佐天子，只是加官。周公以太师兼冢宰，召公以太尉兼冢宰，是以加官而兼宰相之职也。后世官职益紊，今遂以三公、三少之官为阶官，不复有师保之任、论道经邦之责矣。然今加三公者，又须是加节度使了方得，故欲加三公者必除节。然朝廷又极惜节度使，盖节度每月请俸千余缗，所以不轻授人。然古者，犹是文臣之有功德重望者，方得加师保之官，以其有教辅天子之名也。后世遂以诸子或武臣为之，既是天子之子与武臣，岂可任师保之责耶？讹谬传袭，不复改正。本朝如韩、富、文、杜诸公欲加三公、少，为须建节，不知是甚意。祖宗之法，先除检校、太子少保、少师之属，然后除开府仪同三司，既除开府，然后除三少、三公。今则不然，既建节了，或不除检校，便抹过除开府，便加三公、少。或和开府抹过，便加三公、少者有之。南渡以来，如张、韩、刘、杨诸（各臣）〔臣各〕皆除三公。"又云："检校、开府以上便得文官、文臣为枢密使。枢密直学士者荫子反得武官，如富郑公家子弟有为武官者是也。五代以武臣为枢密使，武臣或不识字，故置枢密直学士，令文臣为以辅之，故奏子皆得武官。本朝因而不废，文官自金紫光禄大夫转，特进开府仪同三司然后加三公、三少，如富、韩诸公是如此。本朝置三太、三少官而无司徒、司马、司空之三公，然韩、杜诸公有兼司徒、司空，又有守司徒、司空者，皆不可晓。神宗赠韩魏公尚书令，令后世不得更加侍中、中书，以为制。盖已前赠者皆是以中书令兼尚书令，神宗特赠尚书令者，其礼极重，本朝惟韩魏公为然。后来蔡京改神宗官制，遂奏云：'昔太宗皇帝尝为尚书令，（令）〔今〕后更不除尚书令。'殊不知〔为〕尚书令者乃唐太宗也。举朝莫不笑之而不敢指其非。"问："仆射名义如何？"曰："古人说秦时置仆射，专主射，恐不然。周官注云：'卜人师扶右，射人师扶左，君薨以是举。'仆射之名盖起于此。承袭浸久，遂为宰相之号，盖皆是亲近人主官，所以浸重。如侍中、中书令、尚书令亦是如此。"问："侍中、中书、尚书三省起于何时？""侍中，汉时置，多是侍卫人主，或执唾壶虎子之属，行幸则从，参错于宦官之间。其初职甚微，缘日与人主相亲，故浸以用事而权日重。尚书只是管开拆群臣书奏，又云："宰相如州府之都吏，尚书如开拆司，管进呈文字。"凡四方奏状皆由之以达。其初亦甚微，只是如今之尚食、尚衣、尚辇、尚药之类，亦缘居中用事，所以权日重。汉武帝游宴内廷，以外廷远，故置中尚书，以宦者为之，尤与人主亲狎，故其权愈重。后来洪恭、石显皆以中尚书居中用事而权权也。及光武即位，政事不任三公而归台阁，台即尚书阁，即禁中也。三公皆拥虚器，凡天下事尽入中尚书，行下三公，或又不经由三公，径行下九卿。而三公之权反不如九卿矣，所以汉世宦者弄权用事。曹操开魏王府，未敢即拟朝廷置中书，遂置秘书监，及篡汉，遂置中书监。所以荀淑由中书迁尚书监，人贺之，淑曰：'夺我凤凰池，诸君何贺耶！'盖尚书又不如中书之居中用事亲密也。"问："侍中是时为何官？"曰："黄门监，即今之门下省，左右散骑常侍皆黄门监之属也。"问："'省'字何义？"曰："省即禁也。以前谓之'禁'，避魏元后父讳遂为'省'，犹尽言省中禁中也。"又曰："尝见后汉群臣章奏，有云年月日臣某顿首死罪奏书尚书云云，盖不敢指斥乘舆。如今云陛下、殿下之类。"庚。

顾命

○ 伏生以康王之诰合于顾命。今除着序文读看，则文势自相连接。道夫。

君牙

○ 淳问："君牙、（景）〔囧〕命等篇见得穆王气象甚好，而后来乃有车辙马迹驰天下之事，如何？"曰："此篇乃内史之属所作，犹今之翰林作制诰然。如君陈、周官、蔡仲之命、微子之命等篇亦是当时此等文字，自有格子，首呼其名而告之，末又为'呜呼'之辞以戒之。篇篇皆然，观之可见。如大诰、梓材、多方、多士等篇乃当时编人君告其民之辞，多是方言。如'卬'字即'我'字，沈存中以为秦语平音而谓之'卬'。故诸诰篇等，当时下民晓得而今士人晓不得。如尚书、尚衣、尚食，'尚'乃主守之意，而秦语作平音，与'常'字同。诸命等篇，今士人以为易晓，而当时下民却晓不得。"淳。义刚录〔同〕。

吕刑

○ 东坡解吕刑"王享国百年耄"作一句，"荒度作刑"作一句，甚有理。如洛诰等篇不可晓处只合阙疑。德明。

○ 问："赎刑所以宽鞭扑之刑，则吕刑之赎刑如何？"曰："吕刑盖非先王之法也。故程子有一策问云：'商之盘庚、周之吕刑，圣人载之于书，其取之乎？抑将垂戒后世乎？'"广。

○ 义刚问："郑敷文所论甫刑之意是否？"曰："便是他门都不去考那赎刑。如古之'金作赎刑'只是刑之轻者，如'流宥五刑'之属皆是流窜，但有'鞭作官刑，扑作教刑'便是法之轻者，故赎。想见那穆王胡做，到那晚年无钱使后撰出这般法来。圣人也是志法之变处，但是他其中论不可轻于用刑之类，也有许多好说话，不可不知。"又问："本朝之刑与古虽相远，然也较近厚。"曰："何以见得？"义刚曰："如不甚轻杀人之类。"曰："也是。但律较轻，敕较重。律是从古来底，敕是本朝底。而今用时，敕之所无方用律。本朝自徒以下罪轻。古时流罪不刺面，只如今白面编管样。是唐五代方是黥面。决脊如折杖，却是太祖方创起，言却较宽。"陈安卿问："律起于何时？"曰："律是从古〔来〕底，逐代相承修过，今也无理会处。但是而今那刑统便是古律，下面注底便是周世宗者。如宋莒公所谓'律应从而违，堪供而阙，此六经之亚文也'，所谓'律'者，汉书所引律便是，但其辞〔古，〕难晓。如当时之大狱引许多词，便如而今款样，引某罪引某法为断。本朝便都是用唐法。"义刚曰："汉法较重于唐，当时多以语辞为罪。"曰："只是他用得如此，当时之法却不曾恁地。他只是见那前世轻杀人后便恁地。且如杨恽一书看得未有甚大段违法处，谓之不怨不可，但也无谤朝政之辞，却便谓之'腹诽'而腰斩。"义刚。

○ 蔡仲默论五刑不赎之意。曰："是穆王方有赎法。尝见萧望之言古不赎刑，某甚疑之，后来方省得赎刑不是古。"因取望之传看毕，曰："说得也无引证。"因论望之云："想见望之也是拗。"义刚问："望之学术不知是如何。又似好样，又却也有那差异处。"先生徐应曰："他说底也是正。"义刚曰："如杀韩延寿，分明是他不是。"先生曰："望之道理短。"义刚曰："看来他也是暗于事机，被那两个小人恁地弄后都不知。"先生但应之而已。义刚。

○ 国秀问:"穆王去文、武、成、康时未远,风俗人心何缘如此不好?"曰:"天下自有一般不好底气质。圣人有那礼、乐、刑、政在此维持,不好底也能革面。至维持之具一有废弛处,那不好气质便自各出来,和那革面底都无了,所以恁地不好。人之学问,逐日恁地恐惧修省只得恰好,才一日(于)〔放〕倒便都坏了。"恪。

秦誓 费誓

○ 秦誓、费誓亦皆有说不行、不可晓处。"民讫自若是多盘",想只是说人情多要安逸之意。广。

朱子语类卷第八十

毛诗一

纲领

○ <u>孔子</u>所谓"思无邪"止是一个"正"字，<u>孟子</u>所谓"集义"止是一个"是"字。_{儒用。}

○ 宽厚温柔，诗教也。若如今人说<u>九罭</u>之诗乃责其君之辞，何处讨宽厚温柔之意！_{贺孙。}

○ 因论诗，曰："<u>孔子</u>取诗只取大意。三百篇诗也有会做底，有不会做底。如君子偕老诗'子之不淑，云如之何'，此是显然讥刺他了，到第二章已下又全然放宽了，岂不是乱道！如<u>载驰</u>诗煞有首尾，委曲详尽，非大段会底说不得。又如<u>鹤鸣</u>做得巧，更含畜意思，全然不露。如清庙一倡三叹者，人多理会他不得。注下分明说'一人倡之，三人和之'，譬如今人挽歌之类。今人解者又须要胡说乱说。"_{祖道。}

○ 问："删诗果只是许多，如何？"曰："那曾见得圣人执笔删那个、存这个，也只得就相传上说去。"_{贺孙。}

○ 恭父问："诗章起于谁?"曰："有'故言'者是指毛公,无'故言'者皆是郑康成。有全章换一韵处。有全押韵,如颂中有全篇句句是韵。如殷武之类,无两句不是韵,到'稼穑匪解'自欠了一句。前辈分章都晓不得,某细读方知是欠了一句。"贺孙。

○ 问："诗次序是合当如此否?"曰："也不见得。只是如楚茨、信南山、甫田、大田诸诗,元初却当作一片。"又曰："如卷阿说'岂弟君子'自作贤者,如泂酌说'岂弟君子'自作人君。大抵诗中有可以比并看底,有不可如此看,自有这般样子。"贺孙。〔说卷阿与诗传不同。〕

○ "诗,人只见他恁地重三叠两说,将谓是无伦理次序,不知他一句不胡乱下。"文蔚曰："今日偶看棫朴一篇凡有五章。前三章是说人归附文王之德,后二章乃言文王有作人之功及纪纲四方之德,致得人归附者在此。一篇之意次第甚明。"先生曰："然。'遐不作人'却是说他鼓舞作兴底事。功夫细密处又在后一章。如曰'勉勉我王,纲纪四方',四方便都在他线索内,牵着都动。"文蔚曰："'勉勉'即是'纯亦不已'否?"曰："然。如'追琢其章,金玉其相',是那工夫到后文章真个是盛美,资质真个是坚实。"文蔚。

○ 李善注文选,其中多有韩诗章句,常欲写出。"易直子谅",韩诗作"慈良"。方子。

○ 问："王风是他风如此,不是降为国风。"曰："其辞语可见。风多出于在下之人,雅乃士夫所出。雅虽有刺而其辞庄重,与风异。"可学。

○ "大序言:'一国之事系一人之本,谓之风。'所以析卫〔为〕

邶、鄘、卫。"先生曰："诗，古之乐也，亦如今之歌曲，音各不同：卫有卫音，鄘有鄘音，邶有邶音。故诗有鄘音者系之鄘，有邶音者系之邶。若大雅、小雅则亦如今之商调、宫调，作歌曲者亦按其腔调而作尔。大雅、小雅亦古作乐之体格，按大雅体格作大雅，按小雅体格作小雅。非是做成诗后旋相度其辞目为大雅、小雅也。大抵国风是民庶所作，雅是朝廷之诗，颂是宗庙之诗。"又云："小序，汉儒所作，有可信处绝少。大序好处多，然亦有不满人意处。"谟。去伪、人杰录同。

○ 器之问风、雅与"无天子之风"之义。先生举郑渔仲之说言："出于朝廷者为雅，出于民俗者为风。文、武之时周、召之作者谓之周、召之风，东迁之后王畿之民作者谓之王风。似乎大约是如此，亦不敢为断然之说。但古人作诗，体自不同，雅自是雅之体，风自是风之体。如今人做诗曲亦自有体制不同者，自不可乱，不必说雅之降为风。今且就诗上理会意义，其不可晓处不必反倒。"因说："尝见蔡行之举陈君举说春秋云：'须先看圣人所不书处，方见所书之义。'见成所书者更自理会不得，却又取不书者来理会，少间只是说得奇巧。"木之。

○ 因说诗。答曰："诗有是当时朝廷作者，雅颂是也。若国风，乃采诗者采之民间以见四方民情之美恶，二南亦是采民言而被乐章尔。程先生必要说是周公作以教人，不知是如何？某不敢从。若变风，又多是淫乱之诗，故班固言'男女相与歌咏以言其伤'是也。圣人存此，亦以见上失其教则民欲动情胜，其弊至此，故曰'诗可以观'也。且'诗有六义'，先儒更不曾说得明，却又因周礼说豳诗有豳雅、豳颂，即于一诗之中要见六义，思之皆不然。盖所谓'六义'者，风、雅、颂乃是乐章之腔调也，如言仲吕调、大石调、越调之类是也。至比、兴、赋又别，如直指其名、直叙其事者，赋也；如本要言其事而虚用两句钩起，因而接续去者，兴也；引物为况者，比也。立此六义非特使人知其声音之所当，又欲使歌者知作诗之法度也。"问："豳之所以为雅、为颂者，恐是可以用雅底腔调又可用颂底腔调否？"答曰："恐是如此，某亦不敢如此断，今只说恐是亡其二。"<u>大雅</u>。

○　问二雅所以分。答曰："小雅是所系者小，<u>大雅</u>是所系者大。'呦呦鹿鸣'，其义小；'<u>文王</u>在上，於昭于天'，其义大。"问变雅。答曰："亦是变用他腔调尔。大抵今人说诗多去辨他<u>序</u>文要求着落，至其正文'关关雎鸠'之义，却不与理会。"<u>王德修</u>云："诗序只是'国史'一句可信，如'<u>关雎</u>，后妃之德也'。此下即讲师说，如<u>荡</u>诗自是说'荡荡上帝'，序却言是'天下荡荡'；<u>赉</u>诗自是说'<u>文王</u>既勤止，我应受之'，是说后世子孙赖其祖宗基业之意，他序却说'赉，予也'。岂不是后人多被讲师瞒耶？"答曰："此是<u>苏子由</u>曾说来，然亦有不通处。如<u>汉广</u>'德广所及也'有何义理？却是下面'无思犯礼，求而不可得'几句却有理。若某，只上一句亦不敢信他。旧曾有一老儒<u>郑渔仲</u>，<u>邵武</u>人，更不信<u>小序</u>，只依古本与叠在后面。某今亦只如此，令人虚心看正文，久之其义自见。盖所谓<u>序</u>者类多世儒之谈，不解诗人本意处甚多。且如'止乎礼义'，果能止礼义否？<u>桑中</u>之诗礼义在何处？"王曰："他要存戒。"答曰："此正文中无戒意，只是直述他淫乱事尔。若<u>鹑之奔奔</u>、<u>相鼠</u>等诗却是讥骂，可以为戒，此则不然。某今看得郑诗自<u>叔于田</u>等诗之外，如<u>狡童</u>、<u>子衿</u>等篇皆淫乱之诗，而说诗者误以为刺昭公、刺学校废耳。卫诗尚可，犹是男子戏妇人。郑诗则不然，多是妇人戏男子，所以圣人尤恶郑声也。<u>出其东门</u>却是个识道理底人做。"<u>大雅</u>。

○　<u>林子武</u>问："'诗者，中声之所止'，如何？"曰："这只是正风、雅、颂是中声，那变风不是。<u>伯恭</u>坚要牵合说是，然恐无此理。今但去读看，便自有那轻薄底意思了。如<u>韩愈</u>说数句'其声浮且淫'之类，这正是如此。"<u>义刚</u>。

○ 问比、兴。曰："说出那个物事来是兴，不说出那个物事是比。如'南有乔木'只是说个'汉有游女'，'奕奕寝庙，君子作之'只说个'他人有心，予忖度之'，关雎亦然，皆是兴体。比底只是从头比下来，不说破。兴、比相近，却不同。周礼说'以六诗教（万民）〔国子〕'，其实只是这赋、比、兴三个物事。风、雅、颂，诗之（擅）〔标〕名。理会得那兴、比、赋时里面全不大段费解。今人要细解，不道此说为是。如'奕奕寝庙'，不认得他人意在那'他人有心'处，只（受）〔管〕解那'奕奕寝庙'。"植。

○ 问："诗中说兴处多近比。"曰："然。如关雎、麟趾相似，皆是兴而兼比。然虽近比，其体却只是兴。且如'关关雎鸠'本是兴起，到得下面说'窈窕淑女'，此方是入题说那实事。盖兴是以一个物事贴一个物事说，上文兴而起，下文便接说实事。如'麟之趾'，下文便'振振公子'，一个对一个说。盖公本是个好底人，子也好，孙也好，族人也好。譬如麟趾也好，定也好，角也好。及比则不（然）入题了，如比那一物说便是说实事。如'螽斯羽诜诜兮，宜尔子孙振振兮'，'螽斯羽'一句便是说那人了，下面'宜尔子孙'依旧是就'螽斯羽'上说，更不用说实事，此所以谓之比。大率诗中比、兴皆类此。"佣。

○ 比虽是较切，然兴却意较深远。也有兴而不甚深远者、比而深远者，这又系人之高下，有做得好底、有拙底。常看后世，如魏文帝之徒作诗皆只是说风景，独曹操爱说那周公。其诗中屡说，便是那曹操意思也是（也）较别，也是乖。义刚。

○ 比是以一物比一物，而所指之事常在言外。兴是借彼一物以引起此事，而其事常在下句。但比意虽切而却浅，兴意虽阔而味长。贺孙。

○ 节问："诗如何可以兴？"答曰："读诗，见其不美者令人羞恶，见其美者令人兴起。"节。

○ "诗可以兴。"须是反复熟读，使书与心相乳入，自然有感发处。阔祖。

○ 诗之兴全无巴鼻，〔振录云："多是假他物举起，全不取其义。"〕后来古诗犹有此体。如"青青陵上柏，磊磊涧中石。人生天地间，忽如远行客"，又如"高山有涯，林木有枝。忧来无端，人莫之知"，"青青河畔草，绵绵思远道"，皆是此体。方子。〔振录同。〕

○ 六义自郑氏以来失之，后妃自程先生以来失之。后妃安知当时之称如何。可学。

○ 器之问："诗传分别六义有未备处。"曰："不必又只管滞却许多，且看诗意义如何。观人一篇诗必有意思，且要理会得这个。"因说："如柏舟之诗只说到'静言思之，不能奋飞'，绿衣之诗说'我思古人，实获我心'，此可谓'止乎礼义'。所谓'可以怨'便是'喜怒哀乐发而皆中节'处。推此以观，则子之不得于父，臣之不得于君，朋友之不相信，皆当以此意处之。如屈原之怀沙赴水，贾谊言'历九州而相其君，何必怀此都也'，便都过当了。古人胸中发出意思自好，看着三百篇诗，则后世之诗多不足观矣。"木之。

○ 问"诗传说六义以'托物兴辞'为兴，与旧说不同。"曰："觉旧说费力，失本指。如兴体不一，或借眼前物事说将起，或别自将一物说起，大抵只是将三四句引起。如唐时尚有此等诗体。如'青青河畔草'、'青青水中蒲'，皆是别借此物兴起其辞，非必有感有见于此物也。

有将物之无兴起自家之所有，将物之有兴起自家之所无。前辈都理会这个不分明，如何说得诗本指！只伊川先生也自未见得。看所说有甚广大处，子细看，本指却不如此者。上蔡先生怕晓得诗，如他云'读诗须先要识得六义体面'，这是他识得要领处。"问："诗虽是吟咏，使人自有兴起，固不专在文辞。然亦须是篇篇句句理会着实，见得古人所以作此诗之意，方始于吟咏上有得。"曰："固是。若不得其真实，吟咏个甚么？然古人已多不晓其意，如左传所载歌诗，多（是）〔与〕本意元不相关。"问："我将诗云'维天其右之'、'既右享之'，今所解都作左右之'右'，与旧不同。"曰："周礼有'享右祭祀'之文。如诗中此例亦多，如'既右烈考，亦右文母'之类。如我将所云作保祐说，更难。方说'维羊维牛'，如何便说保祐！到'伊嘏文王，既右享之'，也说未得右助之'右'。"问："振鹭诗不是正祭之乐歌，乃献助祭之臣，未审如何？"曰："看此文意都无告神之语，恐是献助祭之臣。古者祭祀每一受胙，主与宾尸皆有献酬之礼。既毕然后亚献，至献毕复受胙。如此，礼意甚好，有接续意思。到唐时尚然。今并受胙于诸献既毕之后，主与宾尸意思皆隔了。古者一祭之中所以多事，如：'季氏祭，逮暗而祭，日不足，继之以烛。虽有强力之容，肃敬之心，皆（祭）〔倦〕怠矣。有司跛倚以临祭，其为不敬大矣！他日祭，子路与，室事交乎户，堂事交乎阶，质明而始行事，晏朝而退。孔子闻之曰："谁谓由也而不知礼乎？"'古人祭礼是大段有节奏。"贺孙。

○　诗序起"关雎，后妃之德也"止"教以化之"，大序起"诗者，志之所之也"止"诗之至也"。敬仲。

○　"变风止乎礼义"，如泉水、载驰固止乎礼义，如桑中有甚礼义？大序只是拣说，亦未尽。声发出于口，成文而节宣和畅谓之音，乃合于音调。如今之唱曲合宫调、商调之类。〔敬仲。〕

○ "诗大序只有六义之说是，而程先生不知如何又却说从别处去。如小序亦间有说得好处，只是杜撰处多。不知先儒何故不虚心子细看这道理，便只恁说却。后人又只依他那个说出，亦不看诗是有此意无。若说不去处又须穿凿说将去。又，诗人当时多有唱和之词，如是者有数十篇，序中都说从别处去。且如蟋蟀一篇，本其风俗勤俭，其民终岁勤劳不得少休，及岁之暮方且与燕乐。而又遽相戒曰'日月其除，无已太康'，盖谓今虽不可以不为乐，然不已过于乐乎！其忧深思远固如此。至山有枢一诗，特以和答其意而解其忧尔，故说山则有枢矣，隰则有榆矣。子有衣裳，弗曳弗娄；子有车马，弗驰弗驱。一旦宛然以死，则他人借之以为乐尔，所以解劝他及时而乐也。而序蟋蟀者则曰'刺晋僖公俭不中礼'。盖风俗之变必由上以及下，今谓君之俭反过于礼，而民之俗犹知用礼，则必无是理也。至山有枢则以为'刺晋昭公'，又不然矣。若鱼藻，则天子燕诸侯而诸侯美天子之诗也，采菽则天子所以答鱼藻矣，至鹿鸣则燕享宾客也，序颇得其意。四牡则劳使臣也，而诗序下文则妄矣。皇皇者华则遣使臣之诗也，常棣则燕兄弟之诗也，序固得其意。伐木则燕朋友故旧之诗也。人君以鹿鸣而下五诗燕其臣，故臣受君之赐者，则歌天保之诗以答其上。天保之序虽略得此意，而古注言鹿鸣至伐木'皆君所以下其臣，臣亦归美于上，崇君之尊而福禄之以答其歌'，却说得尤分明。又如行苇自是祭毕而燕父兄耆老之诗，首章言开燕设席之初，而殷勤笃厚之意已见于言语之外，二章言侍御献酬饮食歌乐之盛，三章言既燕而射以为欢乐，末章祝颂其既饮此酒皆得享夫长寿。今序者不知本旨，见有'勿践履'之说，则便谓'仁及草木'；见'戚戚兄弟'，便谓'亲睦九族'；见'黄耇台背'，便谓'养老'；见'以祈黄耇'，便谓'乞言'；见'介尔景福'，便谓'成其福禄'，细细碎碎，殊无伦理，其失为尤甚也。既醉则父兄所以答行苇之诗也，凫鹥则祭之明日绎而宾尸之诗也。古者宗庙之祭皆有尸，既祭之明日则暖其祭食，以燕为尸之人，故有此诗。假乐则公尸之所以答凫鹥也。今序篇皆失之。"又曰："诗，即所谓乐章。虽有唱和之意，只是乐工代歌，亦非是君臣自歌也。"道夫。

○ 诗、书序当开在后面。升卿。

○ 敬之问诗、书序。曰："古本自是别作一处。如易大传、班固序传并在后。京师旧本扬子注，其序亦总在后。"德明。

○ 王德修曰："六经惟诗最分明。"先生曰："诗本易明，只被前面序作梗。序出于汉儒，反乱诗本意。且只将四字成句底诗读，却自分晓。见作诗集传，待取诗令编排放前面，驱逐过后面自作一处。"文蔚。

○ 诗序作而观诗者不知诗意。芟。

○ 〔诗，才说得密便说他不着。"国史明乎得失之迹"，这一句也有病。周礼礼记中，史并不掌诗，左传说自分晓。以此见得大序亦未必是圣人做，小序更不须说。他做小序不会宽说，每篇便求一个实事填塞了。他有寻得着底犹自可通，不然便与诗相碍。那解底，要就诗却碍序，要就序却碍诗。诗之兴是劈头说那没来由底两句，下面方说那事，这个如何通解！"郑声淫"，所以郑诗多是淫佚之辞，狡童、将仲子之类是也。今唤做忽与祭仲，与诗辞全不相似。这个只似而今闲泼曲子。南山有台等数篇是燕享时常用底，叙宾主相好之意，一似今人致语。〕诗小序不可信。而今看诗，有诗中分明说某人某事者则可知，其他不曾实说者，而今但可知其说此等事而已。韩退之诗曰"春秋书王法，不诛其人身"。从周。

○ 诗小序极有难晓处，多是附会。如鱼藻诗，见有"王在镐"之言，便以为君子思古之武王。似此类甚多。可学。

○ 因论诗，历言小序大无义理，皆是后人杜撰，先后增益凑合而作，多就诗中采摭言语，更不能发明诗大旨。才见有"汉之广矣"之句，便以为德广所及；才见有"命彼后车"之言，便以为不能饮食教载。行苇之序，但见"牛羊勿践"，便谓"仁及草木"；但见"戚戚兄弟"，便谓"亲睦九族"；见"黄耇台背"，便谓"养老"；见"以祈黄耇"，便谓"乞言"；见"介尔景福"，便谓"成其福禄"。随文生义，无复伦理。卷耳之序以"求贤审官，知臣下之勤劳"为后妃之志事，固不伦矣。况诗中所谓"嗟我怀人"，其言亲昵太甚，宁后妃所得施于使臣者哉！桃夭之诗谓"婚姻以时，国无鳏民"为"后妃之所致"，而不知其为文王刑家及国，其化固如此，岂专后妃所能致耶？其他变风诸诗，未必是刺者皆以为刺，未必言此人必傅会以为此人。桑中之诗放荡留连，止是淫者相戏之辞，岂有刺人之恶而反自陷于流荡之中？子衿（谓）〔词〕意轻儇，亦岂刺学校之辞？有女同车等，皆以为刺忽而作。郑忽不娶齐女，其初亦是好底意思，但见后来失国，便将诗许多诗尽为刺忽而作。考之于忽，所谓淫昏暴虐之类，皆无其实。至遂目为"狡童"，岂诗人爱君之意？况其所以失国，正坐柔懦阔疏，亦何狡之有？幽厉之刺亦盖有不然者。甫田诸篇，凡诗中无诋讥之意，皆以为伤今思古而作。其他谬误不可胜说。后世但见诗序巍然冠于篇首，不敢复议其非，至有解说不通多为饰辞以曲护之者，其误后学多矣。大序却好，或者谓补凑而成，亦有此理。书小序亦未是，只如尧典、舜典便不能通贯一篇之意，尧典不独为逊舜一事，舜典到"历试诸难"之外便不该通了，其他书序亦然。至如书大序亦疑不是孔安国文字。大抵西汉文章浑厚近古，虽董仲舒、刘向之徒言语自别。读书大序便觉（欺）〔软〕慢无气，未必不是后人所作也。谟。

○ 诗序实不足信。向来见郑渔仲有诗辨妄力诋诗序，其间言语太甚，以为皆是村野妄人所作。始者亦疑之，后来子细看一两篇，因质之史记、国语，然后知诗序之果不足信。因是看行苇、宾之初筵、抑数篇，序与诗全不相似。以此看其他诗序，其不足信者煞多。以此知人不可乱说话，便都被人看破了。（大率）诗人假物兴辞，大率将上句引下句。如"行苇勿践履"、"戚戚兄弟，莫远具尔"，行苇是比兄弟，"勿"字乃兴"莫"字。此诗自是饮酒会宾之意，序者却牵合作周家忠厚之诗，遂以行苇为"仁及草木"。如云"酌以大斗，以祈黄耈"，亦是欢合之时祝寿之意，序者遂以为"养老乞言"，岂知"祈"字本只是祝颂其高寿，无乞言意也。抑诗中间煞有好语，亦非刺厉王。如"於乎小子"，岂是以此指其君！兼厉王是暴虐大恶之主，诗人不应不述其事实，只说谨言节语。况厉王无道，谤讪者必不容，武公如何恁地指斥曰"小子"？（却是）国语以为武公自警之诗，却是可信。大率古人作诗与今人作诗一般，其间亦自有感物道情、吟咏情性，几时尽是讥刺他人？只缘序者立例，篇篇要作美刺说，将诗人意思尽穿凿坏了。且如今人见〔人〕才做事便作一诗歌美之，或讥刺之，是甚么道理？如此，一似里巷无知之人胡乱称颂谀说，把持放雕，〔何以见先王之泽？〕何以为情性之正？诗中数处皆应答之诗，如天保乃与鹿鸣为唱答，宾之初筵与既醉为唱答，蟋蟀与山有枢为唱答。唐自是晋未改号晋时国名，自作序者以为刺僖公，便牵合谓此晋也，而谓之唐乃有尧之遗风。本意岂因此而谓之唐？是皆凿说。但唐风自是尚有勤俭之意，作诗者是一个不敢放怀底人，说"今我不乐，日月其除"，便又说"无已太康，职思其居"。到山有枢是答者，便谓"子有衣裳，弗曳弗娄，宛其死矣，他人是愉"，"子有钟鼓，弗鼓弗考，宛其死矣，他人是保"，这是答他不能享些快活，徒恁地苦涩。诗序亦有一二有凭据，如清人、硕人、载驰诸诗是也。昊天有成命中说"成王不敢康"，成王只是成王，何须牵合作成王业之王？自序者恁地附会，便谓周公作此以告（成王）〔成功〕。他既作周公告成功，便将"成王"字穿凿说了,又几曾是郊祀天地!被序者如此说,后来遂生一场事端,有南北郊之事。此诗自说"昊天有成命",又不曾说着地,如何说道祭天地之诗?设使合祭,亦须几句说及后土。如汉诸郊祀诗,祭某神便说某事。若用以祭地,不应只说天不说地。东莱诗记却编得子细,只是大本已失了,更说甚么?向尝与之论此,如清人、载驰一二诗可信。渠却云:"安得许多文字证据?"某云:"无证而可疑者只当阙之,不可据序作证。"渠又云:"只此序便是证。"某因云:"今人不以诗说诗,却以序解诗,是以委曲牵合,必欲如序者之意,宁失诗人之本意不恤也。此是序者大害处!"贺孙。

○"诗序多是后人妄意推想诗人之美刺,非古人之所作也。古人之诗虽存而意不可得而知。诗序者妄诞其说,但拟见其人如此,便以为是诗之美刺者必若人也。如庄姜之诗却以为刺卫顷公。今观史记所述,顷公竟无一事可纪,但言某公卒、子某公立而已,都无其事。顷公固亦是卫一不善之君,序诗者但见其诗有不美之迹,便指为刺顷公之诗。此类甚多,皆是妄生美刺,初无其实。至有不能考之者,则但言'刺时也'、'思贤妃也'。然此是泛泛而言。如汉广之序言'德广所及',此语最乱道。诗人言'汉之广矣',其言已分晓。至如下面小序却说得是,谓'文王之化被于南国,美化行乎江汉之域,无思犯礼,求而不可得也',此数语却好。"又云:"看来诗序当时只是个山东学究等人做,不是个老师宿儒之言,故所言都无一事是当。如行苇之序虽皆是诗人之言,但却不得诗人之意。不知而今做义人到这处将如何做,于理决不顺。某谓此诗本是四章、章八句,他不知,作八章、章四句读了。如'敦彼行苇,牛羊勿践履。方苞方体,惟叶泥泥。戚戚兄弟,莫远具尔。或肆之筵,或授之几'。此诗本是兴诗,即是兴起下四句言。以'行苇'兴'兄弟','勿践履'是'莫远'意也。"又云:"郑、卫诗多是淫奔之诗。郑诗如将仲子以下皆是鄙俚之言,只是一时男女淫奔相袭之语。如桑中之诗云'众散民流，而不可止'，故乐记云：'桑间濮上之音，亡国之音也。其众散，其民流，诬上行私而不可止也。'郑诗自缁衣之外亦皆鄙俚，如'采萧'、'采艾'、'青衿'之类是也，故夫子'放郑声'。如抑之诗，非诗人作以刺君，乃武公为之以自警。又有称'小子'之言，此必非臣下告君之语，乃自谓之言无疑也。"卓。

○ 问："先生诗传尽撤去小序，何也？"答曰："小序，如硕人、定之方中等见于左传者自可无疑。若其他刺诗，无所据，多是世儒将他谥号不美者挨就立名尔。今只考一篇见是如此，故其他皆不敢信。且如苏公刺暴公，固是姓暴者多，万一不见得是暴公，则'惟暴之云'者只作一个狂暴底人说亦可。又如将仲子如何便见得是祭仲？某由此见得小序大故是后世陋儒所作。但既是千百年已往之诗，今只见得大意便了，又何必要指实得其人姓名？于看诗有何益也！"大雅。

○ 问："诗传多不解诗序，何也？"曰："予自二十岁时读诗，便觉小序无意义。及去了小序，只玩味诗词，却又觉得道理贯彻。当初亦尝质问诸乡先生，皆云序不可废，而某之疑终不能释。后到三十岁，断然知小序之出于汉儒所作，其为缪戾有不可胜言。东莱不合只因序讲解，便有许多牵强处。某尝与之言，终不肯信从。读诗记中虽多说序，然亦有说不行处，亦废之。某因作诗传，遂成诗序辨说一册，其他缪戾辨之颇详。"方子。

○ 器之问诗叶韵之义。曰："只要音韵相叶，好吟哦讽诵，易见道理，亦无甚要紧。今且要将七分工夫理会义理，三二分工夫理会这般去处。若只管留心此处，而于诗之义却见不得，亦何益也！"又曰："叶韵多用吴才老本，或自以意补入。"木之。

○ 问："诗叶韵，是当时如此作，是乐歌当如此?"曰："当时如此作。古人文字多有如此者，如正考父鼎铭之类。"可学。

○ 问："先生说诗，率皆叶韵，得非诗本乐章，播诸声诗，自然叶韵，方谐律吕，其音节本如是耶?"曰："固是如此。然古人文章亦多是叶韵。"因举王制及老子叶韵处数段。又曰："周颂多不叶韵，疑自有和底篇相叶。'清庙之瑟，朱弦而疏越，一唱而三叹'，叹即和声也。"儒用。

○ 诗之音韵是自然如此，这个与天通。古人音韵宽，后人分得密后隔开了。离骚注中发两个例在前："朕皇考曰伯庸"，"庚寅吾以降"。洪。"又重之以修能"，耐。"纫秋兰以为佩"。后人不晓，却谓只此两韵如此。某有楚词叶韵，作（某）〔"子厚"〕名字，刻在漳州。方子。

○ 又因说叶韵，先生曰："此谓有文有字。文是形，字是声。文如从'水'、从'金'、从'木'、从'日'、从'月'之类，字是'皮'、'可'、'工'、'奚'之类。故郑渔仲云'文，眼学也；字，耳学也'，盖以形、声别之。"时举。

○ 叶韵恐当以头一韵为准。且如"华"字叶音"敷"，如"有女同车"是第一句，则第二句"颜如舜华"当读作"敷"字，然后与下文"佩玉琼琚"、"洵美且都"皆叶。至如"何彼秾矣，唐棣之华"是第一韵，则当依本音读，而下文"王姬之车"却当作尺奢反，如此方是。今只从吴才老旧说，不能又创得此例。然楚（调）〔词〕"纷余既有此内美兮，又重之以修能"，"能"音"耐"，然后下文"纫秋兰以为佩"叶。若"能"字只从本音，则"佩"字遂无音，如此，则又未可以头一韵为定也。闳祖。

○　先生说："诗音韵间有不可晓处。"因说："如今所在方言，亦自有音韵与古（今）合（去）处。"<u>子升</u>因问："今'阳'字却与'唐'字通，'清'字却与'青'字分之类，亦自不可晓。"曰："古人韵疏，后世韵方严密。见某人好考古字，却说'青'字音自是'亲'，如此类极多。"<u>木之</u>。

○　<u>吴才老</u>补韵甚详，然亦有推不去者。某煞寻得，当时不曾记，今皆忘之矣。如"外御其务"叶"烝也无戎"，<u>才老</u>无寻处，却云"务"字古人读做"蒙"。不知"戎，汝也"，"汝"、"戎"二字古人通用，是协音"汝"也。如"<u>南仲</u>太祖，太师<u>皇父</u>，整我六师，以修我戎"，亦是叶音"汝"也。"下民有严"叶"不敢怠遑"，<u>才老</u>欲音"严"为"庄"，云避<u>汉</u>讳，却无道理。某后来读<u>楚辞</u> <u>天问</u>，见一"严"字乃押从"庄"字，乃知是叶韵，"严"读作"昂"也。<u>天问</u>，<u>才老</u>岂不读？往往无甚意义，只恁地打过去也。<u>义刚</u>。〔<u>饶</u>、<u>何氏</u>录云："<u>中庸</u>'奏格无言'，'奏'音'族'，平声音'骤'，所以<u>毛诗</u>作'奏'字。"〕

○　或问："<u>吴氏</u>叶韵何据？"曰："他皆有据。<u>泉州</u>有其书，每一字多者引十余证，少者亦两三证。他说元初更多，后删去，姑存此耳。然犹有未尽。"因言："<u>商颂</u>'天命降监，下民有严。不僭不滥，不敢怠遑'，<u>吴氏</u>云：'"严"字恐是"庄"字，<u>汉</u>人避讳改作"严"字。'某后来因读<u>楚辞</u> <u>天问</u>，见'严'字都押入'刚'字、'方'字去。又此间乡音'严'作户刚反，乃知'严'字自与'皇'字叶。然<u>吴氏</u>岂不曾看<u>楚词</u>？想是偶然失之。又如<u>伐木</u>诗'兄弟阋于墙，外御其务；每有良朋，烝也无戎'。<u>吴氏</u>复疑'务'当作'蒙'，以叶'戎'字。某却疑古人训'戎'为'汝'，如'以佐戎辟'、'戎虽小子'，则'戎'、'女'音或通。后来读<u>常武</u>诗有云：'<u>南仲</u>太祖，太师<u>皇父</u>，整我六师，以修我戎。'则与'汝'叶，明矣。"因言："古之谣谚皆押韵，如<u>夏谚</u>之类。又如散文亦有押韵者，如<u>曲礼</u>'安民哉'叶音'兹'，则与上面'思'、'辞'二字叶矣。又如'将上堂，声必扬；将入户，视必下'，'下'叶音'护'。<u>礼运</u><u>孔子闲居</u>亦多押韵。<u>庄子</u>中尤多。至于<u>易</u>之<u>彖辞</u>，则皆韵语也。"〔又云："<u>礼记</u>'五至'、'三无'处皆协。"〕<u>广</u>。

○ 问："诗叶韵有何所据而言？"曰："叶韵乃<u>吴才老</u>所作，某又续添减之。盖古人作诗皆押韵，与今人歌曲一般。今人信口读之，全失古人咏歌之意。"<u>晦夫</u>。

○ <u>器之</u>问诗。曰："古人情意温厚宽和，道得言语自恁地好。当时叶韵只是要便于讽咏而已，到得后来一向于字韵上严切，却无意思。<u>汉</u>不如<u>周</u>，<u>魏</u><u>晋</u>不如<u>汉</u>，<u>唐</u>不如<u>魏</u><u>晋</u>，本朝又不如<u>唐</u>。如<u>元微之</u><u>刘禹锡</u>之徒，和诗犹自有韵相重密。本朝和诗便定不要一字相同，不知却愈坏了诗！"<u>木之</u>。

论读诗

○ 诗中头项多，一项是音韵，一项是训诂名件，一项是文体。若逐一根究，然后讨得些道理，则殊不济事，须是通悟者方看得。<u>方子</u>。

○ 圣人有法度之言，如<u>春秋</u>、<u>书</u>、<u>礼</u>是也，一字皆有理。如<u>诗</u>，亦要逐字将理去读，便都碍了。<u>淳</u>。

○ 问"圣人有法度之言"。"如<u>春秋</u>、<u>书</u>与<u>周礼</u>，字较实。<u>诗</u>无理会，只是看大意。若要将<u>序</u>去读，便碍了。"问："<u>变风</u>、<u>变雅</u>如何？"

曰："也是后人恁地说，今也只是依他恁地说。如周南之汉广、汝坟诸诗皆是说妇人。如此，则文王之化只化及妇人，不化及男子？只看他大意。恁地拘不得。"寓。

○　公不会看诗。须是看他诗人意思好处是如何，不好处是如何。看他风土，看他风俗，又看他人情、物态。只看伐檀诗便见得他一个清高底意思，看硕鼠诗便见他一个〔暴敛底意思。好底意思是如此，不好底是如彼。〕看他好底令自家善意油然感动而兴起，看他不好底自家心下如着枪相似。如此看方得诗意。僩。

○　诗有说得曲折后好底，有只恁地去平直处说后自好底。如燕燕末后一二章，这不要看上文，考下文便知得是恁地意，他自是高远，自是说得那人着。义刚。

○　林子武说诗。先生曰："不消得恁地求之太深。他当初只是平〔说〕。横看也好，竖看也好。今若是要讨个路头去里面寻，却怕迫窄了。"义刚。

○　读诗之法，且如"白华菅兮，白茅束兮。之子之远，俾我独兮"，盖言白华与茅尚能相依，而我与子乃相去如此之远，何哉？又如"倬彼云汉，为章于天。周王寿考，遐不作人"，只是说云汉恁地为章于天，周王寿考岂不能作人也！上两句皆是引起下面说，略有些意思傍着，不须深求，只如此读过便得。僩。

○　看诗且看他大意。如卫之诸诗，其中有说时事者固当细考。如郑之淫乱底诗，（若）〔苦苦〕搜求他，有甚意思？一日看五六篇可也。僩。

○　看诗，义理外更好看他文章。且如谷风，他只是如此说出来，然而叙得事曲折先后皆有次序。而今人费尽气力去做后，尚做得不好。义刚。

○　看诗不要死杀看了，（看了）见得无所不包。今人看诗无兴底意思。芟。

○　读诗便长人一格。如今人读诗何缘会长一格？兴处最不紧要，然兴起人意处正在兴，会得诗人之兴便有一格长。"丰水有芑，武王岂不仕"，盖曰丰水且有芑，武王岂不有事乎！此亦兴之一体，不必更注解。如龟山说关雎处意亦好，然终是说死了，如此便诗眼不活。伯丰。

○　问："向见吕丈，问读诗之法。吕丈举横渠'置心平易'之说见教。某固尝遵用其说去诵味来，固有个涵泳情性底道理，然终不能有所启发。程子谓'"兴于诗"便知有着力处'，今读之，止见其善可为法、恶可为戒〔而已，不知其他如何着力〕。""不特诗也，他书皆然。古人独以为'兴于诗'者，诗便有感发底意思。今读之无所感发者，正是被诸儒解杀了，死着诗义，兴起人善意不得。如南山有台序云'得贤则能为邦家立太平之基'，盖为见诗中有'邦家之基'字故如此解。此序自是好句，但才如此说定，便局了一诗之意。若果先得其本意，虽如此说亦不妨。正如易解，若得圣人系辞之意，便横说竖说都得。今断以一义解定，易便不活。诗所以能兴起人处全在兴。如'山有枢，隰有榆'别无意义，只是兴起下面'子有车马'、'子有衣裳'耳。小雅诸篇皆君臣燕饮之诗，道主人之意以誉宾，如今人宴饮有'致语'之类，亦有间叙宾客〔答〕辞者。汉书载客歌骊驹，主人歌客毋庸归，亦是此意。古人以鱼为重，故鱼丽、南有嘉鱼皆特举以歌之。仪礼载'乃间歌鱼丽，笙由庚；歌南有嘉鱼，笙崇丘；歌南山有台，笙由仪'，本一套事。后人移鱼丽附于鹿鸣之什，截以嘉鱼以下为成王诗，遂失当时用诗之意，故胡乱解。今观鱼丽、嘉鱼、南山有台等篇，辞意皆同。菁莪、湛露、蓼萧皆燕饮之诗。诗中所谓'君子'皆称宾客，后人却以言人君，正颠倒了。如以湛露为恩泽，皆非诗义。故有'野有蔓草，零露洊兮'，亦以为君之泽不下流，皆局于一个死例，所以如此。周礼以六诗教国子，当时未有注解，不过教之曰此兴也、此比也、此赋也。兴者，人便自作兴看；比者，人便自作比看。〔兴〕只是兴起，谓下句直说不起，故将上句带起来说，如何去上头讨义理？今欲观诗，不若且置小序及旧说，只将元诗虚心熟读，徐徐玩味，候仿佛见个诗人本意，却从此（雅）〔推〕寻将去，方有感发。如人拾得一个无题目诗，再三熟看亦须辨得出来，若被旧说一局局定〔便〕看不出。今虽说不用旧说，终被他先入在内，不期依旧从它去。某向作诗〔解〕文字初用小序，至解不行处亦曲为之说。后来觉得不安，第二次解者，虽小序为辨破，然终是不见诗人本意。后来方知只尽去小序便自可通，于是尽涤旧说，诗意方活。"又曰："变风中固多好诗，虽其间有没意思者，然亦须得其命辞遣意处，方可观。后人便自做个道理解说，于其造意下语处元不及究。只后代文集中诗，亦多不解其辞意者。乐府中罗敷行，罗敷即（史）〔使〕君之妻，（史）〔使〕君即罗敷之夫。其曰'（史）〔使〕君自有妇，罗敷自有夫'，正相戏之辞。又曰'夫婿从东来，千骑居上头'，观其气象，即（史）〔使〕君也。后人亦错解了。须得其辞意，方见好笑处。"伯丰。

○ 读诗正在于吟咏讽诵，观其委曲折旋之意。如吾自作此诗，自然足以感发善心。今公读诗只是将己意去包笼他，如做时文相似。中间委曲周旋之意尽不曾理会得，济得甚事？若如此看，只一日便可看尽，何用逐日只（睚）〔捱〕得数章而又不曾透彻耶？且如人入城郭，须是逐街坊里巷、屋庐台榭、车马人物一一看过方是。今公等只是外面望见城是如此，便说我都知得了。如郑诗虽淫乱，然出其东门一诗却如此好。又如女曰鸡鸣一诗意思亦好，读之真个有不知手之舞、足之蹈者。偶。

○ "诗，如今恁地注解了，自是分晓易理会。但须是沉潜讽诵，玩味义理，咀嚼滋味，方有所益。若只草草看过，一部诗只三两日可了，但不得滋味，也记不得，全不济事。古人说'诗可以兴'，须是读了有兴起处方是读诗，若不能兴起也便不是读诗。"因说："永嘉之学只是要立新巧之说，少间指摘东西，斗凑零碎，便立说去。纵说得是也只无益，莫道又未是。"木之。

○ 读诗之法只是熟读涵泳，自然和气从胸中流出，其妙处不可得而言。不待安排措置，务自立说，只恁平读着，意思自足。须是打叠得这心光荡荡地不立一个字，只管虚心读他，少间推来推去，自然推出那个道理。所以说"以此洗心"，便是以这道理尽洗出那心里物事，浑然都是道理。上蔡曰"学诗，须先识得六义体面而讽味以得之"，此是读诗之要法。看来书只是要读，读得熟时道理自见，切忌先自布置立说。偶。

○ 问学者诵诗："每篇诵得几遍？"答曰："也不曾记，只觉得熟便止。"曰："便是不得。须是读熟了，文义都晓得了，涵泳读取百来遍方见得，那好处方出，方见得精怪。见公每日说得来干燥，元来不曾熟读，若读到精熟时意思自说不得。如人下种子，既下得种子了，须是讨水去灌溉他，讨粪去培拥他，与他耘锄，方正是下工夫养他处。今却只下得个种子便休，都无耘治培养工夫。如人相见，才见了便散去，都不曾交一谈，如此何益？所以意思都不生，与自家都不相入，都恁地干燥。这个贪多不得。读得这一篇，恨不得常熟读此篇，如无那第二篇方好。而今只是贪多，读第一篇了便要读第二篇，读第二篇了便要读第三篇。恁地不成读书，此便是大不敬！此句厉声说。须是杀了那走作底心了，方可读书。"佃。

○ "大凡读书，先晓得文义了，只是常常熟读。如看诗，不须得着意去里面训解，但只平平地涵泳，自好。"因举"池之竭矣，不云自频。泉之竭矣，不云自中"四句，吟咏者久之。又曰："大雅中如烝民、板、抑等诗自有好底。董氏举侯苞言，卫武公作抑诗，使人日诵于其侧。不知此出在何处。他读书多，想见是如此。"又曰："如孟子，也大故分晓，也不用解他，熟读滋味自出。"㸞孙。

○ 先生问林武子："看诗何处？"对曰："至大雅。"大声曰："公前日方看节南山，如何恁地快？恁地不得！而今人看文字，敏底一揭开板便晓，但于意味却不曾得。而今只管看时也只是恁地，但百遍自是强五十遍时，二百遍自是强一百遍时。'题彼脊鸰，载飞载鸣。我日斯迈，而月斯征。夙兴夜寐，无忝尔所生'，这个看时也只是恁地，但里面意思却有说不得底、解不得底，意思却在说不得底（意思）里面。"又曰："生民等篇也可见祭祀次第，此与仪礼正相合。"义刚。

○ 欧阳文忠公有诗本义二十余篇，煞说得有好处。有诗本末论。又有论云："何者为诗之本？何者为诗之末？诗之本不可不理会，诗之末不理会得也无妨。"其论甚好。近世自集注文字出，此等文字都不见有了，也害事。如吕伯恭读诗记，人只是看这个。它上面有底便看，无底更不知看了。佃。

○ "子由诗解好处多，欧公诗本义亦好。"因说："吕东莱改本书解无阙疑处，只据意说去。"木之因问："书解谁底好看？"曰："东坡解大纲也好，只有失，如说'人心惟危'这般处便说得差了。如今看他底，须是识他是与不是处始得。"木之。

○ 横渠云"置心平易始知诗"，然横渠解"悠悠苍天，此何人哉"却不平易。小雅恐是燕礼用之，大雅须飨礼方用。小雅施之君臣之间，大雅则止人君可歌。伯丰。

○ 横渠云"置心平易始知诗"，然横渠解诗多不平易。程子说胡安定解九四作太子事，云"若一爻作一事，只做得三百八十四事"，此真看易之法，然易传中亦有偏解作一事者。林艾轩尝云："伊川解经有说得未的当处。此文义间事，安能一一皆是？若大头项，则伊川底却是。"此善观伊川者。陆子静看得二程低，此恐子静看其说未透耳。譬如一块精金，却道不是金，非金之不好，盖是不识金也。人杰。

○ 先生问时举："看文字如何？"时举云："诗传今日方看得纲领。要（知）〔之〕紧要是要识得六义头面分明，则诗亦无难看者。"先生云："读诗全在讽咏得熟，则六义将自分明。须使篇篇有个下落始得。且如子善向看易传，往往毕竟不曾熟，如此则何缘会浃洽！横渠云：'书须成诵，精思多在夜中，或静坐得之。不记则思不起。'今学者看文字，若记不得，则何缘贯通？"时举云："缘资性鲁钝，全记不起。"先生云："只是贪多，故记不得。福州陈正之极鲁钝，每读书只读五十字，必三二百遍而后能熟，积习读去，后来却赴贤良。要（知）〔之〕人只是不会耐苦耳，凡学者要须做得人难做底事方好，若见做不得便不去做，要任其自然，何缘做得事成？切宜勉之！"时举。

○ 先生问："看诗如何?"时举云："方看得关雎一篇,未有疑处。"先生云："未要去讨疑处,只熟看。某注得训诂字字分明,便却玩索涵泳,方有所得。若便要立议论,往往里面曲折其实未晓,只仿佛见得便自虚说耳,恐不济事。此是三百篇之首,可更熟看。"时举。

○ 先生谓学者曰:"公看诗只看集传,全不看古注?"答曰:"某意欲先看了先生集传,却看诸家解。"曰:"便是不如此,无'却看'底道理。才说'却理会'便是悠悠语。今见看诗,不从头看一过,云,且等我看了一个了却看那个,几时得再看? 如厮杀相似,只是杀一陈便了。不成说今夜且如此厮杀,明日又重新杀一番。"侗。

○ 因说学者解诗,曰:"某旧时看诗,数十家之说一一都从头记得,初间那里敢便判断那说是,那说不是。看熟久之,方见得这说似是,那说似不是;或头边是,尾说不相应;或中间数句是,两头不是;或尾头是,头边不是。然也未敢便判断,疑恐是如此,又看久之,方审得这说是,那说不是。又熟看久之,方敢决定断说这说是,那说不是。这一部诗并诸家解都包在肚里。公而今只是见已前人解诗,便也要注解,更不问道理,只认捉着,便据自家意思说,于己无益,于经有害,济得甚事! 凡先儒解经,虽未知道,然其尽一生之力,纵未说得七八分,也有三四分。且须熟读详究,以审其是非而为吾之益。今公才看着便妄生去取,肆以己意,是发明得个甚么道理? 公且说人之读书是要将作甚么用? 所贵乎读书者,是要理会这个道理以反之于身、为我之益而已。"侗。

○ 诗传中或云"姑从"、或云"且从其说"之类,皆未有所考,不免且用其说。铢。

○ 诗传只得如此说，不容更着语，工夫却在读者。伯丰。

○ 问："分'诗之经，诗之传'，何也?"曰："此得之于吕伯恭。风雅之正则为经，风雅之变则为传。如屈平之作离骚即经也，如后人作反骚与夫九辨之类，则为传耳。"〔煇。〕